Christoph Schiefele

Die Bedeutung von Alltags- und Spielformaten für die Erweiterung sprachlich-kommunikativer Fähigkeiten

Reihe Pädagogik

Band 46

Christoph Schiefele

Die Bedeutung von Alltags- und Spielformaten für die Erweiterung sprachlich-kommunikativer Fähigkeiten

Eine empirische Vergleichsstudie über vier Kinder

CENTAURUS

Zum Autor:
Christoph Schiefele war Projektmitarbeiter im Projekt zur „Wissenschaftlichen Begleitung der Implementierung des Orientierungsplans für Bildung und Erziehung für die baden-württembergischen Kindergärten" sowie Wissenschaftlicher Mitarbeiter und Lehrbeauftragter im Fachbereich Sprache & Kommunikation an der PH Ludwigsburg. Derzeit arbeitet er als Sonderschullehrer an der Fröbelschule Ludwigsburg, Schule für Sprachbehinderte.

Bibliografische Informationen der Deutschen Nationalbibliothek
Die Deutsche Nationalbibliothek verzeichnet diese Publikation in der Deutschen Nationalbibliografie; detaillierte bibliografische Daten sind im Internet über http://dnb.d-nb.de abrufbar.

ISBN 978-3-86226-200-7

ISSN 0930-9462

Gedruckt auf säurefreiem und chlorfrei gebleichtem Papier.

Umschlagabbildung: Helene Souza, Gemeinsam gestalten. www.pixelio.de
Umschlaggestaltung: Jasmin Morgenthaler, Visuelle Kommunikation
Satz: Vorlage des Autors

Danksagung

Mein ganz besonderer Dank gilt Frau Prof'in Dr. Iris Füssenich für die kompetente Begleitung meines Promotionsverfahrens: durch zahlreiche, inspirierende Fachdiskussionen hat sie zur inhaltlichen Reifung meiner Arbeit beigetragen und mich durch ihre engagierte Unterstützung stets zur Fertigstellung meiner Dissertation ermutigt. Für die bereitwillige Übernahme des Zweitgutachtens und die damit verbundenen konstruktiven Rückmeldungen in unterschiedlichen Kolloquien bedanke ich mich herzlich bei Frau Prof'in Dr. Martina Hielscher-Fastabend. Auch Herrn Prof. Dr. Rainer Trost, Frau Prof'in Dr. Lilith König und Herrn Prof. Dr. Hans Weiß danke ich für die entgegenkommende Mitwirkung an der Disputation.

Für die anregenden inhaltlichen Rückmeldungen bedanke ich mich bei den Teilnehmern des Kolloquiums für den wissenschaftlichen Nachwuchs in Reutlingen und wünsche ihnen auf diesem Wege weiterhin gutes Gelingen bei ihren Projekten. Auch den zahlreichen Mitarbeitern des Projektes zur *„Wissenschaftlichen Begleitung der Implementierung des Orientierungsplans für Bildung und Erziehung für die baden-württembergischen Kindergärten, Schwerpunkt: Frühförderung"* (*2006-2009*), die bei der Erhebung der dieser Arbeit zugrunde liegenden Daten beteiligt waren, insbesondere Frau Ottilie Merkel-Wörner, danke ich aufrichtig. Gleichzeitig spreche ich den Mitarbeiterinnen und Mitarbeitern des Verwaltungsapparates der Fakultät III der Pädagogischen Hochschule Ludwigsburg, allen voran Frau Ingrid Bachofer, ein ehrliches Dankeschön für ihre Ressourcenbereitstellung sowie ihre Hilfsbereitschaft, vor allem in administrativen Angelegenheiten, aus.

Herzlichen Dank richte ich an Claudia Crämer und an Dr. Claudia Husen, die durch ihr Fachwissen, ihre freundschaftliche Kollegialität sowie ihre aufmunternden Worte zu wichtigen Wegbegleitern wurden. Auch Mathias Menz gebührt großer Dank für die exzellente Zusammenarbeit, die vielen fruchtbaren Gespräche und nicht zuletzt für seine Korrekturlektüre. Ebenfalls den Kolleginnen und Kollegen, die zum Gelingen meiner Promotion während meiner Zeit an der Pädagogischen Hochschule Ludwigsburg/Reutlingen beigetragen haben, danke ich für die mir entgegengebrachte Kollegialität.

Aufrichtiger Dank gilt meinen Freunden, die mich in unterschiedlichen Belangen zuverlässig unterstützt und bei Bedarf einfühlsam ermutigt haben. Vor allem Philipp, Angela und Johannes danke ich für den tatkräftigen Beistand.

Tiefster Dank gebührt meinen Eltern sowie meinen Geschwistern Lisa und Valentin für ihre unentwegte, gleichermaßen moralische wie tatkräftige Unterstützung während meines Promotionsvorhabens. Ihnen sei die vorliegende Arbeit gewidmet.

Inhaltsverzeichnis

Teil I: Theoretische Grundlagen

Abbildungsverzeichnis

Teil I: Theoretische Grundlegung

1 Einleitung

1.1 Problemaufriss, Forschungsdefizit und Fragestellung

Problemaufriss

Ausgelöst durch die Ergebnisse unterschiedlicher Vergleichsstudien[1] hat die Diskussion um sprachliche Bildung sowie über den Zusammenhang zwischen Bildungschancen und sprachlichen Fähigkeiten einen hohen gesellschaftlichen und bildungspolitischen Stellenwert erlangt. Sprachlich-kommunikative Fähigkeiten gelten spätestens seither als notwendige „Schlüsselkompetenz" (vgl. OECD 2005, S. 12f) und direkter Wegweiser individueller Bildungsbiografien. Aus diesem Grund wurden in naher Vergangenheit große Anstrengungen unternommen, um die sprachlich-kommunikativen Fähigkeiten von unterstützungsbedürftigen Kindern zu fördern: Eine nahezu unüberschaubare Anzahl an „Förderprogramme[n], Sprachmaterialien und Projekte[n] wurde[n] auf den Weg gebracht" (Knapp et al. 2010a, S. 7) sowie zahlreiche Konzeptvorschläge entwickelt und ausprobiert (Jampert et al. ²2007, S. 75ff). Trotz dieses motivierten Aktionismus im Bereich der sprachlichen Bildung ist allerdings nach wie vor wissenschaftlich nicht hinreichend geklärt, durch welche Form von Sprachförderung bzw. mit welcher inhaltlichen Fördervorgehensweise unterstützungsbedürftige Kinder im sprachlich-kommunikativen Bereich ihre Kompetenzen am effektivsten erweitern können (vgl. Knapp et al. 2010a, S. 8). JAMPERT ET AL. (2005, S. 312) ziehen aus diesem Grunde ein ernüchterndes und beunruhigen des Fazit: „So vielfältig sich das Feld der Sprachbildung und -förderung im Elementarbereich auch präsentiert, ein wissenschaftlicher Nachweis zur Wirksamkeit seiner Ansätze und Konzepte steht weitgehend noch aus". Auch die innerhalb der einzelnen Bundesländer nach unterschiedlichen Inhaltsschwerpunkten und differenten Vorgehensweisen konzipierten Sprachfördermaßnahmen (vgl. Lisker 2010, S. 9ff) sind durchaus kritisch zu betrachten (Kaltenbacher/Stutterheim 2009; Rogge 2009), wie die neuesten Ergebnisse aktueller Evaluationsstudien über die Wirksamkeit von Sprachförderprogrammen belegen. So hält

---

[1] Z. B.: PISA-Studie 2003; 2006 (Programme for International Student Assessment), UNICEF-Vergleichsstudie zur Betreuung und Förderung von Kindern in Kindergärten und Kindertageseinrichtungen etc.

beispielsweise die Evaluationsstudie der Pädagogischen Hochschule Heidelberg über das Sprachförderprogramm *„Sag' mal was"* der Landesstiftung Baden-Württemberg fest: Es konnte nicht gezeigt werden, „dass die Sprachfördermaßnahmen im Programm ‚Sag' mal was' [...] hinreichend effektiv und effizient zu sein scheinen" (Polotzek et al. 2010, S. 76).

Forschungsdefizit

Die interaktionistische Spracherwerbstheorie nach BRUNER (1975; [2]2002) sieht alltägliche Interaktionen zwischen Kleinkindern und Bezugspersonen, die *Formate*[2], als Ausgangspunkt für das Erlernen von Kommunikation an. Auch die DEUTSCHE BILDUNGSKOMMISSION (1975a) formulierte bereits 1975 die Notwendigkeit von Spielen sowie die damit verbundenen kommunikativen Interaktionen als sinnvolles Element in Sprachförderkontexten. Allerdings wird in den aktuellen Diskussionen über die Umsetzung sprachlicher Bildungsmaßnahmen nicht an die damaligen Erkenntnisse angeknüpft: Zum Einen tendieren viele Trägerschaften elementarpädagogischer Bildungseinrichtungen bei der Entscheidung zur Umsetzung von Sprachfördermaßnahmen, trotz der mehrfach beschriebenen Importanz dieser gemeinsamen, zielgerichteten Handlungen für die Unterstützung sprachlich-kommunikativer Fähigkeiten (z. B. Dannenbauer [5]2002; Baumgartner 2008; Füssenich/ Geisel 2008 etc.), zu „rein linguistischen Trainingsverfahren" (List 2009, S. 21), obwohl darin die Bedeutung dialogischer Handlungen innerhalb sinnhafter und zielgerichteter Interaktionen fast komplett vernachlässigt wird (vgl. Valtin 1975; Füssenich 1996; Fried 2009). Dem breiten Angebot aktueller Sprachförderkonzepte (z. B. Penner 2005; Küspert/Schneider [6]2008) mangelt es oftmals an genau diesen Überlegungen, die von BRUNER und der DEUTSCHEN BILDUNGSKOMMISSION bereits vor mehr als 30 Jahren postuliert wurden: Bedeutsame Alltagsformate und gemeinsame, sinnhafte Handlungskontexte in Form von Spielformaten stellen aufgrund ihrer Relevanz und Existenz in natürlichen Spracherwerbskontexten eine unverzichtbare Grundlage nachhaltiger Förderung sprachlich-kommunikativer Fähigkeiten dar. Gerade dieses Potential gemeinschaftlicher Interaktionen und die Unterstützung der kindlichen Fähigkeiten, sich auf diese gemeinsamen Handlungen einlassen zu können, werden den Kindern mit Unterstützungsbedarf in aktuellen Sprachfördermaßnahmen häufig unzureichend bis gar nicht offeriert (vgl. Füssenich 2009a). Zum Anderen werden das Spielverhalten sowie die Spielfähigkeiten bzw. möglichen Schwierigkeiten von Kindern mit Unterstützungsbedarf in Sprach-

---

[2] Eine detaillierte Begriffsklärung der Termini *Formate*, *Alltagsformat* und *Spielformat* erfolgt in Kapitel 3.

förderkontexten häufig zu wenig oder gar nicht berücksichtigt (vgl. Füssenich 2009b, S. 6ff), obwohl Kinder ihre sprachlich-kommunikativen Kompetenzen im natürlichen Spracherwerb durch spielerische Handlungen (vgl. Andresen 2002; Füssenich ^{5}2002) und folglich ebenfalls in Abhängigkeit ihrer kindlichen Spielfähigkeiten, erweitern.

Diese aufgezeigten Problembereiche bezüglich der inhaltlichen Umsetzungs- und Vorgehensweise von Sprachfördermaßnahmen liegen zu einem erheblichen Teil in den fehlenden empirischen Daten darüber, wie mehr- und einsprachige Kinder mit Unterstützungsbedarf ihre sprachlich-kommunikativen Fähigkeiten erweitern (vgl. Ehlich et al. 2008, S. 32f) sowie in der mangelnden Berücksichtigung ihrer individuellen Fähigkeiten und Schwierigkeiten begründet: Zwar existiert eine große Anzahl standardisierter Untersuchungsverfahren, die zur Überprüfung des kindlichen Sprachentwicklungsstandes eingesetzt werden (vgl. Lisker 2010, S. 63ff), allerdings erfassen diese aufgrund ihrer Beschränkung von Sprachkompetenz auf einzelne, isolierte Teilbereiche der Sprachentwicklung nur unzureichend (vgl. Füssenich 2009a, S. 7f), worin die individuellen Schwierigkeiten der Kinder begründet liegen und woran eine am entsprechenden Förderbedarf anschließende Förderung ansetzen sollte (vgl. Dietz/Lisker 2008, S. 41ff). Vor allem individuelle Probleme beim Wortschatz- und Bedeutungserwerb werden diesbezüglich aus förderdiagnostischer Sichtweise häufig vernachlässigt (vgl. Jeuk 2009), obwohl diesem Bereich als Zentrum des Spracherwerbs (vgl. Füssenich ^{5}2002) größte Bedeutung beigemessen werden müsste.

Um an diesen fehlenden Erkenntnissen bezüglich des individuellen Unterstützungsbedarfs von Kindern in ihren sprachlich-kommunikativen Fähigkeiten anzuknüpfen, ist es notwendig, den Blick über einen längeren Zeitraum direkt auf einzelne Kinder zu richten und durch eine kontinuierliche Lernbegleitung und -beobachtung in Form von Einzelfallstudien qualitative Erkenntnisse darüber zu erheben, wie Kinder durch ein auf ihre individuellen Bedürfnisse abgestimmtes Angebot ihre sprachlich-kommunikativen Kompetenzen erweitern. Auch der Zusammenhang zwischen den Sprach- und Spielfähigkeiten von Kindern mit Unterstützungsbedarf sowie die Chancen und Möglichkeiten von Spielen wie kommunikativen Handlungssituationen für die Förderung von Kindern mit Unterstützungsbedarf muss dabei entsprechend den Forderungen der Deutschen Bildungskommission und den Inhalten des interaktionistischen Spracherwerbs fokussiert werden. Während bislang in aktuellen Überlegungen (z. B. Mannhard/Braun 2008; Rodrian 2009) das Hauptaugenmerk beispielweise durch die Formulierung von Kompetenzanforderungen, förderlichen Verhaltensweisen oder Kooperationsvorgaben nahezu ausschließlich auf die an den Bildungsmaßnahmen beteiligten Erwachsenen gerichtet wurde, gilt es im Sinne einer kindzentrierten Herangehensweise die Kinder mit

Unterstützungsbedarf in das Zentrum der Betrachtung zu rücken. Anhand der Analyse ihrer individuellen Voraussetzungen, Bedürfnisse und Interessen sowie einer konstanten Dokumentation der kindlichen Kompetenzerweiterungen können aufschlussreiche Erkenntnisse gewonnen werden, wie Kinder mit Unterstützungsbedarf ihre sprachlich-kommunikativen Fähigkeiten ausbauen und wie ihre individuellen Bedürfnisse in einem auf ihre Voraussetzungen abgestimmten Förderangebot berücksichtigt werden können. Diese Würdigung kindlicher Entwicklungsfortschritte und der direkte Blick auf den Lernprozess sowie die dafür notwendigen Voraussetzungen werden in Sprachförderkontexten leider zu selten beachtet und sind folglich zur Bearbeitung des im Voraus aufgezeigten Forschungsdefizits von Nöten.

Fragestellung

Um schließlich an diesem bestehenden Forschungsdefizit hinsichtlich der mangelnden Berücksichtigung der Kinderperspektive in Sprachförderkontexten anzuknüpfen, ergeben sich für die vorliegende Dissertation unter dem Titel „Kinder mit Unterstützungsbedarf erweitern ihre sprachlich-kommunikativen Fähigkeiten in Alltags- und Spielformaten – eine empirische Vergleichsstudie über vier Beispielkinder" folgende Fragestellungen:

- Welche Bereiche kindlicher Voraussetzungen müssen bei der Unterstützung von Kindern mit Schwierigkeiten in sprachlich-kommunikativen Bereichen berücksichtigt werden?

- Welche interindividuellen Unterschiede und Gemeinsamkeiten lassen sich bei der Betrachtung der Spiel- und Sprachfähigkeiten von Kindern mit Unterstützungsbedarf zeigen?

- Wie erweitern Kinder mit Unterstützungsbedarf ihre sprachlich-kommunikativen Fähigkeiten mit Hilfe von Spiel- und Alltagsformaten?

Aus stilistischen Gründen wird im Rahmen dieser Arbeit auf eine Doppelnennung von Personengruppen mit Genus-Differenzierung (z. B. Erzieherinnen und Erzieher) weitgehend verzichtet. Die Verwendung der femininen oder der maskulinen Form schließt stets weibliche und männliche Personen ein.

1.2 Vorgehen und Aufbau der Arbeit

Zum methodischen Vorgehen

In aktuellen Diskussionen um die Förderung von Kindern mit Unterstützungsbedarf[3] in ihren sprachlich-kommunikativen Fähigkeiten werden in Form von unterschiedlichsten Konzeptformulierungen (vgl. Jampert et al. ^{2}2007), kostenintensiven Pilotprojekten (z. B. *Sag' mal was*[4]) und wissenschaftlich begleiteten Evaluationsstudien (z. B. Polotzek et al. 2010; Knapp et Al. 2010b) große Anstrengungen unternommen, um diese Kinder beim Erwerb sprachlich-kommunikativer Fähigkeiten zu unterstützen. Trotz dieser Bemühungen und den Ergebnissen erster Evaluationsstudien (vgl. Kap. 2.2.3), ist wissenschaftlich nach wie vor nicht hinreichend geklärt, welche inhaltlichen Vorgehensweisen bei der Umsetzung von Sprachfördermaßnahmen die größte Effektivität versprechen (vgl. Knapp et al. 2010a, S. 8). Hauptverantwortlich für dieses Forschungsdefizit (vgl. Kap. 1.1) sind die mangelnde qualitative Berücksichtigung der Lernfortschritte der Kinder mit Unterstützungsbedarf sowie fehlende empirische Erkenntnisse darüber, wie diese Kinder ihre sprachlich-kommunikativen Fähigkeiten erweitern. Aufgrund dieser unzureichend vorhandenen Empirie ist es notwendig, anhand von Beispielkindern qualitative Erkenntnisse darüber zu gewinnen, wie Kinder mit Unterstützungsbedarf ihre sprachlich-kommunikativen Fähigkeiten erweitern.

Im Rahmen der Durchführung des Projekts zur *„Wissenschaftlichen Begleitung der Implementierung des Orientierungsplans für Bildung und Erziehung für die baden-württembergischen Kindergärten, Schwerpunkt: Frühförderung"*[5] (2006-2009; vgl. Füssenich 2009b) wurden aus fünf unterschiedlichen Kindertageseinrichtungen zahlreiche Einzelfallstudien über Kinder mit Unterstützungsbedarf erhoben (vgl. Füssenich 2009b, S. 113ff). In Absprache und Kooperation mit den jeweiligen Kindertageseinrichtungen wurden diese Kinder von Projektmitarbeitern gefördert und über einen Zeitraum von mindestens einem Jahr begleitet.

Die dabei entstandenen Dokumentationen liefern hilfreiche Aufschlüsse über die individuellen Kompetenzerweiterungen von Kindern mit Unterstützungsbedarf, welche vor allem bezüglich des im Voraus aufgezeigten Forschungsdefizits von großer Bedeutung sind. Auf Grundlage des Vergleichs von vier ausgewählten Einzelfallstudien werden anhand ihrer individuellen Gemeinsamkeiten und Unterschiede aufschlussreiche Erkenntnisse herausgearbeitet, wie Kinder mit Unterstüt-

---

[3] Die Begriffsklärung dieses Terminus erfolgt in Kapitel 2.2.1.
[4] http://www.sagmalwas-bw.de [Stand: 27.10.2010]
[5] Nähere Informationen zum genannten Projekt können unter der Projekthomepage eingesehen werden: https://ph-ludwigsburg.de/4694.html [Stand: 17.05.2010].

zungsbedarf ihre sprachlich-kommunikativen Fähigkeiten ausbauen und wie ihre individuellen Bedürfnisse in einem auf ihre Fähigkeiten abgestimmten Förderangebot berücksichtigt werden können. Die Auswertung der empirischen Untersuchungen und Dokumentationen erfolgt in Form der *qualitativen Inhaltsanalyse*, da mit dieser Methode Einzelfallstudien systematisch und methodisch kontrolliert analysiert werden können (vgl. Mayring [10]2008, S. 21; vgl. Kap. 5.2).

Zum Aufbau der Arbeit

Die Arbeit gliedert sich in zwei Teile. Im **ersten Teil** erfolgt die theoretische Grundlegung: In **Kapitel 2** werden durch Rückgriff auf *historische Erkenntnisse der Elementarpädagogik* sowie der *linguistischen Pragmatik* Verbindungen zu *heutigen fachwissenschaftlichen und bildungspolitischen Diskussionsfeldern* aufgezeigt, die zum Einen zur Beantwortung der Fragestellungen dieser Arbeit berücksichtigt werden müssen und in denen zum Anderen die *zentrale Bedeutung sprachlich-kommunikativer Fähigkeiten im Elementarbereich* deutlich wird. Weiteres Ziel dieses Kapitels ist die *Klärung zentraler Begriffe*, die für den weiteren Verlauf der Arbeit inhaltlich klargestellt sein müssen.

In **Kapitel 3** wird unter Darstellung der *interaktionistischen Spracherwerbstheorie* nach BRUNER ([2]2002) die *Bedeutung von Formaten für die sprachlich-kommunikativen Fähigkeiten von Kindern* erläutert und der durch sie präsentierte Unterstützungsrahmen für den Spracherwerb anhand der Differenzierung in *Alltags-* sowie *Spielformate* konkretisiert. Durch die detaillierte Beschreibung dieser beiden Formatformen wird die Verbindung des individuellen Spracherwerbs mit der Spielentwicklung von Kindern herausgearbeitet und unter Rückgriff auf *Regelspiel-* sowie *Rollenspielformate* belegt. Die Darstellung dieser natürlichen Erwerbsprozesse ist unerlässlich, da die im anschließenden Kapitel aufgeführten theoretischen Aspekte zur Förderung sprachlich-kommunikativer Fähigkeiten von Kindern mit Unterstützungsbedarf nur auf Grundlage natürlicher Erwerbskontexte eruiert werden können.

Schließlich werden in **Kapitel 4** unter Berücksichtigung *historischer Entwicklungen* die Vorteile einer *individualisierten Vorgehensweise* gegenüber *gleichschrittigen Sprachförderprogrammen* aufgezeigt und mit Hilfe von fachwissenschaftlichen Erkenntnissen herausgearbeitet, wie Kinder mit Unterstützungsbedarf bei der Erweiterung ihrer sprachlich-kommunikativen Fähigkeiten gefördert werden können. Obwohl dabei das Kind schwerpunktmäßig im Zentrum der Betrachtung steht, wird auch die *Rolle der Erwachsenen* des kindlichen Umfelds und ihre Möglichkeiten der Unterstützung beleuchtet.

Teil zwei umfasst die *empirische Vergleichsstudie*: Zunächst werden in **Kapitel 5** die *Fragestellung* sowie das *methodische Vorgehen der empirischen Untersuchung* expliziert. Da dem *Kategorienraster zur Analyse der Beispielkinde*r im Rahmen einer qualitativen Inhaltsanalyse zentrale Bedeutung zugemessen werden muss (vgl. Mayring [10]2008), erfolgen in diesem Kapitel die Begründung der einzelnen, im Analyseraster integrierten Auswertungskategorien.

Um den Lesern dieser Arbeit den Ablauf der Begleitung und Unterstützung eines Beispielkindes im Rahmen der Projektbegleitung zu konkretisieren, wird in **Kapitel 6** am *Beispielkind Nico*, der von mir selbst gefördert wurde, ausführlich dargestellt, wie er seine *sprachlich-kommunikativen Fähigkeiten in Alltags- und Spielformaten erweitern* konnte. Darstellungsweise dieser Entwicklungsbegleitung richtet sich nach den im Voraus begründeten Kategorien des Auswertungsrasters (vgl. Kap. 5.3). Diese Ausführungen dienen ebenfalls als Referenzgrundlage für die Begleitung der drei weiteren Beispielkinder, weswegen diese in **Kapitel 7** zusammengefasst skizziert werden.

Kapitel 8 und **Kapitel 9** widmen sich der *Darstellung der Gemeinsamkeiten wie Unterschiede der Beispielkinder* und liefern anhand der Herausarbeitung von strukturellen Zusammenhängen die empirischen Erkenntnisse, die zur Beantwortung der Fragestellung notwendig sind. Nach der Darstellung der Ergebnisse erfolgt in **Kapitel 10** deren *Interpretation*, um die qualitativen Erkenntnisse in den Bereichen *individuelle Fähigkeiten und Schwierigkeiten der Beispielkinder*, *Kompetenzerweiterungen der Beispielkinder* sowie *Vorgehensweise der Förderung der Beispielkinder und Kompetenzen der Erwachsenen* an passender Stelle in kontextabhängige Zusammenhänge einzuordnen.

In **Kapitel 11** erfolgen unter Rückbezug auf die Theorie die Präsentation der schlussfolgernden Gesamtergebnisse der empirischen Erkenntnisse sowie die Beantwortung der Fragestellungen der vorliegenden Dissertation. Hierzu wird der *Blick auf das Kind* und der *Blick auf die Erwachsenen* unterschieden, um mit Hilfe dieser Differenzierung getrennt darstellen zu können, wie zuallererst Kinder mit Unterstützungsbedarf ihre sprachlich-kommunikativen Fähigkeiten erweitern und in einem nächsten Schritt zu konstatieren, wie Erwachsene sie hierbei unterstützen können. An diese Erkenntnisse anschließend wird ein *Ausblick* auf offene Forschungsfragen gegeben, an die auf Grundlage der Ergebnisse vorliegender Arbeit angeknüpft werden sollte.

Kapitel 12 schließlich präsentiert als *Fazit* eine kompakte Zusammenfassung der Erkenntnisse der vorliegenden Dissertation.

2 Sprache und Kommunikation im Elementarbereich

Ziel des folgenden Kapitels ist die Darstellung der Bedeutung sprachlich-kommunikativer Fähigkeiten von Kindern im Elementarbereich. Der Blick in die Geschichte des Elementarbereichs zeigt deutliche Parallelen zu heutigen Entwicklungen und muss aus diesem Grund in zeitgemäßen Diskussionsthemen mitberücksichtigt werden. Nach der daran anschließenden Begriffsklärung wichtiger Termini wird unter Rückgriff auf Erkenntnisse der linguistischen Pragmatik das in dieser Arbeit thematisierte Forschungsdefizit erneut dargestellt und anhand gegenwärtiger Diskussionsfelder konkretisiert.

2.1 Ein Blick in die Geschichte: der Elementarbereich als eigenständige Bildungsstufe

Der Begriff *Elementarbereich* beschreibt „die erste Stufe des institutionalisierten Erziehungs- und Bildungssystems der Bundesrepublik Deutschland. Er umfasst alle Einrichtungen *(Kindergarten, Kindertagesstätte)*, die die Familie in der Erziehung ihrer Kinder vom 3. bis zum 6. Lebensjahr unterstützen und ergänzen" (Leist ^{2}2006, S. 673). Seinen institutionellen Ursprung findet der Elementarbereich zu Beginn des 19. Jahrhunderts mit den sogenannten Kleinkindbewahranstalten, deren Hauptaufgabe die Bewahrung hilfsbedürftiger Kinder vor Verwahrlosung war (vgl. Aden-Großmann 2002, S. 27). Mit der Gründung des ersten Kindergartens 1840 durch FRIEDRICH FRÖBEL wurden die Vorstellungen eines pädagogischen Bildungsauftrages des Elementarbereichs wegweisend konkretisiert. Vor allem der Aspekt des kindlichen Spiels und seine Bedeutung für die kindliche Entwicklung bildeten den Ausganspunkt der Fröbelschen Pädagogik (vgl. Aden-Großmann 2002, S. 31). FRÖBEL forderte bereits damals, den Kindergarten als „unterste Stufe eines einheitlichen Bildungssystems" (Aden-Großmann 2002, S. 39) festzusetzen, scheiterte aber u.a. am preußischen Kindergartenverbot 1851. Nach der Aufhebung des Verbotes im Jahr 1861 verbreiteten sich langsam aber stetig die *Volkskindergärten*, Einrichtungen die nach den Lehren Fröbels arbeiteten und als Erziehungsstätte für Arbeiterkinder konzipiert waren. Sowohl in den Volkskindergärten als auch in den Kindergärten der wohlhabenderen Schicht standen bis zum zweiten Weltkrieg „pflegerisch-karitative, sozial-erzieherische [aber auch] schulisch-bildende Aspekte im Vordergrund" (Leist ^{2}2006, S. 674). Nach Ende des zweiten Weltkrieges erhöhte sich zunächst aufgrund der Kriegsfolgen der Bedarf an pflegerischen Tätigkeiten, der einsetzende Modernisierungsprozess der Arbeitswelt sorgte schließlich dafür, dass der Bildung von Kleinkindern größere Bedeutung beigemessen wurde (Leist ²2006, S. 674). So entwickelte sich in der Nachkriegszeit eine langsam entflammende Diskussion um die Reformierung des Bildungswesens, welche spätestens mit dem *Sputnikschock* (1958) und der anschließend ausgemachten „Bildungskatastrophe" ungekanntes Aufsehen erregte (vgl. Diskowski 2004, S. 77). Als unmittelbare Folge dieser Bildungsdiskussionen und der vielerorts geforderten Bildungsreform entstand der *Deutsche Bildungsrat*, der in seinem 1970 vorgelegten Bildungsbericht dem Ausbau des Elementarbereiches oberste Priorität einräumte (vgl. Aden-Großmann 2002, S. 164).

Waren die traditionellen Ansätze der Kindergartenpädagogik von Fröbel oder Montessori noch auf ein ganzheitliches pädagogisches Konzept unter Beachtung des damaligen Menschen- und Weltbilds ausgelegt, erhielten ab 1967 curriculare Ansätze Einzug in elementarpädagogische Konzeptbildungen. Ziel dieser Curricula war die Entwicklung didaktischer Konzepte, welche die Vermittlung bestimmter Qualifikation anstrebten (vgl. Aden-Großmann 2002, S. 186). Bei den Überlegungen zur Umsetzung dieser curricularen Ansätze waren neben reformpädagogischen Ansätzen vor allem der *funktionsorientierte* und der *situationsorientierte Ansatz* diskussionsbestimmend: Der *funktionsorientierte Ansatz* basiert in Anlehnung an behavioristische Grundgedanken auf isolierten Übungen und Trainingsprogrammen (vgl. Kap. 4.2) zur Förderung kognitiver und sprachlicher Fähigkeiten von Kindern. Größte Kritikpunkte an diesem Ansatz waren die nicht kindgerechte Vorgehensweise isolierter Förderung einzelner Teilbereiche und die damit verbundene Vernachlässigung der miteinander vernetzten, kindlichen Entwicklungsprozesse (vgl. Leist ²2006,S. 674). Als Konsequenz dieser Kritik entstand der *situationsorientiere Ansatz*, der die individuellen Lebensbereiche der Kinder ins Zentrum des Bildungsprozesses rückte. Es galt, Situationsanlässe und anregende Rahmenbedingungen zu schaffen, in welchen kindliche soziale, kognitive und sprachliche Entwicklungs- und Lernprozesse unterstützt werden sollten (vgl. Aden-Großmann 2002, S. 193ff). „Trotz einiger Schwierigkeiten in der praktischen Umsetzung (z. B. Diehm 1993) konnte sich der situationsorientierte Ansatz mit seinem Schwerpunkt des sozialen Lernens gegenüber dem schulisch ausgerichteten funktionsorientierten Ansatz durchsetzen" (Leist ²2006, S. 675).

Der Deutsche Bildungsrat setzte schließlich 1970, wie von Fröbel bereits 130 Jahre früher gefordert, den Elementarbereich als eigenständige Bildungsstufe fest (vgl. Füssenich 2009a, S. 6), um in Abgrenzung „zu der in den 60er-Jahren vorherrschenden schulvorbereitend ausgerichteten *Vorschulerziehung*" (Leist ²2006, S. 673) die Eigenständigkeit des Kindergartens und die daraus resultierende Pädagogik der Kindheit zu betonen. Aufgrund dieser Eigenständigkeit wurde dem Elementarbereich ein eigener Erziehungs- und Bildungsauftrag zugeteilt, welcher in der Unterstützung und Förderung der elementaren Entwicklung von Kindern begründet ist. Die Förderung elementarer Entwicklung umfasst dabei „sensorische, emotionale, motorische, kognitive, soziale, ästhetische und sprachlich-kommunikative Aspekte“ (Füssenich 2008, S. 17). Die curriculare Umsetzung des pädagogischen Auftrages erfolgte größtenteils auf Basis des situationsorientierten Ansatzes, welcher sich trotz weit verbreiteter Zustimmung auch scharfer Kritik stellen musste (vgl. Fthenakis 2000, S. 115ff). Die Diskussionen um die qualitative Umsetzung des elementarpädagogischen Bildungsauftrags wurden ab den 80er-Jahren des letzten Jahrhunderts immer mehr von dem Bemühen um die quantitative Ausweitung des Angebots an Kindergartenplätzen überlagert. „Als 1996 alle Kinder vom dritten Lebensjahr bis zum Eintritt in die Schule einen gesetzlichen Anspruch auf einen Kindergartenplatz erhielten, waren [...] erhebliche Anstrengungen erforderlich um die notwendigen Plätze zu schaffen“ (Aden-Großmann 2002, S. 317).

Die gravierenden Ergebnisse der PISA-Studie 2001 wurden in Deutschland unter Anderem mit qualitativen Mängeln des elementarpädagogischen Bildungssektors begründet, welche auch dem zu lange vorherrschenden quantitativen Ausbau geschuldet waren (vgl. Aden-Großmann 2002, S. 318). Es bestand eine vergleichbare Situation wie vor 30 Jahren (vgl. Fthenakis ^{3}2003, S. 10): Eine neuerliche Diskussion um den Bildungsauftrag des Elementarbereichs und dessen inhaltlicher Umsetzung war gestartet und erfreute sich einer bis dato ungekannten Qualität an öffentlichem Interesse mit der Thematik (vgl. Diskowski 2004, S. 77). ROUX (2002) fasste fünf Bereiche zusammen, in welchen Veränderungen und Weiterentwicklungen forciert werden sollten: „in der allgemeinen Organisationsentwicklung, der Programmentwicklung, der Qualitätsentwicklung, der Aus- und Fortbildung sowie bezüglich der Entwicklung neuer Formen der Elternarbeit/Elternbildung“. Die entscheidenden Antworten auf diese neu entfachten, elementarpädagogischen Reformbewegungen sollten die von den einzelnen Bundesländer zwischen 2003 und 2007 vorgelegten Bildungspläne für den Elementarbereich präsentieren[6], welche bis heute in fast allen Bundesländern umgesetzt sind. Die endgültige Beendigung elementarpädagogischer Bildungsdiskussionen konnten die einzelnen Bildungspläne aufgrund ihres inkonsistenten Bildungsverständnisses bezüglich der Auswahl der Bildungsbereiche (vgl. Stoltenberg 2008,S. 95f) und dem fehlenden Anknüpfen an die Erfahrungen und Diskussionen der 60er und 70er-Jahre (vgl. Röbe 2004, S. 209ff; Füssenich 2009a, S. 7) bislang nicht bewirken, weswegen der Debatte um

[6] Eine kompakte Übersicht mit weiterführenden Literaturhinweisen zu den jeweiligen Bildungsplänen für den Elementarbereich der einzelnen Bundesländer findet sich der Homepage des Deutschen Bildungsservers: http://www.bildungsserver.de/zeigen.html?seite=2027 [Stand: 02.06.2010] oder bei STOLTENBERG (2008).

die Aufwertung und Umstrukturierung des Elementarbereichs immer noch aktuelle Brisanz zugeschrieben werden muss. Dennoch bieten die Pläne umfassende Orientierungsmöglichkeiten in zentralen Bildungsbereichen für Eltern und pädagogische Fachkräfte, und tragen damit zu einem erkennbaren „Qualitätssprung" (Stoltenberg 2008, S. 7) bei. Einen dieser zentralen Bildungsbereiche, unisono in allen Bildungsplaninhalten der einzelnen Bundesländer erkennbar (vgl. Huneke 2009), stellen die sprachlich-kommunikativen Fähigkeiten von Kindern dar. Da dieser Bildungsbereich nicht nur in den Elementarbildungsplänen thematisiert wird, sondern sich insgesamt dauernder „brennender Aktualität" (Reiche 2003, S.192) und großem (bildungs-)politischem Interesse erfreut, wird nachfolgend aus mehrdimensionaler Perspektive die zentrale Bedeutung sprachlich-kommunikativer Fähigkeiten im Elementarbereich dargestellt.

2.2 Zur Bedeutung sprachlich-kommunikativer Fähigkeiten im Elementarbereich

Den sprachlich-kommunikativen Fähigkeiten von Kindern wurde im Zuge der elementarpädagogischen Reformbewegungen schrittweise größere Bedeutung zugemessen (vgl. Leist [2]2006, S. 673ff). Spätestens seit den Ergebnissen unterschiedlicher Vergleichsstudien (z. B. PISA) werden sie in bildungspolitischen Diskussionen häufig als ein entscheidender Bereich zur erfolgreichen Bewältigung von Lebens- und Lernprozessen bezeichnet. JAMPERT ET AL. (2005, S. 17) konkretisieren diese Sichtweise der „Schlüsselkompetenz Sprache":

> „Sprache ist der Schlüssel zur Welt, zu unseren äußeren ebenso wie zu der Welt in uns. Mit ihr können wir uns anderen Menschen mitteilen, uns mit ihnen austauschen und unserem grundlegend menschlichen Bedürfnis nach Gemeinsamkeit und Zugehörigkeit Ausdruck verleihen. Sprache beflügelt außerdem unser Denken und unsere Fantasie. Sie gibt uns Begriffe um unsere Eindrücke und Wahrnehmungen in Worte zu fassen, sie in gedankliche Bahnen zu lenken, um Ideen zu planen, Wunschträume zu leben und um unser Wissen, unsere Erfahrungen und unser Wollen in die Welt zu tragen. Sprache hilft, uns selbst und andere zu verstehen und das, was unsere Wirklichkeit ausmacht, zu benennen, zu ergründen und zu gestalten. Als ein komplexes System von Zeichen, Symbolen, Regeln und Bedeutungen äußert sie sich nicht nur verbal: Ein Blick sagt mehr als tausend Worte, der Ton macht die Musik, offene und versteckte Botschaften sendet der Körper. Und seit Menschgedenken ist die Aneignung von Sprache und der Umgang mit ihr ein lebendiger und schöpferischer Prozess."

Innerhalb dieses Prozesses kommt der Bildungsstufe des Elementarbereichs und der elementarpädagogischen Arbeit größte Bedeutung zu: Die Kinder sind zum ersten Mal in ihrem Leben institutionell von ihren familiären Bezugspersonen getrennt und sind gefordert, die individuell unterschiedlich vorhandenen Strukturen der Familiensprache in unbekannten Kontexten, dem Kindergartenalltag, anzuwenden. Während auf Seiten der Kinder die ersten Lebensjahre von *implizitem Lernen* geprägt sind, tritt im Kindergartenalter *explizites Lernen* hinzu. Das (sprachliche) Lernen geschieht nun nicht mehr nur beiläufig, sondern mit zunehmender vorhandener Aufmerksamkeit und immer größer werdendem Bewusstsein für den Lernprozess (vgl. List 2006, S. 16f). Dabei differiert die individuelle Sprachentwicklung sowohl von mehr- als auch einsprachigen Kindern während des Kindergartenalters, und dementsprechend kurz vor und nach Schuleintritt, sehr stark (vgl. Füssenich 2009a, S. 6). Aufgrund dieser individuellen Unterschiede ist es notwendig, die zentrale Bedeutung sprachlich-kommunikativer Fähigkeiten aus drei unterschiedlichen Perspektiven zu erläutern und daraus das in der vorliegenden Arbeit bearbeitete Forschungsdefizit zu konkretisieren.

2.2.1 Zur Begriffsvielfalt: sprachliche Bildung, Sprachförderung, Sprachtherapie, mehr- und einsprachige Kinder mit Unterstützungsbedarf

Ein zentraler Bereich des Bildungs- und Erziehungsauftrags des Elementarbereichs (vgl. Kap. 2.1) besteht in der Förderung sprachlich-kommunikativer Fähigkeiten (vgl. Hellrung 2006, S. 74) und ist in den entsprechenden Elementarbildungsplänen der einzelnen Bundesländer fest verankert (vgl. Huneke 2009). So verweist beispielsweise der *Orientierungsplan für Bildung und Erziehung für die baden-württembergischen Kindergärten* bereits im Vorwort auf die „zentrale Rolle der Sprachförderung“ (Ministerium für Kultus, Jugend und Sport Baden Württemberg 2006, S. 9) im Elementarbereich und ergänzt: „Alle Kinder in Krippe und Kindergarten haben von Anfang an ein Anrecht auf Sprachbildung und Sprachförderung und damit auf gezielte Erweiterung ihres Sprachvermögens“ (ebda. 2009, S. 108). Dieses Zitat verdeutlicht, dass bei der Verwendung einer begrifflichen Bezeichnung für Kinder und ihre sprachlich-kommunikativen Fähigkeiten „eine fast schon babylonische Sprachverwirrung“ (Iven 2007, S. 46) herrscht. Die hierbei aufgeführten Begrifflichkeiten *Sprachbildung*, *Sprachförderung* und *gezielte Erweiterung ihres Sprachvermögens* verdeutlichen exemplarisch die aktuell feststellbare, inhaltlich undifferenzierte Verwendung von Fachbegriffen. Eine ebenfalls seit längerem geführte Diskussion ist die Debatte um „Sprachförderung und/oder Sprachtherapie“ (DBL 2008), welche die Problematik der exakten Differenzierung dieser beiden Termini aufgreift. Zu dieser Thematik existiert bislang auch noch keine einheitliche wissenschaftlich akzeptierte Klärung (vgl. Knapp 2009, S. 75), obwohl diesbezüglich in der Praxis auf Seiten von Fachkräften und Erzieherinnen eine große Verunsicherung herrscht (vgl. Füssenich 2010a, S. 15f): Inwieweit können Kinder mit Auffälligkeiten in ihrer sprachlich-kommunikativen Entwicklung vom Einrichtungspersonal gefördert werden und wann sollten externe Fachdienste oder Fachpersonal mit dem expliziten Auftrag der Sprachtherapie hinzugezogen werden? Demnach erfolgt an dieser Stelle die inhaltliche Klärung der dieser Arbeit zugrunde liegenden Begriffsverständnisse, welche, entsprechend der Argumentationsline dieser Dissertation folgend, nach Möglichkeiten aus Kinderperspektive dargestellt werden sollen.

Sprachliche Bildung wird in wissenschaftlichen Kontexten als feststehender Terminus verwendet und orientiert sich am pädagogischen Bildungsbegriff:

> „Bildung meint
> - die Befähigung zu vernünftiger Selbstbestimmung und Solidaritätsfähigkeit mit andern,
> - die Subjektentwicklung im Medium der Objektivationen bisheriger menschlicher Kultur; das bedeutet: Bildung ist immer als ein Selbst- und als ein Weltverhältnis auszulegen, das nicht nur rezeptive, sondern verändernde-produktive Teilnahme an der Kultur meint,
> - die Gewinnung von Individualität und Gemeinschaftlichkeit“
> (Gudjons ^{8}2003, S. 202)

Sprachliche Bildungsprozesse sind folglich als Prozesse der Selbst-Bildung zu verstehen, in denen die Eigenaktivität sowie die individuelle Auseinandersetzung der Kinder mit ihrer sprachlichen, sozialen und dinglichen Umwelt von entscheidender Bedeutung sind. Ein Kind lernt Sprache nicht um ihrer selbst willen, sondern die Sprache ist das Medium für seine Ziele, nicht das Ziel selbst. Sprachliche Bildung beinhaltet in ihrer Gesamtheit alle sprachlichen Anregungen, „die ein Kind in den ersten Lebensjahren in seiner sozialen Umgebung erfährt, die in Familien stattfindet und sich fortsetzt in sprachfördernden Alltagssituationen oder spezifischen Angeboten in Kindertageseinrichtungen und später in der Schule“ (Mannhard 2006a, S. 270). Obwohl der Selbstbildungsprozess der Kinder dabei im Vordergrund steht, kommt auch den Bezugspersonen die Aufgabe zu, sprachanregende Interaktions- und Kommunikationssituationen in den kindlichen Familien- und Institutionsalltag zu integrieren, um den Kindern eine zurückhaltende Hilfestellung bei der Ausschöpfung ihres gesamten Entwicklungspotenzials, unter Fokussierung des Bereichs Sprache und Kommunikation, anzubieten (vgl. Fuchs 2003, S. 79). Aus diesem Grund wird sprachliche Bildung, unter Betonung der Gestaltung der Lernumwelt durch die Bezugspersonen sowie die damit verbundene, bewusstere Gestaltung der sprachlichen Interaktionen zwischen Erwachsenen und Kind (vgl. Laewen 2002), auch häufig als *alltägliche Sprachförderung* bezeichnet.

Diese alltägliche Sprachförderung wird in Kindertageseinrichtungen überwiegend von dessen Personal (meist Erzieherinnen mit oder ohne Zusatzqualifikationen) durchgeführt und basiert nicht auf den individuellen Fähigkeiten und Schwierigkeiten einzelner Kinder, sondern findet in (Klein-)Gruppen ohne individuelle Förderziele statt (vgl. De Langen-Müller/Maihack o. J.). Sie dient somit der „Prävention von Spracherwerbsstörungen“ (Hoffschildt 2008, S. 147):

> „Kinder aus einem spracharmen häuslichen Umfeld oder mit begrenztem Kontakt zur deutschen Sprache hatten wenig Gelegenheit, sich ein funktionierendes Sprachsystem anzueignen und können von allgemeinen Sprachfördermaßnahmen in der Kita gut profitieren.“(Iven 2007, S. 46).

Zu diesen allgemeinen Sprachfördermaßnahmen gehören Aktivitäten wie Bücher vorlesen, Lieder singen, Bilder(bücher) betrachten, Gesprächsanlässe nutzen, Fragen beantworten, Dinge benennen etc.

Bei Kindern mit Schwierigkeiten in ihren sprachlich-kommunikativen Fähigkeiten, die die wesentlichen Sprachelemente nicht aus den ihnen offerierten Alltagsroutinen übernehmen können, reicht eine alltägliche Sprachförderung nicht aus, sondern kann für sie sogar kontraproduktiv sein.

> Das ‚nur‘ in seiner Entwicklung aufgehaltene Kind kann von zusätzlichen Fördermaßnahmen profitieren, das sprachbehinderte Kind aber nicht: Es braucht spezialisierte, individuelle und professionelle Hilfe, und die Gefahr, wenn alle über einen Förderkamm geschoren werden, ist, dass das therapiebedürftige Kind auf der Strecke bleibt“ (Iven 2007, S.46).

Wenn Kinder neben Schwierigkeiten beim Bedeutungserwerb auch Auffälligkeiten im Bereich Grammatik und Aussprache (Füssenich 2008a, S. 194) sowie in ihren pragmatischen Fähigkeiten (vgl. Heidtmann 2010) aufweisen, benötigen sie professionelle Hilfe in Form einer gezielt und systematisch eingesetzten Unterstützung des Spracherwerbs. Auch bei Sprachstörungen im Kontext von hirnorganischen Schädigungen sowie bei der Beobachtung einer unausbalancierten Entwicklung (Kinder durchlaufen die Entwicklungsstufen nicht oder in anderer Reihenfolge als beim unauffälligen Spracherwerb) ist die Anordnung von Sprachtherapie unumgänglich. Folglich kann eine alltägliche Sprachförderung die dafür notwendige, professionell durchgeführte Maßnahme der Sprachtherapie nicht ersetzen.

Die Grenzen zwischen gezielter Sprachförderung und -therapie sind fließend (vgl. De Langen-Müller/Maihack o. J.), weswegen sich eine exakte Differenzierung der beiden Begriffe als sehr schwierig erweist und bislang auch noch keine wissenschaftlich akzeptierte Antwort dazu existiert (vgl. Knapp 2009, S. 75). Trotz der vorhandenen Parallelen und Überschneidungen weist Sprachtherapie dennoch entscheidende Unterschiede zur Sprachförderung auf. Im Gegensatz zur Sprachförderung basiert Sprachtherapie immer auf einer differenzierten Diagnostik individueller Fähigkeiten und Schwierigkeiten, die als Ausgangspunkt zur Planung der nächsten Schritte und Therapieziele unerlässlich sind (vgl. Füssenich [5]2002, S. 97ff). Bestimmte Fachkreise, v.a. einige Vertreter der Ständigen Konferenz der Dozentinnen und Dozenten der Sprachbehindertenpädagogik (z. B. Baumgartner 2006; Baumgartner/Glück/Reber/Schönauer-Schneider 2008; Motsch 2008; Grohnfeldt 2009), äußern immer wieder ihren Unmut über die unscharfe Trennung von Sprachförderung und Sprachtherapie und bescheinigen dem Begriff der Förderung Substanzlosigkeit. „Mit dem Begriff der Förderung wurde eine unspezifische substanzlose Leerformel als Ersatz [für Therapie] hochgelobt, die nach Baumgartner (2006, 296) in die Restmülltonne gehört" (Motsch 2008, S. 4). Obwohl die Argumente der Gegner des Förderungsbegriffs in Teilen nachvollziehbar sind, lenkt diese Debatte um Sprachförderung und/oder Sprachtherapie den Blick leider oftmals weg vom Kind hin zu einer stark theoretisch geführten Begriffsdiskussion, wovon die Kinder mit Schwierigkeiten nicht profitieren können. Folglich soll es nicht Aufgabe der vorliegenden Dissertation sein, sich vertiefter an dieser Polemik zu beteiligen, sondern die *Kinder mit Unterstützungsbedarf* in das Zentrum der Betrachtung zu rücken.

Da auch für die Bezeichnung *Kinder mit Unterstützungsbedarf* keine einheitlich, wissenschaftlich anerkannte Definition existiert, wird nachfolgend das dieser Arbeit zugrunde liegende Verständnis von Kindern mit Unterstützungsbedarf in ihren sprachlich-kommunikativen Fähigkeiten skizziert: Als Kinder mit Unterstützungsbedarf in ihren sprachlich-kommunikativen Fähigkeiten werden die Kinder bezeichnet, die aufgrund oben genannter Aspekte Unterstützung benötigen und folglich Unterstützungsbedarf auf einer oder mehreren sprachlichen Ebenen (vgl. Füssenich 2008b) vorweisen. Über den individuellen Unterstützungsbedarf eines Kindes sollte eine fundierte, professionell durchgeführte Diagnose von **Fähigkeiten und Schwierigkeiten** entscheiden (vgl. S. 33f), anhand derer auch die nächsten Schritte der einzuleitenden Unterstützungsmaßnahmen abgeleitet werden müssen. Nur so kann eine auf die Individualität der Kinder abgestimmte Unterstützung (vgl. Kap. 4.3) stattfinden mit Hilfe derer die Kinder ihre Fähigkeiten erweitern können. Die Umsetzung einer derartigen Sprachförderung, die in ihrer Erscheinungsform große Parallelen zur Sprachtherapie aufweist, wird anhand der Einzelfallstudien der Beispielkinder im empirischen Teil dieser Arbeit dargestellt.

In den aktuellen bildungspolitischen Diskussionen um sprachliche Bildung sowie den Zusammenhang zwischen Bildungschancen und sprachlichen Fähigkeiten (vgl. Kap. 1.1) wird vor allem mehrsprachig aufwachsenden Kindern erhöhter Unterstützungsbedarf zugesprochen (vgl. Füssenich/Geisel 2008, S. 5). Dies könnte den Eindruck erwecken, dass fast ausschließlich mehrsprachig aufwachsende Kinder gezielte Unterstützung in ihrer Sprachentwicklung benötigen. Diesem gesellschaftlichen Vorurteil entgegnend betont beispielsweise FÜSSENICH (ebda. 2008, S. 8), dass neben mehrsprachig aufwachsenden Kindern auch einsprachige Kinder über geringe kommunikative Fähigkeiten verfügen können. Zudem basieren viele Ansichten und Meinungen zum Thema Mehrsprachigkeit nach wie vor auf gesellschaftlichen Vorurteilen oder überholten Erkenntnissen, wie TRACY (2007a, S. 10ff) in ihren *Mythen der Mehrsprachigkeit* oder ZIMMER (^{4}2004) in den *Mythen des Bilingualismus* überzeugend darstellen.

Der Spracherwerb zwei- oder mehrsprachig aufwachsender Kinder[7] verläuft in seinen Grundzügen und in seiner entwicklungsbedingten Reihenfolge größtenteils analog zu jenem von Kindern mit Deutsch als Erstsprache. Der „Erwerb zweier Sprachen ist also tatsächlich ein normaler Erstspracherwerb" (Tracy 2007b, S. 123) unter anderen Bedingungen: Zumeist entwickeln sich beide Sprachen nicht im selben Maße, was einerseits durch den emotionalen Bezug zu den Sprachen, dem Selbstkonzept sowie individuellen Faktoren (z. B. Motivation) des Kindes und den institutionellen Bedingungen bestimmt wird, und andererseits maßgeblich von den Sprachkontakten und Sprachvorbildern abhängt (vgl. Lengyel 2002, 25ff; Jeuk 2003, S. 48ff). Denn der Erwerb zweier Sprachen wird analog zum Erwerb einer Sprache maßgeblich bestimmt durch die Interaktion mit der belebten, personalen, sozialen Umwelt. Gemeinsame handelnde und dialogische Austauschprozesse zwischen Kind und Bezugsperson in strukturierten Formatsituationen sind gleichermaßen bedeutsam wie beim Erstspracherwerb (vgl. Jeuk 2003, 73ff; Triarchi-Herrmann ^{2}2006, 57ff; Füssenich 2008a, S. 194f). Dies wird in Kapitel 3.1 dieser Arbeit ausführlich dargestellt. Aus diesem Grund wird in dieser Arbeit nicht kategorisch zwischen mehr- und einsprachigen Kindern unterschieden, zumal Mehrsprachigkeit in unserer heutigen, multikulturellen Gesellschaft demographisch betrachtet keine Ausnahme, sondern vielmehr die Normalität darstellt (vgl. Tracy 2007a, S. 10). Dennoch wird an entsprechenden Stellen auf die notwendige Berücksichtigung der individuellen Voraussetzungen von mehrsprachigen Kindern (vgl. Jeuk 2003) hingewiesen.

Abschließend lässt sich sprachliche Bildung als Gesamtheit aller Prozesse der sprachlichen Selbst-Bildung bezeichnen, die ein Kind in zumeist wenig oder intuitiv durch Erwachsene strukturierter Form erfährt. Diese alltägliche Sprachförderung unterscheidet sich von einer bewusst und professionell durchgeführten Unterstützung des Spracherwerbs. Der Unterschied zwischen Sprachförderung und Sprachtherapie ist dabei, trotz der vorhandenen Schnittmengen, durch Art und Intensität der unterstützenden Interventionen zu skizzieren, wobei Sprachtherapie die deutlich strukturiertere und zielverfolgende Maßnahme darstellt. Wann Sprachför-

---

[7] Eine ausführliche Darstellung der Gründe, warum Kinder mehrsprachig aufwachsen können, sind bei BELKE (^{3}2003, S. 8f) oder FÜSSENICH/GEISEL (2008, S. 6f) nachzulesen.

derung noch ausreichend ist oder bereits Sprachtherapie notwendig erscheint, muss im individuellen Fall unter Berücksichtigung der Fähigkeiten wie Schwierigkeiten auf den einzelnen Sprachebenen für jedes Kind individuell entschieden werden. Dieses offene sowie kind- und ressourcenorientierte Verständnis von mehr- und einsprachigen Kindern mit Unterstützungsbedarf ist notwendig, um dem Individualitätsanspruch jedes einzelnen Kindes gerecht zu werden.

Die aktuelle, bildungspolitische Hochkonjunktur der Diskussion über die sprachliche Bildung von Kindern (vgl. Kap. 1.1) ist nicht einzig ein Phänomen dieses Jahrhunderts, sondern dieser Bereich wurde bereits früher unter Anderem schwerpunktmäßig von der Wissenschaftsdisziplin der Linguistik unter dem Aspekt der Prozessbeschreibung des Spracherwerbs thematisiert. Unter Rückgriff auf historische Entwicklungen und Erkenntnisse dieser Fachdisziplin sollen im nächsten Kapitel aktuelle Perspektiven herausgearbeitet werden, wie sie auch im Hinblick auf das in dieser Arbeit behandelte Forschungsdefizit eine bedeutende Rolle spielen.

2.2.2 Zur Bedeutung der linguistischen Pragmatik für Kinder mit Unterstützungsbedarf

Bei der historischen Betrachtung der Linguistik und ihrer inhaltlichen Erkenntnisse war in den 70er Jahren des letzten Jahrhunderts eine „fortschreitende Pragmatisierung sprachwissenschaftlicher Probleme“ (Henne/Rehbock ²1982, S. 15) erkennbar, da sich die Untersuchungen des kindlichen Spracherwerbs verstärkt auf die Fragen des kindlichen Sprachgebrauchs in sozialen Kontexten richteten (vgl. Martens 1979). Während bis dato die weitestgehend isolierte Betrachtung grammatischer, phonologischer und semantischer Bereiche im Vordergrund stand, wurde nun der pragmatische Aspekt von Sprache als wichtiger Forschungsbereich erachtet (vgl. Füssenich 1987; Bruner 1979). „Pragmatik beschäftigt sich mit dem angemessenen Gebrauch von Sprache und der Interpretation von Sprechhandlungen in sozialen Kontexten. Sie richtet ihren Blick nicht in erster Linie auf isolierte Wörter oder Sätze, sondern auf Gespräche“ (Heidtmann 2010, S. 18) und den situations- und kontextadäquaten Einsatz von Sprache in Interaktionen. Die Notwendigkeit der Berücksichtigung der pragmatischen Ebene wurde in den 1980er & 90er Jahren ausführlich durch Rückgriff auf drei zentrale Bereichen von Kindersprache belegt, welche auch aus heutiger Sicht nach wie vor von großer Relevanz sind (vgl. Kap. 1.1): der *kindliche Spracherwerb*, die *Diagnose sprachlich-kommunikativer Fähigkeiten* und die *Unterstützung sprachlich-kommunikativer Fähigkeiten.*

Der Blick auf den *kindlichen Spracherwerb* erfuhr in Form der interaktionistischen Spracherwerbstheorie[8] (vgl. Bruner ²2002) durch die linguistische Pragmatik eine neue Sichtweise, in der Interaktionen zwischen Kleinkindern und Bezugspersonen während der vorsprachlichen Kommunikation als Ausgangspunkt für das Erlernen von Kommunikation festgelegt wurden. Im Rahmen von Formaten [9], welche BRUNER als ritualisierte Interaktionsmuster und wiederkehrende Handlungen von Kleinkindern mit der sozialen Umwelt bezeichnet, nehmen die Erwachsenen eine Modellrolle ein und übergeben durch ihre pragmatischen Fähigkeiten sowie mit Hilfe einer intuitiven Feinabstimmung auf den Entwicklungsstand des Kindes ihre sprachlichen Äußerungen. Diese Spracherwerbstheorie lieferte folglich die Begründung der notwendigen Berücksichtigung der pragmatischen Ebene, da der kommunikativ-pragmatische Aspekt von Sprache und dessen praktische Umsetzung in Form von gemeinsamen Handlungen mit der sozialen Umwelt des Kindes bereits beim Spracherwerb eine zentrale Rolle einnehmen.

Im Bereich der *Diagnose sprachlich-kommunikativer Fähigkeiten* waren fehlende pragmatische und interaktionistische Aspekte mitverantwortlich dafür, dass damals und sogar bis heute gängige Testverfahren wie der *HSET* (Heidelberger Sprachentwicklungstest), der *PET* (Psycholinguistischer Entwicklungstest) oder der *LSV* (Landauer Sprachentwicklungstest für Vorschulkinder) kritisch hinterfragt wurden (z. B. Füssenich/Heidtmann 1984; Füssenich 1986). Die Kritiker führten zurecht u.a. die Reduzierung der linguistischen Analyse auf theoretisch unzureichend begründete Prüfsätze (vgl. Scholz 1981), die unnatürliche Kommunikationssituation der Tests (vgl. Ehlich/Rehbein 1977) sowie die fehlende Berücksichtigung von Interaktionszusammenhängen und kommunikativen Fähigkeiten auf:

> „Das Kind findet kaum relevante Aufgaben aus seiner Alltagswelt wieder, die verlangte Sprache ist eine andere als die gewohnte. Die Rollen sind von vornherein festgelegt: Das Kind muß die Rolle des Hörers und reagierenden Sprechers übernehmen" (Füssenich/Heidtmann 1984, S. 25).

Dieses eingeschränkte Verständnis von kindlicher Kommunikation sowie die damit verbundene, verkürzte Sicht auf die sprachliche Handlungsfähigkeit von Kindern ohne Beachtung ihrer kontext- und situationsabhängigen Realität (vgl. Füssenich 1986) konnte unter Verweis auf die notwendige Beachtung der pragmatischen und interaktionalen Perspektive in diagnostischen Kontexten aufgezeigt werden. Eine diesem Postulat nachkommende und aus obiger Kritik abgeleitete diagnostische Vorgehensweise repräsentiert die Analyse freier Sprachproben, da mit dieser die

---

[8] Die interaktionistische Spracherwerbstheorie wird in Kap. 3.1 detailliert ausgeführt.

[9] Eine Begriffsklärung des Terminus *Formate* erfolgt in Kap. 3.

Individualität der Kinder und die kommunikative Funktion von Sprache berücksichtigt werden (vgl. Heidtmann ^{2}1990).

Schließlich wurde auch die *Unterstützung sprachlich-kommunikativer Fähigkeiten* von Kindern in Form der Sprachtherapie nicht unerheblich durch die Berücksichtigung pragmatischer und interaktionistischer Gesichtspunkte beeinflusst. So kritisierte u. a. DANNENBAUER (1984, S. 144ff), dass in den bis dato weit verbreiteten Therapiekonzeptionen (vgl. Schulze 1960; Wurst 1973; Orthmann 1982, S. 72ff) die Programmierung von Sprache im Sinne einer Übungstherapie betrieben wurde und formulierte bezüglich der sprachlichen Handlungsfähigkeit von Kindern in Therapiekontexten:

> „Die Sprachproduktion erfolgt häufig ausgegliedert aus einem für die Kinder relevanten linguistischen und interaktionalen Kontext. Dadurch werden die Grundlagen einer überwiegend von der Stimulussituation abhängigen mechanistischen „Übungssprache" geschaffen, deren Elemente in zusätzlichen Generalisierungsphasen in den spontanen Alltagssprachgebrauch „eingebaut" werden sollen. Gerade dieser letzte Aspekt wird meist als ein besonderes Problem der Sprachtherapie bezeichnet. Das Kind erfährt also Sprache vornehmlich hinsichtlich ihrer formalen Beschaffenheit und weniger als soziales Agens in zwischenmenschlichen Interaktionen."
> (Dannenbauer 1984, S. 144).

Angesichts dieser mangelnden Interaktionskontexte und des schwer leistbaren Alltagstransfers erworbener Sprachkompetenzen hielten pragmatisch orientierte Überlegungen und handlungsbasierende Interaktionskontexte Einzug in die Konzeption von Sprachtherapie (vgl. Holtz ^{3}2007, S. 54f). So sollte diese nicht mehr als reines Trainingsprogramm isoliert von Thema und Situation verstanden werden, in der sprachliche Unterweisungen losgelöst von Handlungszusammenhängen enthalten sind, sondern als Interaktion und Kommunikation mit/von Kindern in für sie bedeutsamen und an ihren Interessen orientierten Kontexten stattfinden. Zentrales Prinzip stellte dabei die Orientierung an realen Handlungssituationen, spielerischen Interaktionen und Alltagsroutinen in Form von Formaten dar (Füssenich/Heidtmann 1995), da Kinder ihre sprachlich-kommunikativen Fähigkeiten nur unter Berücksichtigung alltagsrelevanter interaktionistischer und pragmatischer Elemente erweitern können.

Obwohl diese Erkenntnisse bis heute nicht widerlegt wurden, sondern, wie anhand zeitgemäßer Publikationen (z. B. Füssenich/Geisel 2008; Albers 2009 etc.) ersichtlich ist, nach wie vor sowohl praktische als auch wissenschaftliche Gültigkeit besitzen, wird in den aktuellen Diskussionen über die Schlüsselkompetenz Sprache nicht an die wichtigen Erkenntnisse von damals angeknüpft. Diese fehlende Verknüpfung wird im nächsten Kapitel unter Rückgriff auf die im Voraus beschriebenen drei zentralen Bereiche von kindlicher Sprache und deren Status quo in den aktuellen Diskussionsfeldern konkretisiert.

2.2.3 Zu gegenwärtigen Diskussionsfeldern

Zum kindlichen Spracherwerb und dessen Berücksichtigung in Evaluationsstudien über Sprachfördermaßnahmen

Seit der Formulierung der interaktionistischen Spracherwerbstheorie gilt die Bedeutung von gemeinsamen Handlungskontexten sowie spielerischen Interaktionen zwischen Bezugspersonen und Kind als unbestritten für den kindlichen Spracherwerb[10] (vgl. Bruner ²2002). Trotz der entscheidenden Rolle im natürlichen Erwerb von Sprache werden diese interaktionistischen und pragmatischen Elemente in aktuellen Evaluationsstudien zur Wirkung und Umsetzung von Sprachförderung unzureichend bis gar nicht berücksichtigt: Die *EVAS* (**Eva**luationsstudie zur **S**prachförderung von Vorschulkindern, POLOTZEK ET AL. 2010) überprüfte den vermeintlichen Zuwachs an sprachlichen Fähigkeiten von Kindern anhand des Einsatzes des standardisierten *Heidelberger Sprachentwicklungstests* (HSET), obwohl in diesem, wie bereits vor mehr als 20 Jahren dokumentiert wurde (vgl. Gläß 1982; Heidtmann 1983; Füssenich 1986) pragmatische Fähigkeiten nahezu komplett unberücksichtigt bleiben. Diese Art der Evaluationsvorgehensweise stellt keine Ausnahme dar. Auch bei KNAPP ET AL. 2010b: *Wissenschaftliche Begleitung des Programms „Sag' mal was – Sprachförderung für Vorschulkinder"* oder bei KAMMERMEYER ET AL. 2010: *Was wirkt wie? – Evaluation von Sprachfördermaßnahmen* wurde der Sprachentwicklungsstand mit dem *SSV (Sprachscreening für das Vorschulalter)* erhoben, auf den die in Kap. 2.2.2 aufgeführte Kritik am *HSET* in großen Teilen ebenfalls zutrifft. Folglich ignoriert eine derartige Vorgehensweise mit der fehlenden Berücksichtigung interaktionistischer und pragmatischer Aspekte einen der zentralen, empirisch belegten Bereiche des kindlichen Spracherwerbs, weswegen die Aussagekraft dieser Studien in Frage zu stellen ist (vgl. KALTENBACHER/STUTTERHEIM, 2009; ROGGE, 2009). Eine weitere kritisch zu betrachtende Vorgehensweise im Rahmen dieser Evaluationsstudien stellt die Überprüfung des Sprachentwicklungsstandes der beteiligten Kinder lediglich an festgesetzten Terminen mit verhältnismäßig großen Zeitabständen dar. Im Rahmen der Evaluationsstudien von POLOTZEK ET AL. (2010, S. 8f) und KNAPP ET AL. (2010b, S. 16) wurde der Sprachentwicklungsstand von Kindern beispielweise lediglich zu Beginn und zum Ende eines Kindergartenjahres dokumentiert. Zu den innerhalb dieser großen

[10] Vgl. auch Kap. 3.1.

Zeitspanne getätigten Lernfortschritten oder Stagnationen der Kinder können somit keine qualitativen Aussagen getroffen werden.

> „Auch der Versuch, durch die Einführung zweier Messpunkte dem Umstand von Entwicklung, von Prozessualität, Rechnung zu tragen, löst die Problematik nicht wirklich. Die punktuelle Basisbestimmung derartiger Verfahren ermöglicht kaum eine umfassende Modellierung der Prozessualität – schließlich muss diese ja keineswegs linear verlaufen" (Ehlich et al. 2008, S. 22).

Folglich erscheint auch diese Vorgehensweise mit Blick auf das vorhandene Forschungsdefizit bezüglich fehlender empirischer Daten darüber, wie Kinder mit Schwierigkeiten in sprachlich-kommunikativen Bereichen ihre Fähigkeiten erweitern (vgl. Kap. 1.1), durchaus fragwürdig.

KNAPP ET AL. (2010b, S. 177) geben in ihrer Evaluationsstudie an, „einzelne Aspekte des pragmatischen Bereichs (Gespräche und Erklärungen)" auf ihre prozentuale Erscheinungshäufigkeit in Sprachförderkontexten zu überprüfen. Dieser aus interaktionistischer Spracherwerbssicht zu honorierende Ansatz wird allerdings wenig verwertbar umgesetzt: Die im Untersuchungsdesign vorgenommene Reduzierung pragmatischer Fähigkeiten auf *Gespräch*, *Erzählen* und *Erklären* (ebda. S. 176) muss mit Blick auf die im kindlichen Alltag integrierte Vielfältigkeit pragmatischer Aspekte (vgl. Heidtmann 2010) als unzureichend betrachtet werden. Auch die im interaktionistischen Spracherwerb als entscheidend formulierten Interaktionen (vgl. Kap. 3.1) werden in dieser Studie auf *Aufgaben mit* bzw. *ohne Spielcharakter* sowie *Begrüßung/Verabschiedung* (ebda. S. 175) reduziert, obwohl der Alltag von Kindern durch eine Vielzahl verschiedener Interaktionen geprägt ist. Auch an dieser Stelle wird die fehlende Orientierung der Evaluationsvorgehensweise an interaktionistischen und pragmatischen Erkenntnissen der Spracherwerbsforschung ersichtlich.

Zur Diagnose sprachlich-kommunikativer Fähigkeiten

Im Rahmen der bildungspolitischen Überlegungen zur Aufwertung des Elementarbereichs (vgl. Kap. 2.1) rückte auch der Bereich der sprachlich-kommunikativen Fähigkeiten von Kindern erneut ins öffentliche Bewusstsein. Als Reaktion führte jedes Bundesland unter anderem die verpflichtende Sprachstandsdiagnose vor der Einschulung ein. Aus diesem Grund sind mittlerweile in nahezu allen Bundesländern Kinder vor ihrer Einschulung verpflichtet, an den jeweils landesweit organisierten Sprachstandsfeststellungen teilzunehmen. Obwohl die einzelnen Bundesländer unterschiedliche Vorgehensweisen wählen (vgl. Lisker 2010), greifen sie fast ausschließlich auf eine Diagnose mit Hilfe standardisierter Untersuchungsverfahren zurück, welche bereits früher treffend kritisiert wurden (vgl. Füssenich

1986; Füssenich/Heidtmann 1987). Auch aktuell müssen sich die in den bundesländerspezifischen Sprachstandsdiagnosen angewandten standardisierten Sprachtests und Sprachscreenings zunehmender Kritik (u.a. Fried 2004; Ehlich et al. 2007; Jeuk 2009; Schiefele 2010, S. 43) stellen. Größte Kritikpunkte hierbei sind die mangelnde Berücksichtigung von Erkenntnissen der Ein- und Mehrsprachigkeitsforschung, die Beschränkung von Sprachkompetenz auf einzelne, isolierte Teilbereiche der Sprachentwicklung (vgl. Füssenich 2009a, S. 7f) in Verbindung mit der Vernachlässigung der semantisch-pragmatischen Sprachebene (vgl. Jeuk 2009), sowie die Diskrepanz zwischen erhobener Diagnose und daran ansetzender Förderung (vgl. Dietz/Lisker 2008, S. 41ff).

Die Debatte um adäquate Diagnoseinstrumente bei der Überprüfung sprachlich-kommunikativer Fähigkeiten von Kindern lässt sich bereits mehr als 25 Jahre zurückverfolgen (z. B. Gläß 1982; Füssenich 1986) und ist bis heute allgegenwärtig (z. B. Füssenich 2010b; Stranz 2010): Während im Bereich der *Selektionsdiagnostik* die Verfechter standardisierter Verfahren vor allem für die Notwendigkeit der Erhebung von statistischen Normwerten bezüglich objektiver Vergleichbarkeit plädieren und für eine „Inflation der Verfahren“ (Ehlich 2009, S. 17) sorgen, argumentiert die Gegengruppe des *förderdiagnostischen Ansatzes* mit der Erfordernis realitätsnaher und kontextgebundener (Spontan-) Sprachproben oder Beobachtungsverfahren, um qualitative Erkenntnisse über den Entwicklungsstand des Kindes zu gewinnen (vgl. Bundschuh 2007, S. 43ff) Obwohl die Diskussion der diagnostischen Vorgehensweise und ihrer Instrumente ebenso aktuell wie ungelöst erscheint, bleiben gegenwärtig die historischen Erkenntnisse größtenteils unberücksichtigt: Kinder erwerben Sprache in der Interaktion mit Bezugspersonen sowie mit der Umwelt, in der sie aufwachsen (vgl. Kap. 3.1). Dabei sind sie selbst handelnd aktiv, treten in Kommunikation mit ihrem Umfeld und tätigen dabei entwicklungsrelevante Erfahrungen. Nur in diesen ‚echten’ Alltagssituationen kann beurteilt werden, über welche Stärken und Schwächen das Kind im sprachlich-kommunikativen Bereich verfügt und wie es sich beim Auftreten von Schwierigkeiten verhält (Füssenich ^{5}2002, S. 89). Diese, für die anschließende Förderung notwendigen diagnostischen Erkenntnisse, können mittels statistischer Normwerte und quantitativen Messwerten nur unzureichend erfüllt werden. Diesen Zustand bezeichnet EHLICH (2009, S. 17) treffend als „Test-Dilemma“: „Kindliche Sprachaneignung ist ein Bündel von Prozessen, also von Verläufen in der Zeit. Tests, die einmal eingesetzt werden, sind kaum in der Lage, Verläufe wiederzugeben“. Vielmehr bedarf es qualitativer, deskriptiver Methoden, die im Sinne einer Prozessdiagnostik (vgl. Baumgartner 2008, S. 29f) den aktuellen Entwicklungsstand des Kindes immer wieder überprüfen und direkte Förder- bzw. Therapiekonsequenzen ableiten und modifizieren lassen. Diese kindorientierte, diagnostische Vorgehensweise mithilfe von freien Sprachproben (vgl. Heidtmann ^{2}1990) in kommunikativen Alltagssituationen sowie durch arrangierte Spielsituationen ist standardisierten, künstlichen Testsituationen jeglicher Art vorzuziehen. „Das Erheben freier Sprachproben [erscheint also] als das Mittel der Wahl, besonders wenn Entwicklungssequenzen sichtbar gemacht werden sollen" (Jeuk 2003, S. 129). Dies gilt nicht zuletzt wegen der darin enthaltenen und bereits vor mehr als 20 Jahren als notwendig formulierten Berücksichtigung pragmatischer und interaktionaler Elemente des kindlichen Spracherwerbs. Allerdings findet diese kind- und spracherwerbsorientierte Perspektive durch die Omnipräsenz standardisierter Untersuchungsverfahren in den aktuellen Umsetzungsweisen der verpflichtenden Sprachstandsdiagnosen wenig bis keine Berücksichtigung (vgl. Lisker 2010).

Zur Unterstützung sprachlich-kommunikativer Fähigkeiten

Als Ziele der bereits im Voraus aufgeführten Sprachstandsdiagnosen werden die (Früh-)Erkennung sprachlicher Schwierigkeiten und eine daran anschließende Förderung formuliert. Die Umsetzung dieser Fördermaßnahmen differiert wiederum von Bundesland zu Bundesland und weist in ihrer Gesamtheit unterschiedliche Sprachfördermaßnahmen und Konzepte auf (vgl. Lisker 2010, S. 9ff). Diese Vielfalt an Konzepten, die in differenten Publikationen immer wieder dargestellt und einzuordnen versucht werden (z. B. Jampert et al. 2007, S. 75ff; Knapp et al 2010a, S. 116ff), verdeutlicht den nahezu unüberschaubaren Markt an Sprachförderkonzepten und -maßnahmen aber auch an Fördermaterialien, der inzwischen vorherrscht. Obwohl z. B. in Form des *Denkendorfer Modells* (Verband der Arbeitsgemeinschaften nach dem Denkendorfer Modell 2010) durchaus einige situationsorientierte Konzepte existieren, erfreuen sich weitestgehend funktionsorientierte Übungsprogramme in Form des *Würzburger Trainingsprogramms* (Küspert/ Schneider ^{6}2008), *Kon-Lab* (Penner 2005) oder *Wir verstehen uns gut* (Schlösser 2001) größter Beliebtheit. Neben den historischen Erkenntnissen über die Bedeutsamkeit sinnhafter Handlungs- und Spielkontexte (vgl. Kap. 2.2.2) spricht auch aus entwicklungspsychologischer Sicht, statt einer Förderung von Teilleistungen wie sie in den aufgeführten Übungsprogrammen praktiziert wird, viel für ein Verständnis von auf bedeutsamen Interaktionen und alltagsrelevanten Handlungen basierender Sprachförderung (vgl. List 2009, S. 21). Durch die isolierte Förderung von Teilbereichen besteht das Risiko, dass „andere wichtige Elemente vernachlässigt werden und Sprache auf formale Sprachkompetenz sowie Sprachförderung auf ein Üben von Techniken und Einzelaspekten reduziert wird" (Spanier 2004, S. 9). So wird beispielsweise der pragmatisch-kommunikative Aspekt von Sprache in vielen Programmen vollständig außer Acht gelassen. WINNER (2008, S. 8) führt eine treffende Metapher auf:

> „Das wäre aber so, wie wenn jemand ein Telefonbuch durchliest und glaubt, er hätte jetzt viele Menschen kennengelernt; den Namen zu kennen, bedeutet nicht, die Person zu kennen. Um ein Wort zu verstehen, um einen Satz zu verstehen, muss man den Sachverhalt kennen, der damit symbolisiert wird".

In vielen aktuellen Sprachförderprogrammen wird, analog der gerechtfertigten Kritik der 90er-Jahre an den traditionellen Sprachtherapiekonzeptionen (vgl. Kap. 2.2.2) nämlich nicht berücksichtigt, dass Sprache als Kommunikationsmittel zur Strukturierung von Interaktionen und Situationen dient (vgl. Füssenich 2009b, S.79). Kinder lernen sprachliche Regeln nicht um ihrer selbst willen, sondern um den Kommunikationskontexten mit anderen Menschen standzuhalten und auftretende Verständigungsprobleme lösen zu können (vgl. Füssenich 1996, S. 193). Diese handlungsstrukturierende und situationssteuernde Funktion von Sprache erfahren Kinder gemäß des interaktionistischen Spracherwerbs (vgl. Kap. 3.1) in spielerischen und alltäglichen Interaktionen. Da aber ein Großteil aktueller Sprachfördermaßnahmen und -programme nicht an diesen Alltags- und Spielformaten ansetzt, sondern nach wie vor mit wissenschaftlich revidierten Inhalten eines behavioristisch orientierten Funktionstrainings arbeitet, ist dieses pragmatisch-interaktionistische Verständnis zur Unterstützung sprachlich-kommunikativer Fähigkeiten in aktuellen Sprachfördermaßnahmen nur unzureichend integriert.

2.3 Zusammenfassung

Der Elementarbereich repräsentiert die erste, eigenständige Stufe des deutschen Bildungssystems und besitzt einen eigenen Bildungs- und Erziehungsauftrag. Einen zentralen Bereich dieses eigenständigen Bildungs- und Erziehungsauftrags des Elementarbereichs stellt die sprachliche Bildung von Kindern dar. Diese Begleitung und Unterstützung von Kindern in ihren sprachlich-kommunikativen Fähigkeiten wird dabei oftmals mit einer Vielzahl von Schlagworten tituliert, besonders die Diskussion um *Sprachförderung vs. Sprachtherapie* wird heftig geführt. Während eine allgemeine Sprachförderung durch Erzieherinnen im besten Fall omnipräsent in den Kindergartenalltag integriert werden kann, ist die Sprachtherapie als professionell durchgeführte Maßnahme der zielgerichteten Unterstützung bei der Erweiterung sprachlich-kommunikativer Fähigkeiten zu verstehen.

Der historische Weg des Elementarbereichs zu einem eigenen Bildungs- und Erziehungsauftrag war geprägt von didaktischen und methodischen Überlegungen, die unübersehbare Parallelen zu aktuellen elementarpädagogischen Diskussionen und Fragestellungen sowie der momentanen bildungspolitischen Situation aufweisen. Obwohl die Reformbewegung durch die Bildungspläne der einzelnen Bundesländer vorangetrieben wurde, ist noch kein zufriedenstellender Status quo erreicht, was zu einem Großteil mit dem fehlenden Anknüpfen an die Erfahrungen der Bildungsreform der 70er-Jahre erklärt werden konnte. Auch bezüglich der sprachlich-kommunikativen Fähigkeiten von Kindern, die aufgrund ihres engen Zusammenhangs mit anderen Entwicklungsbereichen, der Relevanz für die alltägliche Lebensgestaltung sowie der Bedeutsamkeit für Kinder, sich ausdrücken und mitteilen zu können, als Schlüsselkompetenzen bezeichnet werden, konnte die mangelnde Berücksichtigung historischer Erkenntnisse in aktuellen Bereichen gezeigt werden: Obwohl bereits in den 80er- und 90er-Jahren des letzten Jahrhunderts pragmatische Fähigkeiten und interaktionale Handlungskontexte als Konstitutivum des kindlichen Spracherwerbs sowohl für dessen Diagnose als auch Therapie belegt werden konnten, bleiben diese Erfahrungen in den aktuellen Kontexten unberücksichtigt: Sowohl bei vorhandenen Evaluationsstudien über Sprachfördermaßnahmen als auch im Rahmen der Vorgehensweise hinsichtlich der Diagnose sprachlich-kommunikativer Fähigkeiten und ebenfalls in zeitgemäßen Sprachförderkonzepten konnte aufgezeigt werden, dass der Bedeutsamkeit gemeinsamer Interaktionen sowie der sprachlichen Handlungs- und Strukturierungsfähigkeit trotz ihrer wissenschaftlich unbestrittenen Importanz in zeitgemäßen Diskussionsthemen nur ein geringer Stellenwert beigemessen wird. Dieser Missstand erscheint im Zuge des vorhandenen Forschungsdefizits bezüglich der fehlenden empirischen Erkenntnisse darüber, wie Kinder mit Unterstützungsbedarf ihre sprachlich-kommunikativen Fähigkeiten erweitern, besonders gravierend. Folglich sollen im nächsten Kapitel unter Rückgriff auf die interaktionistische Spracherwerbstheorie Alltags- und Spielformate sowie ihre Bedeutung für die sprachlich-kommunikativen Fähigkeiten von Kindern dargestellt werden.

3 Formate und ihre Bedeutung für die sprachlich-kommunikativen Fähigkeiten von Kindern

Im nachfolgenden Kapitel wird die Bedeutung von Formaten für die sprachlich-kommunikativen Fähigkeiten von Kindern geklärt. Diese Klärung ist unerlässlich, um anhand der theoretischen Bedeutung von gemeinsamen Interaktionen für den natürlichen Spracherwerb die Sinnhaftigkeit von Formaten für Kinder mit Unterstützungsbedarf zu unterstreichen. Dabei wird entsprechend der Fragestellung dieser Arbeit geklärt, welchen Unterstützungsrahmen Formate Kindern mit und ohne Unterstützungsbedarf offerieren, um ihre sprachlich-kommunikativen Fähigkeiten zu erweitern.

Die letzten 50 Jahre der Spracherwerbsforschung waren beherrscht von der Diskussion um die Widersprüchlichkeit der Begriffe *Spracherwerb* und *Sprachentwicklung*. Während der Begriff *Entwicklung* einen eigengesetzlichen Prozess mit biologisch determinierten Vorgängen beschreibt, betont *Erwerb* besonders die Eigenaktivität des Kindes im Zusammenspiel mit seinem Umfeld. Da in Erklärungsansätzen der Spracherwerbsforschung aber auf keine der beiden Sichtweisen verzichtet werden kann (vgl. Tracy 2000, S. 3), werden diese beiden Begriffe im Folgenden nicht inhaltlich differenziert verwendet.

Eine übergeordnete, allgemein akzeptierte Theorie des komplexen Prozesses des Spracherwerbs konnte bis heute nicht formuliert werden. Das dieser Arbeit zugrunde liegende Grundverständnis des Spracherwerbs liegt in der interaktionistischen Spracherwerbstheorie (Bruner ²2002) begründet, da diese wichtige interaktionistische und pragmatische Gesichtspunkte aufgreift, die jedoch, wie gezeigt werden konnte, sowohl in historischen (vgl. Kap. 2.2.2) als auch aktuellen Kontexten (vgl. Kap. 2.2.3) vernachlässigt werden. Neben der interaktionistischen Sichtweise existieren mit dem *behavioristischen*, dem *nativistischen* und dem *kognitivistischen* Ansatz weitere Erklärungstheorien des Spracherwerbs, die aber nicht Gegenstand dieser Arbeit sein sollen[11]. Stattdessen erfolgt nun, aufgrund der inhaltlichen Relevanz für diese Arbeit, eine Darstellung der interaktionistischen Spracherwerbstheorie. Eine Unterscheidung zwischen mehr- und einsprachigen Kindern findet wegen den in Kapitel 2.2.1 aufgeführten Gründen nicht statt.

---

[11] Die aufgeführten Spracherwerbstheorien können bei Klann-Delius ²2008 nachgelesen werden.

3.1 Zum Erwerb sprachlich-kommunikativer Fähigkeiten: Die interaktionistische Spracherwerbstheorie

Die interaktionistische Spracherwerbstheorie setzt an der großen Bedeutung der vorsprachlichen Kommunikation beim Spracherwerb von Kindern an. Demnach beginnt das kindliche Erlernen von Sprache nicht mit der ersten „lexiko-grammatischen" (Bruner [2]2002, S. 14) Äußerung, sondern bereits viel früher mit den ersten, gemeinsamen Interaktionen zwischen Kind und Bezugspersonen (vgl. Bruner [2]2002, S. 14). Die Sprachentwicklung ist somit kein „Soloausflug" des Kindes, sondern ein „dialogisches Geschehen, an dem die Bezugspersonen einen ebenso wichtigen Anteil haben wie das Kind selbst" (Füssenich [5]2002, S. 67). Dabei stellen die Bezugspersonen die besten Sprachlehrer der Kinder dar.

> „Ohne es zu wissen, vermitteln sie ihnen spielend die notwendigen Lernfortschritte. Vorsprechen und Nachahmen sind dabei von geringer Bedeutung. Das eigentliche Geheimnis liegt in der Interaktion – dem Problemlösen durch Kommunikation im Dialog." (Bruner 1981, S. 12).

PAPOUŠEK (1994, S. 32) bezeichnet dieses Phänomen treffend als „intuitive kommunikative Didaktik" und intuitive elterliche Früherziehung: Den kindlichen Äußerungen werden von Anfang an seitens der Bezugsperson kommunikative Absichten unterstellt, die dementsprechend beachtet und interpretiert werden. Beginnend mit dem Ausdruck und der Forderung nach Befriedigung lebenswichtiger Grundbedürfnisse, tritt das Kleinkind durch angeborene Verhaltensweisen mit dem Erwachsenen in einen Dialog, welcher das Erfassen der kindlichen Ansprüche ermöglicht. Kinder verfügen schon sehr früh über diese emotionalen Mitteilungsmöglichkeiten (z. B. Schreien, Weinen, Lachen etc.) und die einfühlsamen Reaktionen der Bezugspersonen tragen zu einer differenzierteren Weiterentwicklung dieser Kommunikationsmöglichkeiten bei (vgl. Szagun [6]1996, S. 198). Das Kind erfährt, dass seinem Verhalten kommunikative Absichten zugesprochen werden und damit etwas bewirkt werden kann. Kinder erlernen in diesem Dialog bereits ganz früh elementare, kommunikative Regeln (z. B. das Turntaking) gemeinsamer Interaktionen (vgl. Füssenich [5]2002, S. 67). Die Inhalte dieser Dialoge, die im frühen Entwicklungsstadium des Kindes gestisch und mit Lauten stattfinden, werden mit der Zeit immer mehr versprachlicht und durch immer komplexere Ausdrücke ersetzt (vgl. Füssenich/Heidtmann 1995, S. 106). Die in der Mutter-Kind-Interaktion natürlich konventionalisierte Zuordnung zwischen verbalen und nonverbalen Handlungen ermöglicht dem Kind, diese Zuordnung selbstständig zu verinnerlichen und erste Referenzbezüge zu entwickeln (vgl. Andresen 2002, S. 212). Entscheidende Rolle spielt hierbei die Triangulation von Kind-Bezugsperson-Objekt, auch als *triangulärer Blickkontakt* bezeichnet:

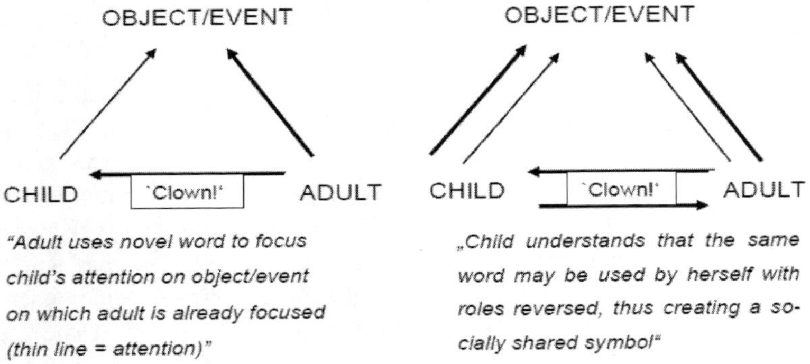

Abb. 1: Der trianguläre Blickkontakt (nach Tomasello 1996, S. 313)

Der trianguläre Blickkontakt fungiert dabei als wichtiges Bindeglied zwischen der vorsprachlichen und der sprachlichen Phase (Zollinger 1999, S. 21) und nimmt neben der Objektpermanenz eine Schlüsselrolle bei genanntem Übergang ein (vgl. Füssenich [5]2002, S. 70). Diese Erkenntnis, dass Objekte in der Welt Permanenz haben, ermöglicht das Herauslösen eines Objekts aus der eigenen Handlung. Kinder werden somit befähigt, ihr Selbst, die Objekte und Handlungen mit Objekten als voneinander getrennt zu erkennen (vgl. Szagun [2]2008, S. 69). Diese Befähigung ist die früheste Form der Entstehung von Symbolen: „Bei der Entstehung der Symbole fällt der Nachahmung eine Schlüsselrolle zu, da sie eine erste innere Repräsentation in Form des Vorstellungsbildes schafft" (Szagun [6]1996, S. 77). Mit diesem inneren Bild in Form eines subjektiven Erinnerungsbildes verfügt das Kind nun über ein Mittel, sich erkannte Realitäten geistig präsent zu machen, eine Fähigkeit die PIAGET als „Symbolfunktion" bezeichnet (vgl. Piaget 2003a). Diese Symbolisierungsfähigkeit ist für den kindlichen Spracherwerbsprozess von großer Bedeutung, da das Kind Sprache und ihre unterschiedlichen Erscheinungsweisen als Symbol für nichtsprachliche Kontexte versteht. Sie ermöglicht das Verständnis des Ausdrucks von Intentionen auf einer symbolisierten Ebene mit Hilfe sprachlicher Symbole (vgl. Tomasello 2006, S. 127ff). Diese Symbole werden von den Kindern durch die Teilhabe an Szenen geteilter Aufmerksamkeit entwickelt. „Die Szene gemeinsamer Aufmerksamkeit stellt einfach den intersubjektiven Kontext bereit, innerhalb dessen der Symbolisierungsprozess stattfindet" (Tomasello 2006, S. 130). Anhand dieser Formate der vorsprachlichen Kommunikation, den ersten kommunikativen Austauschprozessen während des triangulären Blickkontaktes und der erworbenen Objektpermanenz entwickelt das Kind *Referenzbezüge*, die Fähigkeit auf außersprachliche Objekte hinzuweisen (vgl. Füssenich [5]2002, S. 69). BRUNER ([2]2002, S. 58ff) unterscheidet dabei zwischen drei Referenzbezügen: Das anfängliche „*Hinweisen*" wird in einem nächsten Schritt durch die Verwendung von

„deiktischen Ausdrücken“ abgelöst bis schließlich das *„Benennen“* erster Wörter als Beginn der eigentlichen Sprachverwendung den dritten Referenzbezug darstellt. Durch Vereinfachungen und Ritualisierungen dieser Formate werden die Interaktionen so zu einem idealen Rahmen für die Entwicklung grundlegender kommunikativer Fähigkeiten (vgl. Papousěk 1994, S. 126; El Mogharbel/Deutsch 2007, S. 58).

Die während des handelnden Dialogs zwischen Kleinkind und Mutter bzw. Bezugsperson verwendete Sprache – auch *Motherese* oder *Ammensprache* genannt – zeichnet sich vor allem durch einfache Syntax, eingeschränktes Vokabular, reduzierte Satzlänge, längere Pausen zwischen den Äußerungen, viele Wiederholungen, höheren Tonfall und geringere Sprachdichte aus (vgl. Keller et al. 1982, S. 292 f). So passen die Bezugspersonen, um das kindliche Verständnis sicherzustellen, ihre Sprache intuitiv an die Kompetenzen des Kindes an und reagieren dementsprechend auf die individuell zunehmenden Fähigkeiten der Kinder (vgl. Füssenich [5]2002, S. 67). PAPOUSĚK (1994, S. 32) betont, unter Verweis auf eine Vielzahl an Literatur, die Übertragbarkeit dieses Prinzips auf die Entwicklung kognitiver Fähigkeiten von Kindern und stellt eine Verbindung zu VYGOTSKIS (2002) Konzept der „Zone der nächsten Entwicklung“ her. In diesem Konzept definiert VYGOTSKI (1987, S. 83): „Das Gebiet der noch nicht ausgereiften, jedoch reifenden Prozesse ist die Zone der nächsten Entwicklung des Kindes". Durch die Unterstützung eines Erwachsenen in Form von Interaktionen erweitern und internalisieren Kinder ihre Fähigkeiten, um diese in einem späteren Schritt dann auch unabhängig einsetzen zu können (Papousek 1994, S. 32). Das Kind ist der „lernende, vom Erwachsenen abhängige Partner und auf ein entgegenkommendes und ‚führendes‘ Verhalten des Erwachsenen angewiesen“ (Reimann, 1996, S. 60).

Um diese aktive Rolle der Bezugspersonen auch bei der Unterstützung des Spracherwerbs umsetzen zu können, benötigen Kinder neben der angeborenen Sprachlernfähigkeit, die CHOMSKY (1959) als *LAD* (*Language Acquisition Device*) bezeichnet, ein von Erwachsenen bereitgestelltes *Unterstützungssystem für den Spracherwerb* (*Language Acquisition Support System= LASS*) (Bruner [2]2002, S. 32). „Kurz gesagt ist es die Interaktion von LAD und LASS, welche dem Kind den Eintritt in die Sprachgemeinschaft ermöglicht – und damit auch die entsprechende Kultur und Gesellschaft“ (Bruner [2]2002, S. 15). Zentrales Element dieses Unterstützungsrahmens ist die bereits beschriebene Feinabstimmung der Erwachsenen auf die entsprechenden Fähigkeiten der Kinder. Im Rahmen vertrauter, zur Routine gewordener Situationen, den *Formaten*, passen die Bezugspersonen ihr kommunikatives Handeln an die noch eingeschränkten Fähigkeiten der Kinder an und präsentieren damit das notwendige Hilfssystem zum Spracherwerb (vgl. Bruner [2]2002, S. 33). Formate stellen metaphorisch beschrieben das entscheidende LASS-Vehikel zum Erwerb sprachlich-kommunikativer Fähigkeiten dar (vgl. Bruner [2]2002, S. 103) und werden aufgrund ihrer herausragenden Bedeutung für den Spracherwerb im nächsten Kapitel detailliert erklärt.

3.2 Zur Bedeutung von Formaten für den Spracherwerbsprozess

Unter einem Format im Sinne BRUNERS (²2002, S. 103) ist „ein standardisiertes Interaktionsmuster zwischen einem Erwachsenen und einem Kleinkind" zu verstehen. In derartigen strukturierten Situationen handeln Erwachsener und Kind gemeinsam und schaffen damit den Ausgangspunkt für die Entwicklung kommunikativer und sprachlicher Fähigkeiten von Kindern. Genauer betrachtet ist ein Format

> „ein Mikrokosmos, eine Situation, in der Mutter [[12]] und Kind die Absichten teilen, etwas mit Worten getan zu bekommen. Was das Kind zu Beginn in diesem Format nicht bewältigen kann, wird von der Mutter erledigt. Hat das Kind es einmal gelernt, dann erwartet die Mutter, dass es von nun an selbst handelt. Das Format speichert Annahmen, von denen beide Partner mit der Zeit ausgehen" (Bruner 1990, S. 209 f).

Die Bezugspersonen geben dem Kind einen gewissen, auf sein Niveau abgestimmten Rahmen des Formates vor und garantieren damit, dass Schwierigkeiten des Kindes aufgefangen und korrigiert werden können. Schrittweise wird dieser schützende Rahmen entfernt und das Kind kann die Strukturen übernehmen. Dieses *Übergabe-Prinzip* lässt das weitreichende Potential von Formaten für die sprachlich-kommunikative Entwicklung erkennen (Bruner ²2002, S. 51).

Formaten werden aber neben dem Übergabe-Prinzip auch aus weiterer Hinsicht entscheidende Bedeutung für den kindlichen Spracherwerb zugeschrieben: Aufgrund des routinierten Charakters im Sinne täglich wiederkehrender Handlungssituationen können Formate ständig wiederholt werden. „In häufigen Wiederholungen derselben Handlungsabfolge lernt [das Kind], wie Handlungen sprachlich begleitet und Absichten sprachlich umgesetzt werden können" (Leist ²2006, S. 678). Der Erwachsene betont dabei unter Rückgriff auf einfache grammatische Grundformen jene Merkmale, die das Kind schon wahrnehmen kann und verdeutlicht ihm dadurch den Zusammenhang zwischen konkreten Ereignissen und gezielten Sprachäußerungen (vgl. Füssenich/Heidtmann 1995, S. 105). Dabei liegt der Fortschritt des Spracherwerbs nicht primär auf der Performanz korrekter Grammatik oder Aussprache, sondern vielmehr in der Realisierung der kommunikativen Funktion von Äußerungen und deren Konsequenzen (Füssenich/Geisel 2008, S. 11).

Zudem sind Formatsituationen stark strukturiert und laufen nach einem immer ähnlichen Schema ab. Durch diese gleichbleibende Struktur kann das Kind den Fokus

---

[12] Der Begriff Mutter darf an dieser Stelle als Synonym für Bezugsperson interpretiert werden.

auf den Bereich Sprache lenken. Zunächst wird der Erwachsene den vermeintlich aktiveren Part an Handlung und Sprache inne haben, aber nach und nach wird das Kind immer größere Anteile daran übernehmen (vgl. Füssenich 2003, S. 426). Auch MOTSCH (2006, S. 95) unterstreicht in seinem Therapiekonzept der *Kontextoptimierung* die Bedeutung von Formaten:

> „Der immer gleiche Rahmen gibt dem Kind verstehens- und handlungsmäßige Sicherheit. Er benötigt zunehmend weniger Aufmerksamkeit und gibt die vorhandene Kapazität für das frei, was sich im Spiel verändert – das Sprachmaterial."

Aufgrund des den Kindern vertrauten Interaktionsaufbaus können in die gewohnten Routinehandlungen immer wieder neue und komplexere Aspekte von Sprache integriert werden. Dabei werden die Inhalte vertrauter Formate mit Hilfe der immer wiederkehrenden, skriptartigen Qualität in neue bzw. erweiterte Formate eingebaut und übertragen. Formate bleiben dann „nicht mehr an spezifische Gelegenheiten gebunden, sondern können mit Hilfe der Kommunikation unter recht verschiedenen Bedingungen ‚inszeniert' werden." (Bruner ^{2}2002, S. 103). Als Beispiel eines solchen Handlungs- und Formattransfers kann die Überführung von Benennungssequenzen vom Guckuck-da-Spiel[13] auf das Bilderbuch-Anschauen aufgeführt werden (vgl. Füssenich/Heidtmann 1995, S. 106).

Einen weiteren Unterstützungsrahmen stellen Formate durch die Vorbild- und Modellrolle der Erwachsenen dar. Kinder benötigen Orientierungshilfen, nach denen sich ihre komplexe Gesamtentwicklung und somit auch ihre sprachlich-kommunikativen Fähigkeiten richten können. Die Kinder orientieren sich an den ihnen präsentierten, kommunikativen Mitteln (Mimik, Gestik, lautliche Äußerungen) und beginnen diese Schritt für Schritt zu imitieren und zu verinnerlichen (vgl. Füssenich/Heidtmann 1995, S. 105). Nach einer gewissen Zeit wachsen Einzelformate dann zu Teilroutinen höherer Ordnung zusammen und beinhalten immer komplexer werdende Interaktionskontexte mit stetig steigenden Kommunikationsparts (vgl. Bruner ^{2}2002, S. 103).

Formate sind aufgrund ihrer Kontextungebundenheit und ihrer ständigen Wiederholbarkeit größtenteils im kindlichen Alltag angesiedelt und werden daher auch als *Alltagsformate* bezeichnet, auch wenn BRUNER selbst diesen Begriff nicht verwendet. GOLLWITZ (1998, S. 10) konkretisiert Alltagsformate als „entwicklungsgerechte Handlungs- und Sprachgeschehnisse, die im Alltagsleben der Kinder entstehen und die in einen aktiven Dialog mit der Umwelt eingebettet sind". Hierbei reprä-

---

[13] Beim Guckuck-da-Spiel werden Gegenstände vor den Augen der Kinder versteckt und nach kurzer Zeit wieder hervorgeholt. Ein Gesprächsbeispiel eines Guckuck-da-Spiels läuft z. B. folgendermaßen ab: „Der xxx (beliebiges Objekt) ist verschwunden. Guckuck, guckuck, da ist er wieder." (vgl. Füssenich/Heidtmann 1995, S. 105).

sentieren Rituale das „Fundament, welches über Wahrnehmungs- und Handlungsmuster zu Vorstellungsbildern führt. Diese werden sodann in Schemata und Symbole verwandelt, die sprachlicher Natur sind.“ (Gollwitz 1998, S. 10). Diese immer wiederkehrenden Rituale ermöglichen die für die Sprachentwicklung essentielle Vernetzung multimodaler, sinnlicher Erfahrungen mit symbolischen und verbalen Funktionen. Gleichzeitig wird bei Kindern durch die Erfahrung des Zusammenhangs von „symbolisch-Erlebtem“ mit „ritualisiert-Konkretem“ der Grundstein zur Ebene des abstrakten Denkens gelegt. (vgl. Katz-Bernstein 1998, S. 206). An dieser Stelle wird deutlich, dass die Sprachentwicklung nicht als isolierter Bereich der kindlichen Entwicklung zu betrachten ist, sondern in engem Kontakt zu weiteren Entwicklungsebenen, hier die kognitive, steht.

Schließlich setzen Formate an der Kultur der Kindheit an und weisen somit oft den Charakter von Spielen auf. BRUNER ([2]2002, S. 103) prägte damit den Begriff *Spielformate*. Er vertritt die Meinung, dass Spiele den Hauptinhalt von Kindheit ausmachen und sämtliche, kindliche Spielformen in all ihren verschiedenen Variationen in gewissem Ausmaß auf dem Gebrauch und Austausch von Sprache beruhen. Jedes „Spiel ist auf seine eigene Art eine kleine Proto-Konversation“ (Bruner [2]2002, S. 38). Er betont des Weiteren, dass das kindliche Spiel aufgrund seiner natürlichen Integration von Sprachgebrauch und Sprachaustausch in engem Zusammenhang mit der allgemeinen, kindlichen Sprachentwicklung steht und knüpf somit eine konkrete Verbindung zwischen Sprachentwicklung und kindlichem Spiel (vgl. Bruner [2]2002, S. 36). In Anknüpfung an Alltagsformate finden Spielformate ebenfalls im kindlichen Alltag statt, können aber aufgrund der inhaltlichen Betonung des Spielcharakters und des kindlichen Spielens als differenzierteres Alltagsformat betrachtet werden.

Nachdem nun die Gründe für die bedeutsame Rolle von Formaten beim kindlichen Spracherwerb aus Sicht der interaktionistischen Theorie konkretisiert wurden, konnte herausgearbeitet werden, dass die Aneignung von Sprache als interaktiver Prozess zwischen Kind und Bezugspersonen abläuft. Vor allem alltäglichen Handlungen und Interaktionen mit Spielcharakter übernehmen dabei aufgrund ihrer nahezu natürlichen Existenz in der kindlichen Lebenswelt die zentralen Rollen, wie nachfolgend anhand der beiden bereits aufgeführten Termini Alltagsformate und Spielformate erläutert wird, wobei sich die Inhalte beider Formen im engeren Sinne aufgrund vorhandener Schnittmenge nicht stets exakt voneinander abgrenzen lassen. Es erfolgt zunächst die Klärung von Alltagsformaten und anschließend die weiterführende Erklärung von Spielformaten sowie deren Bedeutung für die sprachlich-kommunikativen Fähigkeiten von Kindern.

3.3 Alltagsformate im kindlichen Alltag

Wie bereits im vorherigen Kapitel aufgeführt, sind unter Alltagsformaten „entwicklungsgerechte Handlungs- und Sprachgeschehnisse [zu verstehen], die im Alltagsleben der Kinder entstehen und die in einen aktiven Dialog mit der Umwelt eingebettet sind“ (Gollwitz 1998, S. 10). Derartige interaktive Handlungsformen zwischen Kindern und Erwachsenen werden im kindlichen Alltag oftmals nach gleichbleibendem Muster wiederholt und tragen entscheidend zum Erwerb sowie der Erweiterung sprachlicher Handlungsfähigkeit von Kindern bei (vgl. Kap. 3.1). Aufgrund ihrer festen und gleichbleibenden Struktur weisen Alltagsformate eine enge Verbindung zu Ritualen auf. Als Rituale werden beim Kind bekannte Verhaltensweisen bezeichnet, „die zu bestimmten Anlässen immer wieder und in der gleichen Weise reproduziert werden“ (Oerter 1999, S. 17). Die Entstehung von Ritualen besitzt eine natürliche Offenheit und folglich kann aus beinahe jeder Art von Handlung oder Situation ein ritualisierter Prozess erschaffen werden (vgl. Grossmann et al. 2003, S. 135). Charakteristische Merkmale von Ritualen sind, ebenso wie bei Formaten (vgl. Kap. 3.2), Wiederholungen sowie Wiederholungen mit Variationen (vgl. Grossmann et al. 2003, S. 143). Aufgrund des häufigen Auftretens dieser dem Kind bekannten Abläufe, die der regelhaften Wiederholung eines bestimmten Zyklus folgen und den Spannungsbogen Erregung – Höhepunkt – Entspannung hervorrufen, bauen die Kinder eine freudvolle Erwartungshaltung an diese Interaktionen auf: „Die regelhafte Wiederholung des Zyklus [...] macht erst die Erwartung, Erregungssteigerung und Spannungslösung möglich“ (Oerter 1999, S. 93).

Ritualisierte Formate bieten Kindern mit und ohne Schwierigkeiten beim Spracherwerb durch ihre ständige Reproduzierbarkeit Sicherheit infolge der gleichbleibenden Wiederkehr sprachlicher Zielstrukturen (vgl. Kap. 3.2). Kinder antizipieren dadurch den bekannten Ablauf des Geschehens und vergleichen ihre Erwartungen mit den jeweiligen Äußerungen. Dabei übernehmen sie nach und nach durch vermehrte Imitationen eine aktivere Rolle und erfahren damit bereits früh den Ablauf und die Integration kommunikativer Elemente innerhalb zwischenmenschlicher Interaktionen (vgl. Bruner ²2002, S. 43ff). Diese elementaren Erfahrungen und die daraus resultierenden pragmatischen Fähigkeiten sind bei der Organisation von Gesprächen von zentraler Bedeutung. Hierzu gehören die Sicherung der Kommunikationsbereitschaft in Verbindung mit der Begrüßung (*opening*), die Ankündigung des Gesprächsendes durch einleitende Worte zur Verabschiedung (*opening up closing*) sowie das Gesprächsende (*closing*). Weitere wichtige Sprechhandlungsakte sind beispielweise der gemeinsame Gegenstandsbezug bzw. das gemeinsame Thema in Verbindung mit korrespondierenden Äußerungen, der Sprecherwechsel oder das *Turntaking* (vgl. El Mogharbel/Deutsch 2007, S. 58). Bei Gesprächen sind die Sprechanteile zu Beginn asymmetrisch verteilt (vgl. Szagun ⁶1996, S. 204), die

Kinder übernehmen allerdings schrittweise einen immer aktiveren Part (vgl. Füssenich 2003, S. 426). Um diesen aktiveren Part übernehmen zu können, müssen Kinder ihre sprachlich-kommunikativen Fähigkeiten erweitern. Dies geschieht durch kindliche Strategien, die FÜSSENICH (^{5}2002, S. 85) zusammenfasst und auch in ihrem *Beobachtungsbogen zur Erweiterung sprachlich-kommunikativer Fähigkeiten* (vgl. Füssenich/Geisel 2008, S. 55ff) aufführt:

> „Sie fragen nach, sie teilen mit, wenn sie etwas nicht benennen können, sie korrigieren, sie nehmen Über- und Unterdehnungen vor, sie bilden Eigenschöpfungen und entwickeln dabei metasprachliche Fähigkeiten, die sie ständig erweitern“[14]

Diese pragmatischen Sprach- und Sprecherfahrungen offerieren Formate und Rituale aufgrund ihres interaktiven Charakters nahezu von selbst. Im Säuglingsalter finden Alltagsformate „zunächst in umgrenzten familiären Situationen statt und weisen einen hohen Grad an Ordnung und Systematik auf“ (Füssenich ^{5}2002, S. 68). Als Beispiele solcher ritualisierter Handlungen bei Kleinkindern lassen sich das Baden, Füttern und Wickeln aufzählen. Diese Pflegehandlungen werden zumeist mit Worten, Sprüchen oder Fingerspielchen begleitet[15] und zeichnen sich wiederum durch häufiges Wiederholen einfach verständlicher Verhaltensmuster aus. Dabei zeigen die Bezugspersonen die intuitive Bereitschaft, auf die vielfältigen mimischen, gestischen und stimmlichen Reaktionen des Babys unterschiedlich zu antworten. „Das Baby entdeckt und erprobt [hierbei], mit welchem Verhalten es welche Antwort der Eltern hervorrufen kann, es entdeckt Gemeinsamkeiten, bildet Erwartungen aus und freut sich mit den Eltern, wenn sich seine Erwartungen erfüllen“ (Papoušek 2003, S. 40).

Auch mit steigendem Alter existieren weiterhin eine Vielzahl routinierter Alltagsinteraktionen (vgl. Füssenich/Geisel 2008, S. 11), welche den Kindern Orientierungshilfe, Gewohnheit und häufig auch große Freude bereiten: z. B. Essensrituale (Tischverse[16], Beten) oder Einschlafrituale (Vorlesen, Betrachten von Bilderbüchern, Beten).

Im Kindergarten lassen sich ebenso eine Menge wiederkehrender Routinehandlungen feststellen, z. B. Begrüßungs- (Morgenkreis, persönliche Begrüßung durch Bezugsperson) und Verabschiedungsrituale (in der Gemeinschaft ein Lied singen, Abschiedsverse aufsagen), gemeinsames Frühstück, Gesprächskreis etc. (vgl. Groot-

---

[14] Der Begriff der „metasprachlichen Fähigkeiten“ wird in Kapitel 3.4.4 dieser Arbeit erläutert.

[15] Beispiel für ein derartige Fingerspiel: „*Das ist der Daumen, der schüttelt die Pflaumen, der klaubt sie auf, der trägt sie nach Haus und der kleine Wuziwuzi isst sie alle wieder auf.*“ (Nacheinander werden die einzelnen Finger angefasst und etwas geschüttelt).

[16] ein klassisches Beispiel solcher Essensrituale ist der bekannte Guten-Appetit-Vers: „Piep piep piep – wir ham’ uns alle lieb, piep piep piep – Guten Appetit!“.

Wilken/Kaseric 2009, S. 56ff). Dabei werden Kinder durch feste, eindeutig und zuverlässig formulierte Regeln in ihrer enormen Leistung unterstützt, den Übergang vom intimen Familiengefüge in eine größere Gruppe zu vollziehen (vgl. Katz-Bernstein 1998, S. 205). Zur Verdeutlichung der Existenz solcher Rituale werden im Folgenden zwei exemplarische Rituale (vgl. Schiefele 2008, S. 32) aus dem Kindergartenalltag vorgestellt, anhand derer der sprachanregende Aufforderungscharakter sowie die sprachbegleiteten Handlungskontexte von Alltagsformaten in ritualisierter Form ersichtlich werden:

- *Ankommen und Ausziehen*: Die Kinder werden jeden Morgen, wenn sie in den Kindergarten kommen, von einer Erzieherin begrüßt. Dabei begibt sie sich auf gleiche Höhe mit ihnen und nimmt Blickkontakt auf. An dieser Stelle haben die Kinder Gelegenheit, in Abhängigkeit ihrer aktuellen Bedürfnisse, von Erlebnissen oder momentanen Emotionen zu berichten.

- *Frühstückstisch decken*: Da Nico meist sehr früh im Kindergarten ist, darf er seiner Bezugserzieherin beim Decken des Frühstückstisches helfen. Dieses Ritual bereitet ihm große Freude und er kommentiert seine Handlungen dabei häufig verbal (z. B. erklärte ihm die Erzieherin, dass sie die Frühstückssalami immer in Blumenform anordne; seither übernimmt Nico diese Aufgabe und kommentiert seine Tätigkeit mit den Worten: „Ich lege die Salami wie eine Blume!“)

Ein weit verbreitetes Alltagsformat, dem speziell in Sprachförderkontexten große Wirksamkeit zugesprochen wird (z. B. Fuchs 2006; Füssenich/Geisel 2008; List 2009) ist die Bilderbuchbetrachtung. Laut BRUNER (^{2}2002, S. 64 f) werden im Format *Bücher lesen* durch den Austausch über nicht-konkrete, lediglich im Bild repräsentierte Themen sowohl das Symbolbewusstsein der Kinder erweitert als auch kommunikative Routineabläufe vertieft und verbessert. Auch ULICH (2003, S. 111) bescheinigt dem Format des *Bilderbuchlesens* besonders vielfältige Lernchancen im sprachlichen Bereich, vor allem, wenn es in Dialogform durchgeführt wird. In einer gemütlichen und ungestörten Situation kann das Tempo von sprachlicher Anregung und Kommunikation auf das Kind abgestimmt werden. So bieten Bilderbücher beispielsweise durch das Benennen oder durch einfaches Umschreiben der abgebildeten Inhalte, oder aber durch Beziehungsherstellung zwischen den dargestellten Bildern, viele Anlässe, über ihren Inhalt zu sprechen.

Über die Notwendigkeit und Bedeutung von Formaten im Kindergartenalltag herrscht in Fachkreisen flächendeckende Einigkeit (vgl. Biermann 2002; Bingel/Langlotz 2008; Niemann-Stahl 2009), dass Rituale und Alltagsroutinen gleichermaßen „die Grundlage für jede Sprachförderung“ (Füssenich/Geisel 2008, S. 23) darstellen. Unabhängig ob eine alltägliche Sprachförderung oder eine gezielte Sprachförderung angestrebt wird (vgl. Kap. 2.2.1), sollten diese Anlässe von den pädagogischen Fachkräften der Einrichtungen wahrgenommen und umgesetzt werden. So kann beispielsweise die Vielzahl an organisatorischen Sequenzen, die im alltäglichen Kindertagesstättenbetrieb vorhanden sind, als Anlass für Formatisierungen und Ritualisierungen genutzt werden. Derartige Sequenzen, beispielsweise zur Einstimmung auf neue Aktivitäten, zur Erklärung von Abläufen, zum Umgang mit neuen Materialien etc. können durch die Ritualisierung immer wiederkehrender Handlungen (z. B. bei der Begrüßung, Verabschiedung etc.) und gleichbleibender Abläufe (z. B. Methodenvariation, Spiel- und Materialwechsel etc.) sprachfördernd eingesetzt werden. KNAPP ET AL. (2010a, S. 50) präsentieren konkrete Umsetzungsvorschläge, wie organisatorische Sequenzen sinnvoll genutzt werden können:

- In organisatorischen Sequenzen wird sprachlicher Input geboten. Das bedeutet, dass die Sprachförderperson nicht schweigend Material holt, sondern ihre Handlungen verbal begleitet [...]
- Die Erzieherin legt Wert darauf, auch in organisatorischen Sequenzen deutlich (nicht überdeutlich) zu sprechen. Sie achtet darauf, dass die Kinder aus der sprachlichen Äußerung heraus (und nicht nur aus der sogenannten ‚sprechenden Situation', in der ein einzelnes Kind sieht, was alle anderen machen) verstehen, was von ihnen erwartet wird.
- In organisatorischen Sequenzen können die rezeptiven Fähigkeiten der Kinder gefördert werden. Dazu kann die Sprachförderperson den Kindern Aufforderungen geben, die diese umsetzen sollen [...]
- Auch in organisatorischen Sequenzen sollten die Kinder zu Wort kommen [...]
- Wenn in organisatorischen Sequenzen Wörter verwendet werden, von denen angenommen wird, dass nicht alle Kinder sie verstehen, sollte sie genau erklärt werden [...]

Kinder erfahren in diesen kontextgebunden Handlungssituationen den Einsatz von Sprache als Strukturierungsinstrument von Interaktionen und übernehmen im Sinne des Übergabe-Prinzips der Sprachanteile (vgl. Kap. 3.2) immer aktivere und umfassendere Redeparts. Die ihnen vertrauten Inhalte und Abläufe verleihen ihnen zunehmende Handlungssicherheit und eröffnen ihnen die Möglichkeit, den Fokus auf Sprache zu lenken und deren bedeutsame Funktion als wichtiges Kommunikationsinstrument anhand von Interaktionen aus dem kindlichen Alltag zu erfahren. Die Ritualisierung nimmt in diesem Bereich laut ANDRESEN (2005, S. 71) eine unumgängliche Funktion ein, „weil die stereotype Zuordnung sprachlicher Äußerungen zu den nichtsprachlichen Handlungen und Handlungsgegenständen es dem Kind ermöglicht, die referentiellen Beziehungen zwischen beidem zu erfassen". LIST (2009, S. 9) ergänzt das erhöhte Förderpotenzial von Ritualen durch den Einsatz von Mustern interaktiven Handelns: „Frage – Antwort, Aufforderung – Widerspruch, Ersuchen um Kooperation – Bitte und Entsprechung, Tadel – Rechtfertigung, etc." Durch derartige Standardmuster kommunikativer Handlungen erleben die Kinder sprachlich sinnvolles und erfolgreiches Handeln und können dieses

Wissen sowie die damit verbundenen, langsam ansteigenden Fähigkeiten auf ihren Alltag transferieren und anwenden.

Zusammenfassend muss festgehalten werden, dass der Ausgangspunkt von Alltagsformaten in Form von ritualisierten Handlungen in den gemeinsamen, kommunikativen Interaktionen zwischen Bezugsperson und Kind zu sehen ist. Mithilfe dieses vielseitigen Unterstützungsrahmens (vgl. Kap. 3.1) werden den Kindern ein sprachlicher Lernraum sowie eine interaktive Lernsituation bereitgestellt, in der sie entsprechend ihrer individuellen Fähigkeiten sprachlich-kommunikative Fortschritte tätigen können. Folglich müssen an dieser Stelle Alltagsformate im Sinne immer wiederkehrender Rituale und routinierter Handlungskontexte als Mittel festgehalten werden, mit dem Kinder mit und ohne Unterstützungsbedarf ihre sprachlich-kommunikativen Fähigkeiten erweitern können.

3.4 Spielformate

Neben Alltagsformaten kommt den Spielformaten eine genauso große Bedeutung zu. BRUNER (^{2}2002, S. 103) konstatiert in seinen Ausführungen zum kindlichen Spracherwerb, dass „Formate oft den Charakter von Spielen aufweisen" und prägte damit den Begriff *Spielformate.* Obwohl Spielformate, bedingt durch ihre nahezu omnipräsente Erscheinungsweise, gleichermaßen wie Alltagsformate, im Alltag von Kindern erscheinen, legt diese Bezeichnung den Fokus auf die Tätigkeit des Spielens, da sich Spielhandlungen explizit von sonstigen Handlungen unterscheiden lassen (vgl. Oerter 1999, S. 5). So bezeichnet VYGOTSKI das Spiel als die „vorherrschende Aktivität bei Kindern – und die für ihre Entwicklung wichtigste. So werden im Spiel höhere psychische Funktionen wie Denken, Abstrahieren, Erinnern und Kreativität ausgebildet" (Textor 2000, S. 75) und angewandt. Neben dieser kognitiven Komponente kommt dem Spielen auch bezüglich des Spracherwerbs eine entscheidende Rolle zu, da nahezu alle Spiele oder spielähnlichen Handlungen ihren Ausgangspunkt im Einsatz von Sprache wie Kommunikation haben und diese bei fast allen handlungsbegleitend wichtig sind (vgl. Füssenich/Geisel 2008, S. 23). PIAGET (1974,S. 47f) betonte den kommunikativen Aspekt von spielerischen Handlungen nicht nur durch Sprache, sondern konkretisierte, dass „die wahrhaft soziale Sprache des Kindes, also die Sprache, die es bei seiner fundamentalen Aktivität – beim Spiel – benutzt, ebenso eine Sprache aus Gesten, Bewegungen und Mimik wie aus Worten ist." Diese natürliche Präsenz kommunikativer Elemente und Anlässe innerhalb von Spielhandlungen verdeutlicht den Zusammenhang von Sprache und Spiel sowie Sprach- und Spielentwicklung. Aufgrund dieses engen Zusammenhangs der beiden Bereiche erfolgt nach der Begriffsklärung von Spiel die Darstellung der kindlichen Spielentwicklung.

Das Phänomen Spiel war vor allem im letzten Jahrhundert Thema vieler Veröffentlichungen und intensiver Studien aus Pädagogik, Psychologie, Soziologie und anderen Disziplinen. Spätestens seit FRÖBEL, der Vater der Kindergartenpädagogik, die Aussage tätigte „Spiel ist die höchste Stufe der Kindesentwicklung, der Menschenentwicklung dieser Zeit“ (Fröbel 1826, S. 38) wurde das Spiel in das Zentrum frühkindlicher Pädagogikansätze gestellt. Es dauerte nicht lange, bis Rufe nach einer konkreten Definition der Begriffe „Spiel“ und „spielen“ laut wurden.

3.4.1 Das (Kinder-)Spiel: Begriffsklärung

Bei dem Versuch der begrifflichen Fassung des Phänomens Spiel wurden die verschiedenen wissenschaftlichen Disziplinen vor fast unlösbare Probleme gestellt, so dass einige Autoren (Vandenberg 1982; Matthews/Matthews 1982) postulierten, auf eine exakte Begriffsbestimmung zu verzichten und sich stattdessen mit der Existenz des Spiels und seiner immensen entwicklungspsychologischen Bedeutung für die Kindheit zufrieden zu geben (vgl. Einsiedler 1991, S. 9). HEIMLICH (^{2}2001, S. 17ff) fasst zusammen, dass das Spiel ein scheinbar einfacher, auf konventionellen Vorstellungen basierender, doch schwer zu definierender Begriff sei. Deshalb liegt bis heute keine, von allen wissenschaftlichen Disziplinen anerkannte Definition des Begriffs Spiel vor.

Aufgrund dieser fehlenden Begriffsklärung wird nachfolgend auf eine Begriffsklärung im engeren Sinne verzichtet, und stattdessen der schwierige Versuch unternommen, einen grob-historischen, aber verständlichen Überblick über das komplexe Thema Kinderspiel und seine vielfältigen Aspekte zu verschaffen. Dabei soll unter Berücksichtigung einiger unterschiedlicher Erklärungsansätze eine nachvollziehbare Vorstellung skizziert und das Phänomen Spiel auf seine Bedeutung für den kindlichen Spracherwerb transferiert werden.

Bei der Betrachtung historischer Definitionsversuche zum Spiel wird sich oftmals auf den niederländische Kulturhistoriker HUIZINGA und sein Werk „Homo Ludens“ von 1938 berufen, der in seiner Arbeit folgende, zentrale Bestimmungsstücke des Spiels aufführte:

- Spielen ist freies Handeln und bereitet Vergnügen.
- Spiel ist keine Aufgabe, es wird weder durch physische Notwendigkeit noch durch sittliche Pflicht auferlegt und wird in der Freizeit gespielt.
- Spiel ist nicht das *gewöhnliche* oder *eigentliche* Leben, sondern das Heraustreten in eine zeitweilige Sphäre von Aktivität.
- Es schafft geistige und soziale Verbindungen und besitzt damit Kulturfunktion.
- Das Spiel ist abgeschlossen und begrenzt.
- Die Wiederholbarkeit ist eine der wichtigsten Eigenschaften.
- Spiel schafft und ist Ordnung

- Das Spiel bindet und löst, es fesselt, es bannt, kurzum: es bezaubert (Huizinga 1956, S. 14-18)

SCHEUERL gelangte in seinem Werk „Theorie des Spiels“ (1955) ebenfalls zu der These, dass das Phänomen Spiel durch charakteristische Struktur- und Wesensmerkmale des Spielgeschehens zu erklären sei und reduziert die Ausführungen HUIZINGAS auf folgende, sechs Hauptcharakteristika von Spiel:

- Die Freiheitstendenz: spielen ist ungezwungen und frei.
- Die Scheinhaftigkeit des Schwebens fernab der Realität.
- Die innere Geschlossenheit durch Regeln oder vereinbarte Normen.
- Die Ambivalenz und Vieldeutigkeit des Spiels.
- Die innere Unendlichkeit und damit auch die Wiederholbarkeit.
- Der Bezug zur unmittelbaren Gegenwart.

(Scheuerl [10]1975, S.203-206)

EINSIEDLER (1991) kritisiert an dieser Vorgehensweise der Definitionsfindung, dass die genannten, additiven Merkmale im Einzelfall eines bestimmten Spiels nicht mehr komplett nachweisbar seien und schlägt daher eine extrinsische Definition vor: „Spiel [ist] nicht mit notwendigen Einzelmerkmalen *zu definieren*, sondern mit mehr oder weniger akzentuierenden Angaben *zu explizieren*“ (Einsiedler 1991, S. 9).

Folglich präsentiert EINSIEDLER ein Verständnis von Spiel, in welchem sowohl charakteristische Spielmerkmale als auch graduelle Spielausprägungen situationsabhängig und damit flexibel berücksichtigt werden:

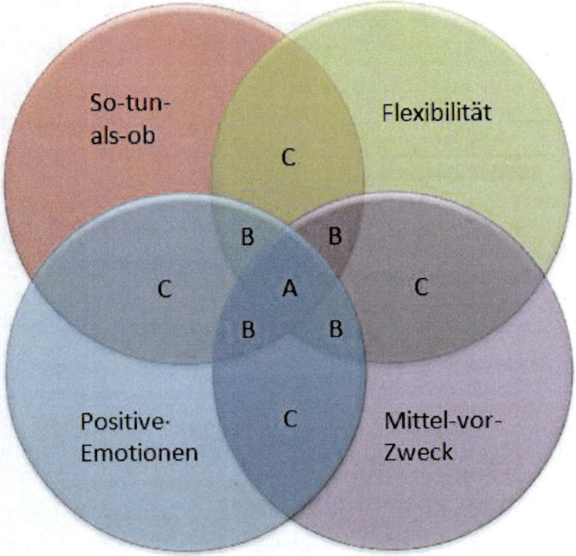

Bereich A: Spiel, bei dem vier Spielmerkmale vorhanden sind
Bereich B: Spielausprägungen, bei dem drei Spielmerkmale vorhanden sind
Bereich C: zwei Spielmerkmale vorhanden

Abb. 2: Darstellung des Spielbegriffs mit vier Merkmalen (in Anlehnung an Einsiedler 1991, S.13)

Diesem Modell liegt ein injunkter Spielbegriff zugrunde, der sich durch die fließenden Übergänge der einzelnen Spielmerkmale untereinander auszeichnet und dadurch zum Einen „manchmal klar bestimmbar ist, [zum Anderen] aber auch manchmal Überschneidungen mit anderen Verhaltensweise beinhaltet" (Einsiedler 1991, S. 14). Diese vier Charakteristika *So-tun-als-ob, Flexibilität, Positive Emotionen, Mittel-vor-Zweck*, die beim Kinderspiel einzeln oder gehäuft auftreten können, stehen in engem, gegenseitigen Zusammenhang, bedingen sich aber nicht, sodass ein konkretes Phänomen auch dann als Spiel bezeichnet werden kann, wenn eines dieser Merkmale fehlt. Ein weiterer positiver Aspekt dieses Erklärungsansatzes resultiert aus den offenen und dennoch treffend formulierten Spielmerkmalen des Kinderspiels. Dies ermöglicht einerseits eine relativ klare, inhaltliche Vorstellung des Spielbegriffs, und verleiht dem Spiel andererseits gleichzeitig die notwendige, begriffliche Offenheit für zusätzliche Bestimmungsstücke, die nach EINSIEDLER zukünftig durch neue Forschungsergebnisse gewonnen werden müssen, da trotz der zahlreichen Veröffentlichungen zum Phänomen Spiel noch immer ein

Forschungsdefizit bezüglich seiner Konstituenten besteht (vgl. Einsiedler 1991, S. 12 f).

GARVEY (1978) präzisiert diesen Offenheitscharakter mit ihrer Ansicht, dass

> „es unmöglich ist, Spiel als eine bestimmte Art oder Reihe von Handlungen zu definieren. [...Jegliche Art von Handlung] kann reines Spiel sein, kann aber auch nichtspielerisch und in nichtspielerischer Absicht geschehen. Springen, einen Stein werfen, jemanden jagen, ja selbst eine Frage stellen, die Sprechweise oder Bewegungen eines anderen nachmachen – das alles kann reines Spiel sein, kann aber auch nichtspielerisch und in nichtspielerischer Absicht geschehen" (Garvey 1978, S. 14)

An dieser Sichtweise wird deutlich, dass kindliche Handlungen nur in Abhängigkeit von individuellen Kenntnissen über ein Kind und seine individuellen Verhaltensweisen als wirkliches Spiel zu interpretieren sind. Ohne dieses Wissen, das auf persönlichen Erfahrungen und Interaktionen mit den Kindern beruht, ist es unmöglich, kindliche Tätigkeiten als Spiel zu bezeichnen. Anhand dieses Aspekts kommt die Individualität zum Vorschein, die sämtlichen spielerischen Handlungen zugrunde liegt und derer sich Erwachsene bei ihrem externen Blick auf kindliche Interaktionen stets bewusst sein sollten.

Des Weiteren erscheint PAPOUSEKS (2003, S. 30) Ansicht, das kindliche Spiel mit dem „zweckfreien Aufnehmen und Integrieren von Erfahrungen mit der belebten und unbelebten Umwelt" gleichzusetzen, als zutreffend. Das Spiel ermöglicht Kindern somit, „neue Fertigkeiten zu erproben, Lösungen und Strategien für immer komplexere Probleme zu erfinden" (Papousek 2003, S. 30) und tritt dabei in unterschiedlicher Gestalt und vielerlei Hinsicht auf (Garvey 1978, S. 18). Kindliche Spiele sind dabei immer in die jeweilig individuelle, gesellschaftliche Situation der Kinder eingebettet, so dass diese sich im Spiel mit ihrer alltäglichen Lebensumwelt auseinandersetzen (vgl. Heimlich 1993, S. 15f). Diesen Auseinandersetzungsprozessen, egal ob in fiktiver oder realitätsangelehnter Form, kommt für die Gesamtentwicklungsprozesse große Bedeutung zu (vgl. Oerter 1999). Aus diesem Grund müssen die in Förderkontexten gewählten Spielformen dem Lebensumfeld sowie dem Erfahrungsbereich der Kinder entsprechen und diese aufgreifen. Dabei lassen sich drei große Typen von Strukturen erkennen, die ebenfalls die Klassifikation von kindlichen Spielen in bestimmte Spielformen festlegen und gleichsam deren Inhalt charakterisieren: „die Übung, das Symbol und die Regel, wobei die Konstruktionsspiele [als weitere Form] zwischen allen dreien" (Piaget ^{5}2003, S. 146) stehen. Diese Differenzierung der einzelnen Spielformen in Übungs-, Konstruktions-, Symbol- bzw. Rollen- und Regelspiel wird in Kap. 3.4.2 erneut aufgegriffen und soll an dieser Stelle nicht weiter vertieft werden.

Das Spielen ist die originärste und altersgerechte Tätigkeitsebene des Kindergartenkindes, das sowohl sprachliche wie nicht-sprachliche Fähigkeiten fördert und fordert (vgl. Füssenich [5]2002, S. 60). Diese, spätestens seit FRÖBEL verbreitete und von namhaften Wissenschaftlern (z. B. Bruner [2]2002; Vygotski 2002; Piaget [5]2003 etc.) wie Institutionen (z. B. Deutscher Bildungsrat 1975a) verfestigte These ist bis heute vorherrschend. So widmet beispielsweise der Orientierungsplan für Bildung und Erziehung für die baden-württembergischen Kindergärten dem Spielen ein eigenes Kapitel und beschreibt darin dessen wichtige Bedeutung für die kindliche Entwicklung. „Spielen ist die dem Kind eigene Art, sich mit seiner Umwelt auseinander zu setzen, sie zu erforschen, zu begreifen, zu erobern'" (Ministerium für Kultus, Jugend und Sport Baden-Württemberg 2006, S. 33). Spielen kann somit als wichtiger Ausgangspunkt und kindgerechter Motor verschiedener Entwicklungsbereiche gesehen werden. Das meinte auch ZULLIGER (1952), als er über „heilende Kräfte im kindlichen Spiel" schrieb und darin das vielfältige Potential von Spielen für die Unterstützung der kindlichen Entwicklung beschrieb.

Es gilt festzuhalten, dass dieser Arbeit ein offenes Verständnis des kindlichen Spiels zugrunde liegt, das sich an den charakteristischen Spielmerkmalen EINSIEDLERS orientiert und dessen ausschlaggebender Punkt der individuelle, kindliche Handlungs- und Situationskontext darstellt. Die große Bedeutung spielerischer Handlungen, beginnend mit den frühen Interaktionen der vorsprachlichen Kommunikation (vgl. Kap. 3.1) für den allgemeinen kindlichen Entwicklungsprozess, ist unbestritten und weist im Besonderen eine enge Verbindung zum Spracherwerb von Kindern auf (vgl. Füssenich [5]2002; Szagun 2007). BAUMGARTNER (2008, S. 53) präzisiert diese bereits aufgeführte Bedeutung spielerischer Handlungen (vgl. Kap. 3.2) für die Sprachentwicklung in Kombination mit weiteren wichtigen Lern- und Entwicklungsbereichen:

- „Spiel, besonders dann, wenn das Spiel offene und kommunikative Züge trägt, unterstützt sprachliche Entwicklung über das
- soziale (Aushandeln von Regeln),
- emotionale (Lust am Spiel, Angstabbau, Umgang mit Frustrationen, Anstrengungsbereitschaft),
- kognitive (Erregungs- und Aktivitätsniveau im mittleren Bereich, Aufmerksamkeit, Problemlösen, Gedächtnis, Merkfähigkeit, analytisches Denken),
- kreative (Entwicklung von Ideen) Engagement [sic]"

Aufgrund dieser engen Verbundenheit von Spracherwerb und Spielentwicklung, wird im nächsten Kapitel die Spielentwicklung von Kindern in Verbindung mit relevanten Aspekten des kindlichen Spracherwerbs skizziert, um daraus wichtige Erkenntnisse ableiten zu können, wie Kinder ihre sprachlich-kommunikativen Fähigkeiten durch Spiele und spielerische Interaktionen erweitern können.

3.4.2 Zur Spielentwicklung von Kindern und möglichen Schwierigkeiten

Neben der Beschreibung des Spielphänomens (vgl. Kap. 3.4.1) beschäftigten sich verschiedene Wissenschaftsdisziplinen, allen voran die Entwicklungspsychologie, intensiv mit der Beschreibung alterstypischer Entwicklungsphasen der kindlichen Spielfähigkeit. Die beiden Psychologen GROOS und BÜHLER legten Anfang des 20. Jahrhunderts mit ihrer Einteilung der Spielentwicklung in vier Phasen den Grundstein für ein bis heute vorherrschendes Verständnis dieses Entwicklungsprozesses. Berühmte Vertreter wie z. B. PIAGET oder SUTTON-SMITH ergänzten und aktualisierten diese Phaseneinteilung in bestimmten Punkten (vgl. Einsiedler 1991, S. 20 ff), sodass heutzutage folgende vier Entwicklungsphasen der kindlichen Spielfähigkeit als wissenschaftlich anerkannt gelten[17]:

- Funktions- und Übungsspiel/Sensomotorisches Spiel (bis zum zweiten Lebensjahr)
- Konstruktionsspiel (ca. ab dem zweiten Lebensjahr)
- Als-ob-Spiel, Symbol- und Rollenspiel (ca. ab dem zweiten Lebensjahr)
- Regelspiele (ab ca. dem vierten-fünften Lebensjahr)

(vgl. Bunk 2004, S. 17 f)

Vor der Beschreibung der einzelnen Entwicklungsphasen wird darauf hingewiesen, dass die Ausprägung der Spielfähigkeit von Kind zu Kind individuell unterschiedlich ist, und zusätzlich von umfangreichen Faktoren – z. B. Verhalten der Bezugspersonen, Spielräume, Spielmaterial etc. – abhängig ist (vgl. Baer 2003; Bunk 2004, S.17). Obwohl die im Folgenden aufgeführten Phasen zumeist als Durchgangsstufen ablaufen, ereignen sie sich nicht in einer zeitlich-chronologischen Reihenfolge, sondern können sich im individuellen Falle überschneiden oder Charakteristika einer bestimmten Phase können in späterem Entwicklungsverlauf erneut auftreten (vgl. Oerter 1999, S. 98).

Funktions- und Übungsspiel/ Sensomotorisches Spiel

Die ersten Spielhandlungen von Säuglingen sind durch Explorationsverhalten und ihren Erkundungscharakter gekennzeichnet. Durch das Spiel in Form von Bewegungen mit ihren Gliedmaßen, Körperbewegungen und ihrer Stimme erfahren Kinder Freude und entdecken die „Funktionslust" ihres Körpers (vgl. Bunk 2004, S. 17f). Diese spielerischen Übungen, die die Ausgangsform des Spiels beim Kind darstellen und unzählige Male wiederholt werden (vgl. Piaget [5]2003, S. 151), lau-

[17] Die an dieser Stelle aufgeführten Altersangaben sollen nur als Richt- und Orientierungswert gelten und keinesfalls zu einer starren Einordnung des kindlichen Spielverhaltens in normierte Altersangaben führen.

fen in diesem Alter teils partnerzentriert, z. B. *beim Guckuck-da*-Spiel (vgl. Kap. 3.2), teils gegenstandszentriert ab, z. B. beim Zeigen von Effekten eines Spielzeuges, und folgen der regelhaften Wiederholung eines bestimmten Zyklus, der den Spannungsbogen Erregung – Höhepunkt – Entspannung hervorruft (vgl. Oerter 1999, S. 133). Vor allem Sprachspiele besitzen hierbei hohes Aktivierungspotential für Kinder und animieren sie, ihre eigene Stimme als Mittel einer der frühesten Form des kindlichen Spiels einzusetzen:

> „Die Stimme erweist sich gewissermaßen als das erste, dem Baby stets verfügbare Spielzeug, dessen Potential es auf erfinderische Weise in verschiedensten Stimmlagen, Klangfarben und Lautstärken erprobt und mit dem es den oft spielerisch wiederholten Lautgebilden der elterlichen Stimme nachzueifern scheint“ (Papousek 2003, S. 42).

Dieser spielerische Einsatz der eigenen Stimme stellt den Ausgangspunkt der kindlichen Ausspracheentwicklung dar. In einem nächsten Schritt versuchen die Kinder dann, die ihnen präsentierte Sprachspiele mitzusingen bzw. mitzusummen. OERTER (1999, S. 124) weist in einer Längsschnittstudie die Existenz vielfältiger Singspiele in frühen Eltern-Kind-Interaktionen nach, beispielsweise *Pitsche, Patsche, Peter* oder *Häschen in der Grube*. Diese Spiele existieren auch in späterem Alter weiter und werden beispielsweise in Form des *Hoppe, Hoppe Reiter*-Spiels durch zusätzliche körperliche Stimulanzien erweitert. Die Bezugspersonen übernehmen in dieser Phase die Aufgabe, Spielumgebung und -gegenstände in Form von Formaten ansprechend zu gestalten und zu offerieren. Als ausführlicheres Beispiel eines solchen sensomotorischen Spiels kann das sogenannte *Hammele, Hammele, Stuz*-Spiel aufgeführt werden:

> „Die Pflegeperson nähert ihr Gesicht dem Kind, wobei sie ‚Hammele, Hammele…’ mehrfach wiederholt. Nach einer kleinen Pause stößt sie sacht mit dem Kopf des Kindes zusammen und sagt ‚Stuz!’, wobei sie lacht.“ (Oerter 1999, S. 93)

Während bei frühen Interaktionsspielen der gemeinsame Gegenstandsbezug noch nicht explizit vorliegt, entwickelt das Kind in der zweiten Hälfte des ersten Lebensjahres eine Objektpermanenz (vgl. Kap. 3.1), also das Wissen, dass Gegenstände auch außerhalb der eigenen Wahrnehmung vorhanden sind (vgl. Bunk 2004, S.18). Diese Objektpermanenz repräsentiert eine essentielle Voraussetzung für weitere sprachliche wie kognitive Entwicklungsschritte, da Kinder ab diesem Zeitpunkt die Fähigkeit besitzen, sich Objekte vorzustellen und somit die erste Vorstellungsform von Symbolen erwerben. Bevorzugte Spiele in dieser Phase sind Zeigen-Verstecken oder Geben-Nehmen (vgl. Bruner ^{2}2002, S. 39), in welchen das Kind elementare Grundformen menschlicher Kommunikation erfährt (vgl. Kap. 3.3). „Es sind Übereinkünfte, wechselseitig abgestimmte Arten des Vorgehens, welche dominieren. Die Sprache, vor allem als eine Abfolge handlungsbegleitender und -auslösender Äußerungen stellt einen Aspekt dieser Konventionalisierung dar“ (Bruner [2]2002, S. 46). Die Bezugspersonen in Form von Spielpartnern unterstützen die Kinder bei diesen Erfahrungen, indem sie ihr Verhalten geschickt an den Entwicklungsstand des Kindes anpassen und begleiten sie behutsam bei ihrer Entwicklungsfolge zur Zone der nächsten Entwicklung (vgl. Einsiedler [3]1999, S. 74).

Gegen Ende der sensomotorischen Entwicklung besitzt das Kind ein grobes Verständnis über die Auswirkungen seiner Spielhandlungen und kann diese gezielt und absichtlich – z. B. das Ziehen an der Schnur eines Spielzeuges – einsetzen (vgl. Bunk 2004, S. 18). Außerdem explorieren Kinder im Funktions- und Übungsspiel über die Funktion von Gegenständen und entdecken so, dass z. B. die Tasse zum Trinken, das Auto zum Fahren existiert (vgl. Oerter 1999, S. 63). VYGOTSKI (2002, S. 188ff) sieht in diesen Aktivitäten den Ausgangspunkt der Begriffsbildung, da erst die funktionale und situative Nutzung eines Gegenstandes oder Zeichens als Mittel zur Auseinandersetzung mit der sozialen Umwelt sowie zur Bewältigung einer Aufgabe, die kindliche Lexikonbildung ermöglicht. BRUNER ([2]2002, S. 38ff) belegt anhand der Beobachtung zweier Kinder ab deren drittem bzw. fünftem Monat die Bedeutung frühkindlicher Übungs- und Funktionsspiele mit Bezugspersonen für die Sprachentwicklung und leitete daraus wichtige Erkenntnisse des interaktionistischen Spracherwerbs (vgl. Kap. 3.1) ab. Vor allem die handlungsstützende und handlungsstrukturierende Funktion von Sprache im pragmatischen Sinne stellen dabei wichtige Erfahrungen für die Sprachentwicklung der Kinder bereit.

Konstruktionsspiel

Mit zunehmendem Alter beziehen Kinder vermehrt Gegenstände in ihre Handlungen mit ein. So benutzen sie bei Konstruktionsspielen konkrete Dinge oder Spielzeuge, um aus diesen andere Gegenstände (z. B. ein Turm aus Bauklötzen, eine Knetfigur, eine Zeichnung etc.) herzustellen (vgl. Montada/Oerter [5]2002, S. 224). In diesen zielgerichteten Tätigkeiten, die meistens in der Form des Alleinspiels stattfinden, können Kinder ihre eigenen Vorstellungen und verschiedenen Ideen mit unterschiedlichem Material verwirklichen. (vgl. Bunk 2004, S. 18) Die Ausführungen von Konstruktionsspielen variieren häufig in Abhängigkeit des Geschlechts, obwohl auch hier eine kategorische Trennung nicht möglich ist: Während Jungen vermehrt das Spiel mit Bauklötzen, Legos oder Eisenbahnschienen bevorzugen, beschäftigen sich Mädchen hauptsächlich mit Puppen, Bastel- und Malarbeiten (vgl. Mietzel 1995, S. 141 f).

Im Konstruktionsspiel wird der Handlungsplanung besondere Bedeutung zugeschrieben, die sich in drei Hauptentwicklungsschritten skizzieren lässt: Zuerst erfolgt die „Benennung des Werkes nach Fertigstellung, [dann] während der Konstruktionstätigkeit und [schließlich] vor Beginn der Tätigkeit" (Oerter 1999, S. 72). Dabei befinden sich die Kinder ab dem zweiten Lebensjahr in der Phase des *spezifischen Bauens*: sie bauen Türme oder erstellen malerische „Kritzelprodukte" und fangen allmählich an, diese nach Vollendung und später währenddessen zu benennen. Etwa ab dem vierten Lebensjahr entwickeln Kinder dann einen Handlungsplan ihrer Tätigkeiten und können bereits im Voraus das Bau- oder Bildthema benennen. Derartige Benennungsprozesse auf der Stufe der „beabsichtigten Herstellung eines darstellenden Werkes" (Einsiedler 1991, S.109) sind ein wichtiger Indikator für die kognitive Entwicklung des Sinnverständnisses beim Kind (vgl. Einsiedler 1991, S. 108ff). Aus Sicht des Spracherwerbs sind diese Benennungsprozesse unter Anderem Teil des komplexen Prozesses der Lexikonerweiterung in der kindlichen Sprachentwicklung (vgl. Füssenich ^{5}2002, S. 74f) und aus diesem Grund von großer Bedeutung. Ein weiterer entscheidender Zusammenhang zwischen Begriffsbildung und Konstruktionsspielen besteht – wie unter Anderem WYGOTKSI (2002, S. 193ff) und PIAGET (^{5}2003, S. 348ff) herausgearbeitet haben – in den inneren Repräsentationen und Symbolen der fiktiven kindlichen Realität, die in Konstruktionsspielen abgebildet und geschaffen werden. In diesen Prozessen werden die Abbilder der individuellen Begriffs- und Bedeutungsvorstellungen der Kinder mit der äußeren Realität in Beziehung gesetzt und die entsprechenden kindlichen Hypothesen entweder konfirmiert oder modifiziert (vgl. Oerter 1999, S. 68f). Anhand ihrer individuellen Begriffsbezeichnungen und denen der Bezugspersonen erfahren die Kinder kontext- und objektbezogene Rückmeldungen zu ihren Bedeutungsvorstellungen, welche für die Erweiterung sprachlich-kommunikativer Fähigkeiten unerlässlich sind (vgl. Füssenich/Geisel 2008, S. 55ff). Außerdem fördert die angesprochene Darstellung und Umsetzung gedachter Symbole in Konstruktionsspielen die Symbolisierungsfähigkeit von Kindern (vgl. Kap. 3.1), die in den Als-ob-, Symbol- und Rollenspielen weiter vertieft wird.

Als-ob-Spiel, Symbol- und Rollenspiel

Am Modell ihrer Bezugspersonen eignen sich Kinder durch ihre von Geburt an bestehende Nachahmungsfähigkeit den funktionellen Umgang mit Gegenständen an und entwickeln durch die vielfach erlebten Wiederholungen gezielter Aktionen eine innere Vorstellung von konkreten Handlungen. Diese individuellen Handlungsvorstellungen werden in passenden Kontexten bestimmter Interaktionssituationen abgerufen und entsprechend der mentalen Repräsentationen umgesetzt. In einem weiteren Entwicklungsschritt steht nicht mehr die Handlung einer konkreten Situation, sondern die Bedeutung dieser Handlung im Vordergrund. Das Kind entwickelt die Fähigkeit, Handlungen symbolisch umzusetzen, komplette Handlungsabfolgen vorauszuplanen und im Spiel symbolisch zu realisieren (vgl. Kolonko

2001, S. 83). So können im kindlichen Spiel beispielsweise Schuhe zu Autos oder ein Stück Holz zum Wohnungsschlüssel umgedeutet und symbolisch verwendet werden. Aufgrund der engen Verbundenheit dieses Spielentwicklungsschrittes mit der Symbolisierungsfähigkeit des Kindes werden diese Spielformen *Symbolspiel* oder *So-tun-als-ob-Spiel* genannt. PIAGET (^{5}2003, S. 162) führt in diesem Zusammenhang Rituale (vgl. Kap. 3.3) als förderliche Elemente und nützliche Gelegenheiten zur Umsetzung von Symbolisierungen auf, da diese ritualisiert und in vielfachen Wiederholungen von der gewohnten Handlung losgelöst und an anderen Objekten oder Situationen symbolisiert werden können. Bezüglich des Einsatzes von Sprache ist für diese Spielform der *sympraktische Sprachgebrauch* der Kinder charakteristisch, d. h. ihre Verwendung ist immer an den aktuellen Kontext und die vorherrschende Situation gebunden (vgl. Andresen 2005, S. 67ff). Erst in einem weiteren Erwerbsschritt kann Sprache schließlich unabhängig vom situativen Kontext *dekontextualisiert* eingesetzt werden.

Hinsichtlich des Auftretens erster Symbolspiele führen die meisten Autoren den Wechsel vom ersten zum zweiten Lebensjahr als Richtwert auf (vgl. Montada/Oerter ^{5}2002, S. 226). PIAGET (vgl. ^{5}2002, S. 158ff) hingegen legt den Beginn von Symbolspielen sehr früh an und berichtet von der Beobachtung symbolischer Handlungen eines 1;1 Jahre alten Jungens sowie seiner 1;3 jährigen Tochter und klassifiziert die Entwicklung der Symbolspiele in unterschiedliche Stadien und Typen. Allerdings wird diese Klassifizierung inzwischen nur noch selten zitiert und stattdessen die Beschreibung der fünf Stufen der Spielentwicklung beim Übergang vom Funktionsspiel zum Symbolspiel nach MCCUNE-NICOLICH/CARROLL (1981, n. Kolonko 2001, S. 83 f) herangezogen:

- Stufe der **präsymbolischen Schemata**: Das Kind kennt die Funktion von Alltagsgegenständen und integriert diese in sein Spiel. Allerdings sind diese Spielschemata noch nicht symbolisch, sondern befinden sich in der präsymbolischen Phase. So können Kinder beispielsweise erst dann so tun als ob sie trinken, wenn sie eine Tasse oder Becher in der Hand halten.
- In der **autosymbolischen** Phase kann das Kind konkrete Gegenstände bereits symbolisch verwenden, allerdings werden diese nur in Bezug auf die eigene Person angewendet. Beispielsweise gibt ein Kind vor zu schlafen und benutzt dabei ein Kissen statt der üblichen Decke.
- Die symbolischen Handlungen sind **dezentriert**, d.h. sie sind unabhängig von der eigenen Person geworden und beziehen andere Objekte in die Spielhandlungen mit ein. Im Anfangsstadium dieser **Dezentrierung** integriert das Kind andere Personen und Objekte in passiver Form, d.h. sie sind Empfänger von Handlungen. Im nächsten Schritt werden dann die Objekte

zu selbstständigen Akteuren, beispielsweise lässt ein Kind dann eine Puppe laufen.

- In der Phase der **symbolischen Kombination** versucht das Kind, symbolische Handlungen in eine geordnete Reihenfolge zu bringen, was zunächst aber noch nicht vollständig gelingt. Dabei kommt dem Planungsprozess situationsunabhängiger Handlungen große Bedeutung zu. Das planerische Element besteht darin, dass die vorgehende Handlung die nachfolgende vorbereitet. So füttert ein Kind beispielsweise eine Puppe, sieht dann seinen Teddy und füttert diesen erst nach dessen Anblick, anstatt bereits im Voraus das Füttern beider Objekte zu planen.
- In der Form des **interiorisierten Symbolspiels** hat das Kind die Spielhandlung bereits grob geplant und leitet das Spiel mit seinem kindlichen, inneren Vorstellungsvermögen. Das Kind hat in dieser Phase die Entwicklungsschritte der *Dezentrierung* und *Dekontextualisierung* vollzogen.

Bevor das Symbol- zum Rollenspiel ausgebaut wird, durchläuft die kindliche Spielentwicklung die Phase des *Parallelspiels*. Die Kinder spielen nebeneinander, beschäftigen sich mit dem gleichen Spielthema und beobachten sich, ohne sich wechselseitig in das Spiel des Anderen einzubinden. OERTER (1999, S. 98f) skizziert drei Merkmale, warum und in welcher Form das Parallelspiel als Entwicklungsvorstufe des Rollenspiels fungiert:

- Die subjektive Valenz von Gegenständen: Im anfänglichen Parallelspiel sind die Akteure noch so stark an die Valenz des Handlungsgegenstandes gebunden, dass ein gemeinsames Spiel noch nicht stattfinden kann. Dabei beschränkt sich die Interaktion auf die Beobachtung des anderen.
- In einem nächsten Schritt imitieren die Kinder die Spielhandlungen des Nebenspielers und probieren die beobachteten Aktionen an Gegenständen selbst aus.
- In der letzten Vorstufe spielen die Kinder noch immer mit ihren eigenen Spielgegenständen, zeigen aber eine gewisse Koordination und Abstimmung der individuellen Handlungen auf die des Anderen.

Eine sehr häufige Begleiterscheinung bei Parallel- und Symbolspielen ist, dass Kinder dabei in Form eines lauten Nachdenkens über das Erreichen ihrer Handlungsziele mit sich selbst sprechen oder sich selbst Anweisungen zur Weiterführung der Aktion geben. Diese Form von Selbstgesprächen wird als *egozentrisches Sprechen* bezeichnet (vgl. Vygotski 2002, S. 415ff). Er betrachtet dieses egozentrische Sprechen als die Entstehung der „intellektuell-kommunikativen Funktion von Sprache", da die Kinder ihre Sprache nun aus der Interaktion mit Anderen lösen und dadurch ihre eigenen Handlungen steuern können, während sie im Kleinkindalter vor allem durch die Kommunikationselemente ihrer Interaktionspartner gelenkt wurden.

> „Es ist eine selbstständige Funktion, die den Zielen der geistigen Orientierung, des Bewusstwerdens, der Überwindung von Schwierigkeiten und Hemmnissen, des Überlegens und Denkens dient, es ist ein Sprechen für sich, das auf ganz intime Weise dem Denken des Kindes dient" (Vygotski 2003, S. 417).

Mit zunehmendem Alter wird das egozentrische Sprechen dann durch den Prozess der *Interiorisierung* zum inneren Sprechen und kann äußerlich nur noch schwer wahrgenommen werden (vgl. Andresen 2005, S. 134f), obwohl es nach wie vor eine für das Kind wichtige, handlungssteuernde Funktion übernimmt.

Diese erweiterten kindlichen Möglichkeiten zur Handlungsteuerung werden dann schließlich im *Rollenspiel* vertieft, da nicht mehr, wie bislang, einzelne Gegenstände das Ziel gemeinsamer Interaktionen, sondern das Spielthema, auch *Sujet* genannt, den Schwerpunkt der gemeinsamen Handlung darstellt (vgl. Oerter 1999, S. 99). Den Kern von Rollenspielen „bildet die Erzeugung von Fiktion, das Handeln in vorgestellten Rollen, in vorgestellten Situationen und mit vorgestellten Bedeutungen" (Andresen 2006a, S. 29). Aufgrund ihrer großen Bedeutung für die kindliche Sprachentwicklung wird die Bedeutung von Rollenspielformaten in Kapitel 3.4.4 dieser Arbeit detaillierter dargestellt. Als nächste Stufe der kindlichen Spielentwicklung folgt die Auseinandersetzung mit Regelspielen.

Regelspiel

Die Spielform der Regelspiele ist inhaltlich schwer einzugrenzen, da im Grunde jedes Spiel etwas Regelhaftes vorweisen kann. Aufgrund dieser Problematik existieren vielfältige Escheinungsformen dieses Spieltypus, welche vom Säuglings- bis hinein ins Erwachsenenalter auftreten. All diesen Regelspielen ist gemeinsam, dass konventionalisierte Regeln den wesentlichen Inhalt des Spielablaufs bestimmen. Durch die im Funktionsspiel erworbenen sensomotorischen Fähigkeiten sind Kinder den ritualisierten Umgang mit regelspielähnlichen Handlungen gewohnt (vgl. Piaget ^{5}2003, S. 162). Diese frühen Regelspiele (z. B. erste Fingerspiele, Kinderreigenspiele) funktionieren weitestgehend über das Nachahmen von Bewegungen, Text und Melodie. Als nächster Entwicklungsschritt findet dann eine Ausweitung der Zielausrichtung der Spielhandlung statt: Auf Grundlage von abgesprochenen oder vorgeschriebenen Regeln steht nun das Erreichen eines bestimmten Ziels im Fokus der Spielhandlung (vgl. Bunk 2004, S. 20), was zum Einen die zielgerichtete Existenz von Regelspielen, zum Anderen aber die weiterentwickelte Handlungsplanung und -strukturierung der Kinder verdeutlicht. PIAGET (^{5}2003, S. 183) bezeichnet dies als „die spielerische Aktivität des sozialisierten Wesens" und führt die vorangeschrittene Sozialisation eines Individuums als wichtigen Entwicklungsprozess auf, der zum Gelingen von regelgeleiteten Spielen notwendig ist.

Die Ausführungsformen solcher Regelspiele umfassen ein breites Spektrum, angefangen von kommerziellen Spielen (wie z. B. Memory) bis hin zu Sozialspielen (z. B. Versteckspiele etc.). Der Großteil von Regelspielen wird von Kindern zunächst imitierend und ohne Verständnis für die Bedeutung von Regeln ausgeführt. Erst in späteren Entwicklungsschritten werden ihnen der eigentliche Sinn von Regeln sowie der Umgang mit diesen klar (vgl. Einsiedler 1991, S. 127). PIAGET (1983) führt drei Stadien der Entwicklung dieses Regelverständnisses auf: Im ersten Stadium der *individuellen Riten* folgen Kinder Regeln, ohne dessen Sinn zu verstehen. Im Stadium des *egozentrischen Regelverständnisses* existiert ein gewisses Regelverständnis, infolge dessen sie diese Regeln als unantastbar und unhinterfragt befolgen. Im dritten Stadium *der abwandelbaren Regeln* schließlich können Spielregeln geändert und modifiziert werden. EL'KONIN (2010, S. 367ff) hingegen untersucht die Unterordnung der Spielregeln unter den Handlungsimpuls der Kinder, wobei er ebenfalls drei Stadien formuliert und dabei zu dem Schluss kommt, dass die Internalisierung von Regeln erst möglich ist, wenn Kinder ihre Handlungsimpulse und -aktivitäten in Spielen der Einhaltung von Regeln unterwerfen können. Erst dann wird „Die äußere Regel[, die dem Kind vorgegeben wird] zu einer inneren Verhaltensregel" (El'konin 2010, S. 390), die von den Kindern eingehalten werden kann. OERTER (1999, S. 114ff) berichtet von weiteren Studien, die zeigen, dass das kindliche Regelverständnis eine Reihe von Facetten enthält und in unterschiedlicher Weise verlaufen und beschrieben werden kann. Für die Fragestellung dieser Arbeit sind diese allerdings entbehrlich, weswegen für den weiteren Verlauf der Spielentwicklung an dieser Stelle festzuhalten ist, dass Kinder zunehmend in der Lage sind, sich an Regeln zu halten und diese auch einzufordern bzw. sie in einem weiteren Schritt nach ihren Interessen und Wünschen auch modifizieren können.

OERTER (1999, S. 100f) betont des Weiteren, dass Regelspiele auch erstmals vehement den Aspekt des Sich-Messens in die Spielhandlung integrieren: Dieser Wettbewerbscharakter impliziert die emotionale Auseinandersetzung mit Glücksgefühlen (z. B. bei einem Sieg) und etwaigem Misserfolg (z. B. bei einer Niederlage) und stellt somit für die emotionale Kindesentwicklung einen bedeutenden Schritt dar. Den Regelspielen kommt allerdings auch für die kindliche Sprachentwicklung entscheidende Bedeutung zu, weswegen diese in Kap. 3.4.3 detaillierter aufgegriffen werden. Der Vollständigkeit halber wird an dieser Stelle erwähnt, dass die kindliche Spielentwicklung an diesem Punkt noch lange nicht vollendet ist, sondern sich sogar bis ins Erwachsenenalter fortsetzt (vgl. Oerter 1999, S. 279ff). Da die Beschreibung der Weiterentwicklung der Spielfähigkeit von Schulkindern und Jugendlichen für den Inhalt dieser Arbeit aber irrelevant ist, beschränkt sich diese Arbeit auf die kindliche Spielentwicklung im Elementarbereich.

Zusammenfassend kann gesagt werden, dass sich der kindliche Umgang mit dem Spielgegenstand mit aufsteigender Reihe der Spielfähigkeit wandelt. Während Kinder im *Funktionsspiel* auf die Existenz realer Spielgegenstände angewiesen sind, löst sich die eigentliche Spielhandlung mit zunehmendem Alter immer mehr von konkreten Gegenständen ab. So werden im *Konstruktionsspiel* Gegenstände bereits in abstrakterer Form als Ersatzobjekte eingebunden. Im *Regelspiel* steht nicht mehr die inhaltliche Handlungsfixierung an konkreten Gegenständen oder Rollen, sondern die Interaktion nach ritualisierten und formalisierten Regeln im Fokus, im *Symbol*-, und später auch im *Rollenspiel*, erwirbt das Kind schließlich die Fähigkeit, sich von der subjektiven Valenz des Spielgegenstandes zu lösen. Diese Entwicklung der Umdeutung von Spielgegenständen steht in engem Verhältnis zur kindlichen Symbolisierungsfähigkeit von Sprache: Die gedankliche Umdeutung von Gegenständen geht immer auch mit einer sprachlichen Umbenennung dieses Objektes einher (z. B. die Verwendung eines Bleistiftes als Messer und umgekehrt, vgl. Oerter 1999, S. 60) und stellt somit ebenfalls einen wichtigen Schritt beim kindlichen Spracherwerb dar (vgl. Kolonko 2001, S. 89).

Bei diesem regelgeleiteten Prozess der Spielfähigkeitsentwicklung von Kindern können allerdings auch Schwierigkeiten auftreten, die sich ebenfalls auf die Gesamtentwicklung des Kindes auswirken können. Diese sollen im Folgenden kurz beschrieben werden:

Schwierigkeiten bei der Spielfähigkeitsentwicklung

Die Thematik kindlicher Entwicklungsschwierigkeiten in ihren Spielfähigkeiten wird in der Fachliteratur nur vereinzelt beschrieben. Bunk (2004, S. 24) beantwortet die für alle elementarpädagogischen Berufsfelder interessante Frage nach kindlichen Spielschwierigkeiten allgemeingültig, indem er darauf verweist, dass das Spiel von Kindern mit Beeinträchtigungen im Vergleich zur Normalentwicklung nur durch eine zeitliche Entwicklungsverzögerung gekennzeichnet ist. Diese These könnte zwar belegen, warum diese Thematik fachliterarisch wenig beschrieben ist, allerdings erscheint sie zu unkonkret, um sie praktisch anwenden zu können.

Einsiedler (^{3}1999, S. 151) beschreibt einige auf die Praxis bezogenen Beispiele (z. B. „Ein Kind spielt mit Lego fortwährend nur einfache Symbolspiele und erkennt nicht die Möglichkeiten komplexen Bauens“), die die Existenz von Spielentwicklungsproblemen bei Kindern verdeutlichen, führt dies allerdings nicht weiter aus und misst dieser Problematik bzw. diesen Schwierigkeiten auch keine weitere Bedeutung zu.

Die „play observation scale“ von RUBIN (2001) legt bestimmte Handlungen im Rahmen von sozialem Spiel mit Anderen als „Non-Play Behaviors“ (Rubin 2001, S. 5ff) fest, die ein breites Spektrum von beschäftigungslosem über unsicheres und ängstliches bis hin zu aggressivem Verhalten beinhaltet. Diese Differenzierung des beobachtbaren kindlichen Sozialspielverhaltens, welche in einer dafür vorgefertigten Rating-Skala mithilfe eines Sampling-Systems dokumentiert wird, liefert sinnvolle Orientierungspunkte zur Einschätzung der Spielfähigkeiten von Kindern, aber reduziert diese Kategorien rein auf das Sozialspiel. Schwierigkeiten bei der Verwendung von Spielgegenständen oder von Spielorten werden von RUBIN beispielsweise nicht aufgegriffen.

Eine sinnvoll erscheinende systematische Unterscheidung in vier Kategorien schlägt HEIMLICH (1993, S. 101) vor und konkretisiert die möglichen Erscheinungsformen von Spielschwierigkeiten bei Kindern. Dabei betont er, dass die konkret beobachtbaren Spielhandlungen nicht nur einem der folgenden Situationselemente zugeordnet werden können, sondern durchaus auch Überschneidungsbereiche aufweisen können:

- *Schwierigkeiten im Umgang mit Spielmitteln [...]* Beispiel: Peter spielt immer nur für einige Minuten mit einem Spielzeug und wendet sich dann sofort dem nächsten zu
- *Schwierigkeiten im Umgang mit Spielpartnern,* bei denen immer neu zu entscheiden ist, inwieweit die Kinder soziale Konflikte und Missverständnisse noch selbst regeln können oder schon die helfende Unterstützung benötigen (Beispiel: Anja lässt sich von den Jungen immer schnell einschüchtern und zieht sich häufig allein in die Puppenecke zurück)
- *Schwierigkeiten im Umgang mit Spielräumen,* die sich in Überforderungen bei der Bewegung im Raum, häufigem Zurückgezogen sein oder an einen Platz fixierten Stereotypien äußern (*Beispiel*: Stephan sitzt immer an einem Tisch auf dem gleichen Stuhl und spielt sichtlich gelangweilt ein Puzzle, während er den anderen Kindern interessiert beim Toben zusieht)
- *Schwierigkeiten im Umgang mit der Spielzeit,* die sich als Unfähigkeit, selbständig Zeitabschnitte zu nutzen oder als verlangsamte bzw. überschnelle Bewegungsform äußert (*Beispiel*: Martina rennt immer weg, wenn andere Kinder sie ansprechen oder mit ihr spielen wollen, kommt aber nach kurzer Zeit wieder)

Diese Systematik liefert eine handhabbare Grundlage zur Einordnung von Spielschwierigkeiten, da sie zum Einen eine sinnvolle Einteilung der kindlichen Spielbereiche vornimmt und diese Bereiche zum Anderen hilfreiche Ansatzpunkte einer möglichen anschließenden Förderung bereit stellen. FÜSSENICH (2009b, S. 46f) ergänzt anhand von Daten über Projektkinder Schwierigkeiten im *Umgang mit Spielregeln:*

„*Ayla* wird oft im Alleinspiel beobachtet.[...] Beim Memory-Spiel hält sie sich oft nicht an Regeln: Sie deckt meist mehr als zwei Karten auf und hält sich nicht an die Spiel-Reihenfolge. *Jonas* kennt die Abläufe von Regelspielen. Ein gemeinsames Spiel mit anderen Kindern ist dennoch kaum möglich. Bekommt er nicht die gewünschten Karten, beendet er das Spiel."

Diese Schwierigkeiten bezüglich der Spielregeln gilt es speziell zu berücksichtigen, da nahezu allen Spielen in ihrem Grundgerüst etwas Regelhaftes zugrunde liegt. Als Beobachtungsinstrument zur Einschätzung der kindlichen Fähigkeiten im Umgang mit Spielregeln präsentieren FÜSSENICH/GEISEL (2008, S. 58ff) das Spiel *Der Rategarten*, mit Hilfe dessen aufgrund des zugehörigen Beobachtungsbogens förderdiagnostisch sowohl Erkenntnisse über Fähigkeiten und Schwierigkeiten der Kinder gewonnen werden als auch gleichzeitig eine Förderung ihres Spielverhaltens stattfinden können.

Dennoch bleibt zu konstatieren, dass Schwierigkeiten von Kindern mit Unterstützungsbedarf in ihrer Spielentwicklung nach momentanem Forschungsstand nur wenig Bedeutung zugemessen wird. Dieses Forschungsdefizit erscheint umso gravierender, dass durch die Darstellung der kindlichen Spielentwicklung in diesem Kapitel die Bedeutsamkeit spielerischer Handlungen für die Gesamtentwicklung eines Kindes ersichtlich wurde. Vor allem Regel- und Rollenspiele offerieren, wie gezeigt werden konnte, aufgrund ihrer entwicklungs- wie altersgerechten Spielform für Kinder im Elementarbereich großes Förderpotential und bedürfen gleichzeitig bei Kindern mit Unterstützungsbedarf hilfreicher Erkenntnisse, damit diese entsprechend ihres individuellen Entwicklungsstandes gefördert werden können. Allerdings liefert die Fachwissenschaftlich diesbezüglich nur wenig Hilfestellung, wie die Spielfähigkeiten von unterstützungsbedürftigen Kindern mit weiteren Entwicklungsbereichen in Verbindung stehen. Obwohl sprachliche Fähigkeiten in bildungspolitischen Diskussionen als entscheidender Entwicklungsbereich betrachtet werden (vgl. Kap. 2.2), wird der Zusammenhang zwischen Sprache und Spielentwicklung in der Literatur nicht ausreichend dargestellt und berücksichtigt. Diesem Missstand entgegnend wird das Potential von Regel- und Rollenspielformaten im Folgenden unter schwerpunktmäßiger Darstellung ihrer Bedeutung für die sprachlich-kommunikativen Fähigkeiten konkretisiert, um daraus wichtige Schlüsse zu ziehen, wie diese Formate Kinder mit Unterstützungsbedarf bei der Erweiterung ihrer sprachlich-kommunikativen Fähigkeiten unterstützen können. Dies erscheint zur Beantwortung der aufgeworfenen Fragestellung unerlässlich.

3.4.3 Regelspielformate und ihre Bedeutung für die sprachlich-kommunikativen Fähigkeiten von Kindern

Wie in Kap. 3.4.2 bereits erwähnt, treten bei der konkreten Klassifizierung von Regelspielen Schwierigkeiten auf. EINSIEDLER ([3]1999, S. 122f) versucht diese Problematik in Anlehnung an GARVEY (1978) durch den Rückgriff auf die beiden englischen Schlagwörter *play* und *game* zu lösen. Während *play* die freien und subjektiven Spiele – z. B. Symbol- und Rollenspiele – inkludiert, beinhalten *games* objektive Spielformen, deren Spielablauf und -gegenstand relativ klar vorgegeben sind. Somit besitzen die Regeln von *games* formalen, manchmal sogar normativen Charakter und sind daher entscheidend für Spielablauf und -handlung.

In Bezug auf die Bedeutung von Regelspielen für die kindliche Sprachentwicklung scheint diese enge Begriffseingrenzung allerdings eher unbrauchbar. Bei dieser Fragestellung erscheint es sinnvoller, auf den elementaren Formatbegriff von BRUNER (vgl. Kap. 3.2) zurückzugreifen und sich auf ein offeneres Verständnis von Regelspielen zu einigen. Folglich sind Regelspiele Formate, die aufgrund ihres regelhaften Ablaufs und ihrer ständigen Wiederkehr zu kindlichen Alltagsroutinen werden und aus einer Interaktion zwischen mindestens zwei Handlungspartnern bestehen (vgl. Bruner [2]2002, S. 114). Diese große Spanne der auftretenden Regelspielformate kann vom frühkindlichen Guckuck-da-Spiel (vgl. Kap. 3.2) über das einfache Memoryspiel, bis hin zum regelhaften Rollenspiel (vgl. Kap. 3.4.4) reichen. Neben dem Unterstützungsrahmen, den Formate dem kindlichen Spracherwerb bereitstellen, offerieren Regelspielformate zusätzliche Hilfsstrukturen für die sprachlich-kommunikativen Fähigkeiten von Kindern:

Die Regelhaftigkeit von Spielformaten stellt den Ausgangspunkt dieses Unterstützungsrahmens dar. Dabei unterscheidet BRUNER ([2]2002, S. 37) zwischen der *Oberflächen-* und der *Tiefenstruktur* dieser Regelspielformate. Die *Tiefenstruktur* repräsentiert dabei die grundlegende und ständig wiederkehrende Spielhandlung, während die unterschiedlichen Realisierungsvarianten einer bestimmten Spielform die *Oberfläche* des Spiels bestimmen. Innerhalb dieser festen Strukturen, die sich nur in Modifizierungsvarianten ihrer Oberflächenstruktur ändern, erfahren Kinder Handlungssicherheit und erkennen Zusammenhänge zwischen konkreten Ereignissen und Sprachäußerungen (vgl. Füssenich [5]2002, S. 67). Die in den Regelspielformaten verwendeten Wörter beziehen sich dabei konkret auf die spielintegrierten Tätigkeiten und offerieren den Kindern einen Erfahrungsraum, um zu erkunden, wie Handlungen mit Sprache strukturiert und beeinflusst werden können (vgl. Bruner [2]2002, S. 36f).

Aus pragmatischer Sicht erwerben Kinder in regelhaften Spielformaten weitere grundlegende Fähigkeiten, wie die Zuweisung von Rollen, die im Turnus gewechselt werden (vgl. Bruner [2]2002, S. 38). Dieses Prinzip des *Turntakings*, unabhängig ob verbal oder nonverbal, ist eine der Grundvoraussetzungen jeglicher Kommunikation und wird von den Kindern handlungs- und kontextbezogen als bedeutsam erfahren (vgl. Kap. 3.3). Daher bezeichnet BRUNER ([2]2002, S. 38) jedes Spiel „auf seine eigene Art [als] eine kleine Proto-Konversation“, deren Ablauf und konventionellen Vorgänge konkret auf nicht-spielerische Kontexte übertragen werden können. EINSIEDLER betont die kommunikative Ebene von Regelspielen, die direkten Einfluss auf die sprachlichen Fähigkeiten der Kinder nimmt. Hauptaufgabe der im Zusammenhang mit Regelspielen auftretenden Kommunikationsformen stellen unterschiedliche Koordinationsmaßnahmen dar. „Die Kinder beraten, planen, handeln Rollen aus, in nicht eindeutig vorgegebenen Spielen diskutieren sie über Regelfestlegung, Regelrevidierung und Regelvariation“ (Einsiedler [3]1999, S. 139). Angefangen von Konfliktschlichtung über Regeldiskussionen bis hin zu Kompromissschließungen erstreckt sich dieses breite Spektrum regelspielabhängiger Kommunikationsformen. FÜSSENICH (2009b, S. 47) unterstreicht die pragmatische Bedeutung in der Hinsicht, dass vor allem bei Regelspielen Sprache handlungsbegleitend wichtig ist, da bestimmte Spielinhalte und -schritte sprachlich geklärt werden müssen (z. B. Wer teilt die Karten/Steine aus; Wer beginnt? Wer hat gewonnen/verloren etc.). Diese Anlässe offerieren günstige Gelegenheiten, um den Kindern die handlungsstrukturierende Funktion von Sprache zu vermitteln.

KRAPPMANN (1983, S. 113) führt die sozialisatorische Wirkung des Regelspiels auf, welche auch direkte Auswirkungen auf die sprachlich-kommunikativen Fähigkeiten von Kindern nimmt: Da das Kind sich auf Andere in Form von Spielpartnern einstellen muss, ist der schrittweise Abbau seines Egozentrismus notwendig, um erfolgreich mit diesen interagieren und kommunizieren zu können. Dieser Abbau der egozentrischen Sprache hin zur sozialen Sprache und später zum inneren Sprechen (vgl. Vygotski 2002, S. 421ff; vgl. S. 55) ermöglicht den Kindern, Sprache als handlungsstrukturierendes Instrument zu verstehen.

Diesbezüglich eng verbunden, wird den Kindern in Regelspielen mit der wachsenden Bedeutung des Gewinnens (vgl. S. 62) ebenfalls die Fähigkeit zum Perspektivenwechsel nähergebracht. Sie versuchen, sich in den Blickwinkel des Anderen hineinzuversetzen, um dessen Spielplan zu verstehen sowie dessen Strategien nachzuvollziehen und daraus mögliche Vorteile für die eigene Spielgestaltung zu ziehen (vgl. Einsiedler [3]1999, S. 129). Diese Berücksichtigung der Perspektiven Anderer stellt mit Blick auf den Spracherwerb eine wichtige Fähigkeit dar, die beim Erzählerwerb (Wagner 1986) und hinsichtlich des Adressatenbezugs in schriftlicher wie verbaler Form notwendig ist, um das Verständnis seitens des Rezipienten zu sichern.

Weitere Kompetenzen erwerben Kinder in Spielen mit gebundenem Regelsystem außerdem in der Fähigkeit zur Hervorbringung von neuen Spielen. Unter Rückgriff auf ein basales Regelwissen erzeugen Kinder, in Abhängigkeit der Entwicklung ihres Regelverständnisses (vgl. Kap. 3.4.2), durch unterschiedliche Kombinationen einzelner Spielkomponenten eine Vielzahl von neuen Spielen. Diese Generativität kann auch im sprachlichen Bereich angewandt werden, wenn unter Berücksichtigung feststehender Regeln sprachliche Veränderungen ausprobiert werden. Ob diese Experimente sprachlich-korrekte und verständliche Formen aufweisen, erfahren die Kinder anhand der direkten Reaktionen ihrer Bezugspersonen (vgl. Füssenich/Heidtmann 1995, S. 107f) und können ihre individuellen Hypothesen daran überprüfen.

Schließlich präsentieren EISERT/RIST (2009) in ihrem Buch, das sich durchgängig an den Prinzipien der Kontextoptimierung von MOTSCH (^{3}2010) orientiert, die Modifikation von 20 Regelspielen zur Sprachförderung und -therapie. Obwohl die darin enthaltenen Modifikationsvorschläge aufgrund ihrer starken Verbindlichkeit den wichtigen Individualitätsanspruch des einzelnen Kindes stark vernachlässigen und sich nahezu ausschließlich auf die grammatische Sprachebene reduzieren, unterstreicht diese Veröffentlichung das Potential von Regelspielen zur Unterstützung von Kindern mit Unterstützungsbedarf in ihren sprachlich-kommunikativen Fähigkeiten und enthält hilfreiche Anregungen, in welcher Form Regelspiele, auch über die Förderung grammatischer Fähigkeiten hinaus, eingesetzt werden können.

Zusammenfassend gilt festzuhalten, dass Regelspiele Kinder anhand ihrer klaren Strukturen und feststehenden Regeln sowie den im Rahmen dieser Interaktionen offerierten Erfahrungs- und Lernräumen auf vielfältige Weise in ihren sprachlich-kommunikativen Fähigkeiten unterstützen. Ähnlich wie Regelspiele beinhalten auch Rollenspiele bedeutsame Aspekte, die für die sprachlich-kommunikativen Fähigkeiten von Kindern wichtig sind. Diese werden im Folgenden analog dem vorherigen Kapitel in Anlehnung an Kap. 3.4.2 ausführlicher dargestellt.

3.4.4 Rollenspielformate und ihre Bedeutung für die sprachlich-kommunikativen Fähigkeiten von Kindern

Rollenspiele stellen aufgrund ihrer Komplexität eine große Herausforderung an die Fähigkeiten von Kindern dar:

> „Sie müssen ohne Unterstützung durch Ältere die Interaktion strukturieren, verbale und nonverbale Handlungen aufeinander abstimmen, den Wechsel zwischen Handeln, in der vorgestellten Welt des Spiels und der realen Sprechsituation bewältigen, fiktive Bedeutungen erzeugen, fiktive Handlungen planen und strukturiert ausführen – und alles dieses müssen sie unter Berücksichtigung der Handlungsperspektive des Partners tun, um das Spiel gemeinsam gestalten zu können. Das erfordert es, sich gegenseitig die erzeugten Bedeutungen und Handlungspläne so klar anzuzeigen, dass diese vom

> jeweils anderen aufgenommen und weiter entwickelt werden können. Nicht nur auf der produktiven, sondern auch auf der rezeptiven Ebene sind vier- und fünfjährige Kinder beim Rollenspiel daher stark gefordert." (Andresen 2007, S. 29)

Die Bewältigung dieser Anforderungen setzt bestimmte kognitive und emotionale Entwicklungsschritte seitens der Kinder voraus (vgl. Bürki 1998, S. 38f), und ist vor allem für die sprachlich-kommunikativen Fähigkeiten von großer Bedeutung: BÜRKI (1998, S. 28f) präsentiert in ihrem Beobachtungsbogen zur Erfassung und Beurteilung von Kompetenzen im Rollenspiel die drei Bereiche *Gegenstandsbezug, Sequentierung* und *Rollenübernahme* vor, mit Hilfe derer kindliche Entwicklungsschritte deutlich gemacht werden sollen. WYGOTKSI (2002, S. 188ff) schreibt Rollenspielformaten die wichtige Funktion zu, dass die auf Seiten der Kinder vorhandene Symbolisierungsfähigkeit vertieft wird und dazu führt, dass sie die symbolische Funktion von Begriffen sowie deren verschiedenen Bedeutungen und Sinngehalte erfahren. Dies wird vor allem dann deutlich, wenn Sprache dazu dient, Personen, Gegenstände und die gesamte Handlungssituation umzudeuten, d.h. das Wort wird vom Gegenstand gelöst. Dies bereitet ihnen den Weg zum abstrakten Denken, das als Grundvoraussetzung für die Verwendung von Symbolen notwendig ist (vgl. Kap. 3.1) und den Kindern die Entwicklung einer begrifflichen Vorstellungswelt ermöglicht, die von Bedeutungen dominiert wird. Kinder beginnen im und durch das Rollenspiel mental mit Bedeutungsrepräsentationen umzugehen, d.h. sie handeln nun auf Grundlage von Bedeutungsvorstellungen und nicht mehr auf Wortgegenstandskomplexen. Diese individuellen Bedeutungsvorstellungen können im Rollenspiel angewandt und überprüft werden. Außerdem führt WYGOTKSI auf, dass Rollenspiele Kindern Kompetenzerweiterungen in ihrer Handlungsplanung und -strukturierung ermöglichen. „Das Kind erlangt die Fähigkeit, eine Idee darzustellen, vom Gedanken zur Situation und nicht wie bisher von der Situation zum Gedanken zu gelangen" (Vygotski 1987, S. 264). Diese Handlungsplanung läuft auf Seiten des Kindes überwiegend in Form des egozentrischen Sprechens (vgl. S. 60) ab, welches sich dann später im Schul- und Erwachsenenalter zu einem Handlungen lenkenden, inneren Sprechen entwickelt (vgl. Andresen 2005, S. 130ff).

ANDRESEN (2002, S. 193ff) betont, dass in Rollenspielen wichtige Erfahrungen bezüglich pragmatischer Fähigkeiten getätigt werden. Sie geht davon aus, dass dem Kommunikationsinhalt von Rollenspielen aufgrund ihrer spielerischen Situationen nur wenig Aufmerksamkeit beigemessen wird, sondern für die Kinder der Spaß dieser Handlungen durch die Präsentation und Anwendung inhaltsentleerter Routineformeln deutlich im Vordergrund steht. So erwerben und halten Kinder durch diesen Versuchsraum in Form von Rollenspielen „grundlegende Interaktionsregeln, wie z. B. Sprecherwechsel, ein. Das früh erworbene Prinzip der Transaktionalität verbaler Interaktion fungiert als Gerüst und gewährleistet die Kooperation zwischen den Partnern“ (Andresen 2002, S. 193). Diese Erfahrungen verdeutlichen den Kindern die konventionalisierten Regeln zum Einsatz und Austausch von Sprache, die erforderlich sind, um sich verständigen und sprachlich austauschen zu können. BÜRKI (1998, S. 40) ergänzt diesbezüglich, dass Kinder durch Rollenspiele lernen, ihre Perspektive zwischen realem Selbst und dem Selbst im Spiel zu wechseln. Diese Fähigkeit der Perspektivenberücksichtigung, die manchen Kindern auch beim mündlichen Erzählen Schwierigkeiten bereitet (Füssenich [2]2006, S. 263), ist für die Entwicklung narrativer Fähigkeiten und für den Schriftspracherwerb sowie das weiterführende Schreiben lernen von großer Bedeutung (vgl. Husen 2007, S. 23ff).

Außerdem führt ANDRESEN (2007, S. 30f) die Ambivalenz des Sprachgebrauchs auf, die in Rollenspielen deutlich zum Vorschein kommt. Demnach wird einerseits die Spielhandlung durch Sprache und ihre verschiedenen Erscheinungsformen realisiert, ohne deren kontextgebundene Verwendung ein Rollenspiel nahezu unmöglich umgesetzt werden kann. Andererseits bildet Sprache das wichtigste Medium zur Erzeugung der Fiktion, denn erst durch die Sprachanwendung in fiktiven Rollen kann die Spielsituation aus der realen Gegebenheit herausgelöst werden. ANDRESEN (2005, S. 79f) unterstreicht dabei zusätzlich den Aspekt der *Dekontextualisierung* der Sprachanwendung in Rollenspielen: Durch die Fähigkeit, Gegenstände und Handlungen fiktiv umzudeuten – z. B. Aussagen wie „Aus Spaß ist das wohl ein…[*Telefon*]!“ – überwindet das Kind den *sympraktischen Sprachgebrauch*, und kann Sprache losgelöst von aktuellen Situationskontexten einsetzen. Dadurch gelingt es Kindern, Sprache zum Gegenstand des Denkens und Sprechens zu machen und in einem spielerischen Kontext sprachliche Umbenennungen (z. B. *Tomahawk* als *Tomatenhacker* zu bezeichnen) vorzunehmen oder sich über sprachliche Phänomene zu wundern (z. B. „‚Heuschrecken’ – warum heißen die mit ‚Schreck’? Die müssen ‚Schnecken’ heißen! Ich hab schon mal gesagt ‚Heuschnecken’“; Weisgerber 1994, S. 89). Durch diesen veränderten Gebrauch von Sprache unterstützen Rollenspiele die kindliche Sprachentwicklung vor allem im Bereich der *metakommunikativen Fähigkeiten* (vgl. Oerter 1999, S. 119f). Der Bereich der *Metakommunikation* umfasst im Allgemeinen die Fähigkeiten, sich für Sprache zu interessieren sowie darüber nachzudenken und Sprache selbst als Gegenstand der Betrachtung zu machen (vgl. Füssenich 2011), und äußert sich bei Kindern vor allem im kreativen Umgang mit Sprache. So erfinden Kinder beispielsweise eigene Wortschöpfungen oder Reime, stellen vielfältige Fragen über Objekte, aber auch Wörter und korrigieren sich selbst, um sich verständlicher zu machen. Diese Bewusstwerdung von Sprache markiert somit einen wichtigen Entwicklungsschritt des kindlichen Spracherwerbs (vgl. Füssenich 2003, S. 438). „Metakommunikation stellt also den Spielrahmen her und erhält ihn während des Spiels aufrecht“ (vgl. Oerter 1999, S. 117).

GRIFFIN (1984) fand bei der Analyse kindlicher metakommunikativer Äußerungen in Rollenspielen ein Kontinuum von Kommunikationsformen, die sich sowohl innerhalb als auch außerhalb des Spielrahmens sowie in nonverbaler und verbaler Form ergaben:

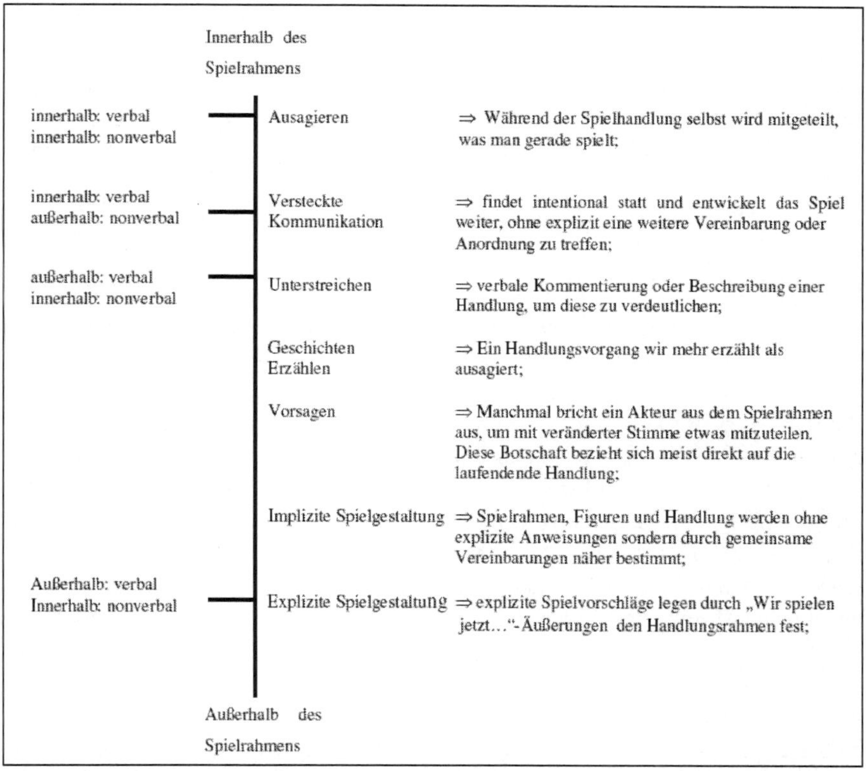

Abb. 3: Das Kontinuum der Metakommunikation von innerhalb bis außerhalb des Spielrahmens (Griffin 1984; Oerter 1999, S. 120)

Dies verdeutlicht die kommunikativen Anforderungen und Inhalte, die im Kontext von Rollenspielen auftreten. ANDRESEN (2002, S. 176f) stellt bei ihren Betrachtungen des kindlichen Rollenspiels eine Entwicklung von der *expliziten* zur eher *impliziten Metakommunikation* fest. Bei expliziter Metakommunikation verlassen Kinder kurz den Spielrahmen und vereinbaren außerhalb dieses Rahmens den Fortgang der gemeinsamen Spielhandlung. Dabei nehmen sie gegenstandsbezogene Umdeutungen vor, konstruieren neue Rollenkontexte und strukturieren die konkrete Spielhandlung durch eigene, extern vorgenommene Planungsprozesse. Bei impliziter Metakommunikation hingegen nehmen Kinder direkten Einfluss auf die konkrete Spielsituation, ohne den Spielrahmen zu verlassen. Sie handeln dabei durchgehend in den ihnen zugehörigen Rollen ohne diese auch nur für kurze Momente aufzugeben. Diese Form der Metakommunikation ist für Kinder anspruchsvoller, da gezielte und verständliche Strukturierungs- und Orientierungshinweise innerhalb des Rollenspielrahmens geäußert werden müssen. Diese Fähigkeit, Handlungen oder Situation mit Sprache strukturieren zu können, unabhängig ob außerhalb oder während des Rollenspiels, stellt einen Kernpunkt der kindlichen Sprachentwicklung dar. Daher wird an dieser Stelle erneut deutlich, wie eng die Sprachentwicklung mit der Spielentwicklung bei Kindern verbunden ist (vgl. Andresen 2002, S. 176f).

3.5 Zusammenfassung

Der Spracherwerbsprozess wird aus interaktionistischer Sicht als regelgeleiteter, aktiver und dynamischer Prozess gesehen, der seinen Ausgangspunkt in den ersten vorsprachlichen Interaktionen zwischen Kind und Erwachsenem nimmt, welche durch ritualisierte und immer wiederkehrende Handlungsabläufe sowie feinfühlige Anpassung an die kindlichen Fähigkeiten und Bedürfnisse seitens der Bezugspersonen charakterisiert sind. Alltagsformate als interaktive Form gemeinsamer Handlungen offerieren Kindern einen Unterstützungsrahmen, in dem sie die kommunikative Funktion von Sprache als Strukturierungs- und Mitteilungsinstrument erfahren. Diese am kindlichen Alltag angelehnten Interaktionen ermöglichen den Kindern zunehmende Handlungssicherheit in den für sie alltagsrelevanten Aktivitäten und schaffen damit den Rahmen zur nachhaltigen Erweiterung sprachlich-kommunikativer Fähigkeiten. In Verbindung mit Ritualen und Routinen, die den Kindern aufgrund ihrer ständigen Wiederkehr in gleicher Form hilfreiche Orientierung bieten, sind diese, für die Kinder bedeutsamen und gleichsam realitätsnahen Alltagsformate wegen ihrer unterstützenden Rahmenbedingungen als unverzichtbares Element bei der Erweiterung sprachlich-kommunikativer Fähigkeiten zu erachten.

Auch Spielformate stellen, in all ihren verschiedenen Erscheinungsweisen und trotz ihrer teilweise schwer einzuordnenden Mischformen, aufgrund ihrer natürlichen Existenz im kindlichen Alltag sowie der engen Verbindung von Sprach- und Spielentwicklung ein zentrales Element des Spracherwerbs dar. Durch die kindliche Spielentwicklung wurde ersichtlich, dass sie kein isolierter Prozess ist, sondern als komplexer Ablauf auf verschiedenen Ebenen stattfindet und nicht durch Altersnormen sondern charakteristische Entwicklungsschritte gekennzeichnet ist. Diese

Spielentwicklungsschritte stehen in engem Zusammenhang mit sprachlich-kommunikativen Kompetenzen sowie Erwerbsschritten. Die ausführliche Darstellung der beiden Formate des Rollen- sowie des Regelspiels belegt die vielfältige Bedeutung von Spielformaten für die sprachlich-kommunikativen Fähigkeiten von Kindern und unterstreicht, dass diese handlungsbasierenden Formate aus vielerlei Hinsicht als Motor der Entwicklung angesehen und bereits an dieser Stelle als zentrales Element für die kindliche Erweiterung sprachlich-kommunikativer Fähigkeiten erachtet werden müssen.

Allerdings besteht aktuell ein bereits beschriebenes Forschungsdefizit (vgl. Kap. 1.1) bezüglich der inhaltlichen Umsetzungs- und Vorgehensweise von Sprachfördermaßnahmen, in dem unter Anderem die Bedeutung von Interaktionen zwischen Erwachsenem und Kind in Form von Formaten häufig vernachlässigt werden. In diesem Kapitel wurde deutlich, dass die mangelnde Berücksichtigung und Beschreibung von individuellen Schwierigkeiten bei der Spielfähigkeitsentwicklung von Kindern mit Unterstützungsbedarf diesem Forschungsdefizit zugerechnet werden müssen. Obwohl spielerische Fähigkeiten wegweisend für die Gesamtentwicklung von Kindern betrachtet werden müssen, wird der Zusammenhang von Spiel und Sprache nur unzureichend berücksichtigt und das Spiel trotz seines vielfältigen Potentials für Kinder mit Unterstützungsbedarf häufig vernachlässigt. Um diesen Problembereich im Rahmen der vorliegenden Arbeit aufzuhellen und das Potential von Alltags- und Spielformaten, welches in diesem Kapitel bereits für den natürlichen Spracherwerb aufgezeigt werden konnte, auch für die Förderung sprachlich-kommunikativer Fähigkeiten zu manifestieren, wird diese Förderung im nächsten Kapitel in das Zentrum der Betrachtung gerückt. Dies ist notwendig, damit die beschriebene, mangelnde Berücksichtigung des Zusammenhangs von Spiel und Sprache bzw. spielerischen und sprachlich-kommunikativen Fähigkeiten zu bearbeiten. Dabei erfolgt eine kurze Einschätzung gleichschrittiger Sprachförderprogramme, der Blick auf eine individualisierte Vorgehensweise sowie eine Beschreibung der Rolle von Erwachsenen im Rahmen von Sprachförderkontexten aus verschiedenen Perspektiven. Zuvor wird ein kurzer historischer Rückblick vorgenommen, welcher notwendig erscheint, um die Erkenntnisse früherer Jahre, beispielsweise im Rahmen der Elementarbildungsreform der 70er-Jahre (vgl. Kap. 2.1), berücksichtigen zu können und daraus Rückschlüsse für aktuelle Fragestellungen zu ziehen.

4 Zur Weiterentwicklung sprachlich-kommunikativer Fähigkeiten von Kindern mit Unterstützungsbedarf

Die aktuelle, bildungspolitische Hochkonjunktur der Diskussion über die Unterstützung sprachlich-kommunikativer Fähigkeiten von Kindern (vgl. Kap. 1.1) ist nicht einzig ein Phänomen dieses Jahrhunderts, sondern nahm bereits früher, wenn auch in kleinerem Rahmen, einen gewissen Stellenwert in elementarpädagogischen Überlegungen ein. Diese historischen Entwicklungen und früheren Erkenntnisse werden im folgenden Kapitel rückblickend zusammengefasst, um daraus mögliche Parallelen zum Status quo aufzuzeigen und anhand dieser wichtige Aspekte zur Beantwortung der Fragestellung dieser Arbeit zu klären.

4.1 Zur historischen Perspektive von Sprachförderung

Bereits Friedrich Fröbel integrierte bewusst sprachförderliche Elemente in den Kindergartenalltag. So wollte er die Kinder mit „direkten Anschau-Sprechübungen [befähigen, alles] mit seinem richtigen Namen, Wort, und jedes Wort in sich klar und rein nach seinen Bestandteilen: Ton, Laut und Schluß" (Blochmann [4]1965, S. 31) zu bezeichnen. Aber auch durch indirekte „Spielpflege" in Form von Reimen, Versen, Finger- oder Kreisspielen sollten sie „durch Stufen der Sprachsicherheit und Sprachfestigkeit zum Sprachbewusstsein und so zur vollendeten Sprachkenntnis" (Fried 2009, S. 40) geführt werden. Fröbel erkannte schon damals den Fördergehalt von Spielen auch für Sprachförderkontexte.

Bis in die 50er Jahre des letzten Jahrhunderts wurden diese Grundgedanken durch vielfältige Sprach- und Bewegungsspiele weitergeführt und durch spezifische Raumangebote (z. B. Bauecke, Puppenecke), welche Gespräche unter Kinder provozieren sollten, ergänzt. Gegen Ende der 60er Jahre wurde diesen Fördermaßnahmen unzureichender Erfolg attestiert, und Rufe nach veränderten Maßnahmen wurden laut (vgl. Fried 2009, S. 41). Diese Änderungsforderungen traten im zeitlichen Einklang mit der Bildungsreform des Elementarbereichs der 60er- und 70er-Jahre des letzten Jahrhunderts (vgl. Kap. 2.1) auf und hatte direkte Auswirkungen auf die Umsetzung von Sprachfördermaßnahmen. Im Zuge des *funktionsorientierten Ansatzes* (vgl. S. 21) wurden zahlreiche didaktische Übungen und Trainings in Form von kompensatorischen Sprachförderprogrammen entwickelt. „In diesen Programmen wurden, auch in Anlehnung an den behavioristischen Ansatz, einzelne Bereiche der Sprache, z. B. Wortschatz oder Grammatik, durch häufiges Wiederholen eingeübt“ (Leist ^{2}2006, S. 674). Die im Zuge der Gastarbeiter-Abkommen für die Migrantenkinder konzipierte *Ausländerpädagogik* (Sallaba 2008) orientierte sich größtenteils an funktionstheoretischen Ansätzen. So sollte diesen Kindern durch isolierte Trainingsprogramme die deutsche Sprache vermittelt werden. Neben der gerechtfertigten Kritik am funktionsorientierten Ansatz konnten „zahlreiche Untersuchungen belegen, dass sich kaum langfristige Lernerfolge zeigten und ein isoliertes Training sprachlich-kognitiver Fähigkeiten zu keinem Lernerfolg führte“ (Füssenich 2009a, S. 7).

Der *situationsorientierte Ansatz* (vgl. S. 21) verstand Sprachförderung nicht im Sinne isolierter Trainingsprogramme oder spezieller Übungen, „sondern in angewandter situationsbezogener und handlungsbegleitender Kommunikation“ (Leist ^{2}2006, S. 674). Bedeutsame Handlungskontexte und am Erfahrungsraum der Kinder ausgerichtete Förderinhalte kennzeichneten die situationsorientierte Vorgehensweise und lösten in Form der *interkulturellen Pädagogik* (Auernheimer ^{2}2008) und der *interkulturellen Sprachdidaktik* (Roche 2001) auch die *Ausländerpädagogik* ab. Vor allem die darin geforderte Wertschätzung der Erstsprachen der Kinder ist auch aus heutiger Sicht positiv zu unterstreichen.

Den Inhalten des situationsorientierten Ansatzes folgend hielt der DEUTSCHE BILDUNGSRAT im Zuge dieser Reformbewegungen bereits 1970 (S. 47) fest, dass die sprachlichen Fähigkeiten von Kindern „durch planmäßig angelegte Lernprozesse gefördert werden sollte[n]. Dabei geht es mehr um die Erfindung von Situationen, die zum Sprechen locken und anregen, als um rein formale Sprachübungsprogramme“. VALTIN konstatierte in ihrer umfassenden „Analyse von Sprachförderungsprogrammen im Bereich der Eingangsstufe“ (1975, S. 71ff), dass isoliertes Sprachtraining losgelöst von konkreten Handlungssituationen und sozialen Erfahrungen abzulehnen sei. Vielmehr forderte sie fünf Grundsätze zur Umsetzung von Sprachfördermaßnahmen, die auch aus heutiger Sicht (vgl. Kap. 2.2.3) aktueller denn je erscheinen und in ihrer Gesamtheit auch als Anforderungen für momentane Sprachfördermaßnahmen vorbehaltlos übernommen werden können:

> „1. Die sprachliche Kompetenz (das Sprachverständnis und die Fähigkeit, grammatisch richtige Sätze zu bilden) ist bei Fünfjährigen weitgehend vorhanden. Ein Einüben sprachlicher Muster (*pattern drill*) und das Lernen sprachlicher Etikettierungen im Sinne von Vokabellernen und losgelöst von Handlungskontexten sind deshalb ein sinnloser Formalismus.
> 2. Die Begriffsbildung hat bei Kindern dieser Altersstufe noch nicht den Abstraktheitsgrad wie in der Erwachsenensprache erreicht (VYGOTSKI: Pseudobegriffe), sie sollte deshalb nur im Zusammenhang mit konkreten Erfahrungen und Aktivitäten erfolgen.

3. Es gilt, Situationen zu schaffen, die die Kompetenz des Kindes aktualisieren, d. h. Kontexte, die den Einsatz von Sprache durch die Art der Aufgabenstellung herausfordern und ihn sinnvoll erscheinen lassen.
4. Anstelle des Lernens grammatischer Regeln und einer Wortschatzerweiterung sollten vor allem die folgenden Funktionen von Sprachen gefördert werden:
Sprache als Medium der Kommunikation, als Problemlöseinstrument sowie als Mittel zur Klärung und möglicherweise Bewältigung von Affekten und Impulsen.
5. Wichtig ist ein weiterer, von Bernstein vorgebrachter Gesichtspunkt, ‚daß die soziale Erfahrung, die das Kind schon besitzt, wertvoll und bedeutsam ist und daß diese soziale Erfahrung ihm als wertvoll und bedeutsam wieder gezeigt und erläutert werden sollte. Sie kann ihm nur wieder gezeigt werden, wenn sie Teil der Lernerfahrung ist, die wir bewirken'" (Bernstein 1970, S. 19).

Auch dem Spiel bescheinigte der Bildungsrat als kindgerechteste und geeignetste Form der Anregung von (Sprach-)Entwicklungs- und Lernprozessen größten Nutzen für Sprachförderkontexte (vgl. Deutsche Bildungskommission 1975a) und erkannte die Notwendigkeit sowie Potentiale kommunikativer Akte zur unumgänglichen Handlungs- und Situationsstrukturierung innerhalb von Spielen. „Da insbesondere die Art und Weise, wie die Personen der sozialen Umwelt miteinander im Sprechen und Handeln umgehen, die Realisierungsmöglichkeiten für Fähigkeiten kanalisieren" (Krappmann 1975, S. 50), wurden schon damals Spielformate (vgl. Kap. 3.4) als sinnvolle Mittel zur Umsetzung von Sprachförderung erachtet.

Dennoch wurden diese Empfehlungen des Deutschen Bildungsrates nicht flächendeckend umgesetzt. Bis in die 1990er-Jahre hinein hatten die Umsetzungsmaßnahmen zur Sprachförderung vornehmlich den Charakter von Leitlinien und ließen damit konkrete Durchführungsbestimmungen und -praktiken offen. So wurde an manchen Stellen der Situationsansatz um funktionsorientierte Förderanregungen ergänzt, welche auch die linguistische Kompetenz berücksichtigten und eine Mischform der zugrundeliegenden Ansätze von Sprachförderprogrammen praktizierten (vgl. Fried 2009, S. 42). Damals, wie auch heute, wurde Kritik an gleichschrittigen Förderprogrammen (z. B. Fried 2009, S. 45; List 2009, S. 21ff; Knapp et al. 2010a) laut, die klar machte, dass derartige Maßnahmen nicht den Königsweg bei der Unterstützung sprachlich-kommunikativer Fähigkeiten darstellten.

In den heutigen Überlegungen (vgl. Kap. 2.2.3) zur Förderung sprachlich-kommunikativer Fähigkeiten von Kindern mit Unterstützungsbedarf wird an die Erkenntnisse damaliger Diskussionen leider nicht oder nur wenig angeknüpft (vgl. Füssenich 2009a, S. 7). Einerseits gibt es Förderkonzepte, die die kindliche Alltagswelt als Ausgangspunkt für Sprechanlässe wählen und vornehmen Abstand von standardisierten, bereichsspezifischen Programmen nehmen[18]. Andererseits schwemmen zahlreiche Übungsprogramme und Trainingsmappen den Markt, erscheinen in mehrfachen Auflagen und erfreuen sich größter Beliebtheit[19] (vgl. Kap. 4.2), obwohl bereits die Erkenntnisse der jüngeren Vergangenheit einer individualisierten Vorgehensweise größere Effizienz bescheinigten. Zur Beantwortung der Fragestellung dieser Arbeit, wie Kinder mit Unterstützungsbedarf ihre sprachlich-kommunikativen Fähigkeiten erweitern können, ist es unumgänglich, die Individualität der Kinder in den Mittelpunkt der Betrachtung zu rücken. Dementsprechend werden im weiteren Verlauf dieser Arbeit zuerst die Gründe für die Kritik an gleichschrittigen Sprachförderprogrammen, welche in Kapitel 2.2.3 (vgl. S. 35) bereits thematisiert wurden, präzisiert und schließlich die Vorteile einer individualisierten Vorgehensweise aufgezeigt.

[18] Eine Übersicht und Bewertung aktueller Konzepte findet sich bei KNAPP ET AL. (2010, S. 116ff) oder JAMPERT ET AL. (2007, S. 75ff). Eine inhaltliche Bewertung einzelner Konzepte findet sich ebenfalls bei LIST (2009) und KANY (2007, S. 777ff).

[19] Eine umfangreiche, nach Sprachebenen getrennte Auflistung dieser Trainingsprogramme finden sich bei BUNSE/HOFFSCHILDT (2008, S. 209ff).

4.2 Über gleichschrittige Sprachförderprogramme

Unter gleichschrittigen Sprachförderprogrammen sind Fördermaßnahmen zu verstehen, die einem unflexiblen, standardisiert festgelegten Ablaufprogramm folgen und jedem Kind dieselbe Förderung zukommen lassen. „Sie verlaufen meistens mit zunehmender Aufgabenschwierigkeit hierarchisiert und sind in Lernbereiche oder Therapiephasen strukturiert“ (Baumgartner 2008, S. 125). Aufgrund ihres behavioristisch basierenden Ansatzes und dem häufigen Auftreten von *‚Pattern-Drill-Übungen'* werden derartige Maßnahmen auch als Trainingsprogramme bezeichnet. „Ein Programmplaner, der den Verlauf der Maßnahme (vor-)strukturiert, die Übungseinheiten und -materialien Förderbereichen und -zeitpunkten zuordnet und genaue Angaben zu ihrer Anwendung enthält“ (Kany 2007, S. 805) regelt den zeitlichen und inhaltlichen Förderablauf. Die Themen und Übungen bauen aufeinander auf und sind als vorstrukturierte Anordnung bereits ausgearbeitet. Trainingsprogramme fokussieren dabei in der Regel einen bestimmten Teilbereich von Sprache, beispielsweise *das Würzburger Trainingsprogramm* (Küspert/Schneider ^{6}2008) die phonologische Bewusstheit, und trainieren diese mit dem Prinzip der „Einschleifübungen“ (Dannenbauer 1991, S. 202).

Als Erklärungsversuche zur Beliebtheit dieser gleichschrittigen Förderprogramme können mehrere Aspekte aufgeführt werden: Zum Einen die große Verunsicherung seitens pädagogischer Fachkräfte, die sich aus dem immer größer werdenden Druck infolge elementarpädagogischer Diskussionen sowie der permanenten Betonung kindlicher Sprachkompetenzen in den unterschiedlichen Bildungsplänen für den Elementarbereich (vgl. Stoltenberg 2008) und den unzureichenden Rahmenbedingungen der Institutionen ergeben (vgl. Mannhard/Scheib 2007, S. 120; Kölsch-Bunzen/Miedaner 2007). Sie wähnen sich, aufgrund des insgesamt sehr großen und belastenden Drucks nicht ganz unverständlich, auf der sicheren Seite, statt eigener Maßnahmen vorgefertigte Trainingsprogramme durchzuführen, zumal die starren Umsetzungsanweisungen der Autorenargumentation folgend große Wirkung versprechen. Ein weiterer Punkt stellt die Arbeitserleichterung dar, wie BAUMGARTNER (2008, S. 124) anhand eines Zitates einer Sprachtherapeutin belegt: „Standardprogramme sind optimal. Ein Griff in die Kiste: Das entlastet mich ganz schön“. Standardisierte Sprachlernprogramme verführen hierbei durch ihre Schritt für Schritt vorgegebenen Durchführungsmaßnahmen sowie ihre normierten Fördermaterialien. „Zunächst sind sie sehr einfach zu handhaben, jederzeit einsetzbar und ohne großen Aufwand zu gestalten“ (Dannenbauer 1991, S. 203)

Doch genau diese undifferenzierte Konzeption in Bezug auf die individuellen Bedürfnisse und Voraussetzungen der einzelnen Kinder ist gleichzeitig der größte Kritikpunkt. Mit dem Verständnis von Sprache als Schlüsselkompetenz (vgl. Kap. 2.2) ist es nicht zu verantworten, dass die Individualität von Kindern in ihren sprachlich-kommunikativen Fähigkeiten anhand gleichschrittiger Trainingsprogramme ignoriert wird. Diese zu Lasten der Differenzierung vorgenommene Normierung und Manualisierung von Sprachförderung und deren stringente Anwendung birgt die Gefahr, dass ‚komorbide' Förderbereiche vernachlässigt oder erst gar nicht wahrgenommen werden (Baumgartner 2008, S. 127). Denn bei der Förderung sprachlich-kommunikativer Fähigkeiten von Kindern mit Unterstützungsbedarf muss ein differenzierter (förderdiagnostischer) Blick angewandt werden, um der Vielschichtigkeit der kindlichen Sprachentwicklung und den individuell ausgeprägten Fähigkeiten eines jeden Kindes gerecht zu werden. Denn „in Wirklichkeit gibt es die Sprachkompetenz nicht, sondern ganz unterschiedliche Kompetenzen in verschiedenen Teilbereichen der Sprache die sich nicht alle gleich schnell und bis zum gleichen Niveau entwickeln" (Kieferle 2008, S. 11). So nehmen standardisierte Förderprogramme neben ihrer faktischen Ignoranz der kindlichen Individualität auch häufig eine Reduzierung von Sprache und deren Unterstützung auf einzelne, isolierte Teilbereiche vor und vernachlässigen dabei wichtige Aspekte bezüglich der Funktion und Anwendung von Sprache. Diese, aus Sicht der Erwachsenen strukturierten Maßnahmen, berücksichtigen die Perspektive der Kinder oftmals zu wenig und stellen ihnen folglich wenig Hilfestellung bei der Anwendung der Lerninhalte in die Alltags- und Spontansprache bereit. „Durch die asymmetrische Interaktion und unpragmatische Sprachverwendung kann beim Kind kaum Sprache aufgebaut werden, die in seinem alltäglichen Leben etwas leistet" (Dannenbauer 1991, S. 206). Ein in vorgefertigten Übungen „antrainiertes vermeintlich schulisches Wissen" (Füssenich 2009, S. 7) schafft unter Umständen schnelle, aber erwiesenermaßen keine nachhaltige Abhilfe. Resultat ist eine mögliche alltagsfremde Verschulung von Sprachförderung, deren Relevanz und Transfer in ihre Lebenswelt für Kinder nicht ersichtlich ist (vgl. Knapp et al. 2010a, S. 105) und deren Praxis auch mit Blick auf den Elementarbereich als eigenständige Bildungsstufe (vgl. Kap. 2.1) nur schwer vertreten werden kann. Lediglich als Orientierungs- und Inspirationsquelle können einzelne, genau geprüfte Aspekte dieser Materialien gerechtfertigt werden (vgl. Fried 2009, S. 45). Nur unter detaillierter Abwägung der individuellen Förderbeiche jedes einzelnen Kindes können gleichschrittige Maßnahmen als interessante Handlungsideen oder systematisierte Orientierungshilfen betrachtet werden (vgl. Baumgartner 2008, S. 125), dürfen aber keinesfalls unreflektiert manualgetreu praktiziert werden. Kauschke/Siegmüller (2005) bestätigen, dass, falls die Lernprogramme in Teilbereichen den gewünschten Erfolg erzielen, es fragwürdig bleibt, ob Kinder diese Lernerfolge in den alltäglichen Sprachgebrauch übernehmen können. Denn wie Dannenbauer bereits 1991 (S. 203) in seinem „Bann über Übungstherapien" (Baumgartner 2008, S. 126) konstatierte, besteht deren entscheidende Schwachstelle in dem fehlenden Einbau und der mangelnden Übernahme in die kindliche Spontansprache.

Nachdem die Schwierigkeiten gleichschrittiger und undifferenzierter Sprachfördermaßnahmen aufgezeigt wurden, bleibt festzuhalten, dass Kinder mit Unterstützungsbedarf ihre sprachlich-kommunikativen Fähigkeiten nur unter Berücksichtigung ihrer individuellen Stärken und Schwierigkeiten sowie interaktionaler Kontexte erweitern können. Um diese Sichtweise aus Kinderperspektive zu präzisieren erfolgt nun die Klärung, wie Kinder bei der Erweiterung ihrer sprachlich-kommunikativen Fähigkeiten im Sinne einer individualisierten Vorgehensweise unterstützt werden können.

4.3 Zum Blick auf das einzelne Kind

Die in diesem Kapitel aufgeführten Inhalte sollen verdeutlichen, was Kinder mit Unterstützungsbedarf in ihren sprachlich-kommunikativen Fähigkeiten benötigen, um ihre Kompetenzen zu erweitern. Um dies zu erreichen, wird im Folgenden in Anlehnung an die in Kap. 2.2.1 aufgeführte Begriffsvielfalt sowie die unscharfe Trennung von Sprachförderung und Sprachtherapie sowohl auf Erkenntnisse aus sprachförder- als auch sprachtherapeutischer Sicht zurückgegriffen, da diese Differenzierung aus Sicht der Kinder keine Konsequenzen hat. Vielmehr soll durch Rückgriff auf Aspekte beider Bereiche, die ohnehin schwer voneinander zu unterscheiden sind, herausgearbeitet werden, wie Kinder bei der Erweiterung ihrer sprachlich-kommunikativen Fähigkeiten unterstützt werden können.

Bei der Betrachtung der Praxisumsetzung von Maßnahmen zur Unterstützung sprachlich-kommunikativer Fähigkeiten im Elementarbereich muss festgehalten werden, dass kein allgemein gültiges Sprachförderkonzept existiert und auch nicht existieren kann. Es bestehen diverse Ansätze (vgl. Jampert et al. 2007), deren Konzeptionen auf unterschiedlichen Spracherwerbstheorien und verschiedenen Konzepten vom kindlichen Lernen basieren (vgl. Füssenich/Geisel 2008, S. 22). „Derzeit reichen die Ansätze der sprachtherapeutischen Praxis von einer an korrekten Formen der Erwachsenensprache orientierten Übungstherapie, über kommunikationsorientiertes Vorgehen, weiter zur entwicklungsproximalen Optimierung sprachlicher Lehr- und Lernsituationen, bis hin zur fokussierten, gezielten Spezifizierung des sprachlichen Inputs“ (Baumgartner 2008, S. 112f).

Ausgehend von der *interaktionistischen Spracherwerbstheorie* (vgl. Kap. 3.1) erwerben Kinder Sprache durch alltägliche Interaktionen und in ritualisierten Handlungssituationen, den sogenannten *Formaten.* Diese Formate stellen Kindern einen wichtigen Unterstützungsrahmen beim Erwerb von Sprache bereit (vgl. Kap. 3.2). Bei Kindern mit Schwierigkeiten im Spracherwerb reichen diese Rahmenbedingungen des natürlichen Spracherwerbs nicht aus, um aus den alltäglichen Interaktionen die wesentlichen Sprachelemente für sich zu übernehmen und altersentsprechende Fähigkeiten zu entwickeln (vgl. Füssenich 2003, S. 427). Um diesen Kindern Unterstützung bei der Ausbildung ihrer kommunikativen Fähigkeiten zu bieten, benötigen diese Kinder ein Mehr an Systematik von dem, was im normalen Erwerb eher beiläufig enthalten ist: „z. B. Begrenzung und Spezifizierung des Inputs, erhöhte Deutlichkeit, Kontrastivität, Frequenz und Rekurrenz gezielter Strukturvermittlung, klare Referenz- und Funktionsbeziehungen der Zielformen, motivierende und orientierende Sach- und Interaktionskontexte" (Dannenbauer ^{5}2002, S. 137). In diesen strukturierten und optimierten Rahmenbedingungen sowie gezielten dialogischen Handlungssituationen, die sich an den Formaten natürlichen Spracherwerbs anlehnen, sollen die Kinder unterstützt werden, ihre sprachlich-kommunikativen Fähigkeiten zu erweitern. Dieser Förderansatz wird nach DANNENBAUER (^{5}2002, S. 136ff) als *inszenierter Spracherwerb* bezeichnet, da er sich am natürlichen Erwerb orientiert und statt „naturwüchsiger Bahnen" (Baumgartner 2008, S. 116) professionell-strukturierte Settings offeriert.

In Anlehnung an den inszenierten Spracherwerb richten sich die förderungsspezifischen Zielsetzungen, auf der Basis einer fundierten Diagnostik (vgl. Kap. 2.2.3), nach dem individuellen Entwicklungsstand der Kinder. Um in Abgrenzung zu gleichschrittigen Sprachförderprogrammen (vgl. Kap. 4.2) dem aus Kinderperspektive notwendigen Individualitätsanspruch eines jeden Kindes gerecht werden zu können, sollte diese Diagnose nicht nur den sprachlich-kommunikativen Bereich der Kinder erfassen. Vielmehr sollte das Kind als ganzes Individuum in das Zentrum der Beobachtung gerückt werden, und hilfreiche Informationen wie beispielsweise biografische Daten oder die individuellen Lebenssituationen der Kinder festgestellt werden (vgl. Füssenich 2010a, S. 15f). Aber auch die Interessen sowie die Bedürfnisse der Kinder mit Unterstützungsbedarf sind unerlässlich, um ihre Individualität entsprechend berücksichtigen und wertschätzen zu können. Die Leitfragen von DEHN (2007) *Was können Kinder? Was müssen sie noch lernen? Was können sie als nächstes lernen? Was wollen sie als nächstes lernen?* vermitteln die stärkenperspektivische Sichtweise auf die Voraussetzungen der Kinder, die bei der Unterstützung sprachlich-kommunikativer Fähigkeiten verfolgt werden sollte und unterstreichen die Ablehnung der Defizitorientierung (vgl. Grötzbach/Iven 2009). Ein geeignetes Verfahren dieser ressourcenorientierten Haltung stellt das Beobachtungs- und Dokumentationsverfahren der Bildungs- und Lerngeschichten dar. Grundlage des Verfahrens bilden die in Neuseeland entwickelten „learning stories" nach CARR (2001), welche von LEU ET AL. (2007) für den deutschsprachigen Raum modifiziert wurden. Folgerichtig werden sowohl Stärken als auch Schwächen berücksichtigt, um daraus abzuleiten, welche Erwerbsstrukturen in der „Zone der nächsten Entwicklung" (Vygotski 2002) als Förderziele fokussiert und inszeniert werden müssen. Sie trainieren Sprache nicht isoliert von Thema und Situation, sondern finden in für die Kinder bedeutsamen und an ihren Interessen sowie Stärken orientierten Situationen statt (vgl. Füssenich [5]2002, S. 96ff). Wie bereits in Kap. 2.2.3 erwähnt, bieten freie Sprachproben mit Blick auf das Kind größeres Potential, den individuellen Entwicklungsstand eines Kindes einzuschätzen und diese Erkenntnisse als direkte Grundlage zur Umsetzung von Fördermaßnahmen heranzuziehen. Diese fundierten Kenntnisse in Form von professionell durchgeführten Sprachproben sind unerlässlich, um der Individualität eines Kindes gerecht werden zu können. Die Orientierung am gesamten Entwicklungspotenzial eines Individuums, und nicht nur an dessen Auffälligkeiten und Defiziten, verdeutlicht erneut den ressourcenorientierten Charakter, den Kinder bei der Erweiterung ihrer sprachlich-kommunikativen Fähigkeiten erfahren sollen. Die methodische Vorgehensweise der Prinzipien der *entwicklungsproximalen Sprachtherapie* (Dannenbauer [5]2002, S. 136) liefern hilfreiche Hinweise, wie dies gestaltet werden sollte:

> „Zum Erreichen sprachspezifischer Ziele werden Themen, Handlungsabläufe und Interaktionsroutinen vorstrukturiert (Dannenbauer 2002; 2007). Im Mittelpunkt steht die Konzentration auf das Interaktionsgeschehen, bei dem der Therapeut eine eher reagierende als stark stimulierende Haltung einnimmt, sich auf die Lebenswirklichkeit und Kommunikationsfähigkeit des Kindes einlässt, in der gemeinsamen Kommunikation und Handlungsausrichtung zum signifikanten Modell für Zielstrukturen wird, vielseitig die sprachliche und nicht sprachliche Entwicklung einschließt und frequent die sprachliche Zielstruktur, der Lernsituation angemessen, anbietet. Die Methode ist zusammengefasst durch Vorstrukturierung, hohe Intensität, Kontrastivität der modellierten sprachlichen Strukturen und Wiederholung gekennzeichnet. Die Zielstruktur muss grammatisch und semantisch fundiert sein und in einem kindbezogenen, sinnvollen Sprachgebrauch angebahnt und verwendet werden. Gegen jede Störungsfixierung wird hier der Entwicklungsgedanke fokussiert, und das Kind in seinen sprachlichen Lernvoraussetzungen und Lernfähigkeiten ernst genommen. [...] Der Therapeut organisiert die Interaktionssituationen nach dem Prinzip der Konvergenz zielorientiert. [...] Er steuert das dialogische Geschehen so, dass die rezeptive Aufnahme und Verarbeitung der Zielform erleichtert und spontane Imitationen sowie konstruktive Produktionen der Zielform möglich werden." (Baumgartner 2008, S. 115f)

In diesen inszenierten Handlungen spielt die Interaktivität der beteiligten Personen die entscheidende Rolle. „Der Dialog und das gemeinsame Handeln bilden den Ausgangspunkt für die Erweiterung von sprachlichen Fähigkeiten" (Füssenich [5]2002, S. 96). Sprache muss als Verständigungsmittel in das Zentrum der Förderarbeit rücken, von der anfänglichen Handlungsbegleitung in kleinen Schritten hin zur Handlungsgestaltung (vgl. Jampert et al. 2006, S. 43). Dies beinhaltet sowohl gemeinsame Interaktionen mit Erwachsenen als auch mit Gleichaltrigen und anderen Kindern. Durch schrittweise und gezielte Inszenierung möglichst natürlicher Interaktionen werden Erfahrungsstrukturen als Grundlage für die Entwicklung von Kommunikationsfähigkeit aufgebaut, welche die Kinder später gut auf Situationen außerhalb des Förderkontextes übertragen können. Die Orientierung an realen

Handlungssituationen und am Alltag des Kindes stellt die Grundlage gemeinsamer Handlungssequenzen dar. Dabei sind in den initiierten Interaktionskontexten sowohl die Sprachrezeption als auch die -produktion von großer Bedeutung. Den Kindern werden Interaktionen angeboten, um handlungsbegleitend und eigenaktiv die Funktion und den Kontext von Sprache zu verstehen und zu äußern (vgl. Füssenich 1996, S. 193ff; Füssenich 2003, S. 427f). Sie erfahren, dass Handlungen eine kommunikative Basis zugrunde liegt und diese sprachlich sowohl strukturiert als auch verändert werden können. „Die absichtsvolle Forcierung sprachlichen Lernens setzt mithin übergreifend *pragmatisch* an" (Kleinert-Molitor [2]1996, S. 227). KNAPP ET AL. (2010a, S. 24) belegen in ihrer Begleituntersuchung des Sprachförderprogramms der Landesstiftung Baden-Württemberg, dass im Rahmen von Sprachförderungen „komplexe Kommunikationssituationen selten geschaffen werden" und attestieren diesem Aspekt, wie bislang auch gezeigt werden konnte, großes Verbesserungspotential (vgl. Knapp et al. 2010a, S. 24). Folglich müssen sinnhafte und für Kinder bedeutsame Handlungskontexte als zentrales Element zur Erweiterung sprachlich-kommunikativer Fähigkeiten erachtet werden. Allerdings fehlt es bislang an Veröffentlichungen und Untersuchungen, die qualitativ belegen und begleiten, wie einzelne Kinder mit Unterstützungsbedarf ihre Fähigkeiten innerhalb dieser Handlungskontexte erweitern. Nach aktuellem Forschungsstand ist wissenschaftlich nach wie vor ungeklärt, welche inhaltlichen Eckpfeiler und Vorgehensweisen bei der Umsetzung von Sprachfördermaßnahmen die größte Effektivität versprechen (vgl. Knapp et al. 2010a, S. 8). Mitverantwortlich für dieses Forschungsdefizit (vgl. Kap. 1.1) sind fehlende empirische Erkenntnisse darüber, wie Kinder mit Unterstützungsbedarf ihre sprachlich-kommunikativen Fähigkeiten erweitern. Dieses Forschungsdefizit zu verringern ist notwendig, um dadurch wichtige empirische Erkenntnisse zu gewinnen, die zu einer verbesserten Förderung von Kindern mit Unterstützungsbedarf beitragen.

Da das Spielen, wie in Kap. 3.4 gezeigt werden konnte, die altersgerechteste Tätigkeitsebene von Kindergartenkindern darstellt, Sprache in nahezu allen Spielen handlungsbegleitend relevant ist und Kinder innerhalb dieses Formats sprachliche Erkundungen vornehmen können (vgl. Füssenich/Heidtmann 1995, S. 106), stellen Spielformate ebenfalls ein wichtiges Element dar, das in die Förderkontexte integriert werden soll. Dabei sollte mit *minimaler Druckanwendung* gearbeitet werden. „Das Kind wird weder in seinem sprachlichen Ausdruck eingeschränkt oder reglementiert, noch wird ihm eine Art Fremdsprache aufgezwungen" (Dannenbauer [5]2002, S. 138). Mithilfe des *von wenig mehr*-Prinzips (vgl. Dannenbauer 1998) strukturieren die Erwachsenen Handlungen und Situationen so, dass Kinder damit ihre Fähigkeiten erweitern können. So werden anfangs nur wenige Förderziele formuliert und eine Überforderung des Kindes ausgeschlossen. Die Zielformulierungen sowie das inhaltlich-methodisches Vorgehen muss daher ständig neu reflektiert und hinterfragt werden (Dannenbauer [5]2002, S. 159). Die ehrliche Partizipation an gemeinsamen Interaktionen statt einer unehrlichen Instrumentalisierung gemeinsamer Handlungskontexte besitzt oberste Priorität. Dementsprechend ist die Beziehung zwischen Kind und Therapeut (vgl. Kap. 4.5.2) maßgeblich für die kindlichen Lernfortschritte. Denn „in diesem Rahmen bewirken Bedürfnis- und Ressourcenorientierung, Spaß, Kreativität und Ungezwungenheit den sprachlichen Lernerfolg“ (Baumgartner 2008, S. 169) und repräsentieren die Grundvoraussetzungen, damit Kinder ihre sprachlich-kommunikativen Fähigkeiten erweitern können. Allerdings wäre es bezüglich der Kompetenzerweiterungen von Kindern vermessen zu erwarten, dass sie sofort eine erwünschte Sprachnorm erreichen (vgl. Füssenich/Geisel 2008, S. 24). Vielmehr muss berücksichtigt werden, dass – im Rahmen der Möglichkeiten des jeweiligen Kindes und unter bewusster Vermeidung von Überforderung und Frustration – durch die Summierung kleiner Zwischenschritte des sprachlichen Lernens ein großer Gesamtlernfortschritt erzielt werden kann (vgl. Füssenich [5]2002, S. 98). Folgerichtig werden bereits kleine Zwischenschritte bei der inszenierten Erweiterung sprachlich-kommunikativer Fähigkeiten als Fortschritt gesehen (vgl. Füssenich 2003, S. 429).

Sprachförderung unter Berücksichtigung von Mehrsprachigkeit

Wie bereits in Kap. 2.2.1, (S. 27) erwähnt, stellt Mehrsprachigkeit im weiteren Sinne keine Ausnahme, sondern die Regel dar. Vielerorts wird Sprachförderung sofort mit mehrsprachigen Kindern verbunden und ihnen automatisch ein großer Sprachförderbedarf zugesprochen, was vor allem in nach wie vor existierenden inkorrekten Vorurteilen begründet liegt. Dabei existieren zwei konträre Positionen: Die Einen beharren aufgrund der alltäglichen Relevanz und Gesellschaftteilhabekriterien auf einer lediglichen Förderung der deutschen Sprache und raten den Eltern, mit ihren Kindern zu Hause Deutsch zu sprechen. Die Anderen lehnen diese verkürzte Sichtweise aufgrund kognitionstheoretischer und wissenschaftlicher Erkenntnisse sowie unter Berücksichtigung der Identitätsentwicklung und dem Sprachenlernen im Allgemeinen ab (vgl. Kreppel 2006, S. 22). Sie raten Eltern folglich dazu, ihre Erstsprache in der Kommunikation mit ihren Kindern nicht aufzugeben, sondern unter bestimmten Voraussetzungen[20] zu konservieren (vgl. Apeltauer 2006, S. 11; Füssenich 2008b, S. 46). Das dieser Arbeit zugrunde liegende Verständnis im Umgang mit mehrsprachigen Kindern entspricht den Vorstellungen der zuletzt aufgeführten Vertreter und orientiert sich dabei an einem individuell ausgelegten und wertschätzenden Umgang mit Mehrsprachigkeit: Sprachförderung sollte

[20] Diese Voraussetzungen und Hinweise können beispielweise bei FÜSSENICH/GEISEL (2008, S. 5ff), TRIARCHI-HERMANN ([2]2006) oder ULICH ET AL. (2005) nachgelesen werden.

also stets die Biografien, emotionalen Faktoren und lebensweltlichen Bedingungen mehrsprachig aufwachsender Kinder berücksichtigen (vgl. Jeuk 2003). Da der Erwerb und die sprachlich-kommunikativen Fähigkeiten der ersten Sprache als Lernvoraussetzung für den Zweitspracherwerb dienen (vgl. Apeltauer 2006,S. 11), muss der Berücksichtigung der Erstsprache und ihren soziokulturellen Begleiterscheinungen (vgl. Merz-Atalik [7]2009, S. 373ff) in Förderkontexten Beachtung geschenkt werden. Nur so kann die aus (sprach-)pädagogischer Sicht notwendige Wertschätzung, Anerkennung und Würdigung anderer Sprachen und Kulturen ausgedrückt werden, welche das jeweilige Kind darin bestärkt und ermutigt, seine sprachlichen Fähigkeiten zu erweitern (vgl. Ministerium für Kultus, Jugend und Sport Baden-Württemberg 2009, S. 109ff). Denn „sprachliches Handeln kann nur [dann] als wertvoll erlebt werden, wenn die Umwelt die Fähigkeiten als solche (an)erkennt" (Kramer/ Trappe 2006, S. 215).

Ein weiterer wichtiger Aspekt im Rahmen von Sprachförderkontexten mehrsprachiger Kinder betrifft den Umgang mit mehreren Sprachen im familiären Umfeld, da dies einen nicht zu unterschätzenden Problembereich darstellt (vgl. Knapp et al. 2010a, S. 142ff). Auch FÜSSENICH/GEISEL (2008, S. 8ff) berichten von Kindern und deren Familien, bei denen Unklarheiten oder gar irreführende Beratungen zum familieninternen Umgang mit mehreren Sprachen auftraten. Ebenfalls im Rahmen des Projekts zur wissenschaftlichen Begleitung des Orientierungsplans bestätigte sich die Unsicherheit oder Fehlberatung der Eltern (Füssenich 2009b, S. 58):

> „Bei Eltern mit nicht deutscher Familiensprache ist oft eine Verunsicherung über die Erstsprache festzustellen, da ihnen immer noch geraten wird, mit den Kindern vor allem Deutsch zu sprechen. So wird z. B. in manchen Ratgebern empfohlen: Wenn in der Familie ein Elternteil sehr gut deutsch spricht, sollte er mit den Kindern deutsch sprechen, der andere Elternteil spricht die nicht deutsche Familiensprache. Dass es in Familien dann keine Familiensprache gibt, in der sich alle Mitglieder unterhalten können, wird übersehen. Einer Mutter wurde geraten, mit ihren Kindern in ihrer Erstsprache Polnisch zu sprechen und die Kinder sollten auf Deutsch antworten, obwohl die Mutter nur über rudimentäre deutsche Kenntnisse verfügt."

Dementsprechend ist es wichtig, dass sowohl Einrichtungen (z. B. in Form von Elternabenden) als auch Fachdienste (bestenfalls im Rahmen ihrer Kooperation mit den Eltern der Kinder mit Unterstützungsbedarf) dieser Aufgabe der professionellen Aufklärung über den familieninternen Umgang mit Mehrsprachigkeit nachkommen. Anregungen und wichtige Inhalte zu diesem bedeutungsvollen Thema der Aufklärung und Informierung können z. B. einem Elternbrief des Staatsinstituts für Frühpädagogik[21], der in 15 verschiedenen Sprachen vorliegt, entnommen wer-

[21] Zu finden auf der Homepage des Staatsinstituts für Frühpädagogik: http://www.ifp.bayern.de/materialien/elternbriefe.html [Stand: 24.09.2010].

den. Darin wird erneut die bedeutende Rolle der Familiensprache für die Kinder und ihr familiäres Umfeld betont, und hilfreiche Ratschläge angeboten, wie der Umgang mit mehreren Sprachen praktisch umgesetzt werden kann.

Zusammenfassend benötigen Kinder mit Unterstützungsbedarf gemeinsame Interaktionen und handlungsbezogene Dialoge zur Erweiterung ihrer sprachlich-kommunikativen Fähigkeiten. Auf Grundlage einer fundierten Diagnose sowie der Berücksichtigung der Individualität eines jeden Kindes sollen gezielt sprachförderliche Settings strukturiert und inszeniert und die Kinder schrittweise in der Erweiterung ihre sprachlich-kommunikativen Fähigkeiten begleitet werden. Wie in Kapitel 3.4 aufgeführt, bieten Spielformate großes Potential bei der Weiterentwicklung sprachlicher Fähigkeiten, obwohl dieser Zusammenhang in momentanen Forschungsfragen zu wenig berücksichtigt wird. Aus diesem Grund zeigt das folgende Kapitel, wie und warum Spiel sinnvoll zur Unterstützung der Erweiterung sprachlich-kommunikativer Fähigkeiten beitragen kann, bevor im darauffolgenden Kapitel der Blick auf die beteiligten Erwachsenen gerichtet wird.

4.4 Zur Verbundenheit des Spiels und der Förderung sprachlich-kommunikativer Fähigkeiten

Aufgrund der engen Verbindung von Sprach- und Spielentwicklung sowie der dargestellten Bedeutung von spielerischen Handlungen, im Besonderen von Regel- und Rollenspielen (vgl. Kap. 3.4.3; 3.4.4), für die sprachlich-kommunikativen Fähigkeiten von Kindern erscheint es logisch, dass diese Spielformate wegen ihres kindgerechten Charakters sowie ihres kompetenzerweiternden Potentials ein sinnvolles Element zur Erweiterung kindlicher Fähigkeiten darstellen. Diese Kombination von Förderung und Spiel ist, nicht nur auf die zielgerichtete Unterstützung sprachlich-kommunikativer Fähigkeiten bezogen, keine einzig moderne Idee, sondern wurde beispielsweise bereits 1975a vom deutschen Bildungsrat als empfehlenswert erachtet (vgl. S. 76f) und gilt bis heute als geeignete Methode für Bildungsprozesse.

Allerdings wird diese inszenierte Förderung durch Spiele in wissenschaftlichen Kontexten nicht immer als positiv erachtet, sondern einige Autoren kritisieren den Missbrauch des Spielgedankens für pädagogische Zwecke. EINSIEDLER ([3]1999, S. 162f) führt *spielpuristische* Bedenken auf, die eine subtile Überlistung der Kinder und die damit verbundene Instrumentalisierung des Kinderspiels befürchten. FLITNER ([11]2002, S. 133) konkretisiert diese Kritik und bezeichnet die Integration des Spielens in Lernprozesse als kategorischen Widerspruch. Er vertritt die Meinung, dass „Spiele zum Lernen, zur Intelligenzförderung, zum Sozialtraining, zur Traditionsförderung und allen möglichen anderen Zwecken […] keine Spiele mehr“ seien.

Diese Maßnahmen trügen lediglich den Deckmantel des kindlichen Spiels, hätten aber zu den eigentlichen Charakteristika des Kinderspiels (vgl. Kap. 3.4.1) keinerlei Bezug mehr.

Diese kritischen Stimmen hinsichtlich der Gefahr des Spielmissbrauchs berücksichtigend skizziert KRAPPMANN ([4]1978, S. 183) ein sinnvoll erscheinendes Verständnis zur Integration von Spielen in Bildungsprozesse, welches dieser vorher erwähnten Kritik standhalten kann. Er fordert von Erwachsenen in der Funktion des Spielleiters folgende Fähigkeiten eines guten Spielpartners:

> „Sensibilität für Erwartungen, Flexibilität in den Interpretationen, Toleranz für unvorhergesehene oder abweichende Bedürfnisse und kommunikative Fähigkeiten. Sich selbst für ein entsprechendes Verhalten zu sensibilisieren, wäre daher auch der Kern seiner Vorbereitungen auf Spielstunden."

Als Voraussetzungen dieses kindorientierten Verständnisses nennt KRAPPMANN ([4]1978, S. 183) den Spaß und das Spielvergnügen als wichtigsten Indikator gelungener Lernprozesse durch Spiele. Diese Grundsätze erfordern von dem Erwachsenen eine ernstgemeinte und ehrliche Spielpartizipation, um den Kindern nicht das Gefühl der Zweckentfremdung einer ihrer Hauptbeschäftigungen zu vermitteln.

Um diesem Anspruch gerecht zu werden, präsentiert anfangs die Zweiersituation zwischen Kind und Erwachsenem den vor allem zu Beginn notwendigen und strukturierten Unterstützungsrahmen. Dieser Schonraum ist erforderlich, um die Kinder mit Unterstützungsbedarf langsam und in kleinen Schritten mit den Spielen sowie Inhalten der Sprachförderung vertraut zu machen (vgl. Knapp et al. 2010a, S. 106). Als längerfristige Kompetenzerweiterung sollte dann die Überführung dieser spielerischen Interaktionen auf Alltagssituationen oder Handlungen mit Gleichaltrigen anvisiert werden. Schließlich erlangen die Kinder in den Förderinteraktionen Fähigkeiten, die sie im Austausch mit anderen Kindern oder ihrem kommunikativen Alltag idealerweise einsetzen können und sie ihre erweiterten sprachlichen Kompetenzen als hilfreich und anwendbar erfahren (vgl. Füssenich 2003, S. 428).

Entsprechend dieser kindzentrierten Vorgehensweise legt die Sprachförderkraft die Inhalte der Förderarbeit unter Berücksichtigung der individuellen Interessen und Bedürfnisse sowie der jeweiligen Spielfähigkeiten der Kinder fest und entscheidet sich auf Grundlage dieser individuellen Voraussetzungen für Spielformen, mit denen spielerisch gefördert werden soll (vgl. Einsiedler [3]1991, S. 156f). Nach ANDRESEN (2002) repräsentieren Rollenspiele unter Rückgriff auf den natürlichen Spielfähigkeitserwerb die alters- und entwicklungsentsprechende Spielform, um Kinder in ihren sprachlich-kommunikativen Fähigkeiten zu unterstützen, da diese Spielform den Regelspielen vorausgeht. Allerdings berichtet FÜSSENICH (2009b, S. 50f) anhand von Projektdaten, dass einige Kinder mit Unterstützungsbedarf in ihren sprachlich-kommunikativen Fähigkeiten sich noch nicht auf Rollenspiele einlassen können, Regelspielformate hingegen mit diesen Kindern bereits inszeniert werden können. Dies unterstreicht einerseits erneut, dass die Phasen der Spielentwicklung von Kindern nicht starr hierarchisch verstanden werden dürfen (vgl. Kap. 3.4.2). Andererseits bedeutet dies für die praktische Umsetzung von Sprachförderung, dass die Entscheidung über die zu integrierenden Spielformen konkret anhand des Spielentwicklungsstandes des einzelnen Kindes und seinen individuellen Spielfähigkeiten getroffen werden muss, und Rollenspiele keinesfalls als universal einsetzbar erachtet werden. Denn nur wenn die gewählte Vorgehensweise dem individuellen Spiel- und Sprachentwicklungsstand des betreffenden Kindes entspricht, können Spiele sinnvoll in Förderkontexte integriert werden (vgl. Krappmann ^{4}1978, S. 168).

Dieser Anspruch setzt auf Seiten der Sprachförderkräfte fundiertes Wissen über die Spielfähigkeiten und -entwicklung von Kindern voraus, und stellt zusätzlich bestimmte Anforderungen an die Spielkompetenzen der Erwachsenen, um dem oben beschriebenen Instrumentalisierungsvorwurf des kindlichen Spiels standhalten zu können. Allerdings werden neben der bereits dargestellten, mangelnden Berücksichtigung von Spiel- und Sprachfähigkeiten der Kinder (vgl. Kap. 3.4.2) auch die spielerischen Kompetenzen der Erwachsenen bzw. Sprachförderkräfte vernachlässigt. Diese erforderlichen Kompetenzen sowie die damit eng verbundene Beziehung zwischen Kind und Förderkraft sowie die Rolle der Sprachförderkraft und des kindlichen Umfelds, werden im nachfolgenden Kapitel erläutert und der Blick auf die an der Förderung beteiligten Erwachsenen gerichtet.

4.5 Der Blick auf die Erwachsenen

Den kindlichen Bezugspersonen kommt aus interaktionistischer Spracherwerbssicht (vgl. Kap. 3.1) in Form von dialogischen Handlungskontexten ebenfalls eine aktive Rolle zu, in der sie sich im Sinne einer intuitiven Didaktik (vgl. S. 39) auf die individuellen Fähigkeiten des Kindes einstellen. Da sich die inszenierte Unterstützung von Kindern bei der Erweiterung ihrer sprachlich-kommunikativen Fähigkeiten am natürlichen Spracherwerb orientiert (vgl. Kap. 4.3), können die Erwachsenen durch einen bewussten Umgang mit ihrer Rolle Kindern mit Unterstützungsbedarf bei dem Ausbau ihrer Kompetenzen gezielt weiterhelfen. Aufgrund der in Kapitel 2.2.1 aufgeführten Begriffsdefinitionen von *Sprachförderung* und seinen Überschneidungen mit *Sprachtherapie* werden im Folgenden die Begriffe *Sprachförderkraft* und *Therapeut/Therapeutin* synonym verwendet, da analog zu Kapitel 4.3 sowohl auf sprachförder- als auch sprachtherapeutische Erkenntnisse zurückgegriffen werden soll.

4.5.1 Spielkompetenzen der Erwachsenen

Spiele besitzen als originäre Form kindlicher Kontaktgestaltung einen hohen Aufforderungscharakter für Kinder und stellen aufgrund dieser optimalen Voraussetzung für nachhaltige Lernerfahrungen ein sinnvolles Element zur Erweiterung sprachlich-kommunikativer Fähigkeiten dar (vgl. Kap. 4.4). KNAPP ET AL. (2010a, S. 19) fanden in ihren Untersuchungen zur wissenschaftlichen Begleituntersuchung des Sprachförderprogramms *Sag' mal was – Sprachförderung für Vorschulkinder* heraus, dass Aufgaben mit Spielcharakter etwa ein Viertel der in Sprachförderungen zur Verfügung stehenden Zeit ausmachen und damit den größten Aktivitätsbereich in Sprachförderkontexten repräsentieren. Aufgrund dieses verhältnismäßig großen Anteils müssen die Fachkräfte in diesem Aufgabengebiet handlungsfähig sein und ihr eigenes Spielverhalten reflektiert einsetzen. An die Sprachförderkräfte stellt dies die Anforderung, sowohl im Bereich der Diagnostik als auch in den gemeinsamen Interaktionen mit dem Kind über Spielkompetenzen zu verfügen (vgl. Baumgartner 2008, S. 53). Aus diagnostischer Sicht erfordert dies Wissen über die charakteristischen Erwerbsschritte der Spielfähigkeit, damit die für die Förderung ausgewählten Spielformen und Spielformate an dem individuellen Spielentwicklungsstand des Kindes mit Unterstützungsbedarf ansetzen können. Die nach diesen Gründen ausgesuchten Spiele müssen „sprachlich und kommunikativ zielgerichtet ausgewählt, eingesetzt, ihre Wirkung beobachtet und kontrolliert" (Baumgartner 2008, S. 53) werden. In Fachkreisen herrscht Einigkeit darüber, dass die qualitative Form der Spielbeobachtung die sinnvollere und effektivere Methode zur Feststellung von Spielfähigkeiten darstellt (vgl. Heimlich 1993, S. 121f) und diese standardisierten Verfahren vorzuziehen ist. EINSIEDLER (^{3}1999, S. 27) betont, dass Kinder in Spielsituationen meist nicht ihr höchstes Kompetenzniveau des Spielens präsentieren, sondern zwischen verschiedenen Spielformen hin und her springen. Aufgrund dieses Spielverhaltens können die Ergebnisse standardisierter Testverfahren die realen Spielkompetenzen von Kindern verfälschen.

Neben der Berücksichtigung dieser Spielvoraussetzungen gilt es auf Seiten der Kinder auch ihre Interessen und Wünsche in Erfahrung zu bringen, um zum Einen den Kindern eine ihnen freudvolle Tätigkeit offerieren zu können und damit ihre Motivation und Teilnahmebereitschaft zu steigern bzw. zu erhalten (vgl. Grohnfeldt 2007, S. 312). Zum Anderen ist die Beachtung der individuellen Voraussetzungen notwendig, um anhand dieser, auf die kindlichen Bedürfnisse abgestimmten Spielauswahl, eine vertraute Beziehung zwischen Sprachförderkraft und Kind zu manifestieren (vgl. Dannenbauer ^{5}2002, S. 139f).

Hinsichtlich der direkten Interaktion mit dem Kind ist es Aufgabe des Erwachsenen, Rahmenbedingungen für Spiele zu schaffen, „die zwar keinen unmittelbaren Zweck im Sinne einer Produkthervorbringung haben, die aber mittelbar dem Ziel der Entwicklungsförderung dienen“ (Einsiedler 1991, S. 144) und direkten wie indirekten Einfluss auf die sprachlich-kommunikativen Fähigkeiten der Kinder nehmen. Folglich müssen auch im Bereich der Spielfähigkeiten, analog zu den sprachlich-kommunikativen Fähigkeiten, die Summierung kleiner Zwischen- und Lernfortschritte als Ziele formuliert und dementsprechend wertgeschätzt werden. Zu diesem Zwecke müssen die Spielhandlungen so strukturiert werden, „dass das Kind lernt, auf die Handlungen und auch auf die Sprache der Spielpartner/innen zu achten, zu verstehen und zu übernehmen“ (Füssenich [5]2002, S. 98). Dazu sind von den Sprachförderkräften Entscheidungen bezüglich vorhandener Spielmaterialen, dem Ausübungsort, den sozialen Spielpartnern sowie der zeitlichen Ausdehnung des Spiels zu treffen (vgl. Heimlich 1993, S. 100). Außerdem sollten die Erwachsenen in ihrer eigenen Spielweise, wie in Kap. 4.4 begründet, eine ehrliche und authentische Spielteilnahme erkennen lassen, damit die Kinder das Gefühl erfahren, ernst genommen zu werden.

Heimlich (2001, S. 253) führt elementare „spielpädagogische Basiskompetenzen“ auf, die er von Spielpädagogen erwartet. Da eine gezielte Unterstützung der sprachlich-kommunikativen Fähigkeiten von Kindern sinnvollerweise Spielformate integrieren soll (vgl. Kap. 3.4), kommt den Sprachförderkräften eine vergleichbare Tätigkeit wie Spielpädagogen zu, mit dem Unterschied, dass die sprachlich-kommunikativen Fähigkeiten eine zentrale Rolle darstellen und folglich fokussiert berücksichtigt werden müssen:

1. *Wer Spielpädagoge werden will, muss selbst spielen können.*
2. [...]
3. *Spielpädagoginnen und Spielpädagogen verfügen über ein hohes Maß an Beobachtungsfähigkeit.*
4. *Spielpädagoginnen und Spielpädagogen verfügen über ein hohes Maß an Sensibilität und Flexibilität im sozialen Umgang.*

Diese von HEIMLICH geforderten Spielkompetenzen fassen die in diesem Kapitel bislang aufgeführten Ansprüche an die Erwachsenen kompakt zusammen und sind daher gut auf Sprachförderkräfte zu transferieren. In Punkt 5 allerdings führt er einen weiteren Aspekt auf, der bislang noch nicht thematisiert wurde:

5. *Spielpädagoginnen und Spielpädagogen können kreativ und phantasievoll mit Räumen und Materialien umgehen.*

Für Sprachförderkontexte bedeutet dies, dass die Fachkräfte sich nicht nur auf ein standardmäßiges Angebot an Spielmitteln und Spielformen beschränken dürfen, sondern durch eine reflektierte Selektion sowie eventuell notwendige Modifikationen bereits existierender Spiele die individuellen Voraussetzungen und Bedürfnisse der Kinder zu berücksichtigen versuchen. Nur so kann der Individualitätsanspruch von Förderung eingehalten und den jeweiligen Bedürfnissen der Kinder mit Unterstützungsbedarf die nötige Wertschätzung entgegen gebracht werden.

Neben diesen Spielkompetenzen sind auf Seite der Sprachförderkraft weitere Fähigkeiten notwendig, um die Kinder mit Unterstützungsbedarf bei der Erweiterung ihrer sprachlich-kommunikativen Fähigkeiten zu unterstützen. Diese werden im nachfolgenden Kapitel auch unter Rückgriff auf sprachtherapeutische Aspekte ausgeführt.

4.5.2 Zur Rolle der Förderkräfte

Der Wegweiser „Sprachliche Bildung – Grundlagen für die kompetenzorientierte Weiterbildung“ (WiFF 2011) präsentiert eine Sammlung von Orientierungs- und Qualitätskriterien, welche im Rahmen der frühpädagogischen Weiterbildung im Bereich der sprachlichen Bildung (vgl. Kap. 2.2.1) berücksichtigt werden und zu einer qualitativ hochwertigeren Weiterbildungslandschaft beitragen sollen. Hinsichtlich der Anforderungen an die Förderkräfte wurde ein Kompetenzprofil erarbeitet und die „darin formulierten Handlungsanforderungen beziehen sich auf sprachbedeutsame Handlungssituationen, die sich den Fachkräften im Alltag stellen.“ (vgl. WiFF 2011, S. 71). Diese darin aufgegriffenen Aspekte werden und wurden in der Fachliteratur ebenfalls von weiteren Autoren als konkreten Umsetzungsanweisungen formuliert:

„Sprachtherapie ist ein dialogisches Geschehen, an dem die Therapeutin einen ebenso wichtigen Anteil hat wie das Kind“ (Füssenich 1996, S. 196). Dementsprechend kommt den Sprachförderkräften eine entscheidende, umfangreiche Rolle mit vielfältigen Aufgabenbereichen und Kompetenzen zu. Für Dannenbauer ([5]2002, S. 139) ist die Beziehung zwischen Kind und Therapeut der maßgebliche Ausgangspunkt für den Therapieerfolg. Diese sollte sich durch eine kooperative, ernstgemeinte und vertrauensvolle Partnerschaft auszeichnen. Daher muss von Beginn an versucht werden, die Erwachsenen-Kind-Distanz zu überwinden werden, damit die Basis einer einvernehmlichen Partnerschaft gelegt wird und sich Kind wie Therapeut als besondere Menschen verstehen. Das Kind hat das Recht, die Therapie mitzugestalten:

> „Als therapeutisch verantwortliche Person muss ich in erster Linie die hierzu nötigen Annäherungsschritte vollziehen, Informationen einholen und Angebote unterbreiten. [...] spreche mit seinen Bezugspersonen, erkundige mich nach seinen Interessen, bevorzugten Aktivitäten, sozialen Erfahrungen, Abneigungen und Ängsten. Zudem begegne ich dem Kind offen und ungezwungen, höre zu, gehe wohlwollend und konstruktiv auf kindliche Intentionen ein, biete Anregungen und Hilfen. Ich versuche die

sprachlichen und nichtsprachlichen Äußerungen des Kindes richtig zu verstehen und mich selbst verständlich zu machen, indem ich eine wohlgeformte, klar gegliederte, natürlich betonte, leicht verlangsamte, aber flüssige Sprache mit konkreten und für das Kind relevanten Sachbezügen verwende, deren strukturelle Komplexität so vereinfacht ist, dass sie nicht allzu weit von den sprachlichen Möglichkeiten des Kindes entfernt ist." (Dannenbauer [5]2002, S. 139f)

Neben der Einhaltung bestimmter Gesprächs- und Kommunikationsregeln (deutliche Sprechweise, keine künstliche Babysprache, Zuhören, Aufnahme und Halten von Blickkontakt, die Gesprächspartner ernst nehmen) führt DAMMER (2008, S. 64f) drei unerlässliche Grundhaltungen auf, die die Kind-Therapeuten-Beziehung positiv beeinflussen: *Wertschätzung*; *Verständnis/Empathie*; *Echtheit*. Hierbei impliziert Wertschätzung sowohl einen achtungs- und rücksichtsvollen Umgang miteinander, als auch die Wertschätzung der Erst- und Familiensprachen sowie der kulturellen Voraussetzungen mehrsprachiger Kinder (vgl. Kap. 4.3).

BAUMGARTNER (2008, S. 166) stellt vier grundlegende Beziehungsmerkmale auf Seite der Sprachförderkraft mit Hilfe des Beziehungsbaums dar:

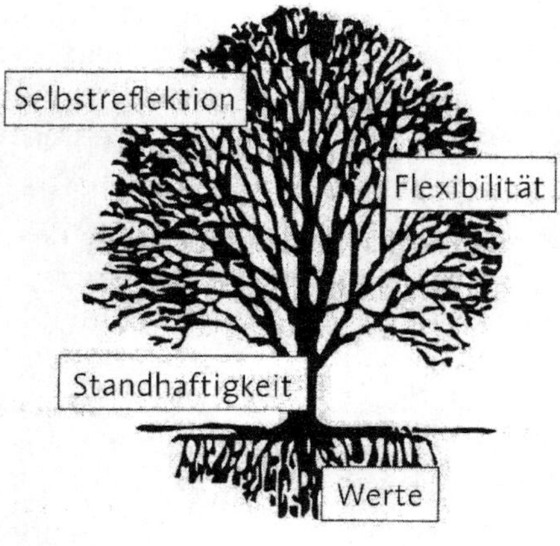

Abb. 4: Der Beziehungsbaum (Baumgartner 2008, S.166)

Die Wurzeln bestehen aus *allgemeingültigen Werten* wie eine humane Beziehung und der respektvolle Umgang miteinander. Die *Standhaftigkeit*, das ‚Rückgrat' der Sprachförderkraft wird durch den Stamm symbolisiert, z. B. beim Umgang mit Stagnationen. Die Äste visualisieren sowohl die *Flexibilität* innerhalb der Förderkontexte (z. B. bei der Ziel- und Methodenadaption an die veränderten Bedürfnisse des Kindes) als auch die notwendige *Selbstreflexion*, mit der sowohl das Verhalten des Therapeuten als auch der methodische Ablauf der Förderung ständig kritisch reflektiert werden müssen.

In diesen Reflexionen prüft die Förderkraft, „ob seine theoretische, methodische, organisatorische und technische Ausstattung ausreicht" (Baumgartner 2008, S. 167), um beim Kind Lernfortschritte zu erwirken. Die Leitfragen von DEHN (2007):*Was können Kinder? Was müssen sie noch lernen? Was können sie als nächstes lernen? Was wollen sie als nächstes lernen?* bieten in diesem Zusammenhang eine hilfreiche Reflexionsgrundlage. Je gezielter der Therapeut sein Vorgehen auf die Interessen und den Willen des Kindes abstimmen kann, desto fruchtbarer wirkt sich dies auf deren Arbeitsbeziehung aus. REMSPERGER (2008) unterstreicht die Notwendigkeit dieser Feinfühligkeit im Umgang mit Kindern und konkretisiert, warum die Signale der Kinder sensibel wahrgenommen werden müssen und wie einfühlsam darauf reagiert werden kann. Anhand folgender fünf Fragen, die aus Kinderperspektive an die Erwachsenen formuliert sind, sollte das eigene Verhalten gegenüber den Kindern reflektiert werden:

1) Kennst du mich und meine Interessen?
2) Hörst du mir zu und reagierst du auf mich?
3) Kann ich dir vertrauen?
4) Ermunterst du mich, über Neues nachzudenken und Unbekanntes auszuprobieren?
5) Unterstützt du mich dabei, ein Teil der Gruppe zu sein?

(Remsperger 2008, S.4)

Neben der vertrauensvollen Beziehung von Kind und Therapeut muss den persönlichen Kompetenzen der Sprachförderkraft größte Bedeutung zugemessen werden. BAUMGARTNER (2008, S. 50ff) beschreibt die vielfältigen Kompetenzanforderungen an Sprachförderkräfte ausführlich und führt folgende Basisqualifikationen auf:

„Kompetente Sprachtherapeuten

- vermitteln Sicherheit,
- geben volle Zuwendung und Aufmerksamkeit,
- strahlen Wärme und Engagement aus,
- kommunizieren auf der ‚selben Wellenlänge' und im Dialog, ohne zu dominieren
- reagieren verständnisvoll, führen und strukturieren gleichzeitig,
- orientieren sich motivierend an Ressourcen,
- sorgen für die Transparenz der Situation,
- gewährleisten eine hohe innere und äußere, zugewandte Situationspräsenz,
- unterstützen das Kind als Klient bei der Bewältigung aktueller sprachlicher Problemlagen,
- beachten die soziale Lernumgebung,
- begleiten neben der verbalen Intervention die kindlichen (Spiel-)Handlungen feinfühlig,
- nehmen die Ebene der Übertragung und Gegenübertragung im Zusammenhang aktueller oder lebensgeschichtlicher Beziehungsthemen wahr."

Besonders das Handlungsrepertoire „kommunikative Kompetenz" (ebda. 2008, S. 51) präsentiert er als unerlässlich, um die emotionale und effektive Beteiligung der Bezugspersonen und Kinder an der Therapie sicherzustellen.

WINNER (1996) fordert als bedeutendste Förderfähigkeit, welche sicherlich den kommunikativen Kompetenzen im Sinne BAUMGARTNERS zugeordnet werden muss, das Zuhören. Sie bezeichnet das Zuhören als globalste Kulturtechnik der kindlichen Sprachzugangsvermittlung. „Zuhören bedeutet, ich bin aufmerksam, ich möchte verstehen, was mein Gegenüber meint, und ich gebe ihm irgendwie Rückmeldung, was ich verstanden habe, indem ich die gewünschte Tätigkeit ausführe, seine Aussagen wiederhole oder sprachlich antworte“ (Winner 1996, S. 18). So erfahren Kinder den kommunikativen Aspekt von Sprache und deren Einflussmöglichkeiten zur gezielten Handlungsstrukturierung (vgl. 2.2.2).

SACHSE (2006, S. 63ff) stellt klar, Förderabläufe „sind nicht ganzheitliche und stabile Aktionen, sondern Einzelschritte, die nach dem Prinzip der Adaption an situationale Veränderungen im Lehr- und Lernprozess funktionieren“. Diese Sichtweise muss vor allem bezüglich des Einsatzes standardisierter Vorgehensweisen (vgl. Kap. 4.2) sowie bezüglich der Wertschätzung bereits kleiner Lernfortschritte unterstrichen werden, da nur mit einem derartigen Verständnis die Individualität der Kinder berücksichtigt werden kann.

Ferner spielt die sprachliche Modellfunktion des Therapeuten eine große Rolle (vgl. Dannenbauer [5]2002, S. 138). Mittels der Techniken des Modellierens

> „wird die jeweilige Zielform dem Kind durch prägnante Modelläußerung in den Fokus der Aufmerksamkeit gerückt, ihre Bedeutung und Funktion im Sach-, Sprach- und Sozialkontext erfahrbar gemacht, ihre Merkmale gegenüber anderen Formen konstrastiv (sic! kontrastiv) hervorgehoben, ihre Verwendung durch dialogisches Zuspielen herausgefordert, ihre spontane Imitation und Produktion durch Spiel- und Interaktionsrituale gefördert und ihr Gebrauch durch zwanglose bekräftigende und korrektive Feedbacks ergänzt“ (Dannenbauer [5]2002, S. 138).

Dabei werden die Modellierungstechniken grundsätzlich in zwei Formen differenziert: Jene, welche den kindlichen Äußerungen vorausgehen, um die sprachliche Zielstruktur vorab einzuführen und jene, welche den kindlichen Äußerungen nachfolgen:

Bezeichnung	Funktion	Beispiel
Kindlichen Äußerungen vorausgehende Sprachmodelle		
Präsentation	Gehäufte Einführung der Zielform	Perfektbildung: „*Hast* du *gesehen*? Ich *habe* eine Kugel *genommen*. *Hast* du auch eine *gefunden* Dann *habe* ich sie..."
Parallelsprechen	Versprachlichung kindlicher Intentionen	Innerphrasale Kongruenz: „Du willst wohl *ein* groß*es* Auto. Aha, *ein* rot*es*. Und die*ser* grün*e* Bagger?..."
Linguistische Markierung	Versprachlichung vorrangig beachteter Situationsmerkmale	Genussystem/Masculinum: „*Ein* komisch*er* Löffel. *Er* ist groß. Hast du auch so ein*en*? Siehst du *den* klein*en* Löffel? Gib *ihn* mir..."
Alternativfragen	Angebot zweier Zielstrukturen zur Beantwortung	Präpositionalphrase im Akkusativ/Dativ: „Liegt er noch *im* Bett oder ist er schon *ins* Bad gegangen
Kindlichen Äußerungen vorausgehende Sprachmodelle		
Expansion	Vervollständigung kindlicher Äußerungen unter Einbau der Zielstruktur	Agens-Aktion-Lokativ: „Wauwau fort". „Ja, der *Wauwau läuft fort. Er läuft zum Tor*..."
Umformung	Veränderung kindlicher Äußerungen unter Einbau der Zielstruktur	Subjekt-Verb-Inversion: „Wir nehmen Pferde". „Gut, dann *nehmen wir* Pferde. *Nehmen wir* auch...?"
Korrektives Feedback	Wiedergabe kindlicher Äußerungen mit berichtigter Zielstruktur	Verbzweitstellung mit Modalverben: „Der Krankenwagen nicht *kommen muß*". „Nein, der Krankenwagen *muß nicht kommen*".
Modellierte Selbstkorrektur	Nachahmung kindlicher Fehler bei der Zielstruktur mit sofortiger Korrektur	Verbflexion 2.Pers.Sing.: „Und du *hol* Teller". „Okay, und du *hol*...nein, falsch!... und du *holst* Tassen".
Extension	Sachlogische Weiterführung der kindlichen Äußerung unter Einbau der Zielstruktur	Trennung von Verb und Negationswort: „Du *kannst nicht* das machen". „Nein, ich *habe* das *nicht* gelernt."

Abb. 5: Die Modellierungstechniken nach DANNENBAUER ([5]2002, S. 153f)

Um eine abwechslungsreiche Sprache zu präsentieren, sollte die Sprachförderkraft die einzelnen Modellierungsformen situationsangemessen, variabel und nach dem *weniger ist mehr*-Prinzip (vgl. Dannenbauer ^{5}2002, S. 153; S. 83) einsetzen. Die mechanische Wiedergabe ausgewählter Äußerungen muss vermieden werden (vgl. Füssenich 2003, S. 429).

Meines Erachtens können die bereits aufgeführten Kompetenzen von Sprachförderkräften unter der weitgefassten, in der Literatur nicht in sprachtherapeutischen Kontexten verwandten Bezeichnung *interaktionale Kompetenzen* zusammengefasst werden. Dieser Begriff würde die bereits erwähnten Schlüsselqualifikationen von Sprachtherapeuten gezielt um den in Sprachförderkontexten unerlässlichen Aspekt der gemeinsamen Interaktionen ergänzen und per se den zentralen Stellenwert gemeinsamer, sinnhafter und strukturierter Handlungen betonen. Werden der kindliche Spracherwerb sowie seine gezielt inszenierte Unterstützung (vgl. Kap 4.3) als interaktionales Geschehen betrachtet, müssen ergo auch die Kompetenzen aller an der Förderung Beteiligten in allererster Linie das *Erkennen*, das *Zulassen* sowie die *Inszenierung und Strukturierung* interaktionaler Handlungssituationen beinhalten. Aus dem Spiel als originärste Form der kindlichen Auseinandersetzung mit sich oder seiner Umwelt (vgl. Kap. 3.4) und seinem großen Potential für Förderkontexte, ergeben sich *Spielkompetenzen* (vgl. Kap. 4.5.1) als unerlässliche Fähigkeit interaktionaler Kompetenzen.

Einen weiteren Aspekt, der vor allem in bildungspolitisch aktuellen Diskussionen häufig thematisiert wird[22], stellt das Aufgabengebiet der Kooperation dar. So fordert der Orientierungsplan für Bildung und Erziehung für die baden-württembergischen Kindergärten, dass in Bildungs- und Erziehungspartnerschaften mit Fachkräften, Eltern und (gemeinnützigen) Institutionen gemeinsame Kräfte gebündelt werden sollen, um den individuellen Bedürfnissen jedes Kindes gerechter werden zu können (Ministerium für Kultus, Jugend und Sport Baden-Württemberg 2009, S. 55ff). Angefertigte Entwicklungsdokumentationen sind der Ausgangspunkt dieses konstruktiven Austauschs, der im Idealfall in regelmäßigen Abständen an einem „runden Tisch" mit dem gesamten pädagogisch-professionellen wie persönlichen Umfeld des Kindes stattfindet. Dieser kooperativen Verpflichtung müssen Sprachförderkräfte ebenfalls nachkommen. Nur so können Eltern und Fachkräfte aufgeklärt und informiert, aber auch gemeinsame Schritte oder Vorgehensweisen besprochen und aufeinander abgestimmt werden.[23]

---

[22] Vgl. hierzu z. B. HÖHN (2009)

[23] Dass dies in der Theorie wünschenswert aber in der Praxis schwierig flächendeckend umsetzbar ist, kann beispielsweise bei FÜSSENICH (2009b) nachgelesen werden.

Neben den Kompetenzen der Sprachförderkräfte spielt auch das nähere Umfeld der Kinder eine gewichtige Rolle bei der kindlichen Erweiterung sprachlich-kommunikativer Fähigkeiten. Die zentrale Rolle der Eltern und Bezugspersonen für den Spracherwerb wurde bereits in Kap. 3.1 erläutert. Aufgrund der Orientierung von Fördermaßnahmen am natürlichen Spracherwerbsprozess kommt den Bezugspersonen wie pädagogischen Fachkräften folglicherweise auch in Sprachförderkontexten große Bedeutung zu. Diese Rolle wird im nachfolgenden Kapitel geklärt.

4.5.3 Zur Rolle der pädagogischen Fachkräfte und Bezugspersonen

Da die vorliegende Arbeit die Förderung von Kindern mit Unterstützungsbedarf im Elementarbereich thematisiert, übernehmen die pädagogischen Fachkräfte der elementarpädagogischen Einrichtungen die Rolle von Bezugspersonen und stehen in enger Beziehung zu den Kindern. LEIST (^{2}2006, S. 679f) präzisiert die Rolle der Fachkräfte unter dem Aspekt der Sprachförderung treffend und unmissverständlich:

Die Erzieherin als Fachfrau: Unerlässliche Voraussetzung sinnvoller Sprachförderung ist grundlegendes Wissen über den Spracherwerbsprozess mehr- und einsprachiger Kinder sowie den komplexen Zusammenhang der sprachlichen und nichtsprachlichen Entwicklung von Kindern.

Die Erzieherin als sprachliches Vorbild: Aufgrund der Orientierung von Kindern an sprachlichen Vorbildern müssen Erzieherinnen ihr eigenes Sprachverhalten reflektieren und dem individuellen Entwicklungsstand des Kindes anpassen. Gerade mehrsprachige Erzieherinnen verfügen über die äußerst wichtige Fähigkeit, Kindern in ihrer Erstsprache Vorbild und Beispiel im Umgang mit mehreren Sprachen zu bieten.

Die Erzieherin als Kommunikationspartnerin: Ausgehend von nonverbaler Kommunikation erwerben Kinder durch gemeinsame Interaktionen die Sprache. Dementsprechend stellen Erzieherin und Kind in schrittweise umfangreicheren Interaktionen gegenseitige Kommunikationspartner dar und vertiefen dies durch ein sich langsam entwickelndes Vertrauensverhältnis. Erzieherinnen bieten dabei eine sprachanregende Umwelt und Anlässe mit Aufforderungscharakter und sollten dabei bestimmte kommunikative Grundregeln beachten: „Ein Kind sollte nicht zum Sprechen gedrängt, zum Nachsprechen aufgefordert oder bei sprachlichen Abweichungen verbessert werden.“(vgl. Füssenich/Geisel 2008, S. 23).

Die Erzieherin als Beobachterin: Um den individuellen Sprachbiografien von Kindern gerecht werden zu können, ist der Blick auf das einzelne Kind notwendig. Durch gezielte Beobachtungen lassen sich Fort- und Rückschritte erkennen und aus diesen Konsequenzen resultierend die nächsten Schritte ableiten. Der Austausch im

Team ermöglicht die Absprache der Vorgehensweise und eine Überprüfung, ob alle Kinder in gleichem Maße gefördert werden.

Die Erzieherin als Partnerin der Eltern: Durch den gemeinsamen Austausch über die sprachlichen Fähigkeiten und Schwierigkeiten des Kindes sowie Informationen über die Rahmenbedingungen des kindlichen Spracherwerbs und Hilfestellung in allgemeinen Erziehungsfragen, präsentiert sich die Erzieherin als kompetente Ansprechpartnerin.

Neben der Einbindung von pädagogischen Fachkräften in die Förderkontexte herrscht in den aktuellen Diskussionen um sprachliche Bildung herrscht Einigkeit darüber, dass die Eltern und Bezugspersonen von Kindern mit Unterstützungsbedarf in die Förderarbeit integriert werden sollen, obwohl BAUMGARTNER (2008, S. 266ff) die oftmals fehlende Verankerung der Kooperation mit Eltern in der Sprachtherapie anklagt. RITTERFELD (2007, S. 934ff) kommt nach dem Vergleich empirischer Befunde zu dem Schluss, dass „Eltern in der Tat von einer didaktischen Anleitung profitieren und ihr Sprachförderpotenzial erhöhen können". Demzufolge versteht sich die Kooperation mit Eltern

> „als eine partnerschaftliche Zusammenarbeit zwischen den Fachkräften einer pädagogischen Institution und den Eltern. Neben den leiblichen Eltern werden ebenso alle weiteren wesentlichen Bezugspersonen des Kindes einbezogen. Ziel ist, das Kind gemeinsam nach besten Kräften in seiner Entwicklung zu fördern. Wegen des Erziehungs- und Bildungsauftrages etablierten sich die Begriffe ‚Bildungs- und Erziehungspartnerschaft'." (Dusolt ^{3}2008, S. 11)

KNAPP ET AL. (2010, S. 141f) präferieren den Begriff der *Elternpartizipation* und betonen besonders die Verfolgung gemeinsamer Ziele auf Basis einer hilfreichen und gewinnbringenden Basis, in welcher das Voneinander lernen großen Stellenwert einnimmt. Daneben sind aber auch die Begriffe *Elternbildung* oder *Elternberatung* geläufig, die trotz differenter Titulierung inhaltlich oben beschriebenen Definitionen folgen. Allerdings werden sie im Fachbereich der Frühförderung nur selten verwendet, da sie den Eltern terminologisch Kompetenzen absprechen, obwohl diese bezüglich ihrer eigenen Kinder durchaus auch kompetent sind. Zur praktischen Umsetzung einer sinnvollen Elternpartizipation existieren bereits verschiedene Konzepte, sowohl für Eltern mehr- als auch einsprachig aufwachsender Kinder[24]. Im Folgenden werden keine bestehenden Konzepte vorgestellt, sondern wichtige Aspekte der Elternbildung bezüglich ihrer Rolle für Sprachförderkontexte dargestellt.

---

[24] Eine ausführliche Darstellung einzelner Konzepte für Eltern mit Migrationshintergrund kann bei KNAPP ET AL. (2010, S. 147ff) nachgelesen werden; allgemeine Konzepte ohne spezielle Auslegung für Eltern mehrsprachig aufwachsender Kinder können u.a. bei RODRIAN (2009, S. 57ff) nachgelesen werden.

RODRIAN (2009, S. 38f) führt vier Hauptaufgaben im Bereich der Elternpartizipation auf: Durch die *Informationsvermittlung* werden die Bezugspersonen sowohl über institutionelle Fördermöglichkeiten als auch konkret-spezifische Förderinhalte informiert. Die *emotional-affektive Entlastung* der Eltern bietet Hilfestellungen bei „Ängsten, Schuldgefühlen oder eigenen Konflikten sowie das elterliche Selbstbewusstsein zu stärken“ (Rodrian 2009, S. 38)[25]. *Elterliche Verhaltensänderungen* sollen durch Aufklärung der Eltern über ihre sprachförderlich intuitiven Strategien in Interaktionssituationen erreicht werden. Gleichzeitig sollen durch die Darstellung von Verhaltensalternativen und der Integration in konkrete Förderinteraktionen Eltern in ihrem sprachförderlichen Verhalten fortgebildet werden. Dies greift der Schwerpunkt der *elterlichen Beteiligung an Therapieinhalten* auf. Durch gezielte Hintergrundinformationen sollen die jeweiligen Förderziele transparent erscheinen und durch Anwesenheit der Eltern in Fördersituationen verdeutlicht werden. Genauso können die pädagogischen Fachkräfte von den Bezugspersonen der Kinder lernen, und ein beidseitiger Profit erreicht werden.

VON SUCHODOLETZ (2008, S. 233) weist auf die Wichtigkeit der Vermittlung von Hintergrundwissen über die sprachlich-kommunikativen Fähigkeiten und Schwierigkeiten der Kinder hin und erachtet dies in Kombination mit der Berücksichtigung der emotionalen Situation der Eltern als obligatorischen Bestandteil der Elternarbeit. HELLRUNG (2006, S. 110) ergänzt die „Transfereffekte“ elterlicher Beteiligung an der Förderarbeit: „Wenn die Eltern sprachförderndes Verhalten in der Gruppe erleben können, wenn sie eingeladen werden, zuzuschauen und mitzuspielen, können sie sich wichtige Verhaltensweisen abschauen“.

Als explizite Umsetzungsmaßnahmen der Elternpartizipation unterscheidet RODRIAN (2008, S. 64) zwischen Einzel- und Gruppenarbeit, und führt folgende Arbeitsformen auf:

[25] Die Autorin verweist zu Recht explizit auf die klare Abgrenzung der emotional-affektiven Entlastung zu psychotherapeutischen Inhalten (vgl. Rodrian 2008, S. 38).

Einzelarbeit	Gruppenarbeit
Elternsprechstunden	Elternbriefe und andere schriftliche Informationen
Einzelgespräch	Elternnachmittage
Hausbesuch	Eltern-Kind-Wochenende
(Helfer-)Konferenz	Allgemeine Elternabende
Eltern-Kind-Interaktionsbeobachtung	Thematische Elternabende
	Elterngruppen
	Feste
	Zusammenarbeit mit dem Elternbeirat

Abb. 6: Arbeitsformen in der Elternarbeit (nach Rodrian 2008, S. 64)

Jede Institution wählt nach individuellen Entscheidungskriterien und in Abhängigkeit struktureller wie personeller Ressourcen die für sie adäquaten Methoden aus. Diese „enge partnerschaftliche Kooperation zwischen Eltern und Fachleuten [verfolgt unter Sprachförderkontexten das Ziel,] die Eltern-Kind-Interaktion zu verändern, förderliche Lernsituationen zu schaffen und spezifische Fördermaßnahmen zu initiieren, um beim Kind die sprachlichen Kompetenzen und die Kommunikation so positiv zu beeinflussen“ (Peterander ^{2}2004, S. 324f).

Als konkrete Ziele der Kooperation mit Bezugspersonen im Rahmen von Sprachförderung sollen den Eltern zum Einen die Fähigkeiten und Schwierigkeiten ihrer Kinder, zum Anderen aber auch ihre eigenen Lehrfähigkeiten und -einschränkungen bewusst gemacht werden (vgl. Baumgartner 2008, S. 269): Eltern sollen ihrem Kind das Gefühl des sprachlich-kommunikativen Fähigseins (zurück-)geben, ihre Gesprächsbeiträge auf die sprachlichen Fähigkeiten des Kindes abstimmen und gemeinsam in Abhängigkeit der kindlichen Fähigkeiten, metakognitiv über sprachliche Veränderungen nachdenken.

Aufgrund der kindlichen Imitationsfähigkeit fordert HOFFSCHILDT (2008, S. 195ff) die bewusste Umsetzung eines korrekten Sprachvorbildes, die Vermittlung von Freude an der Kommunikation, einen adäquaten Blickkontakt auf Basis einer guten Beziehung sowie die sprachliche Begleitung alltäglicher Handlungen.

Auch FÜSSENICH ET AL. (2009a, S. 11) führen die Bedeutsamkeit alltagsintegrierter Interaktionen auf und präsentieren in ihrem Eltern- und Erzieherinnenratgeber, welcher inzwischen ebenfalls in die Sprachen Türkisch, Polnisch, Russisch, Französisch und Kroatisch übersetzt wurde, weitere wichtige Aspekte für einen sprachförderlichen Umgang mit Kindern. Auch MOTSCH (2003) bemängelt zu Recht die Vernachlässigung gemeinsamer Alltagskontexte in Eltern-Kind-Beziehungen und fordert, dass Eltern befähigt werden sollten, in sozialen Alltagssituationen spracherwerbsförderliches Verhalten zu zeigen und dementsprechend einen zusätzlichen Unterstützungsfaktor bereitzustellen. Dieser Forderung ist vorbehaltlos zuzustimmen, da ritualisierten Alltagssituationen, wie in Kap. 3.3 gezeigt werden konnte, bei der Erweiterung sprachlich-kommunikativer Fähigkeiten von Kindern mit Unterstützungsbedarf größte Bedeutung zukommt.

Bei der Elternarbeit mit mehrsprachig aufwachsenden Kindern sind neben den bereits aufgeführten Punkten zusätzliche Aspekte zu berücksichtigen: Abgesehen von sprachlichen Barrieren aufgrund unzureichender Deutschkenntnisse können nach wie vor unbegründete Vorurteile, kulturelle Differenzen oder sozial-ökonomische Faktoren der Auslöser von Missverständnissen und unterschiedlichen Sichtweisen sein (vgl. Knapp et al. 2010a, S. 142). Diese Faktoren gilt es im Sinne einer respektierenden Lebensweltanalyse der Kinder abzuklären und zu beachten. Auch hier sollte eine grundsätzliche Wertschätzung anderer Kulturen und Sprachen (vgl. Kap. 4.3) berücksichtigt und den betroffenen Familien entgegengebracht werden. Ein weiterer Aspekt ist der Umgang mit den verschiedenen Sprachen innerhalb der Familie (vgl. Füssenich 2008b; Hoffschildt 2008, S.197ff). Da Eltern unter dem Motto „Sprecht zu Hause Deutsch“ oft falsch oder widersprüchlich informiert oder beraten werden (vgl. Füssenich/Geisel, S. 9), sollte eine effektive Elternarbeit diese Fehlinformationen klarstellen[26] (vgl. Kap. 4.3).

Die hier skizzierten Anforderungen an pädagogische Fachkräfte, Eltern und Bezugspersonen beinhalten eine enorme Erwartungshaltung und Herausforderung für die betreffenden Personengruppen. Es wäre vermessen, eine praxisgetreue Umsetzung obiger Forderungen zu verlangen/einzufordern, da vor allem der Druck auf die pädagogischen Fachkräfte (vgl. Mannhard/Schieb 2008, S. 120) wie auch die emotional-affektive Situation von Eltern unterstützungsbedürftiger Kinder in Form mehrdimensionaler Belastungen (vgl. Eckert 2006, S. 282ff; Baumgartner 2008, S. 267ff;) berücksichtigt werden müssen. Umso wünschenswerter erscheint es, dass diese Faktoren durch eine gelingende Elternpartizipation reduziert bzw. minimiert werden können, und Eltern wie pädagogischen Fachkräfte ihren größtmöglichen Beitrag zur kindlichen Erweiterung sprachlich-kommunikativer Fähigkeiten leisten können.

[26] Zum richtigen Umgang mit mehreren Sprachen im häuslichen Umfeld kann u.a. bei FÜSSENICH (2008b) oder HOFFSCHILDT (2008, S. 197ff) nachgelesen werden.

4.6 Zusammenfassung

Bereits Fröbel erkannte seinerzeit das Potential von Spiel und spielerischen Interaktionen für die Sprachförderung und war mitverantwortlich, dass diese Förderpraxis bis Mitte des letzten Jahrhunderts beibehalten wurde. Nach einem kurzen, aber wissenschaftlich revidierten Ausflug zu behavioristisch orientierten Funktionstrainings, wurden in der Elementarbildungsdebatte der 1960er und 70er Jahre bedeutsame Handlungs- und Spielsituationen als geeignete Maßnahmen der Sprachförderung, und auch der Sprachtherapie (vgl. Füssenich 1987), festgehalten. Ungeachtet dieser Erkenntnisse erfreuen sich aktuell gleichschritte Förderprogramme immer größerer Beliebtheit, was nicht nur aufgrund historischen sondern auch aktuellen Forschungsstands mehr als fragwürdig erscheint.

Sowohl anhand historischer als auch gegenwärtiger Erkenntnisse und Erfahrungen konnte gezeigt werden, dass gleichschrittige Sprachtrainingsprogramme aus vielfältigen Gründen, vor allem aber aufgrund ihrer undifferenzierten Vorgehensweise sowie der Notwendigkeit kontext- und handlungsbezogener Interaktionen, im Rahmen der Unterstützung sprachlich-kommunikativer Fähigkeiten abzulehnen sind. Vielmehr müssen Kindern mit Unterstützungsbedarf im Sinne des inszenierten Spracherwerbs bedeutsame Handlungssituationen und ritualisierte Interaktionsmuster aufgrund ihrer entscheidenden Bedeutung für den natürlichen Spracherwerb, und wie gezeigt werden konnte, ebenfalls für die Förderung sprachlich-kommunikativer Fähigkeiten, offeriert werden. Diese Formate im Sinne gemeinsamer, immer wiederkehrender Interaktionen, haben sich, auf Basis einer fundierten Diagnostik, an den Interessen und Bedürfnissen der Kinder zu orientieren, um deren Individualitätsanspruch gerecht zu werden, damit diese in ritualisierten Alltagshandlungen sowie Spielen ihre sprachlich-kommunikativen Fähigkeiten kindgerecht und alltagsrelevant ausbauen können. Dennoch existieren bislang nur unzureichende Untersuchungen und Einzelfallstudien, die qualitativ belegen, wie Kinder mit Unterstützungsbedarf ihre sprachlich-kommunikativen Fähigkeiten erweitern. Diesem Forschungsdefizit entgegnend, nimmt sich der empirische Teil der vorliegenden Arbeit dieser Aufgabe an.

Auf Seiten der Sprachförderkraft sind theoretisch wie praktisch fundierte Fachkenntnisse, die Berücksichtigung der kindlichen Interessen und Fähigkeiten, sowie eine Vielzahl von, unter dem weit gefassten Begriff der interaktionalen Kompetenzen enthaltenen Fähigkeiten, unerlässlich. Die Kooperation mit anderen Professionellen aber auch Eltern und Bezugspersonen der Kinder stellt ebenfalls ein Aufgabengebiet dar, dem aktuell mit Blick auf das Wohl der Kinder immer größerer Stellenwert zugemessen wird. Im Rahmen der Elternpartizipation muss Transparenz, Aufklärung und Beratung offeriert werden, um den Bezugspersonen der Kinder ihre unterstützende Funktion bei der Erweiterung ihrer sprachlich-kommunikativen

Fähigkeiten bewusst zu machen. Nur durch derartige Bildungspartnerschaften kann eine bestmögliche Unterstützung des Kindes durch sein breites Umfeld gewährleistet werden.

Nachdem im bisherigen Verlauf dieser Arbeit die theoretischen Grundlagen herausgearbeitet wurden, wie Kinder mit Unterstützungsbedarf ihre sprachlich-kommunikativen Fähigkeiten erweitern und dabei die zentrale Rolle von Alltags- und Spielformaten sowie die Bedeutung der Berücksichtigung individueller Voraussetzungen der Kinder mit Unterstützungsbedarf dargestellt wurde, werden diese Erkenntnisse im weiteren Verlauf mit der nachfolgenden empirischen Vergleichsstudie in Verbindung gesetzt.

Teil II: Empirische Vergleichsstudie

5 Anlage der empirischen Untersuchung

5.1 Zur Fragestellung

Nach momentanem Forschungsstand ist wissenschaftlich nach wie vor ungeklärt, welche inhaltlichen Eckpfeiler und Vorgehensweisen bei der Umsetzung von Sprachfördermaßnahmen die größte Effektivität versprechen (vgl. Knapp et al. 2010a, S. 8). Hauptverantwortlich für dieses Forschungsdefizit (vgl. Kap. 1.1) sind fehlende empirische Erkenntnisse über einzelne Kinder mit Unterstützungsbedarf und wie diese ihre sprachlich-kommunikativen Fähigkeiten erweitern. In den vorangegangen Kapiteln dieser Arbeit konnte anhand der theoretischen Aufarbeitung der Fragestellung, wie Kinder mit Unterstützungsbedarf ihre sprachlich-kommunikativen Fähigkeiten ausbauen, gezeigt werden, welch wichtigen Stellenwert gemeinsame, spielerische Handlungen und immer wiederkehrende Alltagsformate für den Ausbau sprachlich-kommunikativer Fähigkeiten einnehmen. Um diese theoretischen Leitmotive zu explizieren, sollen die Erkenntnisse in der nachfolgend vorgestellten empirischen Untersuchung mit Praxisbeispielen belegt werden. Im Rahmen des *Projektes zur Implementierung des Orientierungsplans für Bildung und Erziehung für die baden-württembergischen Kindergärten, Schwerpunkt Frühförderung* (vgl. Füssenich 2009b) wurden zahlreiche Kinder mit Unterstützungsbedarf in ihren sprachlich-kommunikativen Fähigkeiten gefördert und ausführliche Dokumentationen darüber erstellt. Diese Datensätze werden für die eingangs erwähnte empirische Untersuchung herangezogen werden.

Ausgangspunkt dieser Recherche in Form einer qualitativ angelegten Inhaltsanalyse (vgl. Kap. 5.2) ist die Untersuchung von vier Beispielkindern mit Unterstützungsbedarf in ihren sprachlich-kommunikativen Fähigkeiten auf ihre Gemeinsamkeiten und Unterschiede. Diese Analyse ausgesuchter Fallbeispiele richtet den Blick dabei, wie in den Forschungsdesiderata einiger Evaluationsstudien zur Sprachförderung (vgl. Polotzek et al. 2010, S. 83f; Knapp et al. 2010b, S. 213) oder dem *Referenzrahmen zur altersspezifischen Sprachaneignung* (Ehlich et al 2008, S. 22ff) des Bundesministeriums für Bildung und Forschung gefordert, direkt auf die Kinder mit Unterstützungsbedarf in ihren sprachlich-kommunikativen Fähigkeiten und liefert somit Erkenntnisse darüber, welche kindlichen Bereiche bei der Unterstützung von Kindern mit Schwierigkeiten berücksichtigt werden sollten und wie diese

Kinder ihre Kompetenzen mit Alltags- und Spielformaten erweitern können. Folglich lauten die Fragestellungen der empirischen Vergleichsstudie analog der Aufgabestellung der gesamten Arbeit:

Fragestellungen der empirischen Untersuchung:

- Welche Bereiche kindlicher Voraussetzungen müssen bei der Unterstützung von Kindern mit Schwierigkeiten in sprachlich-kommunikativen Bereichen berücksichtigt werden?
- Welche individuellen Gemeinsamkeiten und Unterschiede lassen sich bei der Betrachtung der Spiel- und Sprachfähigkeiten von Kindern mit Unterstützungsbedarf zeigen?
- Wie erweitern Kinder mit Unterstützungsbedarf ihre sprachlich-kommunikativen Fähigkeiten mit Hilfe von Spiel- und Alltagsformaten?

5.2 Zum methodischen Vorgehen und dem Untersuchungsdesign

Gegenstand der Untersuchung ist die Aufbereitung und Analyse vorliegender Daten zu vier Kindern mit Unterstützungsbedarf in ihren sprachlich-kommunikativen Fähigkeiten auf ihre Gemeinsamkeiten und Unterschiede. Diese Beispielkinder werden nicht in gemeinsamen Gruppen, sondern einzeln anhand ihrer individuellen Voraussetzungen und Kompetenzerweiterungen auf ihre Gemeinsamkeiten und Unterschiede untersucht. Ausgangspunkt dieser Untersuchung stellt die ausführliche Beschreibung des Beispielkindes Nico dar, der von mir selber über einen bestimmten Zeitraum begleitet und gefördert wurde (vgl. Kap. 6). Für diesen Zweck eignet sich die Methode der *qualitativen Inhaltsanalyse* am besten, da mit ihrer Hilfe Einzelfallstudien (vgl. Mayring [10]2008, S. 21) – in diesem Fall Beispielkinder – systematisch und methodisch kontrolliert analysiert werden können (vgl. Mayring [5]2002, S. 114).

Zentrales Instrument der Inhaltsanalyse ist das am zur Verfügung stehenden Datenmaterial entwickelte Kategoriensystem, mit dem Selektionskriterien zur Datenauswertung festgelegt und definiert werden. Diese Kriterien werden durch deduktive Herleitungen in einem ersten Schritt formuliert und dann in weiteren Schritten während der Datenanalyse modifiziert, bis schließlich erst am Ende des Auswertungsprozesses ein abgeschlossenes Kategorienraster existiert (vgl. Mayring [10]2008,

S. 43ff). Die Beschreibung und Begründung des dieser Untersuchung zugrunde liegenden Kategoriensystems in seiner endgültigen Fassung erfolgt in Kapitel 5.3.

MAYRING ([10]2008, S. 46f) betont, dass die qualitative Inhaltsanalyse eine Auswertungsmethode darstellt, bei der eine genaue Eingrenzung des vorhanden Datenmaterials stattfinden muss und fordert daher die Einhaltung dreier Analyseschritte bei der Bestimmung des Ausgangsmaterials:

1. *Festlegung des Materials*
2. *Analyse der Entstehungssituationen*
3. *Formale Charakteristika des Materials*

Diesem Postulat folgend werden die Eigenschaften des im Rahmen der empirischen Untersuchung verwendeten Datenmaterials präzisiert:

1. Festlegung des Materials: Bei den ausgewählten Daten handelt es sich um vier Beispielkinder, die im Rahmen der Wissenschaftlichen Begleitung des Orientierungsplans (vgl. Füssenich 2009b) gefördert wurden. Im Einzelnen sind dies die Beispielkinder *Adnan*[27], *Ayla, Nico* und *Noel* (vgl. Kap. 1), die der wissenschaftlichen Begleitung von der Kindertageseinrichtung aufgrund ihrer sprachlich-kommunikativen Fähigkeiten als unterstützungsbedürftig vorgestellt wurden. Die Auswahl dieses „Stichprobenumfangs" (Mayring [10]2008, S. 47) für die vorliegende Arbeit liegt in den biografischen Daten der jeweiligen Kinder begründet, welche ausschlaggebend für die Selektion der Beispielkinder waren. So sollten entsprechend der aktuellen, demografischen Strukturen sowohl mehr- als auch einsprachige Kinder (vgl. Kap. 2.2.1) berücksichtigt werden: *Nico* als einsprachig aufwachsendes Kind, *Noel* als zweisprachig aufwachsender Junge mit vermeintlich prestigeträchtiger Erstsprache[28], *Adnan* wächst ebenfalls zweisprachig auf, wobei seine Erstsprache gesellschaftlich niedriges Prestige besitzt. Die ebenfalls zweisprachig aufwachsende *Ayla* wurde seitens der Einrichtung wegen ihrer sprachlichen Schwierigkeiten aber auch wegen ihres auffälligen Spielverhaltens als Kind mit Förderbedarf präsentiert.

---

[27] Die Namen der Kinder sind geändert.

[28] Bei der Betrachtung von Mehrsprachigkeit sind, entsprechend aktueller Forschungserkenntnisse, externe Rahmenbedingungen von großem Belangen, z. B. die gesellschaftliche Wertschätzung und Anerkennung der Sprache der Minorität. Besitzt eine Sprache in der Öffentlichkeit ein niedriges Prestige, kann dies Konsequenzen für das Selbstwertgefühl, die Identitäts- und Persönlichkeitsentwicklung mehrsprachig aufwachsender Kinder haben (vgl. Füssenich 2008b, S. 46). Die fehlende Akzeptanz einer Sprache in der Gesellschaft kann dazu führen, dass Kinder ihre Erstsprache vernachlässigen oder gar verweigern (vgl. Leist-Villis 2006, S. 167). Dementsprechend sollen diese Differenzierungen bei der Auswahl der Beispielkinder berücksichtigt werden.

2. Analyse der Entstehungssituationen: Die Dokumentation der vorhandenen Daten über die Beispielkinder wurde von Projektmitarbeitern/innen und Studierenden unter der Supervision der Leitung der wissenschaftlichen Begleitung des Projektes durchgeführt. Folglich existieren zu allen Beispielkindern ausführliche Gesamtdokumentationen beispielsweise in Form von Kompetenzbeschreibungen, kontinuierlichen Lernfortschrittdokumentationen oder Therapieskizzen, die jeweils von der entsprechenden Fachkraft persönlich erstellt wurden. Jedes der Beispielkinder[29] wurde über einen Zeitraum von mindestens einem Jahr, wenigstens einmal pro Woche begleitet und gefördert. Dazu verbrachten die Förderkräfte wenigstens einen kompletten Vormittag in der Einrichtung der Kinder und erhielten auf diese Weise konkrete Informationen und Daten über die Kinder.

3. Formale Charakteristika des Materials: Die zu analysierenden Gesamtdokumentationen (vgl. S. 107) liegen in Text- und Aktenform vor und werden mit *MAXQDA*©, einem Softwaretool zur computergestützten qualitativen Daten- und Textanalyse, untersucht.

5.3 Das Kategoriensystem zur Analyse der Beispielkinder

Aufgrund der zentralen Bedeutung eines Kategorienschemas für die Methode der qualitativen Inhaltsanalyse müssen die einzelnen Kategorien theoretisch-inhaltlich geklärt werden (vgl. Mayring [10]2008, S. 45). Das im Folgenden verwendete Kategoriensystem zur Analyse von Gemeinsamkeiten und Unterschieden (vgl. Abb. 7) der Beispielkinder resultiert in seinen Einzelkategorien, welche nachfolgend nicht als hierarchische Ebenen zu verstehen sind, aus den Erkenntnissen der theoretischen Grundlegungen dieser Arbeit, den Fragestellungen und Vorgehensweise des *Teilprojektes: Frühförderung* der wissenschaftlichen Begleitung zur Implementierung des Orientierungsplans (Füssenich 2009b) sowie den Ausführungen des Orientierungsplans für Bildung und Erziehung für die baden-württembergischen Kindergärten[30].

Die im Folgenden verwendete Bezeichnung *Fachdienst „gezielte Sprachförderung“* tituliert dabei die Maßnahme der Begleitung und Unterstützung der Kinder mit Unterstützungsbedarf. Diese wird hierbei als *Fachdienst* bezeichnet, da sie nicht von Mitarbeitern der Kindertageseinrichtung, sondern von externem Fachpersonal, in diesem Fall Projektmitarbeitern der wissenschaftlichen Implementierung

---

[29] Beim Beispielkind Nico beschränkte sich die Dauer der Begleitung auf zehn Monate.

[30] Es wurde sowohl mit dem Orientierungsplan von 2006 (Ministerium für Kultus, Jugend und Sport Baden-Württemberg 2006) als auch der vorläufigen Endfassung von 2009 (Ministerium für Kultus, Jugend und Sport Baden-Württemberg 2009) gearbeitet, daher werden beide Fassungen zitiert.

des Orientierungsplans, durchgeführt wurde. Der Begriff *gezielte Sprachförderung* bezeichnet in Anlehnung an die Schwierigkeiten vorherrschender Begriffsvielfalten (vgl. Kap. 2.2.1), die professionell durchgeführte Unterstützung der Kinder mit Förderbedarf in ihren sprachlich-kommunikativen Fähigkeiten. Diese Bezeichnung sollte zum Einen mit Blick auf die Kinder terminologisch nicht überbewertet werden (vgl. S. 27), obwohl der Terminus Förderung durchaus bewusst gewählt wird. Aus (sonder)pädagogischem Blickwinkel bedeutet Förderung die „akademische Tätigkeit im Kontext von Bildung und Erziehung [...] für die Menge aller Handlungsformen und Methoden, mit denen Lernen und Entwicklung von Sonderpädagogen gezielt, planvoll und kontrolliert positiv verändert wird" (Baumgartner et al. 2008, S. 14). Förderung als eine am Individuum orientierte Entwicklungsbegleitung entschärft den im Begriff Therapie konnotierten *Heilungsprozess* im Sinne einer *heilbaren Krankheit* und betont den interaktiven Rahmen, der, wie in den Kapiteln des Theorieteils gezeigt werden konnte, bei der Unterstützung sprachlich-kommunikativer Fähigkeiten von Nöten ist. Der Zusatz der *gezielten* Sprachförderung unterstreicht die Abgrenzung dieser spezifischen und professionell durchgeführten Vorgehensweise von der im Voraus erläuterten *alltäglichen* Sprachförderung (vgl. S. 25).

Im Zentrum des Auswertungsrasters stehen die drei Oberkategorien *Analyse der Voraussetzungen der Beispielkinder*, *Analyse der Kompetenzerweiterungen der Beispielkinder* sowie die *Analyse der Vorgehensweise des Fachdienstes „gezielte Sprachförderung"*. Die *Analyse der individuellen Voraussetzungen* im Sinne einer fundierten Diagnose (vgl. Kap. 4.3) ist notwendig, um die individuellen Fähigkeiten und Schwierigkeiten des jeweiligen Kindes entsprechend der dieser Arbeit zugrunde liegenden Stärkenperspektive kindlicher Fähigkeiten (vgl. S. 81) zu berücksichtigen. Im Bereich der Erkenntnisse *des Fachdienstes „gezielte Sprachförderung"* wurden bei den *biografischen Daten*, gemäß der Fragestellung der wissenschaftlichen Begleitung des Orientierungsplans, explizit Erst-, Zweit- und Familiensprache, beteiligte Fachdienste, Eintrittsalter in die Einrichtung sowie möglichst umfangreiche Informationen über die Lebenssituation des Kindes und seiner Bezugspersonen eingeholt (vgl. Füssenich 2009b, S. 4). Diese Informationen sind für eine fundierte Diagnose der Ausgangslage des Kindes (vgl. S. 33f) und eine daran anschließende Förderung ebenso unerlässlich wie Kenntnisse über *Fähigkeiten und Schwierigkeiten* der Kinder *in Alltagsformaten*, da Alltagsformate Kindern einen wichtigen Unterstützungsrahmen zum Erwerb und Ausbau sprachlich-kommunikativer Fähigkeiten bieten (vgl. Kap. 3.3). Da Alltagsformate immer auch in sozialem Kontext stattfinden, ist hierbei auch das *Sozialverhalten* dokumentiert, welches sowohl den Umgang mit Erwachsenen und anderen Kindern als auch das allgemeine Verhalten im Kindergartenalltag impliziert. Gemäß der entscheidenden Bedeutung von Spielformaten für die kindliche Entwicklung (vgl. Kap. 3.4) wurden bei den *Fähigkeiten und Schwierigkeiten in Spielformaten* sowohl die vorherrschenden Kenntnisse über die Fähigkeiten der Kinder im Bereich ihrer bevorzugten *Spielform*, aber auch ihre *Spielschwierigkeiten* erhoben. Im Bereich der *sprachlich-kommunikativen Fähigkeiten und Schwierigkeiten* wurde die ausführliche Analyse in die einzelnen sprachlichen Ebenen differenziert, da es „die Sprachkompetenz" nicht gibt, sondern die unterschiedlichen Kompetenzen in verschiedene Teilbereiche von Sprache unterteilt werden müssen (vgl. S. 79). Hierzu werden die drei Ebenen *Semantik/Pragmatik*, *Morphologie/Syntax*, *Phonetik/Phonologie* aufgeführt, aber auch Informationen über die *Mehrsprachigkeit* eines Kindes (z. B. Grad der Beherrschung der Erstsprache/Familiensprache etc.). Diese Informationen zum Entwicklungsstand in der Erstsprache sind hilfreich und notwendig, da sie direkten Einfluss auf den Erwerb der Zweitsprache haben können (vgl. Jeuk 2003, S. 55) und in Form von doppelter Halbsprachigkeit bzw. doppelter Sprachverarmung[31] zu Problemen beim Zweitspracherwerb führen können (vgl. Kracht 2001). Derartige Stagnationen in der Entwicklung der Erstsprache haben zur Folge, dass z. B. begriffliche Konzepte in dieser Sprache vergessen werden oder unausgebildet sind, bevor sie in der Zweitsprache präsent sind und sicher angewendet werden können (vgl. Skutnabb-Kangas/Toukomaa 1976, zit. n. Jeuk 2003, S. 24ff). Aufgrund dieser Bedeutung der Erstsprache sollten folglich auch die Fähigkeiten und Schwierigkeiten von Kindern mit Unterstützungsbedarf in ihren Erstsprachen berücksichtigt und Informationen dazu eingeholt werden. (vgl. Kap. 2.2.1).

Die *Analyse der Kompetenzerweiterungen* gibt Aufschluss über die getätigten Lernfortschritte der Kinder in sprachlich-kommunikativen Bereichen. Jedoch darf dies nicht zu der Schlussfolgerung verleiten, dass eine rein erfolgsorientierte, von vornherein in (Erfolgs-) Etappen, Meilensteinen oder gar Zeitpunkten planbare gezielte Sprachförderung stets möglich wäre. Vielmehr muss berücksichtigt werden, dass – im Rahmen der Möglichkeiten des jeweiligen Kindes und unter bewusster Vermeidung von Überforderung und Frustration – durch die Summierung kleiner Zwischenschritte des sprachlichen Lernens (vgl. Füssenich [5]2002, S. 98) ein großer Gesamtlernfortschritt erzielt werden kann. Um Aussagen über die Erweiterung der individuellen Fähigkeiten der Beispielkinder in alltäglichen Interaktionen tätigen zu können, müssen die *Kompetenzerweiterungen in Alltagsformaten* aufgeführt werden. Anhand dieser Kategorien können u. a. Veränderungen der interaktionalen Fähigkeiten der Kinder herausgearbeitet werden, um dadurch eventuelle Verbindungen der Kompetenzerweiterungen zu einem veränderten Umgang der Beispielkinder mit anderen Kindern oder Erwachsenen sowie der Veränderung der Rolle

[31] u. A. LUCHTENBERG (1995) kritisiert den Begriff der doppelten Halbsprachigkeit, da Sprachen nicht halb erworben werden können, sondern die Nutzbarkeit der Sprachen eingeschränkt ist, weshalb sie die Bezeichnung „doppelte Sprachverarmung" präferiert.

des Kindes im KiTa-Alltag aber auch den sprachlich-kommunikativen Fähigkeiten von Kindern (vgl. Albers 2009) aufzuzeigen. Im Bereich der *Spielformate* wird wegen der inhaltlichen Differenzierungen der beiden Hauptspielformen zwischen den *Kompetenzerweiterungen in Regelspielen* und denen *in Rollenspielen* unterschieden, um dadurch Lernfortschritte der kindlichen Spielfähigkeiten ersichtlich zu machen. Kompetenzerweiterungen *im allgemeinen Spielverhalten* werden als dritte Kategorie erfasst, da die Förderung eines konkreten Spielformats immer direkte Auswirkungen auf das allgemeine Spielverhalten von Kindern mit sich bringt (vgl. Heimlich ²2001, S. 237ff). Schließlich werden die Kompetenzerweiterungen der sprachlich-kommunikativen Fähigkeiten der Beispielkinder entsprechend der Differenzierung von Sprachkompetenz auf *semantisch/pragmatischer Ebene*, *morphologisch/syntaktischer Ebene* und *phonetisch/phonologischer Ebene* dargestellt. Dies erscheint notwendig, um die Fragestellungen der vorliegenden Arbeit beantworten zu können.

Die Analyse der *Vorgehensweise des Fachdienstes „gezielte Sprachförderung"* liefert die Vergleichsgrundlage für die angestrebten Erkenntnisse darüber, wie Kinder mit Unterstützungsbedarf ihre sprachlich-kommunikativen Fähigkeiten erweitern können. Die *Rahmenbedingungen* erfassen die zeitlich-organisatorische Ebene (z. B. Dauer, Turnus, Räumlichkeit etc.). In den *angestrebten Kompetenzbereichen* werden die in den systematischen sprachlichen Förderungsprozessen „angestrebten Qualifikationen und Kompetenzen" (Ministerium für Kultus, Jugend und Sport Baden-Württemberg 2009, S. 14) als Basis jeglichen pädagogischen Handelns (vgl. S. 83) anhand der Frage „Was braucht das Kind?" (ebd. 2009, S. 72) konkretisiert. Dabei wird ermittelt, mit welchen Maßnahmen und Vorgehensweisen die gezielten Kompetenzerweiterungen erreicht und umgesetzt werden sollen (vgl. Kap. 4.3). Aufgrund ihrer bedeutsamen Funktion für den Spracherwerb sowie für Sprachförderprozesse (vgl. Kap. 3.3) erscheint die Überprüfung der *Integration von Alltagsformaten* in die Förderkontexte unerlässlich. Ebenso unverzichtbar ist die Untersuchung der *Integration von Spielformaten*, die aufgrund ihrer unterschiedlichen Spielformen in *Regelspiele* (vgl. Kap. 3.4.3) und *Rollenspiele* (vgl. Kap. 3.4.4) differenziert werden.

Der Orientierungsplan Baden-Württembergs betont wiederholt den Stellenwert der *Kooperation* und unterscheidet dabei die *Kooperation mit Eltern* (ebd. 2009, S. 51ff) sowie die *Kooperation mit der Einrichtung*, aber auch die *Kooperation mit anderen Fachdiensten* bzw. Fachkräften (ebd. 2009, S. 55ff). Diesen beiden Bereichen muss auch im wichtigen Kontext der Berücksichtigung des erwachsenen Umfelds der Kinder große Bedeutung beigemessen werden (vgl. Kap. 4.5.3), weswegen anhand dieser Kategorien Informationen über die Umsetzung dieser Zusammenarbeit gewonnen werden sollen. Ebenfalls darf beim Blick auf die Erwachsenen die Rolle der Förderkräfte (vgl. Kap. 4.5.2) nicht vergessen werden. Daher richtet die Kategorie der *Kompetenzen des Fachdienstes „gezielte Sprachförderung“* den Fokus schließlich direkt auf die Sprachförderkraft. Aufgrund der Wichtigkeit bedeutsamer Handlungskontexte für die Erweiterung sprachlich-kommunikativer Fähigkeiten sollen dabei Erkenntnisse in dem Bereich der *Spiel- und Interaktionskompetenzen* gewonnen werden. Da neben diesen Fähigkeiten auch das eigene *Sprachverhalten der Förderkraft* von großer Bedeutung für die Förderkontexte ist (vgl. Füssenich/Heidtmann 1995, S. 115), muss auch dieser Aspekt berücksichtigt werden und wird folglich in einer eigenen Kategorie erfasst.

Die einzelnen Kriterien wurden nach ihrer deduktiven Herleitung in einem ersten Schritt formuliert und dann durch weitere Ergänzungen und Überarbeitungen modifiziert (vgl. Kap. 5.2), bis schließlich am Ende des Auswertungsprozesses folgendes Kategorienraster existiert:

Analyse der individuellen Voraussetzungen der Beispielkinder			
	Erkenntnisse des Fachdienstes „gezielte Sprachförderung“		
		• Biografische Daten	
		• Fähigkeiten und Schwierigkeiten in Alltagsformaten	
		• Fähigkeiten und Schwierigkeiten in Spielformaten	
			Spielform
			Spielschwierigkeiten
		• Sprachlich-kommunikative Fähigkeiten und Schwierigkeiten	
			Semantik/Pragmatik
			Morphologie/Syntax
			Phonetik/Phonologie
			Mehrsprachigkeit
Analyse der Kompetenzerweiterungen der Beispielkinder			
	Kompetenzerweiterungen in Alltagsformaten		
	Kompetenzerweiterungen in Spielformaten		
		• im Bereich Regelspiele	
		• im Bereich Rollenspiele	
		• im allgemeinen Spielverhalten	
	Kompetenzerweiterungen in sprachlich-kommunikativen Bereichen		

- auf semantisch/pragmatischer Ebene
- auf morphologisch/syntaktischer Ebene
- auf phonetisch/phonologischer Ebene

Analyse der Vorgehensweise Fachdienst „gezielte Sprachförderung"

Rahmenbedingungen

Angestrebte Kompetenzbereiche

Integration von Alltagsformaten

Integration von Spielformaten

- Regelspiele
- Rollenspiele

Wie findet Kooperation statt

- Kooperation mit Eltern
- Kooperation mit der Einrichtung
- Kooperation mit anderen Fachdiensten

Kompetenzen des Fachdienstes „gezielte Sprachförderung"

- Spiel- und Interaktionskompetenzen
- Das eigene Sprachverhalten

Abb. 7: Auswertungsraster zur Analyse von Gemeinsamkeiten und Unterschieden der Beispielkinder

Um den Ablauf der Begleitung und Unterstützung eines Beispielkindes im Rahmen der Projektbegleitung zu konkretisieren, wird im nächsten Kapitel am Beispielkind Nico exemplarisch aber ausführlich dargestellt, wie er seine sprachlich-kommunikativen Fähigkeiten in Alltags- und Spielformaten erweitern konnte.

6 Erweiterung sprachlich-kommunikativer Fähigkeiten in Alltags- und Spielformaten: Exemplarische Darstellung des Beispielkindes Nico

Da die Begleitung und Unterstützung Nicos von mir selbst durchgeführt wurde, werden die folgenden Unterkapitel aus meiner Perspektive formuliert. Zunächst wird Nico anhand meiner persönlichen Eindrücke beschrieben, wie ich ihn während unserer ersten Begegnungen kennenlernte. In Anlehnung an die in Kap. 4.3 (S. 81) aufgeführte Ablehnung der Defizitorientierung zu Gunsten einer stärken- und ressourcenperspektivischen Sichtweise wird dieses Verständnis nachfolgend an Nicos Voraussetzungen deutlich gemacht.

6.1 Der dreijährige Nico

Was kann Nico?

Nico tritt mir gegenüber als ein aufgeweckter und freundlicher Junge auf, der sich gegenüber vertrauten Erwachsenen aufgeschlossen verhält und sich in deren Nähe sehr wohl und geborgen zu fühlen scheint. Er genießt es, Aufmerksamkeit zu bekommen und fühlt sich wohl, wenn sich jemand mit ihm beschäftigt und Zeit für ihn nimmt. Dabei beeindruckt er durch seine hohe Aufmerksamkeitsspanne und sorgfältige Gewissenhaftigkeit, die er immer wieder unter Beweis stellt. Mit einer ungeheuerlichen Ausdauer und einem sehr großen Interesse erforscht und untersucht er die Dinge, die ihn umgeben. Er fragt nach bei Unklarheiten, äußert Bedürfnisse (z. B. „Kannst du das machen?“), ist neugierig auf alles, was ihn umgibt und vermittelt den Anschein, dass ihm nichts entgehen könnte. Nicos große Leidenschaft ist die Beschäftigung mit Spielzeugautos und -fahrzeugen. Hierbei spielt er meist gedankenversunken und mit merklicher Zufriedenheit alleine auf dem Fußboden. Auch technische Geräte und deren Eigenschaften faszinieren ihn in besonderem Maße (z. B. ein Aufnahmegerät, eine Digitalkamera etc.). Es bereitet ihm große Freude, diese näher zu untersuchen und zu erkunden.

Nico kann sowohl motorischen als auch kognitiven Herausforderungen im Kindergartenalltag standhalten, indem er ausdauernd und motiviert versucht eigene Lösungsstrategien zu entwickeln. Trotz etwaiger Misserfolge gibt er nicht enttäuscht auf, sondern hält oft geduldig an seinen ursprünglichen Ideen fest. Der Herausforderung der Zusammenarbeit mit anderen Kindern kann Nico nicht standhalten. Er bricht diese Interaktion meist sofort zu Beginn ab und entzieht sich diesen Situationen durch ausweichendes Verhalten bzw. vermeidet sie bereits im Voraus.

Nico ist gegenüber vertrauten Erwachsenen in der Lage, seine Wünsche („Tu aber noch nicht aufräumen!") und Ideen verbal mitzuteilen („Da ist ein Kleber!"). Da seine sprachlichen Fähigkeiten ausreichen (vgl. Kap. 6.2.4), um seine individuellen Bedürfnisse auszudrücken, greift er nur sehr selten auf mimische und gestische Ausdrucksformen zurück. In Interaktionskontexten begleitet und kommentiert er seine Handlungen vereinzelt sprachlich und stellt Fragen. Außerdem versteht er es, bestimmte Handlungen ansatzweise sprachlich zu strukturieren und somit selbst aktiv auf den Handlungsablauf einer Situation Einfluss zu nehmen. Auch seine Gedanken und Gefühle kann er in Ansätzen verbal äußern.

Nico kann in Lerngemeinschaften mit Erwachsenen mitwirken. Er kann dabei vereinzelt Vorschläge des Lernpartners aufgreifen (z. B. den Vorschlag des Klebens) und kann für kurze Zeit an diesen gemeinsamen Handlungen festhalten. Insgesamt fällt es ihm leichter, selbst Vorschläge zu unterbreiten, als Handlungsimpulse seines Lernpartners aufzunehmen. Lerngemeinschaften mit anderen Kindern kommen nur selten zustande und werden von ihm selbst auch nicht gesucht. Nico kann in bestimmten Bereichen Verantwortung für sein Tun übernehmen. So war es ihm beispielsweise in einer Situation wichtig, dass das Rad eines Spielzeugautos wieder repariert werden muss und er empfand es als seine Aufgabe, den Reifen wieder am Auto zu befestigen. Dazu zeigte er mir, wo wir die nötigen Reparatur-Hilfsmittel auffanden, und er wollte selber aktiv beim Reifenkleben mitarbeiten.

Was muss Nico noch lernen?

Die Kontaktaufnahme zu anderen Kindern fällt Nico sehr schwer und findet fast gar nicht statt. Da er nicht weiß, wie er auf Gleichaltrige zugehen soll, entstehen immer wieder kleine Streitereien, wenn er mit anderen Kindern sein Spielzeug teilen soll oder diese sich in eine gemeinsame Handlungssituation mit ihm begeben wollen. Während seiner Eingewöhnungsphase wirkte Nico öfters bewusst störend auf Spielsituationen anderer Kinder ein oder tat diesen, meist durch Haare ziehen, weh.

Die Übernahme von Verantwortung für sein Tun ist bei Nico noch nicht vollständig ausgeprägt. So zerstörte er beispielsweise sein geliebtes Polizeiauto, realisierte aber nicht, dass er dafür verantwortlich war. Außerdem ist es ungewohnt für ihn, wenn von ihm die Einhaltung bestimmter Regeln und Grenzen gefordert wird. So reagierte er beispielweise mit Unverständnis, als ihm erklärt wurde, dass man andere Spielgefährten nicht an den Haaren ziehen dürfte.

Nicos Spielverhalten kann als sehr eingeschränkt bezeichnet werden. Meist verbringt er seine Zeit im Bauzimmer beim alleinigen Konstruieren von Holzklotzstraßen oder dem Spiel mit Spielzeugautos. *Symbol-* und *Als-ob-Spiele* (vgl. Kap 3.4.2) sind in seltenen Situationen und nur ansatzweise zu erkennen. An dieser Stelle muss erwähnt werden, dass Nicos Schwierigkeiten bei der Herstellung eines gemeinsamen Gegenstandsbezugs im Spiel (sowohl bei Erwachsenen als auch bei Gleichaltrigen) durchaus als altersgemäße Entwicklung gesehen werden könnten. So sind dreijährige Kinder laut ANDRESEN oftmals noch nicht in der Lage, ihr „gegenständliches, soziales und verbales Handeln aufeinander" abzustimmen (Andresen 2002, S. 99). Da Nico aber nur schwer und unsicher Kontakt zu anderen Kindern aufnimmt und in Handlungskontexten sehr eingeschränkt auf Interaktionspartner eingehen kann, sind diese Bereiche seines Verhaltens als auffällig zu bezeichnen und stellen somit Inhalt der anschließenden Förderarbeit mit ihm dar.

Entsprechend der kindorientierten Fragen nach DEHN (2007) würde an dieser Stelle die Frage „Was braucht das Kind als Nächstes?" folgen. Da aus dieser Fragestellung allerdings die konkrete Fördervorgehensweise mit Nico abgeleitet wird, erfolgt die Darstellung der noch fehlenden Kategorie „Welche Entwicklungsschritte braucht Nico als Nächstes" in Kapitel 6.3.2. Stattdessen folgt nun die Beschreibung Nicos individueller Fähigkeiten und Schwierigkeiten.

6.2 Individuelle Fähigkeiten und Schwierigkeiten von Nico

An dieser Stelle sei im Voraus erwähnt, dass die Biografie, die Familiensituation, die Lebensbedingungen, das Lebensumfeld sowie das Sozial- und Spielverhalten von Nico so umfassend und transparent wie möglich dargestellt wird. Die an dieser Stelle präsentierten Informationen wurden durch Einsicht in Nicos Kindergartenakte sowie viele Gespräche mit beteiligten Fachkräften ermittelt. Vor allem Nicos Familiensituation wird hierbei soweit als möglich aus objektiver, aber jederzeit respektierender Sichtweise dargestellt und betrachtet.

6.2.1 Biografische Daten

Nico wurde im November 2004 geboren und ist ein deutschsprachig aufwachsendes Kind. Die familiären Verhältnisse sind als schwierig zu bezeichnen. Beide Elternteile sind arbeitslos und der Vater leidet an einer schweren Krankheit, die die gesamte Familie emotional zu belasten scheint. Nico hat drei Geschwister, zwei ältere Brüder und eine jüngere Schwester. Die beiden älteren Brüder besuchen einen Schulkindergarten für sprachbehinderte Kinder, in dem sie ganztags betreut werden können. Für seine jüngere Schwester erhalten die Eltern Unterstützung durch eine Familienhelferin. Innerhalb der Familie herrsche ein rauer Umgangston, welcher auch bei der Vater-Sohn-Kommunikation zwischen Nico und seinem Papa festzustellen sei. Aus der Beobachtung des Verhaltens der Eltern während der Eingewöhnungsphase gelangten die Erzieherinnen zu dem Schluss, dass diese mit der Erziehung ihrer Kinder überfordert seien. Dies sei unter Anderem sehr deutlich daran zu erkennen, dass alle drei Kinder nicht gewohnt seien, sich an feste und allgemeine Regeln zu halten.

Nico besucht den Kindergarten seit seinem 2;10 Lebensjahr. Der am Ende der Förderung 3;8 jährige Junge belegt dort einen 75%-Platz. Dies bedeutet, dass Nico an zwei Tagen der Woche den Kindergarten jeweils von 7.00-17.00 Uhr besucht, an den restlichen Tagen bleibt er von 8.00-14.00 Uhr in der Einrichtung. Nach Aussagen der Erzieherinnen äußerten die Eltern, dass der Kindergartenbesuch die erste längere Trennung von Nico und seiner Familie gewesen sei, er sehr gerne in den Kindergarten gehe und sich jeden Morgen von Neuem darauf freue. Seit seinem Kindergartenbesuch sei Nico zu Hause viel ruhiger geworden und erzähle daheim viel von seinen Kindergartenerlebnissen. Die Eltern betonten den Erzieherinnen gegenüber, dass sie sich eine spezielle Beobachtung von Nicos sprachlicher Entwicklung wünschen würden, da sie aufgrund der Entwicklungsverzögerungen der beiden älteren Geschwister in diesem Bereich an eine familiäre Disposition glauben.

Nico wurde dem Projekt der wissenschaftlichen Begleitung des Orientierungsplans für Bildung und Erziehung für die baden-württembergischen Kindergärten von den pädagogischen Fachkräften der Einrichtung vorgeschlagen, da er nach ihren Aussagen keine Bilderbücher betrachte, eine auffällige und undeutliche Aussprache besitze, sich nicht mitteile, sehr wenig spreche und über einen geringen Wortschatz verfüge. Im Folgenden werden die Ergebnisse der Diagnose des Fachdienstes „gezielte Sprachförderung“ aufgeführt.

6.2.2 Alltagsformate: Fähigkeiten und Schwierigkeiten

Seit Nico den Kindergarten besucht, ist er dabei, die Welt für sich zu entdecken und alles ihm Begegnende zu erforschen. Mit einer ungeheuerlichen Ausdauer und einem sehr großen Interesse erkundet und untersucht er dabei die Dinge, die ihn umgeben. Überhaupt probiert er vieles aus und ist dabei sehr stark mit der sensomotorischen Wahrnehmung seines eigenen Körpers beschäftigt.

> „Ich weiß ja schon, dass Nico sprechen kann, aber er hat noch nie etwas zu mir gesagt und ich habe ihn noch nie etwas reden hören!“ (Janina, 6 Jahre, besucht zusammen mit Nico den Kindergarten)[32].

Diese Aussage von Janina macht deutlich, dass Nico im Bereich des Umgangs mit anderen Kindern noch lernen muss. Anfangs konnte er es nicht ertragen, wenn andere Kinder das „Therapiezimmer“[33] betraten oder er Dinge mit ihnen teilen sollte. Nach unseren ersten Begegnungen änderte sich sein Verhalten in diesem Bereich so weit, dass er es aushielt, wenn Gleichaltrige für kurze Zeit den Raum betraten. Allerdings verhielt er sich anderen Kindern gegenüber nach wie vor sehr unsicher und folglich Schwierigkeiten hatte, Kontakt zu ihnen aufzunehmen. Es bereitete ihm Probleme, mit ihnen verbal oder nonverbal zu kommunizieren. Aufgrund dieser eingeschränkten Kommunikation gelingt es ihm nur sehr selten, mit anderen Kindern in Spielsituationen zu treten.

Falls sich Handlungskontexte zwischen ihm und anderen Kindern ergeben, versucht er die Initiative zu ergreifen und will den Interaktionsablauf bestimmen und vorgeben. Nico ist es nicht gewöhnt, Vorschläge, Anweisungen oder Modifikationsideen Anderer in seine Handlungen zu integrieren. Sobald er merkt, dass er und sein Spielpartner unterschiedliche Aktionsabläufe und Ideen verfolgen und er nicht die Rolle der Handlungsstrukturierung inne hat, bricht er die Interaktion ab und spielt alleine weiter. Indem er sich zurückzieht und seine individuellen Vorstellungen im Einzelspiel verwirklicht, geht er möglichen Streit- oder Konfliktsituationen aus dem Weg.

Der Umgang mit Erwachsenen fällt Nico deutlich leichter als der Kontakt mit Gleichaltrigen. Doch auch in Interaktionskontexten mit Erwachsenen zeigen sich Schwierigkeiten, auf Anregungen des Aktionspartners einzugehen und nicht selbst die Handlungsstrukturierung festzulegen.

Insgesamt ist Nico es nicht gewohnt, sich an bestimmte Regeln zu halten. Besonders auffallend in dieser Hinsicht ist Nicos Essverhalten. Immer wieder wirft er mit Besteck um sich, spielt mit Essen oder stört den Essensablauf durch laute Geräusche. Diese Verhaltensauffälligkeiten stellt er nur ein, wenn sich eine Erzieherin während des Essens neben ihn setzt.

Der Umgang mit Bilderbüchern ist Nico fremd. Laut Aussagen der Erzieherinnen greife Nico nie von selbst zu Büchern. Bei der erstmaligen, gemeinsamen Bilderbuchrezeption von Nico und mir hielt er das Buch auf dem Kopf und schlug ziellos einzelne, unzusammenhängende Seiten auf.

---

[32] Nico besuchte zum Zeitpunkt der Aussage den Kindergarten seit ca. zwei Monaten.

[33] gemeint ist das Zimmer, in welchem die Förderdung mit Nico stattfand.

6.2.3 Spielformate: Fähigkeiten und Schwierigkeiten

Am Liebsten beschäftigt sich Nico mit Spielzeugautos, Legosteinen und Holzklötzen. Bei diesen Tätigkeiten überwiegen die Spielform des Funktionsspiels (vgl. S. 55f) und Konstruktionsspiels (vgl. S. 57f). Dazu hält er sich zumeist im Bau- oder Rollenspielbereich der Einrichtung auf und führt seine Spielideen mit hoher Ausdauer und Konzentration durch. Die meiste Zeit verbringt er dabei mit alleinigem Spielen. Interaktionskontexte mit anderen Kindern sind kaum zu erkennen und enden fast immer im Streit. Auslöser dieser Streitereien ist zum Einen, dass Nico stets die Spielhandlung vorgeben will und sich nicht auf einen gemeinsamen, nicht von ihm vorstrukturierten Handlungskontext mit anderen Kindern einlassen kann. An diesen Stellen fallen erneut Nicos Probleme beim Kommunikationsaufbau zu Gleichaltrigen auf. Zum Anderen ist Nico noch stark auf die Spielgegenstände der jeweiligen Spielsituationen fixiert und will diese nur widerwillig mit anderen Kindern teilen oder tauschen. Laut Aussage der Eltern spiele Nico zu Hause oft gemeinsam mit seinen Geschwistern, was aber ebenfalls meist mit Streitigkeiten endet.

Beim gemeinsamen Spiel mit Erwachsenen präsentiert Nico unterschiedlichere Verhaltensmuster als bei Interaktionen mit Gleichaltrigen: Zwar will er auch in diesen Kontexten den Handlungsablauf selber vorgeben, allerdings kann er sich besser auf die Anregungen und Bedürfnisse eines erwachsenen Spielpartners einlassen. Er kann seine grundlegenden Handlungsintentionen sprachlich äußern, und so kommen zumindest kurze, gemeinsame Spielsituationen zustande, welche Nico merklich Freude bereiten. Nach kurzen Phasen eines gemeinsamen Spiels (ca. 3-5 Minuten) zieht sich Nico dann in eine parallelspielähnliche (vgl. S. 60) Spielform zurück und führt seine individuelle Spielhandlung alleine fort.

In Anlehnung an die von HEIMLICH (1993, S. 101) skizzierten Erscheinungsformen von kindlichen Spielschwierigkeiten sind im Falle von Nico Schwierigkeiten im Umgang mit Spielpartner als zentrales Problem aufzuführen (vgl. S. 64). Unter Berücksichtigung der in Kapitel 3.4.2 dieser Arbeit beschriebenen kindlichen Spielfähigkeitsentwicklung befindet sich Nico auf der Stufe der präsymbolischen Schemata: Er kennt und integriert Alltags- bzw. Spielgegenstände in seine Handlungen, kann diese aber noch nicht komplett symbolisch verwenden.

6.2.4 Sprachlich-kommunikative Fähigkeiten und Schwierigkeiten

Um ein genaues Bild über Nicos sprachlichen und kommunikativen Entwicklungsstand zu erhalten und daraus individuelle Förderkonsequenzen ableiten zu können, wurden die drei Sprachebenen *Semantik/Pragmatik, Aussprache* und *Grammatik* analysiert. Die Bereiche Semantik/Pragmatik sowie Grammatik wurden unter Heranziehung qualitativer Diagnoseverfahren untersucht. Nicos Aussprache wurde anhand von Spontansprachäußerungen analysiert. Datum dieser Auswertungen war Oktober 2007, Nico war zu diesem Zeitpunkt 2;11 Jahre alt. Zur Erfassung wurden Nicos spontansprachliche Äußerungen in verschiedenen Kontexten seines Kindergartenalltags (z. B. beim gemeinsamen Frühstuck oder in verschiedenen Spielsituationen) analysiert.

Semantik und Pragmatik

Als Diagnoseinstrument zur Erfassung des Bereiches Semantik und Pragmatik wurden die *Beobachtungsbögen zur Erweiterung sprachlich-kommunikativer Fähigkeiten* nach FÜSSENICH (Füssenich/Geisel 2008, S. 55f) ausgewählt:

- Nico fragt sehr oft nach, wenn er etwas nicht benennen kann („*Das auch ein Polizeiauto*?“ und zeigt auf einen Krankenwagen – „*Was is des*?“).
- Nico teilt mit, wenn er etwas nicht versteht.
- Nico erfindet eigene Wörter.
- Nico korrigiert seine Sprache, wenn er Fehler vermutet.
- Nico korrigiert seine Sprache, wenn die Kommunikationspartner/innen ihn nicht verstehen.
- Nico korrigiert Kommunikationspartner/innen nicht.
- Nico imitiert Äußerungen spontan.
- Er nimmt teilweise Ersetzungen in Form von Überdehnungen vor (Mama = alle weibliche Personen; Papa = alle männliche Personen).
- Es war keine regelmäßige Anwendung von Umschreibungen zu erkennen.

In weiteren Beobachtungssituationen beschäftigte sich Nico mit Memorykarten (Ravensburger© Kindermemory) und deren unterschiedlichen Motiven. Dabei präsentierte er einen umfangreichen Wortschatz und konnte fast alle abgebildeten Begriffe benennen. Sein verhältnismäßig großer Wortschatz, sowie weitere semantisch-pragmatische Fähigkeiten, konnten auch in anderen Handlungskontexten beobachtet werden. Die zusammenfassenden Analyseergebnisse in diesen Bereich waren:

- Nico stellt von sich aus Fragen, verwendet meist Intonationsfragen und antwortet bei offenen Fragen nicht mit „Ja/Nein-Äußerungen“.
- Nico berichtet und tätigt von sich aus Äußerungen zu den entdeckten Memorymotiven. Er spricht hierbei in längeren Sätzen (5-7 Wort-Sätzen).
- Er kann Vernetzungen zu einigen Begriffen herstellen („Das Flugzeug fliegt. Der Vogel fliegt auch in der Luft!“).
- Er kann mit Sprache Einfluss auf Handlung und Handlungsablauf nehmen („i will aufräumen!“; „Du darf auch mitspielen!“).
- Sprachverständnis:

- Nico befolgt Anweisungen und führt entsprechende Handlungen dazu korrekt aus, wenn er will.
- Nico beantwortet Fragen sinnzusammenhängend und orientiert sich dabei nicht nur an Schlüsselwörtern.
- Wiederholungen der Äußerungen von Gesprächspartnern zeigt Nico nicht.

Die Analyse Nicos grammatischer und phonetisch-phonologischer Fähigkeiten wird an dieser Stelle zusammengefasst dargestellt: Nico befindet sich nach Auswertung seiner Spontansprache in Phase IV des Grammatikerwerbs nach CLAHSEN (1986). Diese Phase entspricht einer altersangemessenen Entwicklung seiner grammatischen Fähigkeiten und erfordert daher kein spezielles Eingreifen. In den nächsten Schritten seines Grammatikerwerbs sollte er zusammengesetzte Zeiten, Dativobjekte sowie Satzgefüge ausbilden.

Hinsichtlich seiner Aussprache muss festgehalten werden, dass bei Nico entwicklungsbedingte phonologische Prozesse (Substitutionsprozesse, Silbenstrukturprozesse) festgestellt wurden, die noch kein therapeutisches Eingreifen erfordern, da diese Prozesse beim kindlichen Lauterwerbsprozess nahezu obligatorisch auftreten. Nico befindet sich nach Analyse seiner Äußerungen in der Phase des Erwerbs des phonologischen Systems (vgl. Hacker ^{5}2002, S. 23f) und benötigt daher noch keine speziellen Fördermaßnahmen im Bereich Aussprache.

Zusammenfassend wird festgehalten, dass der Bereich Semantik zu Nicos individuellen Stärken gehört. Er hat in keinem der vier Problembereiche des Bedeutungserwerbs Schwierigkeiten (vgl. Füssenich/Geisel 2008, S. 17f): Er besitzt einen altersgemäß umfangreichen Wortschatz und wendet Strategien zur Wortschatzerweiterung an. Bei ihm sind keine Sprachverständnisprobleme zu erkennen und auch im Bereich der Wortfindung weist er keine Schwierigkeiten auf. Bezüglich seiner pragmatischen Fähigkeiten besitzt Nico Schwierigkeiten bei der Kontaktaufnahme zu Gleichaltrigen sowie der sprachlichen Strukturierung gemeinsamer Interaktionen mit anderen Kindern. Seine morphologisch-syntaktischen wie phonetisch-phonologischen Fähigkeiten sind altersentsprechend entwickelt und bedürfen keiner gezielten Unterstützung.

6.3 Erwerb von Alltags- und Spielformaten

6.3.1 Rahmenbedingungen

Die Fördereinheiten mit Nico fanden einmal pro Woche von Oktober 2007 bis Juni 2008 in seinem Kindergarten statt. Die konzeptionelle Grundhaltung dieses Kindergartens basiert auf einem offenen Ansatz. Dies heißt, dass der Kindergarten neben verschiedenen Funktionsräumen (Kreativwerkstatt, Rollenspielbereich, Konstruktionsbereich, Lesezimmer) ausgebildete Fachkräfte offeriert, die speziell für bestimmte Räume bzw. Bildungsbereiche verantwortlich sind. Dieses Konzept der offenen Arbeit beinhaltet trotz seiner vielen Freiräume (z. B. Freispiel, Projektarbeit) klare Strukturen und Orientierungspunkte. Den Kindern sollen mit Hilfe dieser offenen und ganzheitlichen Konzeption möglichst vielfältige Anregungen geboten werden, damit sie sich aktiv mit verschiedenen Themen und Materialien auseinandersetzen können, um somit eigene Lernerfahrungen bzw. Lernerfolge zu gewinnen. Bei der praktischen Umsetzung dieses ganzheitlichen und situationsorientierten Ansatzes bildet die Orientierung an den individuellen Bedürfnissen und Interessen der Kinder den Ausgangspunkt jeglicher elementarpädagogischer Arbeit.

Um auch mich und meine Förderarbeit mit Nico in diesen offenen Rahmen einzugliedern, verbrachte ich den Vormittag eines fest vereinbarten Wochentags im Kindergarten und integrierte mich soweit wie möglich in den Alltagsablauf des Kinderhauses. Dabei standen nicht nur der Kontakt mit Nico oder seine Beobachtung im Vordergrund, sondern auch der Austausch und Spielsequenzen mit anderen Kindern. Die Einzelförderung von Nico im engeren Sinne fand aufgrund der ruhigeren Atmosphäre in einem Nebenzimmer der Einrichtung statt. Diese gezielten Fördersitzungen, die sich auf eine Zeitspanne zwischen 30 und 40 Minuten beschränkten, waren ebenfalls in meinen vormittäglichen Kindergartenbesuch eingebettet. Allerdings waren keine festen Uhrzeiten dafür festgelegt, sondern wurden in Abhängigkeit von Nico oder meinen Aktivitäten flexibel durchgeführt.

Für die genaue Darstellung der Förderstruktur und der kurz- wie langfristigen Zielsetzungen muss die Arbeit mit Nico in zwei Förderphasen eingeteilt werden. Unter der Vokabel *Phase* soll aber keinesfalls fälschlicherweise eine zweigliedrige Isolierung der Förderung verstanden werden. Vielmehr sind beide Förderphasen eng miteinander verbunden und die Inhalte sowie die Vorgehensweise von Phase II basieren auf den Erfahrungen von Phase I. Förderphase I erstreckte sich von Oktober 2007 bis Februar 2008, Förderphase II erstreckte sich im Zeitraum von April 2008 bis Juni 2008.

6.3.2 Struktur des Förderangebots

Welche Entwicklungsschritte braucht Nico als Nächstes? – Konsequenzen für die Förderarbeit mit ihm

Auf Grundlage von Nicos Kompetenzen und individuellen Schwierigkeiten lassen sich Konsequenzen und Eckpfeiler für die Förderung mit ihm ableiten. Dabei knüpfte die Förderung unter Berücksichtigung seiner Interessen an seinen individuellen Kompetenzen anknüpfen, um ihm so Ansporn und Zuversicht zu vermitteln, Entwicklungsfortschritte in weniger ausgeprägten Förderbereichen zu tätigen. Als Konsequenzen für die Planung der gezielten Förderung von Nico wurde folgenden Schwerpunkten Beachtung geschenkt:

- Nico benötigt klare Strukturen und immer wiederkehrende Rituale, um in diesem, ihm vertrauten Rahmen, Handlungssicherheit zu erlangen. Daher muss die Förderung mit ihm, vor allem unter dem Aspekt der Initiierung von sprachlichem Handeln in einem sicheren Kontext, nach einer routinierten, immer wiederkehrenden Struktur arrangiert werden.
- Für die Bereitstellung eines strukturierten, immer wiederkehrenden Förderrahmens müssen routinemäßige Formatsituationen (vgl. Kap. 3) nach BRUNER (^{2}2002) in die Arbeit mit Nico integriert werden.
- Dabei muss die Inszenierung gemeinsamer Interaktionen und bedeutsamer Handlungs-/Spielsituationen Schwerpunkt der Förderung von Nico sein. Hierbei wird er im freien Spiel ermutigt und unterstützt, seine individuellen Vorstellungen des Interaktionsablaufs verbal auszudrücken und mitzuteilen.
- Diese gemeinsamen Handlungsabläufe werden unter Berücksichtigung seiner eigenen Interessen gezielt strukturiert werden. Da Spielzeugautos sein größtes Interesse erwecken, sollte dieses Handlungsfeld in die Förderarbeit integriert werden. Somit kann Nico auf Basis seiner individuellen Fähigkeiten Lernfortschritte tätigen.
- Auf der Basis einer intakten Erwachsenen-Kind-Interaktion, anfänglich initiiert im gemeinsamen freien Spiel, wird als langfristiges Ziel festgelegt, Nico mit Regelspielformaten vertraut zu machen. Das Regelspiel bietet ihm zum Einen ein klares und feststehendes Regelwerk, nach welchem er sich richten kann. Ihm sollen dabei Regeln nahe gebracht werden und mit ihm erläutert werden. Zum Anderen kann sich Nico in dieser Spielform an dem vorbildlichen Handlungsmuster des Erwachsenen orientieren und dieses imitieren.
- Auch das Format des gemeinsamen Bilderbuchbetrachtens (vgl. S. 47) wird aufgrund Nicos grundlegender Schwierigkeiten im Umgang mit Bilderbüchern in die Förderung mit ihm integriert.
- Um Nico den Umgang mit anderen Kindern zu erleichtern, wird er auch, soweit möglich, in seinem Sozialverhalten gefördert. Dabei darf von ihm die Einhaltung bestimmter Regeln (z. B. das in-Ruhe-lassen des Aufnahme-

gerätes) und Grenzen (z. B. Akzeptanz des Endes einer Fördereinheit[34]) gefordert werden.

Unter Rückgriff auf Nicos persönliche Voraussetzungen (vgl. Kap. 6.2) und seine nächsten Entwicklungsschritte, wurde eine individuelle Förderstruktur für ihn entworfen. Diese Förderstruktur sollte in Anlehnung an den inszenierten Spracherwerb (vgl. Kap. 4.3) bewusst offen strukturiert werden, um Nico einerseits die Möglichkeit geben zu können, sich aktiv an dem Gestaltungsprozess zu beteiligen, und um ihm andererseits klare Strukturen zu bieten, an welchen er sich verlässlich orientieren kann.

6.3.3 Angestrebte sprachlich-kommunikative Kompetenzbereiche

In Förderphase I bestand die auf Nicos individuellen Interessen und Bedürfnissen abgestimmte Förderstruktur aus drei Eckpfeilern: Die *Durchführung eines gemeinsamen Handlungskontextes*, das *(sprachliche) Erkunden von Gegenständen* und Spielzeugen sowie das gemeinsame *Betrachten von Bilderbüchern*. Diese drei wesentlichen Elemente waren allerdings nicht verpflichtend in jede Fördereinheit integriert. Je nach Zeit oder situationsabhängigen Kontexten fiel in manchen Sitzungen einer dieser Teile weg.

Durchführung eines gemeinsamen Handlungskontextes

Unter Verwendung von feststehenden Inhalten sollten bedeutsame, gemeinsame Handlungszusammenhänge mit Nico geschaffen werden, die im Sinne von Spielformaten (vgl. Kap 3.4) strukturiert sind (vgl. Füssenich/Heidtmann 1995, S. 110). Dabei stand die erfolgreiche Kommunikation zwischen Nico und mir im Fokus dieser Interaktionen. Grundvoraussetzung dafür, und somit erste Förderziele, stellten der Aufbau von Vertrauen seitens Nicos, sowie die Vertiefung dieser vertrauten Beziehung dar.

In den anfänglichen Sitzungen sollten Nicos Ideen und Impulse zum Handlungsablauf aufgegriffen werden, um einerseits die Realisierung eines gemeinsamen Interaktionskontextes, sowie andererseits Nicos Freude an diesen kollektiven Aktionen

---

[34] Während der ersten Fördereinheiten wollte Nico das Therapiezimmer auch nach Ende unserer gemeinsamen Handlungen nicht verlassen. Er wollte das vorläufige Ende unserer Arbeit nicht akzeptieren und konnte nur mit Mühe zum Verlassen des Therapieraums überredet werden.

sicherzustellen. Dabei sollte er ermutigt werden, seine Vorstellungen des Interaktionsablaufs verbal oder nonverbal auszudrücken und mitzuteilen.

In einem nächsten Schritt sollten langsam gezielte Strukturierungsvorschläge meinerseits in die Spielsituation integriert werden. Dieser systematische Eingriff sollte allerdings ebenfalls einen offenen Ausführungsrahmen offerieren, um einer Überforderung oder Demotivation Nicos vorzubeugen. Langfristiges Ziel hierbei war, dass Nico lernt, sich auf Handlungsimpulse von Spielpartnern einzulassen und diese zu akzeptieren. Nur so kann ein gemeinsames Zusammenspiel mit anderen Kindern fokussiert werden.

Ein weiteres Ziel in diesem Bereich stellte das Erlernen und Einhalten bestimmter Regeln und Verhaltensweisen dar. Nico sollte während den gemeinsamen Handlungssituationen entweder eigenaktiv Regeln entdecken oder sie von mir deutlich aufgezeigt bekommen. Diese Regeln sollten ihm ebenfalls erläutert werden, um sicherzustellen, dass er Sinn und Hintergründe dieser Anordnungen verstand.

(Sprachliches) Erkunden von Gegenständen

Um Nico Sicherheit in seinem Handeln und Verhalten zu verschaffen, sollte er sich an festen Strukturen und Ritualen orientieren können. Diesen Zweck erfüllte das zu Beginn jeder Sitzung ritualisierte Auspacken der Spielzeugtüte. Aufgrund seiner großen kindlichen Neugier würde Nico die ausgepackten Objekte, die jeweils in Anlehnung an seinen Interessen ausgewählt wurden, gründlich untersuchen und diese Handlung sprachlich kommentieren. Die Zielsetzungen dieses Förderschwerpunktes liegen folglich im semantischen Bereich. Obwohl dieser Bereich zu Nicos individuellen Stärken zählt, ist eine Förderung in dieser Hinsicht aus zweierlei Gründen sinnvoll:

- Da der Bedeutungserwerb den wichtigsten Bereich des Spracherwerbs repräsentiert, ist seine Förderung ein nahezu unverzichtbares Inhaltselement jeder Sprachförderung.
- Da eine stärkenorientierte Förderung nicht defizitorientiert vorgeht, sondern ebenfalls an den individuellen Stärken eines Kindes ansetzt, soll Nico in seinen Stärken der semantischen Ebene unterstützt werden.

In Anlehnung an FÜSSENICH (^{5}2002, S. 97f) soll die Förderung semantischer Fähigkeiten themenorientiert ablaufen und am Beispiel eines semantischen Feldes – mit Nico das Wortfeld Fahrzeuge – beginnen, das bei Bedarf auf weitere semantische Felder ausgeweitet werden kann. Folglich lassen sich zwei Ziele der semantischen Förderung formulieren, die sich aus den Erkenntnissen der Diagnose Nicos semantischer Fähigkeiten (vgl. Kap. 6.2.4) ergab:

- Nico soll in seiner Anwendung von Strategien zur Wortschatzerweiterung bestärkend unterstützt werden und folglich
- seinen Wortschatz in gezielten Wortfeldern, beginnend mit dem Wortfeld Fahrzeuge, erweitern.

Das gemeinsame Betrachten von Bilderbüchern

In Anlehnung an FUCHS (2003, S. 281f) wurde die Bilderbuchbetrachtung mit Nico kein reines Vorlesen sein, sondern im Sinne des „Dialogischen Bilderbuchlesens“ durchgeführt. Unter diesem Aspekt stand der kommunikative Aspekt, also der Dialog über das Bilderbuch sowie die Freude am gemeinsamen Betrachten im Zentrum. Es galt, Abfragesituationen zu vermeiden und stattdessen mit offenen Fragen oder anregenden Aussagen einen Dialog über das Gesehene zu initiieren. Um zur Buchbetrachtung zu motivieren, wurden jeweils Bilderbücher aus seinen individuellen Interessensgebieten ausgewählt. Besonders sinnvoll erwiesen sich hierbei Bilderbücher, in die an verschiedenen Stellen aufklappbare Papiertürchen integriert waren (z. B. das Buch „Autos und Laster“ (2007) des Junior-Ravensburger-Verlags). Mit Hilfe dieser Türchen ließen sich zusätzliche, sprachanregende Situationen inszenieren. So zum Beispiel das Raten, was sich wohl hinter dem aufklappbaren Türchen verbergen würde.

Als elementare Ziele der Bilderbuchrezeption mit Nico standen primär die Freude an der Betrachtung sowie das Erlernen des grundlegenden Umgangs mit Büchern – sodass Bilder und Schrift richtig herum sichtbar sind, sowie die Einhaltung der Seitenreihenfolge – im Fokus.

Als weitere Zielsetzungen im Hinblick auf die Bilderbuchbetrachtung mit Nico wurden in Anlehnung an FUCHS (2006, S. 232f) folgende Inhalte formuliert:

- *Unterstützung des Symbolspiels*: Handlungen oder Spielthemen können allein durch die bildliche Darstellung erfahren werden. Sie präsentieren oftmals einen derart ansprechenden Aufforderungscharakter, dass die betrachteten Geschichten oder Teile davon nachgespielt werden (vgl. Fuchs 2006, S. 234). Da die Auswahl der Spielzeuge bei der Planung der Fördereinheiten in Verbindung mit der Wahl des Bilderbuches getroffen wurde, könnten auf Grundlage des Bilderbuches Symbolspiele (vgl. Kap. 3.4.2) mit den bereitgestellten Spielsachen initiiert werden.
- *Ausbau und Vernetzung des Wortschatzes* aus dem Thema des jeweiligen Bilderbuchs.

In Förderphase II wurden dann die Zielsetzungen entsprechend Nicos Kompetenzerweiterungen (vgl. Kap. 6.4) korrigiert und an diese angepasst:

- Die Förderung von Formatsituationen im Sinne BRUNERS (^{2}2002), insbesondere von *Spielformaten* (vgl. Kap. 3.4) stellte den Schwerpunkt der Förderung mit Nico dar. Da Nico sehr stark auf vertraute und routinemäßige Abläufe angewiesen war, musste die Förderarbeit mit ihm durch routinierte und wiederkehrende Inhalte strukturiert sein. Außerdem sollten soweit möglich geeignete *Alltagsformate* (vgl. Kap. 3.3) in die Förderarbeit mit ihm integriert werden, um ihm auch in diesem Bereich zusätzliche Sicherheit zu verschaffen.
- Auf der Basis von Erwachsenen-Kind-Interaktion, anfänglich initiiert im gemeinsamen freien Spiel, wurde als langfristiges Ziel festgelegt, mit Nico ein Regelspiel durchzuführen. Das Regelspiel bot ihm ein klares und feststehendes Regelwerk, nach welchem er sich ausrichten konnte. Ihm sollten dabei Regeln nahe gebracht werden und gemeinsam mit ihm erläutert werden. Zudem konnte sich Nico in dieser Spielform an dem vorbildlichen Handlungsmuster des Erwachsenen orientieren und dieses imitieren.
- Obwohl ein Memory-Regelspiel in Bezug auf Nico laut der typischen, kindlichen Spielentwicklung (vgl. Kap. 3.4.2) noch nicht altersgemäß schien, sollte es aufgrund seiner großen Bedeutung für die allgemeine Sprachentwicklung (vgl. Kap. 3.4.3) fester Bestandteil der weiteren Förderung von Nico sein.
- Zusätzlich konnte mit diesem Regelspielformat in einem weiteren Schritt das Ziel verfolgt werden, eine Kind-Kind-Interaktion zu schaffen. Nico sollte dabei mit anderen Kindern in Kontakt treten und eine gemeinsame Handlung durchführen, die zudem sprachlich begleitet wurde. Die erfahrene Sicherheit aus der Kind-Erwachsenen-Interaktion kann Nico hierbei auf sein (Spiel-)Verhalten mit Gleichaltrigen übertragen und anwenden. Dieses weit vorweggegriffene Ziel wurde jedoch in den ersten Einheiten der zweiten Förderphase mit Nico zunächst in den Hintergrund rücken.

Da bei Nico bereits in Ansätzen Aspekte von Symbol- und Rollenspielformaten (vgl. Kap. 3.4.2) erkennbar waren, sollten in den Fördereinheiten anregende Handlungssituationen inszeniert werden, welche die Vertiefung dieser Spielformate ermöglichen. Voraussetzung dafür war die Orientierung der Inszenierungen an Nicos Interessen und Bedürfnissen.

6.3.4 Alltagsformate

Während Förderphase I waren die bereits aufgeführten Eckpfeiler die *Durchführung eines gemeinsamen Handlungskontextes, das (sprachliche) Erkunden von Gegenständen und Spielzeugen* und das gemeinsame *Betrachten von Bilderbüchern* in die Interaktionen mit Nico integriert: Zu Beginn jeder Sitzung war auf dem Boden des Therapieraums eine Stofftüte vorbereitet, in welcher von Sitzung zu Sitzung in Abhängigkeit des jeweiligen Sitzungsziels Spielsachen versteckt waren. Als ritualisierten Einstieg jeder Einheit durfte Nico diese Tasche auspacken. Nach dem Auspacken und Erkunden der neuen Spielsachen wurde auf Grundlage des vorhandenen Spielzeugs ein gemeinsamer Handlungskontext initiiert. Im dritten Hauptteil jeder Fördersitzung stand die Betrachtung von Bilderbüchern im Vordergrund. Die Auswahl der betrachteten Bilderbücher wurde an Nicos persönlichen Interessen orientiert.

In Förderphase II kam insbesondere den Alltagsformaten eine große Bedeutung zu, da für Nico eine gewohnte Umgebung und eine klar strukturierte wie verlässliche Umwelt von sehr großer Bedeutung sind. Die Umsetzung dieses Förderaspektes fand in offenem Rahmen statt und war nicht nur an die 30 bis 40-minütige „enge Förderung" mit Nico gebunden. So führten Nico und ich während meines wöchentlichen Vormittagsbesuchs sowohl fixe als auch spontane Alltagsrituale und Formate durch. Als feststehende Alltagsformate müssen hierbei eine *ritualisierte Begrüßung*, das *gemeinsame Frühstück* sowie die *gemeinsame Vorbereitung des Therapiezimmers* erwähnt werden.

Unsere ritualisierte Begrüßung bestand darin, dass Nico mich meist schon an der Eingangstür des Kindergartens mit einer herzlichen Umarmung und großer Vorfreude in Empfang nahm. Wir gingen dann gemeinsam zur Garderobe und setzten uns auf das dortige Bänkchen. Während ich meine Schuhe wechselte, zeigte und erklärte mir Nico entweder ein von ihm mitgebrachtes Spielzeug oder eine von ihm im Laufe der Woche erstellte Mal-/Bastelarbeit. Nach der Begutachtung seines vorbereiteten Gegenstandes fragte er gespannt, was ich für den anstehenden Tag vorbereitet bzw. mitgebracht hätte. Ich beantwortete seine Fragen und eröffnete einen kurzen Dialog über unterschiedliche, aktuelle Themen (z. B. seine neuen Hausschuhe, seine Zahnlücke etc.).

Ebenfalls fester Bestandteil meines Kindergartenvormittags war das gemeinsame Frühstück mit Nico. Die Institution bietet den Kindern in Verbindung mit ihrem offenen Konzept die Möglichkeit, unter Beachtung bestimmter Regeln eigenständig zu frühstücken. Zu diesen festen Regeln gehören das selbständige Tischdecken, der sachgerechte und angemessene Umgang mit Lebensmitteln sowie das Abräumen des benutzten Geschirrs. Grundlegendes Ziel des gemeinsamen Frühstücks mit Nico war die konsequente Einhaltung dieser Regeln sowie eine schrittweise Veränderung seines Essverhaltens (vgl. Kap. 8.2.1). Nico und ich deckten also stets gemeinsam den Tisch und frühstückten anschließend zusammen. Beim Tischdecken wurden nach Möglichkeit sprachförderliche Situationen wahrgenommen, in denen Nico beispielsweise durch verbale Anweisungen oder Hilfestellungen („Die Teller sind im Schrank!") sprachlich aktiv werden könnte. Auch die von Frühstück zu Frühstück immer gleichbleibenden Gegebenheiten sowie die immer ähnlichen Essensgegenstände (z. B. Tassen, Besteck) und Nahrungsmittel (z. B. Marmelade, Milch) konnten durch gezielte Wiederholungen sinnvoll zur Erweiterung von Nicos Wortschatz genutzt werden. Außerdem führten wir auf Nicos Wunsch vor jedem Essen den „*Piep-Piep-Piep…*"-Spruch (vgl. S. 46) durch.

Da der Speiseraum des Kindergartens mit zwei großen, runden Tischen ausgestattet ist und unser Frühstück nicht isoliert von den anderen Kindern stattfand, ergab sich automatisch Kontakt zu anderen Kindern. Daher wurden während des Frühstücks geeignete Gelegenheiten zur Initiierung eines Dialogs oder Gesprächs aufgegriffen. An dieser Stelle wurde Nico in offenem Rahmen auf eine Vorstufe der Kontaktaufnahme zu anderen Kindergartenkindern vorbereitet werden. Dazu wurden ihm bestimmte sprachliche Strukturen präsentiert, die er imitieren könnte (z. B. „Kannst du mir bitte das *xxxx* geben?").

Ein weiteres gemeinsames Ritual war die Vorbereitung des Therapieraums. Da dieses Zimmer morgens meist noch unbenutzt war, waren die Stühle und Bänke dort noch aufgestuhlt. Weil sich Nico sehr gern mit körperlichen Arbeiten beschäftigt, bereitete ihm das Abstuhlen der Sitzgelegenheiten immer große Freude. Da aufgrund der jeweiligen Fördersitzungsinhalte manches Mobiliar bestimmt positioniert werden musste, waren bestimmte Möbel von Sitzung zu Sitzung unterschiedlich anzuordnen. Daher sollte in diesem Format sprachlich geklärt werden, welche Stühle und Bänke wo positioniert werden sollten.

Neben diesen drei festen Ritualen tauchten im Alltag mit Nico immer wieder Formate auf, die sich spontan oder aus einem gewissen Handlungskontext ergaben. So zum Beispiel das Ankleiden und Schuhe wechseln bevor Nico im Außengarten spielen durfte oder auch die gemeinsame Reparatur eines kaputten Besenstiels[35]. Diese Formate galt es zu erkennen und aufzugreifen, um Nico in derartigen Handlungen Sicherheit und Orientierungsmöglichkeiten für sein (sprachliches) Verhalten anzubieten.

Als ausführlicheres Beispiel eines solchen, spontan auftretenden Alltagsformats ist das gemeinsame Ausräumen der Geschirrspülmaschine des Kindergartens aufzuführen: Zufälligerweise konnte ich beobachten, dass eine Erzieherin gerade beginnen wollte, die Geschirrspülmaschine auszuräumen, als sie aufgrund eines Zwischenereignisses kurzfristig die Küche verlassen musste. Also übernahmen Nico und ich das Ausräumen des Geschirrs. Da ich mich in der Ordnung der Kindergartenküche nicht auskannte, musste mir Nico jeweils erklären, welches Geschirrstück

[35] Zu diesen spontanen Handlungskontexten existieren leider keine Tonbandaufnahmen, daher ist eine Transkription der darin enthaltenen Dialoge leider nicht möglich.

an welchen Platz gehörte. Dieses sprachliche Anleiten bereitete Nico viel Freude und er genoss es sichtlich, mit Hilfe seiner Aussagen meine Tätigkeiten anzuweisen.

6.3.5 Spielformate

In Förderphase I ergaben sich während der *Durchführung eines gemeinsamen Handlungskontextes* Spielsituationen, die dem freien Spiel zugeordnet werden müssen. Hier wurde kein Spielthema im Voraus festgelegt, sondern ergab sich aus dem zuvor durchgeführten Alltagsformat *sprachliches Erkunden von Gegenständen und Spielzeugen*. Dabei griff ich den Handlungsimpuls von Nico auf und versuchte schrittweise, auf diesen mit eigenen Strukturierungsvorschlägen zu reagieren, um Nicos Fähigkeiten, sich auf einen Handlungspartner einzustellen, langsam auszubauen.

In Förderphase II standen dann schwerpunktmäßig *Regelspiel* und *Rollenspielformate* im Zentrum:

Umsetzung von Regelspielen

Um Nico einen festen Rahmen zu bieten, durch den er ein gewisses Maß an Handlungs- und Spielsicherheit entwickeln sollte, entschied ich mich für die Einführung des Regelspiels Memory. Als weiteren Vorteil bietet das Memoryspiel geeignete Möglichkeiten, um das langfristige Förderziel der Inszenierung eines gemeinsamen Spiels von Nico mit Gleichaltrigen darin zu integrieren.

Bereits zu Beginn von Förderphase I wurde einmalig der Versuch gestartet, mit Nico Memory zu spielen, allerdings war die Durchführung dieses Regelspiels zu dem damaligen Zeitpunkt noch zu früh und wurde daher abgebrochen. In Anlehnung an die damals aufgetretenen Schwierigkeiten galt es als ersten Schritt, einen Rahmen der mir wichtig erscheinenden Regeln festzulegen. Daher setzte ich drei elementare Regeln fest, deren Einhaltung, nach vorausgehender Klärung, von Nico eingefordert werden sollte:

- Die Einhaltung der abwechselnden Reihenfolge des Kartenziehens.
- Das Zurücklegen gezogener Karten an ihren ursprünglichen Platz.
- Bei erfolgreichem Finden eines Pärchens darf derselbe Spieler nochmals ziehen.

Das Memoryspiel bietet neben seinen festen Regeln und dem damit verbundenen Unterstützungsrahmen für die Spielfähigkeitsentwicklung (vgl. Kap. 3.4.2) weitere Vorteile, die für seinen Einsatz in Förderkontexten sprechen. Vor allem der Bereich der Semantik, aber auch der grammatische Bereich können dabei sinnvoll und effektiv in das Spiel integriert werden.

Im semantischen Bereich sollte Nico beim Memory erneut bestärkend in der Anwendung seiner Strategien zur Wortschatzerweiterung unterstützt werden. Durch Nachfragen konnten z. B. genaue Attribute einzelner Fahrzeuge benannt werden (z. B. „das große Rad vom Traktor"). Außerdem sollte durch Addition bestimmter Kartenpärchen Nicos Wortschatz gezielt erweitert werden. Als elementares Ziel jedoch sollte Nico das einfache Benennen der umgedrehten Karten übernehmen.

Im Bereich der Grammatik sollten Nico unter Verwendung der Modellierungstechniken im Sinne DANNENBAUERS (vgl. S. 1) bestimmte Zielstrukturen (z. B. „Du bist [noch mal] dran." / „Ich bin [noch mal] dran.") mit erhöhter Frequenz und deutlicher Betonung präsentiert werden. Besondere Beachtung sollte dabei im Bereich der morphologisch-syntaktischen Sprachebene der korrekten Formulierung spielformattypischer Aussagesätze (z. B. „Ich habe gewonnen/verloren!") zukommen.

Um Nico eine ansprechende und motivierende Form des Regelspiels zu offerieren, entwarf ich ein an seinen Interessen orientiertes Memoryspiel mit zwölf Fahrzeugpaaren. Allerdings stellten acht Paare den Grundstock dieses Spiels dar, die weiteren vier Paare sollten schrittweise in Abhängigkeit von Förderungsablauf und Nicos Bedürfnissen in das Spiel aufgenommen werden. Hierbei ergab sich ab der dritten Fördereinheit ein Ritual, welches Nico zusätzlich motivierte und ihm große Spannung und Freude bereitete. Nico durfte sich vor jedem Förderblock des Memoryspiels aus der, ihm von Förderphase I bekannten Stofftüte, ein neues Memorypaar ziehen.

Vor dem eigentlichen Spiel wurde sichergestellt, dass Nico die einzelnen Abbildungen kannte und auch benennen konnte. Von den Bildkarten waren ihm bis auf den „Traktor" alle abgebildeten Fahrzeuge begrifflich bekannt. Den Begriff „Traktor" nahm er bereits nach meiner erstmaligen Benennung in seinen Wortschatz auf und konnte ihn ab diesem Zeitpunkt auch korrekt benennen.

Nach der Begriffsklärung der einzelnen Bildkarten begannen wir mit dem Memoryspiel und spielten dabei, wie bereits erwähnt, zunächst mit acht Paaren. Dabei erachtete ich eine klar strukturierte Spielumgebung als wichtige Voraussetzung für ein erfolgreiches gemeinsames Spiel. Daher legte ich nach dem Mischen großen Wert auf eine quadratische Anordnung der Bildkarten. Nico akzeptierte diese Anordnung im Verlauf des Spiels und gab sich beim Zurücklegen der Karten Mühe, diese Reihung beizubehalten.

Nach der genauen Anordnung der einzelnen Karten erklärte ich Nico die drei Hauptregeln unseres gemeinsamen Spiels. Diese Erklärung fand nicht in reiner

Verbalform statt, sondern ich unterstützte meine kurzen verbalen Ausführungen durch das praktische Vormachen der erklärten Regeln. Diese Regelklärung sollte als fester Inhaltspunkt während den ersten beiden Fördersitzungen mit Nico jeweils wiederholt und somit vertieft werden.

Umsetzung von Rollenspielen

Um Nicos Ansätze von Rollenspielen weiter zu vertiefen, wurden geeignete Interaktionssituationen in die Förderarbeit mit ihm integriert. Unter Berücksichtigung des langfristigen Förderziels der Inszenierung eines gemeinsamen Spiels mit Gleichaltrigen kam der Handlungssicherheit im Bereich der Rollenspiele zusätzlich große Bedeutung zu. Ziel dieses Förderaspekts war, Nico ansprechende Gelegenheiten zu offerieren, in denen er fiktive Rollen übernehmen und für einen gewissen Zeitraum beibehalten konnte.

In der ersten Sitzung der zweiten Förderphase stellte Nico bei Betrachtung einer Memorykarte, auf welcher ein Zug abgebildet war, folgende Frage: „Fährt der Zug nach Stuttgart?“ Angeregt durch diese Frage bauten wir spontan aus den im Therapiezimmer vorhandenen Bänken und Stühlen einen kleinen Zug und fuhren damit fiktiv nach Stuttgart. Nico übernahm dabei die Rolle des Fahrers und ich durfte als Passagier in einem der Waggons Platz nehmen. Imaginär in Stuttgart angekommen, führten wir dort dieses kleine Rollenspiel fort: Nico kaufte sich bei mir (ich war der Eisverkäufer) ein Schokoladeneis und kurz darauf tauschten wir die Rollen und ich kaufte mir bei ihm fiktiv ein Erdbeereis.

Aufgrund dieses Handlungskontextes beschloss ich, das Rollenspiel *Zugfahren* als fester Bestandteil in die Fördereinheiten mit Nico zu integrieren und stetig auszubauen. Dabei sollten folgende Überlegungen zur methodischen Vorgehensweise berücksichtigt werden:

- Das Rollenspiel musste vorstrukturiert werden, um ein Script (Rollenspielablauf) zu präsentieren, welches sich in den einzelnen Fördereinheiten wiederholt.
- Es galt, die Strukturierung so zu gestalten, dass eine Rollenspielform entsteht, bei der die Spieler selbst (Nico und ich) in eine Rolle schlüpfen.
- Trotz dieser gezielten Vorstrukturierung meinerseits sollten Freiräume enthalten sein, in denen Nico seine Interessen und Handlungsvorschläge integrieren kann.

Um diesen Vorgaben gerecht zu werden, bereitete ich für jede Sitzung zwei Zugfahrscheine vor. In diese vorgefertigten Fahrkarten durfte Nico mit einem Stift jeweils das geplante Reiseziel, welches er vorzugsweise auswählen durfte, schriftlich eintragen. Die Beschriftung der Zugfahrscheine wurde bewusst mit Großbuchstaben durchgeführt, um Nico somit die ersten Kontakte zum Bereich Schriftsprache zu ermöglichen. Zusätzlich zu dem Fahrziel durfte Nico auch noch seine Wünsche und Aktivitäten auf die Fahrkarte schreiben, die er am Zielort ausführen wollte.

Neben diesen Fahrscheinen bereitete ich jeweils verschiedene, imaginäre Aktivitäten (z. B. Freibadbesuch, Essengehen etc.) vor, die wir in unserem fiktiven Reiseziel ausführten. Dabei sollten zu Beginn von Förderphase II vorerst weniger fiktive Aktivitäten in das Rollenspiel integriert sein, diese aber unter Verwendung von Handlungs- und Spielgegenständen intensiv ausgeführt werden. Im Laufe der Födereinheiten sollten diese Spielobjekte dann bewusst reduziert werden, um den symbolischen bzw. fiktiven Gebrauch von Spielgegenständen zu vertiefen.

Zusammenfassender Ablauf der Fördereinheiten

Die Fördereinheiten wiesen stets dieselbe Grundstruktur auf. Zu Beginn des Rollenspielparts jeder Sitzung kaufte sich Nico bei mir (in Form des Ticketverkäufers) fiktiv zwei Zugfahrkarten. Dieser Fahrscheinkauf sollte gleichzeitig ein Einstiegsritual im Bereich des Rollenspiels darstellen, welches Nico den jeweiligen Beginn des Rollenspiels signalisieren sollte. Danach stiegen wir gemeinsam in den bereitstehenden Zug ein und fuhren zu dem von Nico ausgesuchten Reiseziel. Im Reiseziel angekommen, unternahmen wir verschiedene Aktivitäten mit unterschiedlichen Rollenverteilungen. So gingen wir beispielsweise fiktiv gemeinsam Essen und kauften uns vor der Zugheimfahrt noch ein Eis (vgl. Anhang II).

Ab der vierten Fördereinheit übernahm Nico zusätzlich während der Zugfahrt die feste Rolle des Fahrkartenkontrolleurs und kontrollierte bei jeder Fahrt meinen Fahrschein.

Insgesamt bereiteten die durchgeführten Rollenspiele Nico sehr großes Vergnügen und er erlangte von Sitzung zu Sitzung immer mehr Handlungssicherheit im Bereich der Rollenspielformate.

6.4 Nicos Kompetenzerweiterungen

Im Folgenden werden Nicos Kompetenzerweiterungen aufgeführt. Jedoch darf dies nicht zu der Schlussfolgerung verleiten, dass eine rein erfolgsorientierte, von vornherein in (Erfolgs-) Etappen, Meilensteinen oder gar Zeitpunkten planbare (Sprach-)Förderung stets möglich wäre. Vielmehr muss berücksichtigt werden, dass – im Rahmen der Möglichkeiten des jeweiligen Kindes und unter bewusster Vermeidung von Überforderung und Frustration – durch die Summierung kleiner Zwischenschritte des sprachlichen Lernens (vgl. Füssenich ^{5}2005, S. 98) ein großer Gesamtlernfortschritt erzielt werden kann.

6.4.1 In Alltagsformaten

Beschreibung von Nicos Lernfortschritten mit Hilfe einer Bildungs- und Lerngeschichte

Nico erwarb im Laufe der ersten Förderphase neue Kompetenzen, die erst unter Addition vieler kleiner Zwischenfortschritte zu einem großen Entwicklungsfortschritt führen. Im Folgenden wird unter Rückgriff auf das *Beobachtungsverfahren der Bildungs- und Lerngeschichte* skizziert, welche Kompetenzerweiterungen er getätigt hat. Die hier aufgeführte Handlungssituation weist große Parallelen zu einem Spielformat auf, da sie allerdings weder den Regel- noch den Rollenspielen zugeordnet werden kann und der Interaktionskontext spontan im Kindergartenalltag entstand, wird sie im Rahmen der Kompetenzerweiterungen in Alltagsformaten aufgeführt:

Beschreibung des Handlungsverlaufs der beobachteten Situation:

Nico geht zum Wagen mit den Musikinstrumenten und nimmt sich die Gitarre heraus. Er setzt sich mit ihr auf den Matratzenboden. Er legt sich die Gitarre auf den Schoß und beginnt an den Saiten zu zupfen. „Musik spielen", sagt er. Dann nimmt er die Gitarre in die rechte Hand und streicht mit der Linken über die Saiten. Sylvia (eine Kollegin) zeigt Nico, wie man sich den Gurt der Gitarre um den Hals hängen kann. Kurz darauf nehmen sich Sylvia und Jana (ein Kindergartenkind) auch ein Instrument vom Wagen (eine Rassel und eine Trommel) und fragen Nico, ob sie mitspielen dürfen, was er mit einem Nicken bejaht. Die drei spielen auf ihren Instrumenten.

Sylvia fragt Nico, ob sie zusammen ein Lied singen sollen und ob er eines kennt. Nico sieht sie fragend an, aber antwortet nicht auf die Frage. Er geht erneut zum Wagen, nimmt sich den Regenmacher vom Wagen und gibt ihn Sylvia. Er möchte das unten herabhängende Stück Paketband abziehen und sagt zu Sylvia: „Kannst du des wegmachen?" „Das muss dran bleiben, sonst geht es kaputt," antwortet Sylvia. Währenddessen spielt Jana leise auf der Gitarre. Nico legt den Regenmacher wieder zurück, tauscht sein Instrument mit Jana und setzt sich mit der Gitarre auf die gegenüberliegenden Matratzen. Er versucht erneut, sich die Gitarre umzuhängen, benötigt aber Sylvias Hilfe dazu. Dann spielt Nico wieder auf der Gitarre, er spielt mal fester, mal leichter; mal lauter, mal leiser. Sylvia sagt: „ Ganz leise.", worauf sie und Jana ebenfalls ganz leise auf ihren Instrumenten spielen. Als sie „lauter" sagt, spielen die beiden Kinder lauter auf ihren Instrumenten. So geht es einige Male hin und her, bis Nico Sylvias Rolle übernimmt und die Anweisungen laut vornimmt. Nico lacht freudig darüber und steckt Sylvia und Jana mit seiner Freude an. Auch sie müssen lachen. Nach einer bestimmten Zeit bricht Nico die Spielhandlung ab und legt die Gitarre wieder in den Wagen. Sylvia und Jana spielen noch ein wenig weiter, bis auch sie ihre Instrumente zurücklegen.

Nach der Auswertung dieses Handlungskontextes mit Hilfe der Lerndispositionen sowie im kollegialen Austausch mit Nicos Bezugserzieherin können folgende Eindrücke festgehalten werden:

Ein roter Faden über mehrere Beobachtungen wurde auf drei unterschiedlichen Ebenen deutlich: Auf der inhaltlichen Ebene beschäftigt sich Nico konzentriert, ausdauernd und interessiert mit den jeweiligen Handlungen und hat große Freude daran, seine Umwelt zu erkunden. Auf der sprachlichen Ebene stellt Nico weiterhin Fragen und bittet nun um Hilfe, wenn er etwas selbst nicht erreicht. Außerdem besitzt er einen relativ großen Wortschatz, mit dessen Hilfe er bestimmte Handlungen sprachlich kommentiert und strukturiert. Auf der sozial-emotionalen Ebene ist Nico stark auf Interaktionen mit Erwachsenen fixiert. Als Interaktionspartner zieht er Erwachsene seinen gleichaltrigen Kindergartenkindern vor und tritt sehr selten in einen Handlungskontext mit Gleichaltrigen.

Unter erneuter Analyse von Nicos Lerndispositionen sowie dem gemeinsamem Austausch mit Nicos Bezugserzieherin konnten die Hauptpunkte von Nicos Kompetenzerweiterungen während der ersten Förderphase festgehalten werden:

- In gemeinsamen Handlungssituationen mit Erwachsenen kann Nico Handlungsimpulse seitens des Interaktionspartners aufnehmen. Er schafft es, diese Handlungsanregungen in seine Handlungsplanung einzubinden und diesen Gedanken fortzuführen und auszubauen. Außerdem hat er gelernt, in gemeinsamen Interaktionen nicht nur selbst ein Handlungsthema vorzugeben, sondern die Vorschläge der Bezugsperson neugierig und motiviert umzusetzen.
- Er versteht es mehr und mehr, Formathandlungen mit Sprache zu strukturieren, und dabei seine eigenen Interessen und Wünsche sprachlich mitzuteilen.
- Er akzeptiert die Anwesenheit anderer Kinder während den Interaktionen zwischen Erwachsenen und ihm, allerdings findet kein gemeinsamer Handlungskontext oder Austausch zwischen ihm und seinen Kindergartenpartnern statt.

Zur direkten Rückmeldung seiner eigenen Lernprozesse und -fortschritte fertigte ich für Nico ein Bilderbuch mit Fotografien von ihm während bestimmter Fördersituationen an. Diese Form der Rückmeldung durch ein Bilderbuch wurde gezielt gewählt, da Nico bei dieser Form seine erworbenen Kompetenzen im Umgang mit Bilderbüchern anwenden und vertiefen konnte.

Während des gemeinsamen Betrachtens las ich Nico die in Großbuchstaben formulierten Bildbeschreibungen vor. Nico betrachtete diese Bilder dabei fasziniert und ergänzte diese visuellen Eindrücke mit eigenen Kommentaren. Die Buchbetrachtung bereitete ihm so viel Freude, dass er es nach dem ersten Anschauen sofort noch einmal betrachten wollte. Laut Aussagen seiner Erzieherinnen nahm er dieses Buch auch mit nach Hause und präsentierte es dort stolz seinen Eltern.

Neben diesen, in der oben aufgeführten Beobachtung erkennbaren Lernfortschritten, entwickelte Nico seine Fähigkeiten auch in anderen Bereichen weiter. Die hier aufgeführte Beschreibung seiner Lernfortschritte basiert nicht nur auf meiner individuellen Sichtweise, sondern wurde im kollegialen Austausch mit Nicos Bezugserzieherinnen (vgl. Kap. 6.5.1) abgeglichen:

- Im Bereich der semantischen Förderung konnte Nico seinen Wortschatz in dem Wortfeld Fahrzeuge verbessern. Im Bereich der Strategien zur Wortschatzerweiterung muss festgehalten werden, dass er neben seinen bereits vorhanden Strategien (vgl. S. 119) vermehrt begann, Sprachspiele zu performieren und Spaß daran zu haben (Bsp.: „Pi-Pa-Polizei, Po-Po-Polizei!“).
- Nico hat akzeptiert und gelernt, sich an vereinbarte Regeln zu halten. Sobald ihm der Sinn und Zweck feststehender Regeln klar war, konnte er diese Anordnungen im Rahmen unserer gemeinsamen Förderinteraktionen einhalten. Dieses gewachsene Regelbewusstsein stellt auch einen deutlichen Schritt in seiner sozial-emotionalen Entwicklung dar.
- Durch das ritualisierte Betrachten von Bilderbüchern kann Nico während der Einzelförderung mittlerweile sachgemäß mit Büchern umgehen. Beim Anschauen der einzelnen Bilder beginnt er mit der ersten Buchseite und nimmt sich ruhig und konzentriert die Zeit, Bilder detailliert zu betrachten. Dabei stellt er interessiert Fragen oder beschreibt Bildausschnitte, die ihn besonders beeindrucken.
- In geeigneten Kontexten gelang es Nico, bildlich dargestellte Geschichts- und Handlungsteile als Ausgangspunkt für ein gemeinsames Symbolspiel aufzugreifen. Er imitierte diese kurz zuvor bildlich betrachteten Handlungssituationen und führte dieses Spielthema im Freispiel für kurze Zeit weiter.

Auch in Förderphase II konnten Kompetenzerweiterungen dokumentiert werden: Primäres Ziel der Förderung von Alltagsformaten war es, Nico vorstrukturierte Handlungsrahmen zu offerieren, in welchen er schrittweise immer größere Handlungssicherheit erfahren sollte. Diese, in ritualisierten Interaktionen erworbene Handlungssicherheit, sollte ihn bei der Kontaktaufnahme mit anderen Kindern unterstützen, sodass er im Kommunikationskontext mit Gleichaltrigen auf diese verinnerlichten und ihm vertrauten Interaktionsschemata zurückgreifen kann.

Bei der Feststellung von Nicos Lernfortschritten im Bereich der Alltagsformate kann festgehalten werden, dass er im allgemeinen Umgang mit den ritualisierten Interaktionskontexten der gemeinsamen Förderarbeit (vgl. Kap. 6.3.4) deutliche Fortschritte im Bereich der Handlungssicherheit erfahren hat. So gewöhnte sich Nico schnell an diese immer wiederkehrenden Handlungen und forderte die Einhaltung dieser Rituale auch immer wieder selbst ein. Als ich beispielsweise einmal auf dem Weg zum gemeinsamen Frühstück von einer Erzieherin um einen Gefallen gebeten wurde, konnte ich nicht unmittelbar mit Nico frühstücken gehen. Nico entschied daraufhin, solange auf mich zu warten, bis ich die bevorstehende Tätigkeit erledigt hatte, um dann im Anschluss daran gemeinsam mit mir frühstücken zu können.

Weitere Lernfortschritte sind im Bereich von Nicos Essverhalten festzustellen. Während unseres gemeinsamen Frühstücks stellte er das Spiel mit Nahrungsmitteln ein und unterließ ab der dritten Fördereinheit auch den störenden Besteckärm. Außerdem bestätigten die Erzieherinnen, dass sich Nicos allgemeines Essverhalten seit Beginn der zweiten Förderphase merklich verbessert habe und er nur noch sporadisch und bei erhöhtem Verlangen nach Aufmerksamkeit einen Erwachsenen zur Seite gestellt bekommen müsse. Leider ergaben sich während des Frühstücks fast nie Kommunikationssituationen mit Gleichaltrigen, da Nico zu sehr mit Essen beschäftigt war. Aufgrund der Zielvorgabe der Förderung seines Essverhaltens ordnete ich das Ziel der Kommunikationsinitiierung dem der Verhaltensförderung unter.

Zusammenfassend gilt festzuhalten, dass Nico im Bereich von Alltagsformaten seine kindliche Neugierde sowie seine große Konzentrationsfähigkeit beibehalten hat und nach wie vor ein inniges Verhältnis zu den ihm vertrauten Erwachsenen besitzt. Er hat gelernt, bestimmte Verhaltensregeln und -grenzen sowohl in Einzelsituationen als auch im Kindergartenalltag zu befolgen. Einzig in Gruppensituationen ab ca. vier Kindern bereitet ihm die Einhaltung dieser Regeln noch häufiger Schwierigkeiten und er versucht dann durch Störverhalten Aufmerksamkeit auf sich zu lenken. Besonders in seinem Essverhalten erzielte Nico große Lernfortschritte. Sowohl im motorischen Umgang mit Löffel und Gabel als auch in seinem Verhalten am Tisch stellten wir deutliche Verbesserungen fest.

6.4.2 In Spielformaten

Im Bereich Regelspiele

Primäres Ziel des gemeinsamen Memoryspiels mit Nico war die Beachtung dreier elementarer Regeln (vgl. Kap. 6.3.5). Nico tätigte folgende Entwicklungsschritte in diesem Förderbereich:

- Die Einhaltung der abwechselnden Reihenfolge des Kartenziehens akzeptierte und übernahm Nico bereits in der ersten Fördereinheit und führte die Beachtung dieser Regel auch in den folgenden Sitzungen meist konsequent fort.
- Das Zurücklegen gezogener Karten an ihren ursprünglichen Platz bereitete Nico in den ersten beiden Sitzungen Schwierigkeiten. Da er die aufgedeckten Karten in die Hand nahm, legte er sie entweder an irgendeinen freien Platz zurück oder legte sie außerhalb der vorstrukturierten Quadratform an. Ich erklärte ihm, die umgedrehten Karten nicht aufzunehmen, sondern aufgedeckt an derselben Stelle liegen zu lassen, bis er entweder die andere passende Karte gefunden habe und damit beide Karten aufnehmen dürfte, oder aber die zwei nicht zusammengehörigen Bildkarten an ihren ursprünglichen Plätzen einfach wieder umzudrehen. Diese Regel befolgte Nico ab der dritten Fördereinheit und hielt sie ab diesem Zeitpunkt ebenfalls konsequent durch.
- Die Regel, dass ein Spieler bei erfolgreichem Finden eines Paares nochmals ziehen darf, hielt Nico in der ersten Fördereinheit nur teilweise ein. Während er selbst nach einem erfolgreichen Versuch noch einmal zog, wollte er nach einem erfolgreichen Versuch meinerseits sofort wieder selber ziehen. Da ich die Einhaltung dieser Regel aber konsequent von ihm einforderte, befolgte er sie ab Mitte der zweiten Fördereinheit.

Einen weiteren wichtigen Lernfortschritt tätigte Nico im Bereich des Spielverständnisses. Während der ersten drei Fördereinheiten hatte Nico den Wettbewerbscharakter bzw. den Aspekt des Sich-Messens (vgl. S. 62) noch nicht verstanden. So verriet er mir jedes Mal, wenn er wusste, wo sich die passende zweite Karte befand, welche Karte ich aufzudecken hätte. Während der vierten Fördereinheit verstand Nico, dass er seine eigenen Gewinnchancen durch das Kartenvorsagen einschränkte, und gab diese Verhaltensweise ab diesem Zeitpunkt auf.

In der fünften Fördereinheit der Förderphase II konnten wir zum ersten Mal einen kompletten Durchlauf (mit 11 Kartenpärchen) des Memoryspiels unter Einhaltung aller Regeln durchführen (vgl. Anhang III). In der sechsten Fördereinheit behielt Nico die Beachtung aller Regeln bei, allerdings brach er das Spiel nach sechs gezogenen Pärchen mit den Worten „Ich will nimmer spielen!" ab, und konnte nicht zum Weiterspielen überzeugt werden.

Zusammenfassend kann bei den Lernfortschritten im Bereich des Memoryspiels festgehalten werden, dass Nico das Spielprinzip verstanden hat und sich auf den zugehörigen Handlungsrahmen einlassen kann. Er ist mit den Regeln dieses Formats vertraut und kann diese auch bewusst einhalten. Nico hat gezeigt, dass er das Memoryspiel in einer Einzelsituation mit einem Erwachsenen regelkonform durchführen kann: So präsentierte er einige Male im gemeinsamen Spiel mit seiner Bezugserzieherin die ihm bekannte Spielstruktur des Memoryspiels. Dabei erklärte Nico vor Spielbeginn kurz die Regeln und hielt diese dann auch selbst ein. Ein gemeinsames Memoryspiel mit anderen Kindern konnte weder ich noch eine von Nicos Erzieherinnen beobachten. Diese Inszenierung eines Memoryspiels mit Gleichaltrigen stellt daher einen wichtigen Inhalt in der weiteren Förderarbeit mit ihm dar. In weiteren Fördereinheiten sollte die Vertiefung dieses Regelspiels mit Erwachsenen sowie die Ausweitung auf das Spiel mit Gleichaltrigen fokussiert werden.

Im Bereich Rollenspiele

BÜRKI (1998, S. 28f) schlägt zur Erfassung und Beurteilung von Kompetenzen im Rollenspiel die drei Bereiche *Gegenstandsbezug, Sequentierung* und *Rollenübernahme* vor, mit Hilfe derer kindliche Entwicklungsschritte deutlich gemacht werden sollen. Daher werden im Folgenden zur Beschreibung von Nicos Lernfortschritten seine Rollenspielkompetenzen in diese Kategorien eingeordnet:

Im Bereich des *Gegenstandsbezugs* tätigte Nico deutliche Fortschritte bei der Loslösung von konkreten Spielobjekten. Seine Verwendung von Gegenständen findet zwar nach wie vor zumeist funktional[36] statt, allerdings integriert er vermehrt den symbolischen Gebrauch von Spielgegenständen in seine Handlungen. So konnte er beispielweise imaginär ein Eis essen, welches er fiktiv in seiner real leeren Hand hielt. Weitere Entwicklungsschritte waren bei der Auslösung neuer Handlungen innerhalb des Rollenspielkontexts erkennbar. Während für Nico zu Beginn der Förderung konkrete Gegenstände als ausschlaggebende Handlungsimpulse für den weiteren Spielablauf funktionierten (z. B. wenn er die Gitarre erblickte, nahm er die Gitarre mit in den Zug), verfolgte er gegen Ende der Förderung ein bestimmtes Handlungsscript, auf welches in den meisten Fällen auch umliegende Gegenstände keinen Einfluss hatten.

[36] Unter funktionaler Verwendung von Spielgegenständen wird hier der Gebrauch von Spielobjekten in Abhängigkeit von ihrer eigentlichen Funktion verstanden.

Im Bereich der *Sequentierung* waren große Entwicklungsschritte in Bezug auf die sinnvolle Aneinanderreihung einzelner Handlungssequenzen zu erkennen. Zu Beginn unserer Rollenspiele bestanden die Spielinhalte aus der Aneinanderreihung von Handlungen, wobei mir die Aufgabe zukam, diese durch eine gezielte Strukturierung miteinander zu verbinden. Gegen Ende übernahm Nico die gegenseitige Verknüpfung aufeinanderfolgender Handlungen, als er beispielsweise von selbst die Rolle des Fahrkartenkontrolleurs in unser Spiel integrierte. Dies zeigt, dass er auf der Ebene des abstrakten Denkens eine konkrete Vorstellung bestimmter Handlungsabläufe besitzt und diese auch in sein Spielscript verankert. Weitere Fortschritte tätigte Nico im Bereich des Abschlusses unserer gemeinsamen Handlungen. Während er anfangs in Abhängigkeit seiner Bedürfnisse das Rollenspiel jederzeit beendete (in den ersten beiden Fördereinheiten fuhren wir nie mit dem Zug zurück nach Hause), schloss er es in den weiteren Sitzungen erst nach gemeinsamer Zugrückfahrt ab. Seine Lernfortschritte resultieren in diesem Bereich somit aus der Beendigung unserer Rollenspielinteraktionen als vollendete Handlungen und abgeschlossene Spielsequenzen.

Im Bereich der *Rollenübernahme* konnte Nico Rollen übernehmen und entwickelte ein Verständnis für diese von ihm ausgeführten Rollen. Er verstand es immer besser, sich in seine fiktiven Rollen imaginär hineinzuversetzen und drückte dieses erworbene Verständnis mit steigender Förderdauer vermehrt sprachlich aus. So integrierte er zum Beispiel in der fünften Fördereinheit von selbst mit den Worten „Achtung, Achtung, der Zug kommt! Achtung, Achtung!“ (vgl. Anhang II) den Bahnhofssprecher in unsere Spielhandlung. Unsere gemeinsamen Rollenspiele waren meist so strukturiert, dass Nico im Spiel mehrere, verschiedene Rollen einnehmen konnte, die er jeweils für bestimmte Spielsequenzen inne hatte. Daher konnten keine detaillierten Aussagen über seine Fähigkeit der Beibehaltung von Rollen über mehrere Episoden gemacht werden. Die Anforderung der Rollenwechsel bereitete Nico keinerlei Schwierigkeiten und er verstand es gegen Ende der Förderarbeit sehr gut, diese Rollenwechsel durchzuführen (vgl. Anhang II). Im Bereich der Rollenausführung tätigte er große Fortschritte: Während er seine Rollen zu Beginn der zweiten Förderphase überwiegend teilnehmend ausführte, übernahm er in den folgenden Sitzungen immer aktivere Handlungsanteile und wirkte damit konkret auf das Spielsujet ein, bspw.: „Du bist der Fahrer. Ich sitz da hinten!“.

6.4.3 In sprachlich-kommunikativen Fähigkeiten

Nico wurden die unterschiedlichen Handlungsrahmen sowie die verschiedenen Interaktionskontexte der einzelnen Alltagsformate immer vertrauter und so übernahm er mit der Zeit immer aktivere Parts innerhalb unserer gemeinsamen Handlungen. Seine zunehmende Aktivität wurde vor allem anhand seiner sprachlichen Beteiligung während unserer Interaktionskontexte deutlich: Zum Einen nahmen seine verbalen Äußerungen und Kommentierungen während der Formatausführungen quantitativ deutlich zu, zum Anderen stellte er schrittweise mehr Fragen in Bezug auf meine Person, mein Umfeld und meine Interessen. Ein Beispiel einer derartigen Formatinteraktion ist dem Anhang (Anhang I) dieser Arbeit zu entnehmen. Außerdem entwickelte Nico seine Fähigkeiten des Ausdrucks eigener Bedürfnisse und Wünsche weiter und teilte diese immer öfter und präziser mit. (z. B. drückte er mit den Worten „Mir isses hier zu laut!" [vgl. Anhang III] sehr oft mit, dass ihn der laute Geräuschpegel innerhalb der Einrichtung störte). In enger Verbindung dazu steht seine schrittweise Zunahme der sprachlichen Strukturierung von Formatsituationen. Diese erweiterten pragmatischen Fähigkeiten nutzte er, um seine Handlungsvorstellungen mitzuteilen und in die Formatabläufe zu integrieren.

Des Weiteren baute Nico Sprachspiele in unseren ritualisierten Guten-Appetit-Spruch ein. Oft veränderte er einzelne Wörter (z. B. „Pa, Po Piep, wir ham uns alle lieb…") dieses Spruches, und eignete sich somit eine weitere wichtige Strategie zum Ausbau seines Wortschatzes an (vgl. Füssenich/Geisel 2008, S. 55f).

Auch im Bereich der Regelspiele konnten Lernfortschritte seiner sprachlich-kommunikativen Fähigkeiten festgestellt werden: Nico benannte jede einzelne, von ihm umgedrehte Karte und stellte Fragen bzw. ergänzte ihm wichtig erscheinende Sachverhalte zu den abgebildeten Eigenschaften der jeweiligen Karten. Er konnte somit bestärkend in seiner Anwendung von Strategien zur Wortschatzerweiterung unterstützt werden und Möglichkeiten zur Vernetzung und dem Ausbau seines Lexikons erfahren und anwenden. Im grammatischen Bereich performierte Nico die morphologisch-syntaktisch korrekte Formulierung spieltypischer Aussagesätze. Neben den Aussagen „Ich bin (noch mal) dran!/Du bist (noch mal) dran!" präsentierte er vor allem die Äußerungen „Ich habe gewonnen/verloren!" bzw. „Du hast gewonnen/verloren!".

Da Sprache und Kommunikation elementarer Inhalt von Rollenspielen sind (vgl. Kap. 3.4.4) erweitere ich BÜRKIS Beobachtungsbogen (vgl. S. 138f) an dieser Stelle um den Punkt der *kommunikativen Aspekte im Rollenspiel*: Zu Beginn unserer gemeinsamen Rollenspiele führte Nico seine Rollen vermehrt passiv aus, d.h. er agierte innerhalb seiner fiktiven Rolle, allerdings meist ohne verbale Kommentare oder sprachliche Aktivitäten. Mit fortschreitender Förderdauer integrierte er zunehmend mehr Sprachgebrauch in die Ausführung seiner Rollen (z. B. seine Aussagen als Fahrkartenkontrolleur: „Wo ist deine Fahrkarte? Sonst kannst du net mitfahren! Ah, da ist se! Danke!") und nutzte Sprache in Form von expliziter Metakommunikation (vgl. S. 71f), um unsere Rollen sprachlich zu strukturieren und das Handlungsscript umzusetzen. Er verließ vermehrt kurzzeitig den Spielrahmen, um die ihm wichtigen Rollenkontexte neu zu konstruieren oder die aktuelle Spielhandlung ergänzend zu strukturieren (Bsp.: Nico sagt während der Zugfahrt:„Guck mal, das ist jetzt ein Tunnel!“ und zeigt auf den Tisch im Zimmer. „Da müssen wir durch fahren!“), und versetzte sich dann wieder in seine fiktive Rolle zurück. Nicos Fähigkeiten dieser Art von Metakommunikation müssen als großer Entwicklungsschritt und elementare Voraussetzung zur erfolgreichen Umsetzung von Rollenspielformaten festgehalten werden.

Im Bereich des Spielverhaltens mit Anderen entwickelte Nico bei Interaktionen mit Erwachsenen einen dezentrierten Umgang mit Handlungsvorgaben. Er konnte sich mehr auf Handlungsimpulse und Spielstrukturvorgaben von Erwachsenen einlassen und diese auch umsetzen bzw. mit seinen eigenen Vorstellungen kombinieren. Dabei profitierte er von seiner in der Einzelsituation erworbenen Handlungssicherheit, die er dann langsam auf andere Situationen übertragen konnte. Aber auch im Spielverhalten mit Gleichaltrigen erzielte Nico große Lernfortschritte: Wie bereits erwähnt, verbrachte Nico vermehrt Zeit in Interaktionskontexten mit seinen Kindergartenpartnern. Innerhalb dieser Handlungssituationen griff Nico dann oft auf die Spielformate der Förderung zurück. So baute er beispielsweise im Rollenspielzimmer einige Male mit Hilfe von Stühlen einen Zug auf und agierte mit anderen Kindern in dem ihm bekannten Rollenspiel *Zugfahren* (vgl. Kapitel 6.3.5). Dabei profitierte er von seiner erworbenen Handlungssicherheit in diesem Format und konnte einerseits seinen Spielpartnern konkrete Vorstellungen seines individuellen Spielsujets verbal mitteilen („Du bist der Fahrer. Ich kontrollier die Karten!“) und andererseits auch deren Rollenvorschläge berücksichtigen (z. B. wollte ein Kind, dass das Rollenspiel im fiktiven Essenswagon stattfinden sollte; Nico übernahm diese Idee daraufhin in die Spielhandlung).

Im Bereich der Verhaltensformen zu anderen Kindern unterließ Nico das Stören von Spielsituationen und gewöhnte sich einen liebevolleren Umgang mit ihnen an. Er teilte und wechselte sein Spielzeug des Öfteren mit Gleichaltrigen und trat mehr und mehr in kurze, gemeinsame Handlungen mit seinen Kindergartenpartnern (z. B. half er einem anderen Kind, als dessen Tasse vom Tisch fiel und so trockneten die beiden gemeinsam den Boden.) Er überwand die während seiner Eingewöhnungsphase im weitesten Sinne vorherrschende Außenseiterrolle und verbrachte schrittweise mehr Zeit mit zwei Kindergartenkindern als festen Interaktionspartnern und konnte in diesen Interaktionen auf seine gesteigerte Handlungssicherheit zurückgreifen, die er schrittweise in der Einzelsituation mit mir erworben hatte. Einzig die Kontaktaufnahme zu anderen Kindern fiel Nico nach wie vor schwer, zumeist mussten seine Kindergartenpartner zuerst auf ihn zugehen und somit die ersten Schritte gemeinsamer Handlungen initiieren.

6.5 Der Blick auf die Förderkraft

6.5.1 Umsetzung von Kooperation

Bezüglich der Umsetzung von Kooperation zwischen mir und den pädagogischen Fachkräften muss festgehalten werden, dass die pädagogischen Fachkräfte jederzeit offen für Fragen, Anregungen oder Hilfestellungen waren und sich beispielsweise bei der Terminfindung zum kollegialen Austausch trotz der knappen personellen Ressourcen in der Einrichtung sehr kooperativ und interessiert verhielten. Diese Zusammenarbeit in Form von kollegialen Austauschgesprächen und einer Bildungs- und Lerngeschichte[37] kann als konstruktiv bezeichnet werden, da in gemeinsamen Gesprächen über Nico wichtige Erfahrungen und Meinungen bezüglich der weiteren Vorgehensweise ausgetauscht werden konnten. Ein direkter Austausch sowie eine regelmäßige Kooperation zwischen Nicos Eltern und mir trotz mehrmaliger Versuche nicht initiiert werden konnte. Diese Entscheidung der Eltern wurde meinerseits akzeptiert und respektiert, und so galt es mit Blick auf Nico den Austausch mit den pädagogischen Fachkräften der Einrichtung so zu gestalten, dass ein qualitativer Austausch über die Förderarbeit mit Nico, seine Kompetenzerweiterungen sowie Erkenntnisse über Beobachtungen im Kindergartenalltag gewährleistet werden konnten.

6.5.2 Kompetenzen der Förderkraft

Es galt, eine vertrauensvolle und tragfähige Beziehung zwischen Nico und mir herzustellen, damit er auf dieser elementaren Basis seine Fähigkeiten erweitern kann. Dazu nahm ich mir Zeit, mich auf die Interessen und Bedürfnisse von Nico einzulassen und ihm die Wertschätzung seiner individuellen Fähigkeiten entgegen zu bringen. Mit Hilfe dieses vertrauten Verhältnisses wurde Nicos Freude an kollektiven Aktionen und Handlungskontexten konserviert und ausgebaut, um ihn entsprechend der gezielten Kompetenzerweiterungen auf dem Schritt zur Zone der nächsten Entwicklung zu begleiten. Ich präsentierte mich als ehrlicher Spielteilnehmer und achtete dabei beispielsweise bewusst auf die Vermeidung von Abfragesituationen, um Nico nicht das Gefühl einer künstlichen, unnatürlichen Situation zu vermitteln und einer Instrumentalisierung von Spiel- wie Interaktionskontexten (vgl. Kap. 4.4) entgegen zu wirken.

Im Bereich des eigenen Sprachverhaltens der Förderkraft praktizierte ich den Einsatz von Modellierungstechniken nach DANNENBAUER ([5]2002, S. 155f; vgl. S. 1).

---

[37]Inhalte und Auszüge dieser Bildungs- und Lerngeschichte (vgl. Leu et al. 2007) werden bei Nicos Kompetenzerweiterungen (Kap. 6.4) aufgeführt.

Hier erschienen mir für die Förderung von Nico drei Modellierungen als besonders wichtig. Allerdings sollten diese Modellierungen nicht im engeren Sinne von DANNENBAUER zur Präsentation einer spezifischen, grammatischen Zielstruktur angewandt werden, sondern sollten Nico in einem offeneren Sinne sprachliche Modelle elementarer Kommunikationsformen anbieten:

> Parallelsprechen: Die kindlichen Intentionen und Ideen werden sprachlich umgesetzt (z. B.: Nico will den Kofferraum eines Spielzeugautos öffnen: „Du willst wohl den Kofferraum öffnen?") um Nicos sprachliche Kommentierung oder Beschreibung seiner Handlungen zu initiieren.
>
> Korrektives Feedback: Fehlerhafte, kindliche Äußerungen werden korrigiert und wiederholt (Nico: „Da sind ein Mann drin!" Ich: „Ja genau, da *ist* ein Mann drin!").
>
> Extensionen: An die Äußerungen des Kindes wird semantisch unter Verwendung der korrekten Zielstruktur angeknüpft (Nico: „Was habt der Mann an?" Ich: „Der Mann *hat* eine Jacke an.")

Die Anwendung dieser und weiterer Modellierungen sollte keinesfalls durch permanentes Einsprechen auf Nico umgesetzt werden. Vielmehr sollten durch die gezielte Betonung weniger, prägnanter Kontexte Entwicklungsfortschritte erzielt werden (vgl. Dannenbauer ^{5}2002, S. 153). Außerdem wurde die gezielte Verwendung und Wiederholung formattypischer Aussagen eingesetzt, die in enger Verbindung zur Modellierungstechnik *Präsentieren* stehen.

6.5.3 Reflexion der Förderung mit Nico und Ausblick

Die Reflexion des eigenen Verhaltens sowie eine Überprüfung der gewählten Vorgehensweise im pädagogischen Kontext sind unverzichtbar um die Grundlage jeglichen professionellen pädagogischen Handelns zu gewährleisten (vgl. Leu et al 2007, S. 103). Daher werden an dieser Stelle einige rückblickende Gedanken zur Gesamtförderung von Nico aufgeführt (vgl. Schiefele 2008):

Natürlich erlebte ich während der Arbeit mit Nico, wenn auch nur selten, ebenfalls schwierige Phasen: Phasen der Stagnation, Phasen des Rückschlags oder aber Ansätze von Selbstzweifel an der eigenen Kompetenz. So grübelte ich lange Zeit über die Gründe und Ursachen, als es mir während einer Fördereinheit erst nach der Hälfte der Zeit gelang, Kontakt zu ihm aufzunehmen und später ein gemeinsames Spiel mit ihm zu initiieren[38]. Aber auch diese Erfahrungen spiegeln mögliche Er-

---

[38] Nico zeigte während dieser Fördereinheit verschiedenste Ausweichverhalten, so versteckte er sich im z. B. Therapiezimmer unter dem Tisch oder boykottierte alle meiner Spielvorschläge durch lau-

scheinungsformen des Alltags der Arbeit mit Kindern wieder, und stellen an die Förderkraft die Aufgabe, damit umgehen zu können. Außerdem wird am Beispiel Nicos deutlich, wie wichtig es ist, Kindern Zeit zu lassen. Zeit zum Kennenlernen, zum Ausprobieren, zum Kommunizieren, zum Zuhören, zum Spielen oder auch zum Ausruhen.

Beim Rückblick auf die Arbeit mit Nico darf nicht vergessen werden, dass auch meine Vorgehensweise bzw. Zielsetzungen kritisch reflektiert werden müssen. Als Hauptpunkt dieser kritischen Betrachtung kam ich durch die einzelnen Reflexionen meiner Fördereinheiten sowie unter Analyse von Nicos Entwicklungsschritten zu dem Schluss, dass ich seinen Problemen bei der Kontaktaufnahme mit Gleichaltrigen größere Bedeutung hätte zumessen können. So hätte beispielsweise die Integration anderer Kinder als Spielpartner in den Förderkontext bereits früher durchgeführt werden können. Besonders im Rahmen der Förderung von Rollenspielformaten (vgl. Kap. 6.3.5), aber auch der Regelspiele, hätte diese Modifikation durchaus sinnvoll eingebaut werden können.

Ausblick auf die Inhalte der weiteren Förderung

In den bisherigen Fördereinheiten mit Nico stand die Förderung unterschiedlicher Formate im Mittelpunkt. Die Betrachtung seiner individuellen Lernfortschritte zeigte eindrucksvoll, dass er in diesen ritualisierten Formatsituationen deutliche Handlungssicherheit erworben hat und die ihm vertrauten Rahmenstrukturen dieser Interaktionskontexte nutzen konnte, um seine kommunikativen Fähigkeiten weiterzuentwickeln. Anhand der Analyse seiner Entwicklung lässt sich aber auch der Kernpunkt erkennen, an welchem die weitere Förderarbeit mit ihm ansetzen sollte. Diesen Schwerpunkt stellt die gezielte Förderung bei der Kontaktaufnahme und dem Umgang mit gleichaltrigen Kindern dar, da Handlungsfähigkeit und -sicherheit in diesem Bereich die notwendige Voraussetzung für Nico bildet, um überhaupt mit anderen Kindern in gemeinsame (sprachliche) Handlungssituationen treten zu können.

Bei den methodischen Überlegungen zur weiteren Vorgehensweise existieren dabei zwei Hauptargumente, die für eine ganzheitliche Förderung im Rahmen von Regel- und Rollenspielformate sprechen:

- Regel- und Rollenspielformate sind bestens geeignet, um gezielte und vorstrukturierte Handlungszusammenhänge mit anderen Kindern herzustellen.

tes Schreien; Außerdem wehrte er in dieser Sitzung anfangs alle Versuche meiner Kontaktaufnahme zu ihm ab.

- Der handlungssichere Umgang in derartigen Formaten bietet Nico die Möglichkeit, ein festes Handlungsrepertoire zu erwerben, mit dessen Hilfe er selbständig Kontakt zu anderen Kindern aufnehmen kann.

Daher sollte die weiterführende Arbeit mit Nico weiterhin auf seinen Stärken und Lernfortschritten im Bereich dieser Formate aufbauen. Für den sprachlich-kommunikativen Bereich bedeutet dies, dass neben der Unterstützung Nicos altersgemäßer Fähigkeiten im semantischen und grammatischen Bereich vermehrt Elemente einer Ausspracheförderung integriert werden sollen[39]. Im Folgenden sollen daher in einem Ausblick kurz Möglichkeiten der Weiterförderung von Rollen- und Regelspielformaten unter dem Aspekt des Zusammenspiels mit anderen Kindern dargestellt werden:

Regelspielformate

Im Bereich der Regelspiele sollte das Memoryspiel zu zweit weiterhin vertieft werden und in einem nächsten Schritt auf das Spiel zu dritt (Nico, Erwachsener und Kindergartenkind) ausgeweitet werden. Sinnvollerweise sollte dem hierbei ausgewählten Kindergartenkind das Memoryspiel vertraut sein. So kann sich Nico anfangs noch an den sicheren Spielhandlungen der beiden anderen Partner orientieren und diese gegebenenfalls auch imitieren. Als langfristiges Ziel ließe sich dann ein gemeinsames Memoryspiel ohne Erwachsenen formulieren.

Außerdem wäre die Ausführung eines weiteren Regelspiels (z. B. Quartett, Domino) mit Nico ein sinnvoller nächster Förderschritt. Besonders geeignet hierfür wäre ein an Nicos Interessen orientiertes Bilderdomino (z. B. aus dem semantischen Feld Tiere). Hierbei sollten erneut zuerst in Einzelsituationen die grundlegenden Regeln des Domino-Spiels mit Nico erarbeitet werden und in einem späteren Schritt das gemeinsame Spiel mit anderen Kindern fokussiert werden.

Rollenspielformate

Die gewählten Rollenspielanlässe sollten aus Nicos Umfeld oder individuellen Interessensgebieten ausgesucht werden, sodass er über bestimmte Handlungsschemata verfügt und diese in die Rollenspiele einbringen kann. Bei der Weiterführung der Rollenspielförderung sollte ein gleichaltriges Kindergartenkind von Nico in die Fördereinheiten integriert werden. Hierbei erfährt Nico einerseits im Bereich des

---

[39] Einige Erzieherinnen erklärten, dass sie Nico manchmal aufgrund undeutlicher Aussprache nicht verstehen würden. Obwohl Nico bei der Analyse seiner Aussprache-Fähigkeiten (vgl. Kap. 6.2.4) keine schwerwiegenden Entwicklungsverzögerungen aufwies, sollte im weiteren Förderablauf seine Aussprache mit dem AVAK-Test untersucht werden, um daraus die relevanten Ziele einer möglicherweise notwendigen phonetisch-phonologischen Förderung abzuleiten.

Sozialverhaltens, dass Rollenspiele geeignete Formate zur Kontaktaufnahme aber auch -intensivierung mit anderen Kindern darstellen. Andererseits würde Nico im Bereich seines Spielverhaltens die Fähigkeiten weiterentwickeln, auf Handlungsimpulse und Ideen von Spielpartnern einzugehen und diese umzusetzen.

6.6 Zusammenfassung

Am Beispielkind Nico konnte gezeigt werden, dass Kinder mit Unterstützungsbedarf ihre individuellen Fähigkeiten mit Hilfe von Formaten im Sinne BRUNERS (^{2}2002) erweitern. Sowohl in sprachanregenden Alltagssituationen als auch durch inszenierte Spielformate in Form von Regel- und Rollenspielen konnte Nico, wie gezeigt werden konnte, seine kindlichen Kompetenzen ausbauen. Aufgrund ihrer routinierten Strukturen und ihrer kindgerechten Erscheinungsweise bieten Formate einen förderlichen Unterstützungsrahmen für die kindliche Sprachentwicklung und stellen unverzichtbare Elemente bei der Förderung von Kindern mit Unterstützungsbedarf dar.

Außerdem wurde am Beispiel von Nico ersichtlich, dass die Unterstützung von Kindern mit Förderbedarf im Elementarbereich nicht im Sinne einer Defizitorientierung an isolierten Auffälligkeitsbereichen ansetzen darf. Vielmehr muss das Kind, unter Berücksichtigung der individuellen Interessen und Stärken im Sinne der ressourcenorientierten Fragen „Was kann das Kind? Was braucht das Kind? Was muss dass Kind noch lernen?“ in seiner kompletten Persönlichkeit im Mittelpunkt stehen. Nur so können mit Hilfe vorhandener Fähigkeiten mögliche Schwierigkeiten beseitigt und die individuellen Kompetenzen ausgebaut werden. Durch die gezielt in Einzelsituationen vertieften Kompetenzerweiterungen erlangen die Kinder Handlungssicherheit und -fähigkeit, welche sie dann in einem nächsten Schritt auf Situationen mit Gleichaltrigen oder anderen Kindern übertragen können.

Im nachfolgenden Kapitel werden drei weitere Kinder mit Unterstützungsbedarf in ihren sprachlich-kommunikativen Fähigkeiten, die in ähnlicher Weise wie Nico über einen bestimmten Zeitraum begleitet und gefördert wurden, dargestellt. Um den Lesern dieser Arbeit einen groben aber verständlichen Überblick über diese Beispielkinder der empirischen Untersuchung zu präsentieren, werden diese im Folgenden jeweils übersichtlich aber kompakt dargestellt. In Kapitel 1 erfolgt dann die ausführliche Analyse ihrer individuellen Gemeinsamkeiten und Unterschiede.

7 Zu den einzelnen Beispielkindern

Um den Lesern dieser Arbeit einen groben, aber verständlichen Überblick über die Begleitung der weiteren drei Beispielkinder der empirischen Untersuchung zu präsentieren, wird diese im Folgenden jeweils kurz vorgestellt. In Anlehnung an die drei Oberkategorien Auswertungskategoriensystems (vgl. Kap. 5.3) erfolgt die Beschreibung der Beispielkinder zuerst unter Darstellung ihrer Voraussetzungen, dann die Darlegung der Fördervorgehensweise und schließlich ein Kurzüberblick über die getätigten Kompetenzerweiterungen.

7.1 Das Beispielkind Adnan

Adnan wurde im Rahmen des Projektes zur wissenschaftlichen Begleitung der Implementierung des Orientierungsplans für Bildung und Erziehung für die baden-württembergischen Kindergärten, Schwerpunkt: Frühförderung, begleitet. Die in diesem Kapitel aufgeführten Inhalte können ausführlich bei HETZEL (2008) nachgelesen werden, wurden dort allerdings unter einer anderen als der dieser Dissertation zugrundeliegenden Fragestellung bearbeitet.

Adnans individuellen Fähigkeiten und Schwierigkeiten

Adnan, der zu Beginn der gezielten Sprachförderung 4;7 Jahre alt war, besuchte seit knapp zwei Jahren das Kinderhaus. Adnans Eltern sind albanischer Herkunft und leben seit mehr als 10 Jahren in Deutschland. Die Erstsprache der Eltern ist Albanisch und sie geben an, dass innerhalb der Familie früher ausschließlich Albanisch gesprochen wurde, was sich seit dem Schulbesuch der älteren Tochter geändert hatte. Die Kinder bevorzugten seither Deutsch als Familiensprache und äußerten vermehrt, nicht mehr Albanisch sprechen zu wollen. Die Sprachkenntnisse der Eltern in Deutsch waren als mittelmäßig bis gut einzustufen. Laut Aussagen der Eltern verfügte Adnan über ein ausgeprägtes Sprachverständnis und einen angemessenen Wortschatz in Albanisch. Während Kommunikationssituationen mit mehrsprachigen Personen konnten sie häufig Sprachmischungen beobachten. Insgesamt verfügte Adnan über ein Sprachdifferenzbewusstsein und sprach im Kindergarten ausschließlich Deutsch.

Adnan konnte oft beim Alleinspiel beobachtet werden und nahm nur selten von sich aus Kontakt zu anderen Kindern oder Erwachsenen auf. Im Kindergarten besaß Adnan einen stabilen Freundeskreis, der nur sporadisch außerhalb der Einrichtung gepflegt wurde. Im Kindergartenalltag legte er großen Wert auf die Einhaltung von Regeln und präsentierte sich insgesamt sehr offen und motiviert Neuem gegenüber. Seine individuellen Stärken lagen in seiner Konzentrationsfähigkeit, Gewissenhaftigkeit und Ausdauer. Außerdem war Adnan den Umgang mit dem Format der Bilderbuchbetrachtung gewohnt und konnte in diesem adäquat operieren.

Auffallend war Adnans sehr negative Selbsteinschätzung, aufgrund der er sich selbst nur wenig zutraute und sich im Kindergartenalltag zurückhielt und nur selten Herausforderungen suchte. Dabei schätzte Adnan seine Fähigkeiten oft geringer ein, als dies den Tatsachen entsprach. Auch seine sprachlichen Fähigkeiten bewertete er entsprechend negativ(z. B. „Ich kann nicht so gut Deutsch").

Adnans sprachlich-kommunikativen Fähigkeiten wurden im Rahmen der gezielten Sprachförderung mit qualitativen Verfahren überprüft:

- Im Bereich Semantik/Pragmatik, der anhand der Analyse seiner Spontansprachäußerungen mit den Beobachtungsbögen zur Erweiterung sprachlich-kommunikativer Fähigkeiten nach FÜSSENICH (Füssenich/Geisel 2008, S. 55ff) durchgeführt wurde, verfügte Adnan in Ansätzen bereits über einige Strategien zur Erweiterung seiner sprachlichen Fähigkeiten (Imitation: E.: „und los geht's!" A.: „Und los geht's, und los geht's, und los geht's!", Fragen nach Unbekanntem: „Fell, was ist das?"). Schwierigkeiten konnten im Rahmen von Ersetzungen bei der Benennung von Abbildungen (z. B. „Fliege" ersetzt er durch „Biene"; insgesamt meist Ersetzungen durch Begriffe aus demselben semantischen Feld), bei Umschreibungen von Abbildungen (sowohl Rückgriff auf Aussehen und Form als auch auf Funktion und Situation) sowie seinem eingeschränkten Wortschatz (äußerte sich in Form von oftmaligem Vermeidungsverhalten) beobachtet werden. Weitere Probleme hatte Adnan im Bereich des Sprachverständnisses: Während er Ein-Dreiwort-Äußerungen meist problemlos verstand, orientierte er sich bei Mehrwort-Äußerungen häufig nur an Schlüsselwörtern.
- Auf der Sprachebene der Grammatik, analysiert durch das Auswertungsraster zur Diagnose grammatischer Fähigkeiten (Füssenich/Jung 2010), konnten durch die Übergeneralisierung des maskulinen Artikels Probleme bei der Genusmarkierung festgestellt werden. Außerdem wurden Schwierigkeiten im Kasussystem sowie bei der korrekten Verwendung von Präpositionen beobachtet.
- Im Bereich der Aussprache, die mit Hilfe des Analyseverfahrens zu Aussprachestörungen bei Kindern (AVAK-Test) nach HACKER & WILGERMEIN (1999) untersucht wurde, verfügte Adnan über ein vollständiges Phoninventar und realisierte alle Laute in allen Wortpositionen korrekt. Die zu Beginn der Förderung teilweise auftretende Reduktion von Mehrfachkonsonanz konnte im weiteren Verlauf nicht mehr beobachtet werden.

Zusammenfassend sind die Ursachen von Adnans sprachlichen Schwierigkeiten im semantischen Bereich zu finden, da er über einen eingeschränkten Wortschatz und begrenzte Möglichkeiten zur Erweiterung seines Lexikons verfügt.

Die Fördervorgehensweise

Hauptziel der Arbeit mit Adnan war die Bereitstellung von Alltags- und Spielformaten, mit Hilfe welche er seine Strategien zur Lexikonerweiterung sowie seinen Wortschatz ausbauen konnte, aber auch gleichzeitig Fortschritte in seinen grammatischen Fähigkeiten tätigen konnte. Im Bereich der Spielformate sollten Formen ausgewählt werden, bei denen am Ende ein Gewinner ermittelt werden konnte, da die Möglichkeit zu gewinnen für ihn nach eigenen Aussagen einen wichtigen Motivationsanreiz darstellte. Entsprechend dieser Zielsetzungen wurde das Regelspiel „der Rategarten" (Füssenich/Geisel 2008, S. 58ff) als geeignetes Spielformat ausgewählt. Die Durchführung des Rategartens wurde nach den von FÜSSENICH/GEISEL (ebd.) vorgeschlagenen drei Spielschritten *1.: Benennen der Spielkarten*, *2.: Kategorisieren der Spielkarten in Oberbegriffe* und *3.: Spielen des Rategartens* umgesetzt. Besonderes Augenmerk wurde auf die Präsentation der Zielstruktur mit bestimmten Artikeln im Nominativ gelegt, um Adnan alle 3 Formen der Genusmarkierung im Deutschen bereitzustellen. Auch die Reihenfolge der Fragen wurde von der Förderkraft nach einem immer wiederkehrenden Muster gestellt, um Adnan ein korrektes Sprachmodell zu präsentieren und ihm Möglichkeiten zur Einsicht in die Kategorisierung und Kategorienbildung von Begriffen zu ermöglichen.

Nach der Festigung der Spielbegriffe und deren Kategorien wurde dieses Spielformat in einer freieren Form auf das Spiel *Ich sehe was, was du nicht siehst* in Adnans Alltag übertragen. Die anfängliche Beschränkung der gesuchten Gegenstände auf Farben wurde schrittweise auf die Verwendung weiterer Adjektive ausgebaut. Dies sollte neben der Wortschatzerweiterung im Bereich Adjektive auch gezielt schrittweise den Einsatz von Präpositionen vorbereiten (z. B. „Liegt es in der Schublade?").

Ein weiteres Spielformat im Rahmen der Förderung war ein Memory, welches die im Rategarten verwendeten Begriffe festigen sollte. Da Memory Adnans Lieblingsspiel war, sollte er darin, neben der Vertiefung der Begriffe, Handlungssicherheit und Selbstvertrauen erfahren, um es auf gemeinsame Interaktionen mit anderen Kindergartenkindern zu übertragen. Außerdem wurde das Memory in gezinkter Form gespielt, bei der Symbole auf der Bildrückseite den jeweiligen bestimmten Artikel repräsentierten und die korrekte Genusmarkierung ermöglichten. Nachdem die Begriffe und deren bestimmte Artikel einigermaßen gefestigt waren, wurde dieses Memory-Spiel durch ein umfangreicheres Natur-Memory ersetzt, das sowohl einige der Tierbilder des Rategarten-Memorys wieder aufgriff, als auch die zuvor geklärten Kategorien der Tiere um weitere Kategorien (z. B. Pflanzen) ergänzte.

Ein weiteres geeignetes Format zur Vernetzung und Erweiterung des Lexikons ist die dialogische Bilderbuchbetrachtung, die aus diesem Grunde ebenfalls in die Arbeit mit Adnan integriert wurde. So erwies sich beispielsweise das Bilderbuch „Der kleine Maulwurf, der wissen wollte, wer ihm auf den Kopf gemacht hat" (Holzwarth & Erlbruch 2000) aufgrund der Integration von Tieren aus den Spielformaten Rategarten und Memory in die Handlungsgeschichte sowie einer sich immer wiederholenden Satzstruktur als geeignetes Instrument. Dabei boten sich vielfältige Möglichkeiten, um auf die Lebensräume der Tiere einzugehen und die erfahrenen Bedeutungsmerkmale der jeweiligen Begriffe untereinander zu vernetzen. Durch die Integration der bekannten Symbole zur Genusmarkierung, die schon aus dem gezinkten Memory bekannt waren, in die Bilderbuchrezeption konnten geschichtsrelevante Gegenstände oder Charaktere ihre jeweiligen Genera symbolisch und korrekt zugeordnet werden.

Adnans Kompetenzerweiterungen

Eine wichtige Kompetenzerweiterung vollzog sich in Adnans Spiel- und Sozialverhalten. Während er zu Beginn der gemeinsamen Förderarbeit sehr verunsichert und mit großer, negativer Selbsteinschätzung agierte, nahmen diese Verhaltensweisen im Laufe der gemeinsamen Interaktionen langsam ab. So konnte Adnan aus diesen immer wiederkehrenden Formaten Vertrauen in sich und seine Handlungsfähigkeit gewinnen und diese später in bestimmten Situationen auf den Kindergartenalltag sowie Spielsituationen mit anderen Kindern übertragen.

Schwerpunkt der gezielten Sprachförderung mit Adnan war die Erweiterung seiner Strategien zum Ausbau des Lexikons sowie die Vergrößerung und Vernetzung seines Wortschatzes. Adnans Kompetenzerweiterungen in diesem Bereich (vgl. Abb. 8) waren vor allem an der Zunahme seiner Selbstkorrekturen sowie dem vermehrten kreativen Umgang mit Sprache z. B. in Form von Reimen zu erkennen. Außerdem konnte beobachtet werden, dass sich seine Ersetzungen und Vermeidungsstrategien bei Lexikonlücken merklich reduzierten und Adnan gleichzeitig häufiger nachfragte oder direkt mitteilte, sobald er etwas nicht verstanden hatte oder nicht benennen konnte. Seine sehr ausgeprägte Imitationsfähigkeit ermöglichte ihm dabei eine rasche Aneignung von Begriffen oder auch ganzen Satzstrukturen. So übernahm er langsam die Formulierung syntaktisch korrekter Frageformulierung im Rahmen des Rategartens. Auch bei der Reihenfolge zum Erfragen von Merkmalen der gesuchten Tiere orientierte er sich sehr eng an den Äußerungen der Fachkraft und imitierte diese bereits nach kurzer Zeit.

Adnans semantische Kompetenzerweiterungen	Beispiele
Selbstkorrektur	Der Haus. Nein, das Haus meine ich. Der Skorpion, äh nein, der Krebs.
Kreativer Umgang mit Sprache	Ein Würstchen nehm'n, nach Hause geh'n. Schmetterling, du kleines Ding, such dir eine Tänzerin.
Wortneuschöpfungen	Eine Piecksebiene; Schussrakete; Zugstraße (=Schiene)
Zunahme von Imitationen	E.: Ich glaub, ich hab gewonnen dieses Mal. A.: Diesmal hab ich gewonnen.

Abb. 8: Adnans semantische Kompetenzerweiterungen (unter Rückgriff auf Hetzel 2008)

Im Bereich seiner grammatischen Fähigkeiten gelang es Adnan, zunehmend bestimmte Artikel zu verwenden und die Übergeneralisierung des maskulinen Artikels zu verringern. Zusätzlich benutzte er vermehrt alle drei bestimmten Artikel der deutschen Sprache und auch die korrekte Genusmarkierung aller drei Formen verbesserte sich schrittweise. So konnten auch in diesem Bereich die vorgenommenen Selbstkorrekturen (z. B. „Der Haus. Nein das Haus") seine deutliche Kompetenzerweiterung belegen. Auch seine Wortarten baute Adnan durch die zunehmende Verwendung von Adjektiven aus, und der korrekte Einsatz von Präpositionen konnte ebenfalls festgehalten werden.

Während des gezinkten Memorys ignorierte er die Symbole auf den Motivrückseiten anfangs, bis er sie nach gewisser Zeit schließlich als Orientierungshilfe beim Spielen nutzte und auch die richtige Genusmarkierung daraus ableitete, was als merklicher Fortschritt im Bereich der Wahrnehmung von Schrift verstanden werden muss.

7.2 Das Beispielkind Ayla

Ayla wurde im Rahmen des Projektes zur wissenschaftlichen Begleitung der Implementierung des Orientierungsplans für Bildung und Erziehung für die baden-württembergischen Kindergärten, Schwerpunkt: Frühförderung, begleitet. Die in diesem Kapitel aufgeführten Inhalte können ausführlich bei TIFFERT (2008) nachgelesen werden, wurden dort allerdings unter einer anderen als der dieser Dissertation zugrundeliegenden Fragestellung bearbeitet.

Aylas individuelle Fähigkeiten und Schwierigkeiten

Ayla war ein vier Jahre altes Mädchen, das in Zypern zur Welt kam, aber in Deutschland aufwuchs. Die Familiensprache, mit der sie und ihre Eltern überwiegend kommunizieren, ist Türkisch. Aussagen zu ihren Fähigkeiten in der türkischen Sprache konnten nicht getätigt werden. Allerdings fiel auf, dass sie in der Kindertageseinrichtung hauptsächlich mit türkischen Kindern kommuniziert, und sich mit ihnen überwiegend auf Türkisch unterhält.

Ayla erschien als ein sehr zurückhaltendes Mädchen. Sie begab sich beispielweise anfangs nur in Begleitung ihrer Bezugserzieherin in die gezielten Sprachförderkontexte, bis sie nach gewisser Zeit Vertrauen in diese Interaktionskontexte gefasst hatte. In ihrem Spielverhalten konnte beobachtet werden, dass sie meist für sich allein spielte. Während den seltenen Interaktionen mit anderen Kindern fiel auf, dass sie sich dann stark den Verhaltensweisen ihrer Spielpartner, vor allem ihrer besten Freundin Özlem, orientierte und diese versuchte zu imitieren.

Ihre großen Interessensgebiete waren Tiere und Tierkinder sowie Puzzles und Malarbeiten. Mit diesen Themen konnte sie sich auf unterschiedlichste Weise über längere Zeiträume mit großer Ausdauer und Aufmerksamkeit beschäftigen.

Aylas sprachlich-kommunikativen Fähigkeiten wurden im Rahmen der gezielten Sprachförderung mit qualitativen Verfahren überprüft:

- Im Bereich Semantik/Pragmatik, der anhand der Analyse ihrer Spontansprachäußerungen mit den Beobachtungsbögen zur Erweiterung sprachlich-kommunikativer Fähigkeiten nach FÜSSENICH (Füssenich/Geisel 2008, S. 55ff) durchgeführt wurde, fiel auf:
    - dass sie nur selten mitteilte, wenn sie etwas nicht verstanden hatte.
    - sie nahm keine Wortneuschöpfungen vor.
    - sie verwendete weder Selbst- noch Fremdkorrekturen.
    - Ayla stellte keine Fragen, wenn sie etwas nicht verstand.
    - Die Fähigkeit zur Imitation von Äußerungen beherrschte sie in Ansätzen. Außerdem griff Ayla oft auf vorsprachliche Kommunikationsformen zurück und teilte sich aufgrund ihres eingeschränkten Wortschatzes überwiegend durch Gestik und Mimik mit. Ihr Sprachverständnis war eingeschränkt, was sich darin äußerte, dass sie sich bei Aufforderungen oder an sie gerichteten Fragen häufig nur an Schlüsselwörtern oder den Reaktionen anderer Kinder orientierte.

- Im Bereich ihrer grammatischen Fähigkeiten fiel auf, dass sie meist Ein- bis Dreiwort-Äußerungen („ich orange"; „du machen Herz", vgl. Tiffert 2008, S 97f) tätigte oder in festen Redewendungen sprach. Die verwendeten Wortarten beschränkten sich dabei nahezu auf Nomen, in seltenen Fällen verwendete sie Verben. Die Ursachen dafür waren in ihrem geringen Wortschatz zu sehen. Sie verwendete keine Artikel („du amchen Herz"; „meine Mama Katze", ebda.) und zeigte keine Subjekt-Verb-Kongruenz („Du essen, ich essen", ebda.).
- Ihre Aussprache wurde anhand freier Sprachproben analysiert, da sie auf den Versuch von elizitierten Äußerungen mit Vermeidungsstrategien und konsequentem Schweigen reagierte. Die Analyse ergab ein altersgemäß ausgebildetes Phoninventar sowie keine phonetisch-phonologischen Auffälligkeiten.

Zusammenfassend bleibt festzuhalten, dass Ayla große Schwierigkeiten im semantisch-pragmatischen Bereich aufweist, die folgerichtig den Schwerpunkt der gezielten Sprachförderung mit ihr darstellen.

Die Fördervorgehensweise

Das Hauptaugenmerk der gemeinsamen Arbeit mit Ayla lag auf der gemeinsamen Inszenierung von Interaktionen und Spielhandlungen. Auf Grundlage dieser Formate war es Ziel, die semantisch-pragmatische Sprachebene zu fördern, um sowohl Aylas Wortschatz auszubauen und zu vernetzen, als auch Strategien zu vermitteln, die ihr den selbständigen Ausbau ihres Lexikons ermöglichten. Aufgrund ihrer Handlungsunsicherheit und oftmaligen Orientierung an anderen Kindern wurde die Förderung auf immer wiederkehrenden Ritualen und gleichbleibenden Formaten aufgebaut, um ihr anhand bekannter Abläufe Sicherheit zu offerieren. In einem ersten Teil der Förderung ging es darum, ihr Interesse und ihre Freude an gemeinsamen Interaktionen zu wecken, und schrittweise gemeinsame Spielsituationen zu initiieren. Die gewählten Formate, Bilderbuchbetrachtung, Memory und Malen wurden hauptsächlich, entsprechend ihrer Interessen und Lebensbereiche, in den semantischen Feldern Tiere, Blumen, Farben und Körperteile inszeniert, und vollzogen anfangs vermehrt in Einzelarbeit, später dann häufiger in den Kindergartenalltag integriert. Ayla durfte zu Beginn jeder Sitzung als feststehendes Ritual ein im Voraus gezielt ausgewähltes Bilderbuch aus einer Tasche holen, das anschließend gemeinsam dialogisch betrachtet wurde. Diese Interaktionen sollten ihr semantisches Wissen vertiefen und ihr die Strategien der Imitation und des Nachfragens näherbringen. Im Anschluss an die Bilderbuchrezeption wurde in dieser Einzelsituation das Regelspiel Memory eingeführt, um erneut die Begrifflichkeiten, die bereits bei der Bilderbuchbetrachtung kennengelernt wurden, zu vertiefen und die

Strategien des Nachfragens und Imitierens zu fördern. Zu Beginn der Förderung war ein Regelspiel nur schwer möglich, da sich Ayla nicht an Regeln halten konnte und dabei stets auf ihren eigenen Vorteil bedacht war. Allerdings offerierten Regelspiele anhand ihrer gleichbleibenden Regeln eine klare Struktur und sollten Ayla die notwendige Handlungssicherheit vermitteln, auf die sie in späteren Schritten dann in Situationen mit Gleichaltrigen zurückgreifen konnte. Dieses Ziel verfolgend wurden, nachdem Ayla die Regeln des Memory-Spiels mit der Förderkraft beherrschte, andere Kinder in dieses Regelspielformat integriert. Als Ayla nach gewisser Zeit Spaß an diesen gemeinsamen Spielsituationen mit Gleichaltrigen gefunden hatte, wurde in einem zweiten Schritt versucht, mit ihr die Anfänge eines Rollenspiels zu initiieren, um ihr in diesem Format ebenfalls Handlungsmöglichkeiten und -sicherheit zu vermitteln. Als Spielscripts wurden, auf Aylas Wunsch, die Themengebiete Backen, Kochen und Essen ausgewählt und schrittweise vertieft.

Während der gemeinsamen Formate im Einrichtungsalltag tauschten sich Ayla und die Förderkraft beim gemeinsamen Malen über ihre Zeichnungen und deren Eigenschaften aus. Hierbei stand die Klärung und Vertiefung formattypischer Begriffe (Stift, Papier, Malen etc.) sowie die Erweiterung ihres Lexikons um neue Begriffe im Vordergrund. Hierbei boten sich geeignete Gelegenheiten, durch Gespräche die Vernetzung neuer Begrifflichkeiten ihres Wortschatzes im Bereich Blumen, Garten und Natur zu initiieren. Selbiges galt für weitere Alltagformate wie Puzzeln, Basteln etc., die sich immer wieder spontan aus dem Alltagsgeschehen innerhalb der Einrichtung ergaben und aufgegriffen wurden.

Aylas Kompetenzerweiterungen

Schwerpunkt der gezielten Sprachförderung mit Ayla war, gemeinsame Alltags- und Spielformaten mit ihr zu inszenieren, um auf Grundlage dieser eine Erweiterung ihres Wortschatzes sowie die Übernahme von Strategien zur Lexikonerweiterung zu initiieren. Bei ihren Kompetenzerweiterungen im Bereich der Alltagsformate fiel auf, dass Ayla vermehrt begann ihre eigenen Handlungen sprachlich zu kommentieren und mitzuteilen. Dabei griff sie auf die von ihr neu erworbenen Begriffe zurück und wandte sie in den sich ereignenden Dialogsituationen an. Schwierigkeiten traten hierbei auf, wenn sie von Erlebnissen zu erzählen versuchte, die außerhalb des aktuellen Kontextes stattfanden. Aufgrund der gleichbleibenden Struktur der in die Förderung integrierten Formate erlangte Ayla zunehmende Handlungssicherheit, was sich in der Erhöhung ihrer Redeanteile zeigte. So teilte sie gegen Ende sogar manchmal ihre Wünsche im Sitzkreis mit anderen Kindern und Erzieherinnen mit. Auch bezüglich der Strukturierung von Handlungen und der Mittelung ihrer Bedürfnisse tätigte Ayla durch die routinierten Interaktionen Lernfortschritte. So nahmen ihr Einsatz von Gestik und Mimik langsam ab, während ihre sprachlichen Aktivitäten schrittweise zunahmen und sie so beispielsweise formattypische Anlässe des Memory-Spiels (z. B. „du bist dran", „Ich bin dran") oder der Bilderbuchbetrachtung („nochmal") selbst zu strukturieren begann.

Im Bereich des Regelspiels Memory kannte Ayla die geforderten Regeln nach einiger Zeit, und konnte diese auch im Spiel mit Gleichaltrigen befolgen. Allerdings versuchte sie immer wieder, durch Regelverstöße das Spiel so zu beeinflussen, dass sie dadurch einen Vorteil erhält und gewinnt. Durch konsequente Einforderung der Regularien gewöhnte sie sich diese Verhaltensweise aber ab und hatte Spaß am Spiel mit anderen Kindern.

Im Rollenspiel zeigte Ayla dass sie ein Rollenverständnis für bekannte Abläufe (z. B. Kochen, Essen) besitzt, und diese fiktiven Interaktionen auch gerne durchführt. Die Integration von sprachlichen Äußerungen war in diesen Kontexten selten zu beobachten, da sie ihre Rollen zumeist nonverbal ausführte, weswegen dieser Bereich in der weiteren Förderung mit ihr aufgegriffen werden sollte. Allerdings war bemerkenswert, dass Ayla sich in der Umsetzung ihrer Rollen nahezu gar nicht an anderen Kindern orientierte, sondern ohne Kopieren von Verhaltensweisen anderer Kinder ihre eigenen Rollenvorstellungen umsetzte. Dies muss als weiteres Zeichen ihrer erlangten Handlungssicherheit verstanden werden.

Im Bereich des Lexikons konnte sie ihren Wortschatz durch die Benennung von verschiedenen Farben, unterschiedlichen Tierarten und Früchten, sowie bestimmten Körperteilen und Kleidungsstücken ausbauen. So benannte sie die ihr bekannten Begriffe auch beim Memory oder der Bilderbuchbetrachtung und wandte sie in Interaktionskontexten an.

Im Bereich der Strategien zur Wortschatzerweiterung konnte ein sehr starker Zuwachs an Imitationen sowie vermehrtes Nachfragen bei Unbekanntem beobachtet werden. Gleichzeitig nahmen ihre Vermeidungsstrategien bei Schwierigkeiten ab, vor allem das Schweigen trat merklich seltener auf.

Im Laufe der Förderung tätigte Ayla auch Kompetenzerweiterungen in ihren grammatischen Fähigkeiten und baute ihre Ein-Wort-Äußerungen zu Zwei- oder Mehr-Wort-Äußerungen aus. Sie integrierte verstärkt Verben in ihren Äußerungen und verwendete dabei vor allem Kopulae, die sie teilweise auch syntaktisch korrekt positionierte. Bemerkenswert war dabei die Beherrschung der Subjekt-Verb-Kongruenz von „sein" in der ersten und zweiten Person Singular. Auch das Verb „wollen" sowie die häufigere Nutzung von Objekten unterstrichen ihre Fortschritte im Bereich der Wortarten.

7.3 Das Beispielkind Noel

Noel wurde im Rahmen des Projektes zur wissenschaftlichen Begleitung der Implementierung des Orientierungsplans für Bildung und Erziehung für die baden-württembergischen Kindergärten, Schwerpunkt: Frühförderung, begleitet. Die in diesem Kapitel aufgeführten Inhalte können ausführlich bei MENZ (2007) nachgelesen werden, wurden dort allerdings unter einer anderen als der dieser Dissertation zugrundeliegenden Fragestellung bearbeitet.

Noels individuelle Fähigkeiten und Schwierigkeiten

Noel war ein sechsjähriger Junge, der zum Zeitpunkt der gezielten Sprachförderung einen Schulkindergarten für sprachbehinderte Kinder besuchte. *Noel* und seine zwei Geschwister (ein ein-eineinhalb Jahre jüngerer Bruder und eine vier Jahre jüngere Schwester) wachsen zweisprachig französisch-deutsch auf. Ihre Mutter, die als Deutschlehrerin über sehr gute Deutschkenntnisse verfügt, spricht mit ihren Kindern französisch, der Vater kommuniziert in seiner Erstsprache Deutsch mit ihnen. Die Kinder untereinander sprechen eine Mischung aus französisch und deutsch, die aber größtenteils deutsche Anteile enthält. Die Familiensprache in Noels Familie ist deutsch.

Noel besuchte vor dem Schulkindergarten eineinhalb Jahre lang eine Regeleinrichtung. Die Intervention zum Besuch des Schulkindergartens erfolgte hauptsächlich durch das SPZ (Sozialpädiatrisches Zentrum), wo eine kognitive Entwicklungsverzögerung von zwei Jahren sowie eine spezifische Sprachentwicklungsstörung diagnostiziert wurden. Diese Ergebnisse sowie eine große Anzahl an durchgeführten Tests und Untersuchungen verunsicherten die Familie sehr stark bezüglich der Zukunft von Noel, lieferten aber keine Anhaltspunkte, wie eine Förderung von Noel aussehen könnte. Aus diesem Grund äußerten Noels Eltern oftmals ihre Sorge und Zweifel über mögliche Unterstützungsmaßnahmen für Noel.

Noels Spielverhalten im Kindergarten, wie auch in verminderter Form zu Hause, war sehr eingeschränkt: Er beschäftigte sich zumeist alleine in der Bauecke und spielte dort für sich mit Fahrzeugen und Holztieren, die er aus einer Kiste holte und nebeneinander auf den Bauteppich setzte. Symbolspiele waren nur ansatzweise zu erkennen, Rollenspiele konnten kaum beobachtet werden. Sein Interesse für Tiere wirkte sich insofern aus, dass er Bilderbücher, die sich mit Tieren beschäftigen, sehr ausdauernd und konzentriert betrachten konnte und den elementaren Umgang mit Bilderbüchern beherrschte. In Kontakt mit anderen Kindern kam er zumeist nur, wenn diese die Initiative ergriffen und ihn in Interaktionen integrierten. Anhand von Mimik und Gestik gelang es ihm verhältnismäßig gut, seine Absichten nonverbal mitzuteilen, so dass er sich trotz Ein-Wort-Äußerungen gut verständigen konnte. Auch bei alltäglichen Anlässen wie Anziehen, Hände waschen, Zähneputzen etc. konnte er seine Vorstellungen durch bloßes Zeigen (mit Unterstützung von Gestik und Mimik) zum Ausdruck zu bringen.

Noels sprachlich-kommunikativen Fähigkeiten im Französischen sind nach Aussagen der Mutter durch einen eingeschränkten Wortschatz gekennzeichnet. Noels sprachlich-kommunikativen Fähigkeiten im Deutschen wurden mit qualitativen Verfahren überprüft:

- Im Bereich Semantik/Pragmatik, die anhand der Analyse seiner Spontansprachäußerungen mit dem Beobachtungsbögen zur Erweiterung sprachlich-kommunikativer Fähigkeiten nach FÜSSENICH (Füssenich/Geisel 2008, S. 55ff) durchgeführt wurden, verfügte Noel über einen eingeschränkten Wortschatz, es fehlten ihm Strategien, mit denen er seinen Wortschatz erweitern könnte, er zeigte außerdem Sprachverständnisschwierigkeiten und Wortfindungsprobleme. Er griff oft auf Elemente aus der vorsprachlichen Kommunikation zurück (beispielsweise Zeigen) und gebrauchte diese, um kommunikative Absichten deutlich zu machen. So blieben des Öfteren Gesprächssituationen mit *Noel* ungelöst und er nahm von selbst keinen bzw. sehr selten sprachlichen Kontakt zu anderen Kindern oder Erwachsenen auf.
- Im grammatikalischen Bereich, analysiert durch das Auswertungsraster zur Diagnose grammatischer Fähigkeiten (Füssenich/Jung 2010) hatte Noel Schwierigkeiten mit dem Kongruenzsystem (beginnende Subjekt-Verb-Kongruenz), außerdem performierte er häufig Zwei- und Dreiwortäußerungen und verwendet verhältnismäßig wenig Subjekte und Verben (Kopulae) bzw. ließ diese aus.
- Zur Analyse der Aussprache wurde das Analyseverfahren zu Aussprachestörungen bei Kindern (AVAK-Test) nach HACKER & WILGERMEIN (1999) durchgeführt. Im Bereich der Aussprache war Noels Phoninventar fast vollständig: Das Frikativ [x] fehlte sowohl medial, als auch final; [ʃ] fehlt noch in initialer Position, medial und final ist es – wenn auch noch selten – bereits vorhanden. *Noel* zeigte wenige phonologische Prozesse: Alveolarisierungen (Vorverlagerungen) tauchen im Zusammenhang mit /ʃ/, das zu /s/ wird, auf; zwei assimilatorische Prozesse; mehrere Auslassungen finaler Konsonanten /n/, /l/ und /x/; eine Velarisierung von /n/ zu /ŋ/; zwei Frikativierungen /ts/ zu /s/, sowie zwei ungewöhnliche phonologische Prozesse, die nicht im normalen Lauterwerb auftauchen (vgl. Hacker 1999).

Zusammenfassend muss festgehalten werden, dass Noels größtes Problemfeld, trotz Schwierigkeiten im phonetisch-phonologischen und morphologisch-syntaktischen Bereich, im semantischen Bereich liegt. Er nimmt viele Ersetzungen vor, fragt nicht nach der Bedeutung von Worten und drückt sich oft nonverbal oder mit deiktischen Elementen aus.

Die Fördervorgehensweise

Schwerpunkt der gezielten Sprachförderung mit Noel, welche an seinen Interessen und Vorlieben (Tiere) ansetzte, war die Verbesserung seiner semantischen Fähigkeiten. Noel benötigte eine klar strukturierte Förderumgebung, innerhalb der er seine Aufmerksamkeit vermehrt auf Sprache sowie sprachliche Aspekte legen konnte, weshalb die Zusammenarbeit mit ihm nach einer immer wiederkehrenden, routinierten Struktur inszeniert wurde. Als festes Ritual spielten Noel und die Förderkraft zu Beginn jeder Sitzung auf dem Bauteppich mit einem Bauernhof und den vorhandenen Tieren, um Noel auf die bevorstehenden Interaktionen einzustimmen und vorzubereiten. Nach diesem feststehenden Element folgte der zweite Baustein der Förderung, *das Herstellen und Spielen des Regelspiels* „Der Rategarten" (Füssenich/Geisel 2008, S. 58ff). Zusammen mit der Fachkraft erstellte Noel einen eigenen *Ratewald*, der in Ablauf und Regeln nach dem Prinzip des modifizierten Rategartens konzipiert war, und mit welchem nach Vollendung der Fertigung auch, als fester Bestandteil einer Sitzung, das Regelspiel „Ratewald" als adaptierte Form des Rategartens gespielt wurde. Durch die gemeinsamen, immer wiederkehrenden Bastelaktivitäten im Sinne von Alltagsformaten während der Konstruktionsphase erfuhr Noel die handlungsstrukturierende Bedeutung von Sprache (z. B. das Verstehen oder Geben von Bastelanweisungen etc.). Außerdem wurde durch die kollektiven Bastelarbeiten das semantische Feld Wald, das den Interessen des Kindes entsprach, kontextabhängig sowie situationsrelevant erarbeitet und mit den innerhalb des Spiels vorkommenden Tieren vernetzt. So wurde Noel bereits während der Herstellung des Spielmaterials mit den Begriffen vertraut. Des Weiteren bot das Regelspiel Ratewald durch seine gleichbleibenden Regeln die Möglichkeit eines routinierten Angebots (Format), mit Hilfe dessen Noel den Fokus auf die Sprache legen und diese imitieren konnte: Das Spielprinzip zielt darauf ab, Kindern Strategien zur Erweiterung ihres Wortschatzes zu vermitteln. Das Bewusstsein über ihre Existenz sowie der selbstständige Einsatz dieser Strategien ist Grundvoraussetzung für den Ausbau und die Vernetzung des kindlichen Lexikons. Durch das Erfragen von Tieren anhand ihrer Eigenschaften und Lebensbereiche als wesentliches Spielelement vernetzen Kinder ihr semantisches Wissen und werden zur Kategorienbildung befähigt. Dementsprechend sollte *Noel* lernen, dass er nach der Bedeutung eines Begriffes oder dem Bedeutungsunterschied von Bezeichnungen fragen kann: Auch das (syntaktisch) richtige *Fragen formulieren* ermöglicht die gehäufte Präsentation zielsprachlich korrekter Äußerungen sowie deren Imitation und beinhaltet auf grammatikalischer Ebene großes Förderpotenzial.

Auch das Format Bilderbuch lesen hatte festen Bestandteil in der Förderung mit Noel: Von sich aus brachte Noel bereits ab den ersten Sitzungen Bilderbücher von zu Hause mit. An seinen Interessen und Wünschen anknüpfend entstand daraus die formatierte Struktur des Bilderbuchlesens, welche am Ende jeder Fördersitzung auf dem gemütlichen Sofa im Therapieraum dialogisch gestaltet wurde. Durch die gezielte Buchauswahl der Fachkraft, die den Wald und seine Bewohner zum Gegenstand hatten, stellte dies eine Ergänzung zur Erarbeitung des Wortfeldes Wald dar. Somit konnte Noel die Sachinformationen über Waldtiere, Bäume und Pflanzen auf kindgerechte Weise entdecken. Ein langfristiges Ziel von Noels Kompetenzerweiterungen war die Initiierung eines Rollenspiels anhand der Handlung oder den Impulsen einer Bilderbuchgeschichte. Dieser Bereich wurde allerdings nur in sehr kleinen Schritten vorangetrieben, da es Noel bei der gemeinsamen Rezeption von Bilderbüchern oft schwer fiel, den Handlungsverläufen einer Geschichte zu folgen.

Noels Kompetenzerweiterungen

Primäres Ziel der Arbeit mit Noel war die Verbesserung seiner semantischen Fähigkeiten, hauptsächlich durch die Vermittlung von Strategien zur Lexikonerweiterung sowie die gemeinsame Erarbeitung des semantischen Feldes Wald. Während der gemeinsamen Bastelarbeiten zur Herstellung des eigenen Ratewald-Spiels übernahm Noel zunehmend mehr Initiative und teilte seine Ideen und Vorstellungen vermehrt mit. So erfuhr er die pragmatische Funktion von Sprache als Instrument der Handlungsstrukturierung und konnte durch die Integration der Begrifflichkeiten des Wortfeldes Wald diese kennenlernen und miteinander vernetzen. Auch während des Spielens des Ratewalds wurden Noels Redeanteile von Beginn der Förderarbeit, wo er häufig nur den Kopf schüttelte oder nickte, im weiteren Verlauf deutlich höher. Er übernahm durch die wachsende Vertrautheit mit der Spielsituation zunehmend die Regie für die Spielabläufe und forderte beispielsweise seinen Spielpartner auf, wenn dieser an der Reihe war oder äußerte, wenn er selbst am Zug war.

Im Bereich der Erweiterung semantischer Strategien war zu beobachten, dass Noel immer mehr Fragen in sein Spielvorgehen integrierte. So imitierte er z. B. die Frage „Ist es ein Tier?“ syntaktisch noch nicht vollständig korrekt, zeigte aber deutliche Annäherungen an die angestrebte Zielstruktur: Anfangs formuliert er die Frage nur durch die Äußerung „Tier“, später imitierte er noch den unbestimmten Artikel „ein“. (Seine Frage lautete folglich „ein Tier?“). Besonders hervorzuheben ist, dass bei imitierter Erstfrage „ein Tier?“ die daran anschließenden Fragen nicht mehr nur Einwortäußerungen waren (Hase, Fuchs etc.), sondern dann ebenfalls mit Artikel versehen wurden (ein Fuchs, ein Hirsch, ein Blätter). Die dabei auftretende Übergeneralisierung des unbestimmten Artikels muss positiv als Zwischenschritt seiner morphologisch-syntaktischen Fähigkeiten angesehen werden. Dies gilt als Indiz dafür, dass Noel beginnt, sich sowohl mit der semantischen Strategie der Frage, als auch mit der syntaktischen Bildung von Fragen durch Imitation auseinanderzusetzen. Bezüglich der spielintern wichtigen Funktion von Fragen (anhand der Fragen können nach und nach einzelne Tiere ausgeschlossen werden, bis das gesuchte Tier gefunden ist) war zu erkennen, dass Noel die erhaltenen Informationen oft sprachlich-kognitiv verarbeiten und in bestehende Repräsentationen einordnen konnte. So gelang es Noel zumeist, seine Fragen sachlogisch weiter zu stellen und daraus Schlüsse für das erfragte Tier zu ziehen. Außerdem übernahm er die Regel, dass er seinem Spielpartner durch eine Frage signalisieren musste, wenn er etwas nicht wusste oder einen Begriff nicht erraten konnte. Dieses Nachfragen nach Unbekanntem oder Mitteilen von Schwierigkeiten muss ebenfalls als wichtiger Fortschritt beim Erwerb von Strategien zur Lexikonerweiterung festgehalten werden.

Im Bereich der Bilderbuchbetrachtung konnte beobachtet werden, dass Noel die gemeinsamen Gespräche über die Bilder und Begriffe nach und nach selbst in die Hand nahm. Er begann, die aktive Rolle einzunehmen und erzählte immer mehr von selbst etwas über die Bilder und Geschichten. Dabei griff er häufig die gleichen Äußerungen auf, die in vorangegangen Kontexten der Bilderbuchrezeption in nahezu identischer Form gefallen waren. Außerdem konnte Noels Interesse an Schrift geweckt werden.

Zusammenfassend lassen sich Noels Kompetenzerweiterung vor allem im Bereich der Imitation und Integration der Strategie des Fragens in sein Repertoire festhalten. Das Regelspiel Ratewald bot ihm eine gleichbleibende Struktur, innerhalb dieser er sprachliche Zielstrukturen erkennen und schrittweise imitieren konnte. Mit Hilfe des Formats Bilderbuchbetrachtung, welches Noel große Freude bereitete, konnte die getätigte Wortschatzarbeit gezielt vertieft werden.

7.4 Zusammenfassung

Anhand der zusammengefassten Darstellung der individuellen Begleitung jedes Beispielkindes wurde ersichtlich, dass in den drei Bereichen *Analyse der individuellen Voraussetzungen*, *Analyse der individuellen Kompetenzerweiterungen* und *Analyse der Fördervorgehensweise* der Beispielkinder sowohl Gemeinsamkeiten als auch Unterschiede festzustellen sind. Diese individuellen Unterschiede werden im folgenden Kapitel aufgegriffen und anhand der Kategorien des Auswertungsrasters zur Analyse der empirischen Daten (vgl. Abb. 7) detailliert ausgeführt, um aus den daraus abgeleiteten Erkenntnissen Rückschlüsse auf die Fragestellungen dieser Arbeit zu ziehen.

8 Vergleich der Beispielkinder anhand der Analyse ihrer Gemeinsamkeiten und Unterschiede: Darstellung der Ergebnisse

8.1 Analyse der Fähigkeiten und Schwierigkeiten der Beispielkinder

Zur grafischen Verdeutlichung der im Folgenden aufgeführten Inhalte dienen die jeweils am Ende eines Kapitels aufgeführten Abbildungen. Die darin ersichtlichen Gemeinsamkeiten und Unterschiede der vier Beispielkinder werden in den nachfolgenden Unterkapiteln entsprechend der Kategorien des Analyserasters (vgl. Kap. 5.3) detailliert aufgeführt und inhaltlich eingeordnet.

8.1.1 Biografische Daten

Im Bereich der biografischen Daten wurden sowohl die Informationen und Erkenntnisse der Einrichtung als auch die Erkenntnisse des Fachdienstes „gezielte Sprachförderung"[40] dokumentiert. Im Folgenden werden nicht die Maßnahmen der Datenerhebung, sondern die erhobenen Daten miteinander verglichen. Die hierbei von Einrichtung und Fachdienst getrennt eingeholten Erkenntnisse sind in ihren qualitativen Ergebnissen weitestgehend deckungsgleich, allerdings unterscheiden sich diese an bestimmten Stellen in ihrer Vollständigkeit. So fehlen bei Adnan Angaben zu seiner Familiensprache sowie dem Zeitpunkt seines Kontakts mit der deutschen Sprache, und auch bei Ayla ist nicht bekannt, seit wann sie mit der deutschen Sprache in Kontakt ist. Diese Informationen sind neben ihrer Relevanz für den Fachdienst „gezielte Sprachförderung" auch im Besonderen für den alltäglichen Umgang mit Adnan sowie für mögliche weitere Fachdienste unerlässlich und hilfreich. Auch Anhaltspunkte zur Frage „Förderung durch Fachdienste" erscheinen z. B. aus Kooperationsaspekten und Gründen der Abstimmung einer gemeinsamen Fördervorgehensweise notwendig. Ebenfalls der „Abklärung organischer Voraussetzungen", die bei drei Beispielkindern nicht von der Einrichtung erfasst waren, muss Beachtung zugeteilt werden, damit Primärbeeinträchtigungen (z. B. beim Gehör) als Ursache für damit verbundene Entwicklungsschwierigkeiten überprüft und ausgeschlossen werden können. Wie wichtig diese Überprüfung ist, kann am Beispiel Ayla festgemacht werden: aufgrund von Kommunikations- und Ko-

---

[40] Die Begründung der Bezeichnung Fachdienst „gezielte Sprachförderung" kann auf Seite 107 nachgelesen werden.

operationsschwierigkeiten mit ihren Eltern gingen die Fachkräfte der Einrichtung von dem Missverständnis aus, dass Aylas Gehör bereits untersucht wurde. Im Januar 2008, als Ayla 4;5 Jahre alt war, stellte sich aufgrund detaillierter Nachfrage des Fachdienstes gezielte Sprachförderung heraus, dass die Höruntersuchung bislang doch noch nicht stattgefunden hatte. Eine Beeinträchtigung von Aylas Gehör hätte direkte Auswirkungen auf ihre Sprachentwicklung und wäre auch für die Strukturierung und Planung der bisherigen Fördermaßnahmen von entscheidender Bedeutung gewesen, da für diesen Bereich besondere Maßnahmen hätten getroffen werden müssen. Dies zeigt, dass die Klärung einer Überprüfung der organischen Voraussetzungen von Kindern unerlässlich ist und auch von Fachdiensten bzw. der Einrichtung konkret erfragt werden muss.

Einen weiteren wichtigen Bereich der biografischen Daten stellen die Erstsprachen der Beispielkinder dar: Während Noel mit Französisch über eine Sprache mit hohem Prestige verfügt, sind bei Adnan bzw. Ayla mit Albanisch bzw. Türkisch (vgl. Abb. 9) Sprachen mit niedrigerem Prestige vertreten (vgl. Füssenich 2008b, S. 46). Unabhängig des Prestiges ihrer Erstsprachen sind bei allen drei Beispielkindern sprachlich-kommunikative Schwierigkeiten im Deutschen festzustellen.

Im Bereich der Familiensprache der Beispielkinder (vgl. Abb. 9) sind Unterschiede zu erkennen. Während bei Noel die Familiensprache deutsch ist, spricht seine Mutter mit ihm bei Anlässen außerhalb des Familienalltags konsequenterweise französisch. Bei Adnan ist die Familiensprache albanisch, allerdings äußerten Adnan und seine Schwester bereits mehrfach, dass sie zu Hause nicht mehr albanisch sprechen wollen, weswegen die Eltern immer wieder auf Deutsch mit ihnen kommunizieren, obwohl beide Elternteile selbst Schwierigkeiten mit der deutschen Sprache haben (vgl. Abb.9: *weitere Informationen*). Bei Ayla ist das Türkische die Sprache, die im Familienalltag bei ihr zu Hause gesprochen wird. Dennoch versucht die Mutter häufig, mit Ayla deutsch zu sprechen, um ihr so zu Verbesserungen in ihren sprachlich-kommunikativen Fähigkeiten im Deutschen zu verhelfen. Dieser unterschiedliche Umgang der Kinder und ihres familiären Umfelds mit ihren jeweiligen Familiensprachen zeigen sowohl die Verunsicherung (bei Adnan) als auch die fehlende oder falsche Beratung der Eltern (bei Ayla) bezüglich des Umgangs mit der vorherrschenden Sprachenvielfalt (vgl. Kap. 4.3): Da Adnan und seine ältere Schwester außerhalb ihrer Familie wenig Möglichkeiten besitzen, albanisch zu sprechen und beide sowohl durch Schul- als auch Kindergartenbesuch vom niedrigen Prestige dieser Sprache erfuhren, teilen beide ihre zunehmende Ablehnung gegenüber dem Albanischen vermehrt mit. Eine derartige Ablehnung steht in enger Verbindung mit Konsequenzen für das Selbstwertgefühl und die Persönlichkeitsentwicklung der Kinder (Füssenich 2008b, S. 46), und wirkt sich direkt auf die emotionale und kommunikative Eltern-Kind-Beziehung aus: Neben des ungünstigen Sprachvorbilds, das die Eltern aufgrund ihrer eingeschränkten Kompetenzen im Deutschen präsentieren (vgl. Abb. 9: *weitere Informationen*: Vater spricht unzureichend deutsch; beide Elternteile haben Schwierigkeiten bei der Genusmarkierung), treten daraus resultierend Kommunikations- und Mitteilungsschwierigkeiten in der deutschen Sprache auf.

Um der individuellen Lebenssituation eines Kindes entsprechend seiner Bedürfnisse gerecht werden zu können, ist es unerlässlich, dessen persönlichen Interessen (vgl. Abb. 9) zu erkunden und an diesen kindgerecht anzusetzen. Bei allen Beispielkindern waren diese Informationen vom Fachdienst gezielte Sprachförderung eingeholt worden und stellten die Grundvoraussetzung dafür dar, dass jedes Beispielkind gemäß seinem Individualitätsanspruch begleitet wurde. Ebenso unerlässlich sind Kenntnisse über die Lebenssituation des Kindes und seiner Familie (vgl. Abb. 9), da diese Faktoren in nicht unerheblichem Maße auf das Kind einwirken und somit auch die Arbeit mit dem Kind betreffen. So prägte die schwere Krankheit von Nicos Vater und auch die Alltagsassistenz einer Familienhelferin in Nicos Familie seine individuelle Lebenssituation. Diese Faktoren gilt es in stets respektierlichem und wertschätzendem Umgang zu berücksichtigen, um das Kind bezüglich seiner Bedürfnisse und individuellen Lebenssituation dort abzuholen, wo es aktuell steht.

Der Bereich „Wie wird das Kind in der Einrichtung gefördert?“ (vgl. Abb. 9) erfasst, welche Fördermaßnahmen die Beispielkinder neben der gezielten Sprachförderung in ihrer Einrichtung erhielten und zeigt interessante Gemeinsamkeiten auf: Bei allen drei Beispielkindern, die den Regelkindergarten besuchen, existierten keine zusätzlichen Maßnahmen für die Kinder mit Unterstützungsbedarf: Bei Adnan und Ayla waren keine finanziellen sowie personellen Ressourcen in Form von speziell für diese Bereiche ausgebildetem Fachpersonal verfügbar. Im Falle Nico, bei dem sich auf Wunsch der pädagogischen Fachkräfte seiner Einrichtung bei einer Fortbildungsveranstaltung im Rahmen des Projektes zur Implementierung des Orientierungsplans (Füssenich 2009b, S. 118ff) über geeignete Fördermaßnahmen ausgetauscht wurde, erklärten die Fachkräfte, dass die besondere Unterstützung von Nico auf die Förderung im Rahmen der Projektbegleitung beschränkt wäre. Im Gegensatz dazu erhielt das Beispielkind Noel, der einen Schulkindergarten für sprachbehinderte Kinder besucht, zusätzlich eine im Rahmen der Einrichtung durchgeführte Sprachtherapie und erfuhr dadurch eine zusätzliche Förderung innerhalb der Einrichtung.

Des Weiteren besteht ein Unterschied bezüglich der biografischen Daten der Beispielkinder, in welchem Alter, das sich von Beispielkind zu Beispielkind unterscheidet (vgl. Abb.9: *Adnan: 4;6; Ayla: 3;7; Nico: 2;11; Noel: 5;7*), der Beginn der gezielten Sprachförderung stattfindet. Auffallend ist hierbei, dass, obwohl Ayla und Adnan beide mit knapp drei Jahren in die Einrichtung kamen, Ayla bereits nach einem halben Jahr einer Fördermaßnahme zugeteilt wurde, während Adnan fast eineinhalb Jahre in der Einrichtung verbrachte, bis er schließlich für eine zusätzliche Förderung seiner sprachlich-kommunikativen Fähigkeiten vorgeschlagen wurde. Nico hingegen wurde bereits nach sechs Wochen für die zusätzliche Betreuung ausgewählt. Diese großen Unterschiede im Alter der Kinder zu Beginn der gezielten Sprachförderung zeigen, dass die Schwierigkeiten mancher Kinder aufgrund ihrer Zurückhaltung und ihres ruhigen Verhaltens im Kindergartenalltag (wie im Falle Adnans) erst nach einer relativ großen Zeitspanne in der Einrichtung (18 Monate) bemerkt werden, obwohl die Problembereiche schon länger existieren (vermutlich auch bei, da seine sprachlich-kommunikativen Fähigkeiten bereits zu Beginn seines Kindergartenbesuchs bzw. kurz danach auffällig waren und ihm bereits zu diesem Zeitpunkt eine Sonderschullehrerin Sprachförderbedarf zugesprochen hatte; vgl. Abb. 9: *weitere Informationen*). Außerdem verdeutlicht dieses Beispiel, warum dem pädagogischen Personal einer Einrichtung die aus Sicht des Kindes lernbiografisch wichtige Aufgabe zukommt, „die Bildungsprozesse des Kindes zu erkennen und den unterschiedlichen Entwicklungsständen der Kinder gerecht zu werden“ (vgl. Ministerium für Kultus, Jugend und Sport Baden-Württemberg 2009, S. 42). So hätte auch bei Adnan durch eine frühere Feststellung seines Unterstützungsbedarfs wertvolle Zeit für eine frühzeitigere Förderung gewonnen werden können.

Abb. 9: Die biografischen Daten der Beispielkinder

	Adnan	**Ayla**	**Nico**	**Noel**
Biografische Daten:				
Erstsprache	Albanisch	Türkisch	Deutsch	Simultaner Erwerb Französisch und Deutsch
Zweitsprache	Deutsch	Deutsch	Keine Zweitsprache	Simultaner Erwerb Französisch und Deutsch
Familiensprache	Albanisch	Türkisch, aber Mutter versucht häufig, deutsch zu sprechen	Deutsch	Deutsch und Französisch
Seit wann Kontakt mit DaZ	Seit seinem KiTa-Besuch (3;0 Jahre)	Seit ihrem KiTa-Besuch (3;1 Jahre)		Von Geburt an
Eintrittsalter KiTa	3;0	3;1	2;10	Regelkindergarten: 4;0 Schulkindergarten: 5;6
Interessen des Kindes	Dreirad fahren, Regelspiele	Malen, Puzzle, Spielen;	Autos; Fahrzeuge; Technische Geräte;	(Bauernhof)Tiere; Bilderbücher;

	Adnan	**Ayla**	**Nico**	**Noel**
Lebenssituation der Familie	Kinder verweigern mehr und mehr die albanische Sprache Wenig Möglichkeiten für die Kinder, außerhalb der Familie Albanisch zu sprechen	Sie hat einen Stiefbruder, der bei der Großmutter lebt; Häufig wechselnde Bezugspersonen zu Hause	Schwere Krankheit des Vaters Familienhelferin assistiert im Alltag der Familie	Stark verunsicherte Mutter aufgrund der „erschreckenden" Diagnosen über Noel
Abklärung organischer Voraussetzungen	Gehör wurde nicht untersucht => auf Initiative des Fachdienstes „gezielte Sprachförderung" findet eine Untersuchung (Alter 4;5 Jahre) statt	Kein Befund	Kein Befund	Diagnostizierte Spezifische Sprachentwicklungsstörung laut SPZ
Weitere Informationen	Eltern verwenden oftmals falsche Artikel im Deutschen; Vater spricht nach Angaben der Mutter schlecht deutsch; Sprachheilschullehrerin empfahl Logopädie =>Kinderarzt lehnte dies ab =>Verunsicherung der Mutter	Deutschkenntnisse Aylas Eltern sind als gering zu bezeichnen	Die Eltern wünschen sich eine besondere Überprüfung Nicos sprachlichen Entwicklungstandes	Kognitiver Entwicklungsrückstand laut K-ABC Testauswertung;
Förderung in der Einrichtung	Keine besonderen Fördermaßnahmen	Erfährt keine spezielle Förderung	Keine besonderen Angebote	Sprachtherapie im Rahmen des Schulkindergartenbesuchs
Förderung durch Fachdienste	Keine Fachdienste	Gegen Ende Logopädie (ab Ayla 4;5 Jahre)	Keine Fachdienste	Ergotherapie; Logopädie (bis Aufnahme in SchulKiGa)
Eintrittsalter KiTa	4;6	3;7	2;11	5;7

8.1.2 Alltagsformate: Fähigkeiten und Schwierigkeiten

Bezüglich der Fähigkeiten und Schwierigkeiten in Alltagsformaten sind bei den Beispielkindern entscheidende Gemeinsamkeiten (vgl. Abb. 10) zu erkennen. Da diese bereits in Kap. 1 für jedes Kind beschrieben wurden, erfolgt hier die Komprimierung dieser Erkenntnisse: Adnan, Ayla und Noel werden sowohl von dem Einrichtungspersonal als auch von dem Fachdienst als zurückhaltend beschrieben, bei Nico sind seine Schwierigkeiten bei der Kontaktaufnahmen zu anderen Kindern, die oftmals im Streit enden, aufgeführt. Diese Zurückhaltung und schwierige Kontaktherstellung der Beispielkinder ist sehr eng mit den sprachlich-kommunikativen Fähigkeiten der Kinder verbunden:

- Bei Adnans Sozialverhalten fällt auf, dass er seine Fähigkeiten in vielen Situationen geringer einschätzt, als dies der Fall ist (z. B. „Ich kann nicht so gut Deutsch"). Diese eher negative Selbsteinschätzung wird nicht nur im sprachlichen Bereich deutlich, sondern zeigt sich auch im zurückhaltenden sowie unsicheren Umgang mit Anderen und darin, dass er sich im Kindergartenalltag nur selten Herausforderungen sucht oder etwas konkret für sich einfordert.
- Aylas große Verunsicherung in ihrer individuellen Handlungsfähigkeit und ihrem Selbstvertrauen äußert sich in einer sehr starken Orientierung an ihrer Freundin Özlem, die in gemeinsamen Interaktionskontexten meist die bestimmende Rolle einnimmt. Dabei fügt sich Ayla nahezu immer Özlems Anweisungen, überlässt ihr die Strukturierung und Planung von Interaktionen und führt sie nach deren Vorstellungen aus. In den seltenen Fällen, in welchen sie handlungsstrukturierend aktiv wird, reichen ihre sprachlichen Fähigkeiten nicht aus und Ayla greift auf den Einsatz von Gestik und Mimik sowie auf deiktische Mittel zurück (vgl. Abb. 10).
- Nicos Auffälligkeiten im Sozialverhalten, indem er z. B. das Therapiezimmer aufgrund unzureichender pragmatischer Fähigkeiten nonverbal durch Handgreiflichkeiten verteidigt, basieren darauf, dass er sich diesbezüglich sprachlich nicht mitzuteilen weiß. Auch die häufigen Streitereien mit Gleichaltrigen sind dadurch zu erklären, dass seine Schwierigkeiten im Umgang mit anderen Kindern aus seinen ausbaufähigen pragmatischen Fähigkeiten resultieren, da er seine individuellen Handlungsplanungen und -vorstellungen nicht verständlich übermitteln kann.
- Noel benötigt bei Alltagserledigungen und -formaten die Hilfe von Erwachsenen (vgl. Abb. 10), da er seine individuellen Bedürfnisse und Handlungsvorstellungen sprachlich nicht ausreichend mitteilen kann. Aus diesem Grund geht er auch Meinungsverschiedenheiten und Streitereien mit ande-

ren Kindern aus dem Weg und gibt den Vorstellungen Gleichaltriger zu Lasten seiner individuellen Bedürfnisse nach.

Es fällt auf, dass alle Beispielkinder Schwierigkeiten im Umgang mit Alltagsformaten haben und ihre Handlungsfähigkeiten innerhalb dieser Formate als eingeschränkt bezeichnet werden müssen.

Adnan	Ayla	Nico	Noel
Aufgeschlossener, aber zurückhaltender Junge; Geringe Selbsteinschätzung und wenig Selbstvertrauen; Große Motivationsbereitschaft; Durchschaut neue Situationen und Anforderungen schnell; Sein Interessensgebiet sind: Regelspiele	Sehr zurückhaltend, wollte anfangs nicht allein zur gezielten Sprachförderung; Orientiert sich sehr stark an Özlem; Hohe Konzentrationsfähigkeit und Ausdauer;	Aufmerksamer und freundlicher Junge; genießt gemeinsame Interaktionen mit Erwachsenen; Kann keinen Kontakt zu anderen Kinder aufnehmen; Fordert das Therapiezimmer vehement für sich allein ein, woraus oft Streit entsteht Störendes Essverhalten; Nicht gewohnt, sich an Regeln zu halten	Interessensgebiete: Tiere, zunehmend Buchstaben; Freundlicher, sehr zurückhaltender Junge; Genießt Aufmerksamkeit Erwachsener Benötigt Hilfe in Alltagserledigungen; Streitet sehr selten mit anderen Kindern oder Erwachsenen; Benötigt viel Zeit für Alltagserledigungen

Abb. 10: Fähigkeiten und Schwierigkeiten der Beispielkinder in Alltagsformaten

8.1.3 Spielformate: Fähigkeiten und Schwierigkeiten

Beim Blick auf die Fähigkeiten und Schwierigkeiten der Beispielkinder in Spielformaten fällt auf, dass alle vier Kinder entsprechend der Kategorien des Auswertungsrasters (vgl. Kap. 5.3) in ihrer Spielweise als auffällig zu bezeichnen sind (vgl. Abb. 11):

- Bei Adnans Spielformen sind keine Rollenspiele festzustellen. Sobald Situationen mit Gleichaltrigen in Richtung Rollenspielformat tendieren, steigt er aus dem gemeinsamem Spielkontext aus.

- Bei Ayla fällt auf, dass sie sich immer mit denselben Spielen oder Tätigkeiten (immer ein bestimmtes Puzzle) beschäftigt und häufig allein ohne Spielpartner spielt. Sie zeigt vereinzelt Ansätze von Symbol- und Rollenspielen, beendet diese Spielsituationen allerdings nach kurzer Zeit.
- Bei Nico kann die starke Fixierung auf Spielgegenstände, die er egozentriert für sich beansprucht und nicht teilen mag, beobachtet werden. Er übernimmt die Rolle der Handlungsstrukturierung und bricht die Interaktion ab um alleine weiter zu spielen, sobald sein Spielpartner einen anderen Aktionsablauf verfolgt. Im Bereich der Rollenspiele sind Ansätze eines derartigen Spielformats zu erkennen, allerdings führt er diese nur alleine durch.
- Noels Spielfähigkeiten zeichnen sich durch sein einseitiges Spielverhalten in überwiegendem Alleinspiel, meist in der Bauecke, aus. In seltenen Fällen sind kurze, gemeinsame Spielsituationen mit Gleichaltrigen zu beobachten, die allerdings durch die Initiative der anderen Kinder initiiert werden müssen und in denen sich Noel sehr zurückhaltend präsentiert. Bei ihm konnte gelegentliches Symbolspiel, aber keine Rollenspiele beobachtet werden.

Auch bei den individuellen Spielschwierigkeiten der Beispielkinder sind Gemeinsamkeiten festzustellen (vgl. Abb. 11):

- Bei Adnan sind nur über kurze Zeit Spiele mit anderen Kindern beobachtbar, was unter Anderem damit zusammenhängt, dass er seinen Spielpartnern seine individuellen Spielbedürfnisse häufig nicht mitteilen kann.
- Ayla hat Schwierigkeiten, sich an feststehende Spielregeln zu halten und versucht häufig sich durch Ignoranz der Regeln oder absichtliches Schummeln einen Vorteil zu verschaffen.
- Nicos gemeinsame Spiele mit anderen Kindern enden häufig im Streit, da er sich meist nicht auf die Bedürfnisse der Spielpartner einlassen kann, sich nur selten an Spielregeln hält und ungern Spielzeuge sowie Spielmaterialien teilt.
- Noel fällt es schwer, seine Spielvorstellungen Anderen mitzuteilen, weswegen er bei gemeinsamen Spielen mit Gleichaltrigen überfordert wirkt und sich meist sehr früh in ein Einzelspiel zurückzieht.

Ein weiterer Aspekt betrifft die Rollenspielfähigkeiten der Kinder. Unabhängig ihres jeweiligen Alters sind bei Nico und Ayla Ansätze von Rollenspielen erkennbar, Noel beschäftigt sich gelegentlich mit kurzen Symbolspielen und bei Adnan sind keine Rollenspiele beobachtbar. Dies zeigt einerseits, dass die Spielentwicklung von Kindern in Bezug auf Altersnormen erhebliche Differenzen vorweisen kann und nicht als altershierarchische Normative verstanden werden darf (vgl. Kap. 3.4.2). Andererseits stellen Rollenspiele große Anforderungen an die kindlichen Spielfähigkeiten (vgl. Kap. 3.4.4), für die ein bestimmter Spielentwicklungsstand

Voraussetzung ist, damit sie von Kindern ausgeführt werden können. Auch bei weiteren Beispielkindern konnte die wissenschaftliche Begleitung der Implementierung des Orientierungsplans dies unterstreichen und hält fest: „Der Blick auf Kinder bei Unterstützungsbedarf zeigt jedoch, dass zahlreiche Kinder in ihrer Entwicklung noch nicht in der Lage sind, sich auf Rollenspiele einzulassen“ (Füssenich 2009b, S. 50). Folglich muss konstatiert werden, dass Rollenspiele zwar ein wichtiges Spielformat zur Erweiterung sprachlich-kommunikativer Fähigkeiten darstellen, allerdings die dafür notwendigen Voraussetzungen der Spielfähigkeiten auf Seiten der Kinder vorhanden sein müssen.

Abb. 11: Fähigkeiten und Schwierigkeiten der Beispielkinder in Spielformaten

	Adnan	**Ayla**	**Nico**	**Noel**
Spielform und Spielweise	Lieblingsspiel Memory; Spielt gerne Regelspiele, hält die geforderten Regeln problemlos ein; Motiviert und gespannt gegenüber neuen Spielen; Keine Rollenspiele beobachtbar	Beschäftigt sich immer mit denselben Spielen (z. B. immer dasselbe Puzzle); Interesse an Regelspielen; Spielt häufig allein ohne Spielpartner; Vereinzelt Ansätze von Symbol- und Rollenspielen erkennbar	Ansatzweise Spiele mit anderen Kindern, die dann schnell im Streit enden; Starke Fixierung auf Spielgegenstände, die er nur für sich haben will; Wenn der Spielablauf nicht seinen Vorstellungen entspricht, bricht er die Interaktionen schnell ab;	Sehr einseitiges Spielverhalten: Meist Alleinspiel in der Bauecke; Gelegentliches Spiel mit Anderen, aber nur auf deren Initiative; Würde vermutlich öfters daran teilhaben wollen; Gelegentliches Symbolspiel, kein Rollenspiel zu beobachten;
Spielschwierigkeiten	Kann nur über kurze Zeit mit anderen Kindern spielen; Schwierigkeiten, seine Spielbedürfnisse mitzuteilen	Schwierigkeiten, sich an Regeln zu halten bzw. ignoriert sie zu ihren Gunsten, sowohl mit Erwachsenen als auch Gleichaltrigen;	Spiele mit anderen Kindern enden sehr oft im Streit; Kann sich nicht auf Handlungsimpulse Anderer einlassen =>Interaktionsabbruch	Kommt im Spiel mit Gleichaltrigen oft schnell an seine Grenzen und wirkt dann überfordert=> zieht sich in Einzelspiel zurück; Schwierigkeiten seinen Spielinhalt Anderen mitzuteilen

8.1.4 Sprachlich-kommunikative Fähigkeiten und Schwierigkeiten

Bezüglich der diagnostischen Vorgehensweise des Fachdienstes gezielte Sprachförderung wird festgehalten, dass bei allen Beispielkindern qualitative Verfahren zur Feststellung ihrer sprachlich-kommunikativen Fähigkeiten (vgl. Abb. 12) eingesetzt wurden. Statt einer standardisierten Einordnung in Normwerte ermöglicht diese Form der Diagnostik fundierte Erkenntnisse sowohl über Fähigkeiten als auch Schwierigkeiten der Kinder, und liefert gleichzeitig handhabbare Ansatzpunkte für die daran anschließende Förderung.

Außerdem fällt bezüglich der diagnostischen Erkenntnisse des Fachdienstes gezielte Sprachförderung auf, dass diese sich stark an den vorhanden Kompetenzen der Kinder orientieren, z. B.:

- Adnan: Einige Strategien zur Wortschatzerweiterung vorhanden
- Nico: Großer Wortschatz
- Ayla: Mehrwortäußerungen; zunehmende Imitationsfähigkeit
- Noel: Beginnende Subjekt-Verb-Kongruenz; Imitationsfähigkeit

Diese Stärkenorientierung vermittelt den Kindern mit Unterstützungsbedarf eine Wertschätzung ihrer bereits vorhandenen Fähigkeiten, anstatt sie wiederholt mit ihren Defiziten und Schwierigkeitsbereichen zu konfrontieren. Nur so können diese Kinder ein positives Selbstkonzept und Selbstwertgefühl entfalten (vgl. S. 81), was vor allem in sprachlich-kommunikativen Kompetenzbereichen von entscheidender Bedeutung ist: Sobald Kinder aufgrund der ihnen mehrfach direkt mitgeteilten sprachlichen Schwierigkeiten ihre Kommunikationsbereitschaft aufgeben und ihr Interesse am Austausch mit Anderen verlieren, reduzieren sie durch die damit verbundene kommunikative Inaktivität ihre Möglichkeiten zum individuellen Ausbau der sprachlichen Fähigkeiten in Interaktionen mit Anderen. Dementsprechend sollten im Speziellen bei den Erkenntnissen über den sprachlich-kommunikativen Entwicklungsstand von Kindern mit Unterstützungsbedarf, aber auch im Allgemeinen bei der Betrachtung ihrer individuellen Voraussetzungen, sinnvollerweise vermehrt deren Fähigkeiten berücksichtigt und daran angeschlossen werden.

Ein weiterer Aspekt ist der Kategorie *Aussagen über Fähigkeiten in der Erstsprache* (vgl. Abb. 12) zu entnehmen. Bei allen drei mehrsprachigen Beispielkindern des empirischen Teils dieser Arbeit wurden die sprachlichen Fähigkeiten in ihrer Erstsprache vom Fachdienst gezielte Sprachförderung rein anhand der Aussagen der Mütter über ihre Kinder dokumentiert. Weitere Informationen über die Kenntnisse der Kinder in ihren Erstsprachen konnten nicht in Erfahrung gebracht werden, da zum Einen keine Personen mit Kenntnissen in der geforderten Sprache verfügbar waren, und zum Anderen keine für diesen Zweck anwendbaren Verfahren existieren (vgl. Jeuk 2009).

Neben diesen Schwierigkeiten der Diagnose von Fähigkeiten mehrsprachiger Kinder in ihrer Erstsprache fällt beim Blick auf die sprachlich-kommunikativen Fähigkeiten der Beispielkinder ein weiterer wichtiger Aspekt auf: die Eltern der Kinder mit Unterstützungsbedarf sind bezüglich der sprachlich-kommunikativen Fähigkeiten ihrer Kinder stark verunsichert:

- Bei Adnans Mutter basiert diese Verunsicherung auf den unterschiedlichen Ergebnissen, die ihr einerseits von einer Sonderschullehrerin für sprachbehinderte Kinder und andererseits von einem Kinderarzt über die sprachlich-kommunikativen Fähigkeiten ihres Sohnes mitgeteilt wurden. Während die Sonderschullehrerin eine logopädische Therapie aufgrund von Schwierigkeiten in Aussprache, Wortschatz und Grammatik für unerlässlich erachtete, lehnte der zuständige Kinderarzt diese therapeutische Betreuung[41] ersatzlos ab und hinterließ bei Adnans Mutter große Verunsicherung und Besorgtheit.
- Nicos Eltern äußerten den Erzieherinnen im Aufnahmegespräch, dass sie aufgrund des Besuchs des Schulkindergartens für sprachbehinderte Kinder ihrer zwei ältesten Söhne stark verunsichert über Nicos sprachliche Fähigkeiten seien. Sie waren der Meinung, dass Nicos Sprachentwicklung durch genetische Dispositionen innerhalb ihrer Familie bedingt sei. Daher wünschten sie sich eine spezielle Überprüfung sowie gezielte Beobachtung von Nicos Sprachkompetenzen im Kindergarten.
- In Noels Familie resultierte die starke Verunsicherung über Noels Entwicklung aus der Vielzahl an durchgeführten Untersuchungen und Entwicklungstests, in denen Noel unter Anderem ein kognitiver Entwicklungsrückstand sowie eine spezifische Sprachentwicklungsstörung attestiert, und eine Intensivtherapie in einer Klinik für neurologische Erkrankungen nahegelegt wurden (vgl. Abb. 9). Dieser extra anhand der Erkenntnisse der Projektdaten angefertigte Bericht über Noels Fähigkeiten und Schwierigkeiten wurde von den Verantwortlichen der Intensivtherapie ungelesen zurückgeschickt und die Eltern stattdessen mit weiteren standardisierten Testergebnissen beunruhigt. Vor allem die Mutter äußerte immer wieder Verzweiflung und Zukunftsängste über Noels Situation aufgrund dieser für sie „erschreckenden" Befunde und uneinheitlichen Erkenntnisse.

Diese Gemeinsamkeiten zeigen zum Einen, welche Verzweiflung (im Falle Noels) und Verunsicherung (im Falle Adnans) verschiedenste Fachpersonen und -disziplinen mit ihren differenten Untersuchungsergebnissen auslösen können und wel-

[41] Leider konnten die Gründe für die Ablehnung der Logopädie seitens des Kinderarztes aus datenschutzrechtlichen Gründen nicht in Erfahrung gebracht werden.

che Belastung aber auch Orientierungs- und Hilflosigkeit daraus für die betroffenen Familien resultiert.

Schließlich muss im Bereich der sprachlich-kommunikativen Fähigkeiten der Kinder festgehalten werden, dass bei allen Beispielkindern Schwierigkeiten auf semantisch-pragmatischer Sprachebene vorliegen (vgl. Abb. 12):

- Bei Adnan sind Ersetzungen von Begriffen durch Bezeichnungen aus demselben Wortfeld erkennbar (Mund für Schnabel; Wolken für Regen; vgl. Hetzel 2008). Er nimmt Umschreibungen durch Rückgriff auf Aussehen, Form („Der Krebs hat auch so was und der Skorpion hat auch so was“; ebda. 2008), Funktion und Situation („der Haus von dem Hund“; ebda. 2008) der gesuchten Objekte vor. Außerdem hat er Schwierigkeiten im Sprachverständnis, was sich vor allem in Verständnisproblemen bei Konjunktionen aber auch Handlungsanweisungen im Alltag zeigt.
- Ayla fällt durch einen geringen Wortschatz und die fehlende Vernetzung ihres Lexikons auf, weswegen sie oft auf deiktische Mittel sowie Gestik und Mimik als Kommunikationsmittel zurückgreift. Des weiteren verfügt sie über ein eingeschränktes Sprachverständnis, was in alltäglichen Situationen und Interaktionen dadurch auffällt, dass sie sich stets an den Reaktionen der anderen Kindergartenkindern orientiert und bei fehlenden Kontextstützen oftmals hilflos reagiert. Im Bereich der Strategien zur Erweiterung ihres Lexikons konnten keine Strategien beobachtet werden. Bezüglich ihres Wortschatzes fallen Ersetzungen von Begriffen durch andere Wörter aus demselben Wortfeld oder Umschreibungen auf. Außerdem zeigt sie bei Schwierigkeiten häufig Vermeidungsstrategien durch Schweigen, ausweichendes Verhalten oder Antworten mit Ganzheiten (z. B. „so und so“, „des kommt“, vgl. Tiffert 2008, S. 103).
- Nico hat im pragmatischen Bereich Schwierigkeiten bei der Kontaktaufnahme und beim Kommunikationsaufbau vor allem zu Kindern aber auch zu Erwachsenen. Ihm fehlen Strategien, wie er auf diese zugehen kann und einen Dialog initiieren kann. In Gesprächen besitzt er wenige Möglichkeiten, seine Äußerungen in eine partnerbezogene sprachliche Form zu bringen und auf die Interessen wie Bedürfnisse seiner Gesprächspartner einzugehen. Außerdem fällt es ihm schwer, Redeanlässe wahrzunehmen und zu beginnen bzw. das Ende eines Gespräches anzukündigen.
- Bei Noel ist zu beobachten, dass er sich häufig nonverbal mitteilt und seine Ideen und Bedürfnisse nur schwer verbal formulieren kann. Bezüglich seines Wortschatzes fallen fehlende semantische Vernetzungen von Begriffen untereinander auf und er über einen eingeschränkten Wortschatz verfügt (z. B. häufige Verwendung von „da“ oder „hier“, vgl. Menz 2007, S. 96.

Dies hängt damit zusammen, dass er keine Strategien zur Erweiterung des Wortschatzes anwendet, sondern sich häufig durch Ausweich- und Vermeidungsverhalten zurückzieht (z. B. „I kenns wieder“; vgl. Menz 2007, S. 97). Im Bereich des Sprachverständnisses hat er Probleme, was sich in alltäglichen Situationen durch seine Orientierung an einzelnen Schlüsselwörtern oder ausweichende Reaktionen zeigt. Außerdem hat er Wortfindungsstörungen, da er durch Aussagen wie „I weiß“ (vgl. Menz 2007, S. 97)zum Ausdruck bringt, dass ihm situationsabhängig gesuchte Begriffe nicht einfallen.

Diese diagnostischen Daten zeigen, dass Nico trotz seiner individuellen Stärken im semantischen Bereich Probleme auf pragmatischer Sprachebene besitzt und aus diesem Grund seine semantischen Stärken nur schwer in Interaktionen und im Umgang mit Anderen einsetzen kann. Alle anderen Beispielkinder weisen Schwierigkeiten auf den vier von FÜSSENICH ([5]2002, S. 84ff; Füssenich/Geisel 2008, S. 18ff) beschriebenen Problemfeldern im semantischen Bereich auf: *eingeschränkter Wortschatz, fehlende Strategien zur Erweiterung des Wortschatzes, Probleme mit dem Sprachverständnis, Probleme bei der Wortfindung*. Diese Gemeinsamkeiten belegen, dass den semantisch-pragmatischen Fähigkeiten von Kindern mit Unterstützungsbedarf, als Zentrum des Spracherwerbs, große Bedeutung zugemessen werden muss, da Kinder ihre sprachlich-kommunikativen Fähigkeiten nur unter Berücksichtigung dieser Ebene ausbauen können. Bis auf Nico weisen alle Beispielkinder auch Schwierigkeiten auf morphologisch-syntaktischer Ebene vor (vgl. Abb. 12):

- Adnan verwendet oftmals inkorrekte Genusmarkierungen übergeneralisiert das maskuline Genus und verfügt über ein fehlerhaftes Kasussystem.
- Ayla verwendet insgesamt wenige bis nahezu gar keine Artikel und teilt sich im Bereich der Komplexität ihrer Äußerungen in Ein- bis Dreiwortäußerungen mit. Außerdem wendet sie keine Subjekt-Verb-Kongruenz an.
- Auch Noel äußert sich meist in Zwei- bis Dreiwortäußerungen, lässt dabei allerdings häufig Subjekt und Verb aus; Im Bereich der Verbformen kann die Subjekt-Verb-Kongruenz nur in beginnendem Stadium beobachtet werden.

Abb. 12: Sprachlich-kommunikative Fähigkeiten der Beispielinder

	Adnan	**Ayla**	**Nico**	**Noel**
Verwendete Verfahren	Beobachtungsbögen (Füssenich/Geisel 2008); AVAK Analyseraster (Füssenich/Jung 2010)	Beobachtungsbögen (Füssenich/Geisel 2008); AVAK Analyseraster (Füssenich/Jung 2010)	Beobachtungsbögen (Füssenich/Geisel 2008); AVAK Analyseraster (Füssenich/Jung 2010)	Beobachtungsbögen (Füssenich/Geisel 2008); AVAK Analyseraster (Füssenich/Jung 2010)
Semantik/ Pragmatik	Einige Strategien zur Wortschatzerweiterung vorhanden (Imitation; Fragen nach Unbekanntem); Ersetzung von Begriffen durch Begriffe aus demselben Wortfeld; Umschreibung durch Rückgriff auf Aussehen, Form, Funktion und Situation;; Schwierigkeiten im Sprachverständnis;; Verständnisprobleme bei Konjunktionen;	Einsatz von Gestik und Mimik als Kommunikationsmittel; Geringer Wortschatz; Rückgriff auf deiktische Mittel; Eingeschränktes Sprachverständnis (v.a. ohne Kontextstützen); Keine Strategien zur Erwei-	Großer Wortschatz; Verfügt über Strategien zur Erweiterung des Lexikons; Schwierigkeiten bei der Kontaktaufnahme und Kommunikationsaufbau;	Teilt sich häufig nonverbal mit; Fehlende semantische Vernetzungen; Ausweich- und Vermeidungsverhalten; Fehlende Strategien zur Erweiterung d. Wortschatzes; Sprachverständnisprobleme; Wortfindungsstörungen
Morphologie/ Syntax	Mehrwortäußerungen; Inkorrekte Genusmarkierung; Übergeneralisierung des maskulinen Generis Fehlerhaftes Kasussystem;	Ein- bis Dreiwortäußerungen; Wenige Artikel, keine Subjekt-Verb-Kongruenz;	Altersgemäße Entwicklung;	Meist Zwei- bis Dreiwortäußerungen; Beginnende Subjekt-Verb-Kongruenz Auslassung von Subjekt und Verb;
Phonetik/ Phonologie	Vollständiges Phoninventar; Zungenspitzen [R]; Teilweise Reduktion von Mehrfachkonsonanz; => Altersgemäße Entwicklung	altersgemäß ausgebildetes Phoninventar; => Altersgemäße Entwicklung	Phoninventar altersgemäß; Entwicklungsbedingte Ausspracheauffälligkeiten (Substitutionsprozesse und Silbenstrukturprozesse) => Altersgemäße Entwicklung	Veränderung der letzten Silbe bei mehrsilbigen Wörtern; Alveolarisierung und Reduktion von Mehrfachkonsonanz; Phoninventar fast vollständig (außer [x] medial/final; [ʃ]fehlt initial) => Altersgem. Entw.
Mehrsprachigkeit: Fähigk. in der Erstsprache	Laut Mutter: Adnan spricht albanisch genauso wie deutsch	Laut Mutter: keine Besonderheiten	Irrelevant	Laut Mutter + Fachdienst: Französisch: Wortschatz eingeschränkt

Da der Bedeutungserwerb und die damit verbundenen semantisch-pragmatischen Fähigkeiten die Grundlage für den weiteren Erwerb von Grammatik und Aussprache darstellen (vgl. Meibauer & Rothweiler 1999, S. 10ff; Füssenich ^{5}2002, S. 64), müssen bei der Betrachtung der individuellen Voraussetzungen von Kindern mit Unterstützungsbedarf Fähigkeiten und Schwierigkeiten auf semantisch-pragmatischer Sprachebene besonders berücksichtigt werden.

8.1.5 Zusammenfassung

Zusammenfassend wird festgehalten, dass die biografischen Daten jedes Beispielkindes wichtigen Aufschluss über deren individuelle Lebenssituation liefern und notwendige Informationen dokumentieren, damit jedes Kind entsprechend seiner individuellen Voraussetzungen unterstütz werden kann. Im Bereich der Alltagsformate sind allen Beispielkindern eine starke Zurückhaltung sowie Schwierigkeiten bei der Kontaktaufnahme gemein, die sich in den Interaktionskontexten in einer ungewollten Passivität widerspiegeln. In Spielformaten sind bei allen Beispielkindern individuelle Spielschwierigkeiten feststellbar, die ihnen ein Spiel mit Gleichaltrigen nicht ermöglichen. Bezüglich der sprachlich-kommunikativen Fähigkeiten und Schwierigkeiten der Beispielkinder besitzen alle Beispielkinder neben individuellen Schwierigkeiten allesamt Problembereiche auf semantisch-pragmatischer Sprachebene, welche durch qualitative Untersuchungsverfahren ermittelt werden konnten.

8.2 Analyse der Kompetenzerweiterungen

Zur grafischen Verdeutlichung der im Folgenden aufgeführten Inhalte dient Abb. 13, die am Ende dieses Kapitels aufgeführt ist. Die darin ersichtlichen Gemeinsamkeiten und Unterschiede der vier Beispielkinder hinsichtlich ihrer individuellen Kompetenzerweiterungen werden in den nachfolgenden Unterkapiteln entsprechend der Kategorien des Analyserasters (vgl. Kap. 5.3) detailliert aufgeführt und inhaltlich eingeordnet.

8.2.1 In Alltagsformaten

Im Bereich der Kompetenzerweiterungen in Alltagsformaten und Ritualen sind bei allen vier Beispielkindern eine steigende Handlungssicherheit sowie ein damit verbundener Anstieg des Selbst- und Handlungsvertrauens der Kinder mit Unterstützungsbedarf in ihre Fähigkeiten festzustellen (vgl. Abb. 13, Nr.1):

- Adnan erlangte in den gemeinsamen Bilderbuchbetrachtungen und Interaktionen schrittweise größere Handlungssicherheit. Diese äußerte sich durch die vermehrte Mitteilung seiner individuellen Interessen und Bedürfnisse sowie durch ein gesteigertes Vertrauen in seine eigene Handlungsfähigkeit. Dabei erfuhr er durch die immer wiederkehrende Struktur der Alltagsformate, dass er mit seinen individuellen Fähigkeiten in der Lage ist, in diesen gemeinsamen Interaktionen zu agieren und diese nach seinen Vorstellungen mit Hilfe von Sprache strukturieren zu können.
- Ayla präsentierte in den Alltagsformaten zunehmende Handlungssicherheit und übertrug diese, beispielsweise beim Puzzeln oder Malen, auf gemeinsame Interaktionen mit Gleichaltrigen. Sie begann, die Handlungsabläufe nach ihren Vorstellungen zu strukturieren und Interaktionskontexte vermehrt zu kommentieren. Außerdem legte sie ihre anfangs vorhandene Schüchternheit schrittweise ab und übernahm zunehmend aktivere Parts innerhalb der Formate.
- Nico tätigte Kompetenzerweiterungen im Format Bilderbuchbetrachtung, da er sowohl den sachgemäßen Umgang mit Bilderbüchern erfuhr als auch Interesse an den Buchinhalten entwickelte, welche er anschließend als Ausgangspunkt für weitere Interaktionen wählte. Anhand des Anstiegs der zeitlichen Dauer gemeinsamer Handlungen wurde deutlich, dass er sich in den Alltagsformaten wohlfühlte und selber aktiv auf die Handlungsstrukturierung der Interaktionen einwirkte. Außerdem konnte er sich zunehmend an feststehende Regeln halten und diese in unterschiedlichen Situationen, beispielweise beim Essen, einhalten.
- Noel erweiterte seine Fähigkeiten in Alltagsformaten durch zunehmende Mitteilung seiner Bedürfnisse, indem er beispielweise seine individuellen Ideen und Vorstellungen bei der „Ratewaldherstellung" vermehrt mitteilte. Auch im Format der Bilderbuchbetrachtung konnte diese steigende Übernahme einer aktiveren Rolle sowohl durch die Zunahme der sprachlichen Anteile in Form von Kommentierungen oder Fragen, als auch durch seine stellenweise vorgenommenen Strukturierungen der Formatsituation festgestellt werden.

Diese gemeinsamen Kompetenzerweiterungen der Beispielkinder unterstreichen den Unterstützungsrahmen, den Alltagsformate aufgrund ihrer bekannten Ablaufstruktur und Wiederholbarkeit offerieren, da Kinder mit Unterstützungsbedarf diesen geschützten Rahmen benötigen, um ihre individuellen Fähigkeiten schrittweise durch zunehmende Handlungssicherheit und steigende Eigenaktivität zu erweitern. Es wird deutlich, wie die Kinder, entsprechend ihrer vorhandenen Fähigkeiten, ihren Fokus in diesen vertrauten Interaktionen auf sprachliche Aspekte lenken können und diese anhand der kontinuierlichen Wiederkehr der Strukturen als bedeutsam erfahren. Mit zunehmender Handlungssicherheit gewinnen die Kinder aufgrund der ihnen bekannten Formatabläufe gleichzeitig an Selbstvertrauen in ihre Fähigkeiten und legen schrittweise ihre Unsicherheit und Zurückhaltung ab. Hierbei wird die große Bedeutung formattypischer Aussagen und Strukturierungen für die Erweiterung sprachlich-kommunikativer Fähigkeiten ersichtlich, deren kommunikative Funktionen bezüglich ihres Sinns und ihrer Notwendigkeit für die Interaktionskontexte von den Kindern als handlungsrelevant verstanden und übernommen werden (vgl. 8.2.3). Neben diesen gesteigerten Handlungssicherheiten sind bei allen Kindern, wie oben beschrieben, individuelle Lernfortschritte bezüglich ihrer angestrebten Kompetenzbereiche (vgl. S. 193f) festzustellen, die entwicklungsperspektivisch für die Zone der nächsten Entwicklung unerlässlich sind:

- Bei Adnan ein größeres Selbstvertrauen in seine (Handlungs-) Fähigkeiten und eine damit verbundene positivere Selbsteinschätzung.
- Bei Ayla die Reduzierung ihre Schüchternheit und Zunahme ihrer Handlungssicherheit.
- Bei Nico die Einhaltung von Regeln und die Akzeptanz von Bedürfnissen Anderer.
- Bei Noel die Mitteilung seiner Bedürfnisse, Wünsche und Vorstellungen.

Die Existenz von feststehenden Ritualen im Rahmen von Alltagsformaten erwies sich beim Blick auf die Beispielkinder und ihre Kompetenzerweiterungen in diesem Bereich zusätzlich als förderliches Element, obwohl bei den Beispielkindern Unterschiede bezüglich des Umgangs mit Ritualen festgestellt werden konnten:

- Adnan nutzte das Ritual der Genusmarkierungen durch Symbole (vgl. S. 149) als Hilfs- wie Orientierungsmittel und griff von sich aus auf diese Unterstützungsmaßnahme zurück, forderte dies allerdings nicht ausdrücklich ein.
- Ayla orientierte sich sehr stark an den im Rahmen der Bastel-, Mal- und Puzzletätigkeiten integrierten Rituale und forderte diese auch vehement ein, sobald sie nicht durchgeführt wurden.
- Auch Nico forderte die Rituale selbst ein (vgl. S. 136).
- Noel nutzte die in Interaktionen integrierten Rituale als Unterstützungsinstrument, mit dessen Hilfe er zunehmend Handlungs- wie Kommunikationssicherheit erlangte. Außerdem nutzte er die Rituale als Orientierungshilfe, um sich auf die damit verbundenen, feststehenden Abläufe einzustellen. Allerdings forderte er Rituale nicht von sich aus ein.

Manche Beispielkinder forderten die konsequente Einhaltung ihnen bekannter Rituale bereits nach kurzer Zeit selbst ein, während sich Andere zwar an diesen feststehenden Abläufen orientierten, diese aber nicht von sich aus einforderten.

8.2.2 *In Spielformaten*

Da mit allen Beispielkindern Regelspielformate gewählt wurden, liefern mögliche Kompetenzerweiterungen in diesem Bereich hilfreiche Erkenntnisse über die Veränderungen ihrer Spielfähigkeiten. Bei den Lernfortschritten im Bereich der Regelspiele, die bei allen Beispielkindern festgestellt wurden, sind zu allererst Kompetenzerweiterungen bei der Übernahme feststehender Spielregeln festzuhalten. Vor Beginn der Förderung waren mit den Beispielkindern Ayla und Nico aufgrund ihrer Schwierigkeiten, sich an Spielregeln zu halten, die Durchführungen von Regelspielen nicht möglich. Bei Adnan und Noel waren Spiele mit feststehenden Regeln nur bedingt möglich, da sie diese Situationen mit Gleichaltrigen meist nach kurzer Zeit abbrachen (vgl. Kap. 8.1.3). Bereits während der gezielten Sprachförderung zeigten sich diesbezüglich bei allen Kindern Lernfortschritte im Umgang mit Regelspielen und der Einhaltung von feststehenden Regeln (vgl. Abb. 13, Nr.2):

- Adnan konnte Regelspielsequenzen mit der Förderkraft über einen längeren Zeitraum aufrecht erhalten, da das Regelspiel Memory zu Ende gespielt werden konnte, bis ein Gewinner feststand.
- Ayla konnte sich zunehmend an die eingeführten Spielregeln halten und reduzierte die absichtliche Verletzung von Regeln zu ihrem eigenen Vorteil. Es konnte ein Spiel nach konventionalisierten Regeln stattfinden.
- Nico akzeptierte die besprochenen Regeln der durchgeführten Regelspiele zunehmend, z. B. die abwechselnde Reihenfolge des Ziehens, das Ablegen der gezogenen Karten an den ursprünglichen Platz und, dass jeder Spieler bei Fund eines Pärchens nochmals ziehen durfte.
- Noel wandte die im Rategarten vorgegebenen Spielregeln an und hielt sie konsequent ein.

Aufgrund dieses erworbenen Umgangs mit Spielregeln konnte mit allen Beispielkindern ein Spiel nach feststehenden Regeln gespielt werden.

Bei allen Kindern wurde beobachtet, dass sie versuchten, ihre getätigten Kompetenzerweiterungen im Regelspielverhalten auf Interaktionen mit Erwachsenen oder Gleichaltrigen zu übertragen (vgl. Abb. 13, Nr.4):

- Adnan versuchte, die in Einzelsituation gespielten Regelspiele auch mit den pädagogischen Fachkräften der Kindertageseinrichtung zu spielen, was ihm zunehmend gelang und er das Memory-Spiel schließlich als sein Lieblingsspiel bezeichnete.
- Ayla begann neben dem Spiel mit der Förderkraft auch mit anderen Kindern Memory zu spielen. Dieses Spiel mit Gleichaltrigen fand meist als Spiel mit drei Personen statt, da die Förderkraft ebenfalls an diesen Interaktionen

teilnahm, ihre aktive Rolle bei der Spielstrukturierung allerdings bewusst schrittweise reduzierte.

- Nico übertrug das Memory-Spiel auf Interaktionen mit anderen Erwachsenen und konnte mehrmals beim Spiel mit den pädagogischen Fachkräften der Einrichtung beobachtet werden. Ein Regelspiel mit Gleichaltrigen war nicht zu beobachten.
- Noel übertrug das Spiel des Ratewalds auf Spielkontexte außerhalb der gezielten Sprachförderung mit ihm und konnte beim Spiel mit pädagogischen Fachkräften der Einrichtung beobachtet werden.

Diese Gemeinsamkeiten belegen die Alltagsrelevanz und die Übertragbarkeit von Regelspielen in die kindlichen Lebenswelten. Damit liefern diese Spiele die Begründung, weshalb Regelspiele als wichtige Spielform erachtet werden müssen, mit deren Hilfe Kinder bei Unterstützungsbedarf ihre individuellen Fähigkeiten erweitern und in einem nächsten Schritt auch selbstständig ausbauen können.

Schließlich bleibt im Bereich der Regelspiele anzumerken, dass die Durchführung von Spielen mit bestimmten Regeln allen vier Beispielkindern große Freude bereitete, ihnen diese altersgerechte Tätigkeit mit steigender Handlungssicherheit immer mehr Vergnügen bereitete und aufgrund dessen unverkennbar mitverantwortlich für den Versuch des Transfers dieser Interaktionen auf Situationen mit anderen Mitmenschen war. Dieser Aspekt der freudvollen Teilnahme der Kinder an den gemeinsamen Interaktionen darf nicht vernachlässigt werden und stellt zum Einen eine wichtige Grundvoraussetzung für die funktionierende Beziehung zwischen Kind und Förderkraft dar (vgl. Kap. 4.5.2), welche die Entstehung einer Therapieablehnung seitens der Kinder mit Unterstützungsbedarf minimiert. Zum Anderen kann die freudvolle Teilnahmebereitschaft der Kinder als wichtiger Indikator zur Tätigung von Kompetenzerweiterungen erachtet werden. Die seitens der Erwachsenen notwendigen Kompetenzanforderungen, um eine derartig vertraute und angenehme Förderatmosphäre zu erreichen, werden in Kap. 9.5.2 thematisiert.

In Verbindung mit den Lernfortschritten im Bereich der Regelspiele lassen sich bei allen Beispielkindern Gemeinsamkeiten bezüglich ihrer Kompetenzerweiterungen im allgemeinen Spielverhalten aufzeigen, die vor allem auf den Ebenen des Spielverständnisses und der Spieldynamik ersichtlich wurden (vgl. Abb. 13, Nr.4):

- Adnan entwickelte und übernahm eine sinnvolle Reihenfolge der Fragestellungen beim Rategarten. Dieses erweiterte Spielverständnis bezüglich des Ziels und des Ablaufs des Regelspiels hing mit der zunehmenden Bedeutung des Gewinnens und Verlierens zusammen, welche auch beim Memory-Spiel zunehmend eine größere Rolle spielte.
- Ayla war während der Regelspiele stark darauf bedacht, das Verlieren zu vermeiden und unbedingt zu gewinnen. Um dies zu erreichen entwickelte

sie teils regelwidrige (z. B. Vertauschen der Karten), teils erlaubte aber tückische Strategien (z. B. das absichtlich falsche Vorsagen von Karten), um als Gewinnerin der gemeinsamen Regelspielformate festzustehen. Diese Strategien waren für sie von großer Bedeutung und wurden von ihr als Zweckmittel erachtet, um als Siegerin aus den Spielen hervorzugehen.

- Bei Nico zeigten sich Lernfortschritte bezüglich des Spielverständnisses daran, dass er nach einer gewissen Zeit das Vorsagen der richtigen Karten zum Finden eines Paars unterließ. Er realisierte, dass sein Spielpartner dadurch größere Gewinnchancen hatte. Die zunehmende Bedeutung des Gewinnens und Verlieren waren also auch bei ihm zu erkennen.
- Noel entwickelte ein zunehmendes Verständnis für die sachlogische Weiterführung der Fragen im Ratewald. Die Entwicklung und Übernahme dieser Fragestrategien war notwendig, um die gesuchten Begriffe zu erraten. Dieses Spielziel nahm schrittweise größeren Stellenwert für ihn ein, da er mit zunehmendem Spielverständnis unbedingt die gefragten Objekte erraten wollte.

Diese Kompetenzerweiterungen im Rahmen des Spielverständnisses und der Spieldynamik sind hinsichtlich der Spielfähigkeitsentwicklung von Kindern als wichtige Lernfortschritte festzuhalten, da sie als notwendiger Schritt auf dem Weg zur Zone der nächsten Spielfähigkeitsentwicklung erachtet werden müssen (vgl. S. 62) und gleichzeitig auch für das Spiel mit Gleichaltrigen von großer Bedeutung sind. Diese Kompetenzerweiterungen im allgemeinen Spielverhalten belegen, dass Kinder mit Unterstützungsbedarf durch das Spiel eines konkreten Spielformats neben Lernfortschritten innerhalb dieses Formats immer auch Kompetenzerweiterungen im allgemeinen Spielverhalten tätigen und unterstreichen das Potential von Regelspielen für die Erweiterung der individuellen Fähigkeiten von Kindern mit Unterstützungsbedarf.

Hinsichtlich der Kompetenzerweiterungen im Bereich der Rollenspiele lässt sich festhalten, dass bei beiden Beispielkindern, mit denen Rollenspielformate inszeniert wurden, die soziale Bedeutung des Rollenspiels zum Vorschein kam (vgl. Abb. 13, Nr.3):

- Nico setzte das Rollenspielformat „Zug fahren“ zur Kontaktaufnahme mit Gleichaltrigen ein und konnte bei gemeinsamen Rollenspielhandlungen mit anderen Kindern beobachtet werden (vgl. Kap. 6.4.2).
- Ayla führte die Rollenspiele gemeinsam mit der Förderkraft sowie anderen Kindern durch. Dabei erfuhr sie dieses Format als Möglichkeit um mit Gleichaltrigen in Interaktionen treten zu können. Rollenspiele mit anderen Kindern ohne die Betreuung durch die Förderkraft konnten nicht beobachtet werden.

Anhand dieser Gemeinsamkeiten wird ersichtlich, dass Rollenspielformate aus sozialer sowie pragmatischer Sicht eine sinnvolle Form darstellen, damit Kinder mit Unterstützungsbedarf mit anderen Kindern in gemeinsamen Handlungskontexten interagieren können. Bei Nico konnten konkrete Kompetenzerweiterungen seines Rollenspielverhaltens in den Bereichen des Gegenstandbezugs, der Sequentierung von Inhalten und der Rollenübernahme aufgezeigt werden (vgl. S. 138ff). Im Bereich der Handlungsplanung gelang es Nico vermehrt, fiktive Handlungen zu planen und umzusetzen, z. B. durch Übernahme der Rolle des Bahnhofsprechers. Auf Ebene der sprachlich-kommunikativen Fähigkeiten verwendete Nico zur Handlungsstrukturierung die Form der expliziten Metakommunikation und zeigt Ansätze der impliziten Metakommunikationsform (vgl. Kap. 3.4.4). Diese Kompetenzerweiterungen in Nicos Rollenspielfähigkeiten lassen auch gleichzeitig eine Verbindung zu seinen Lernfortschritten der sprachlich-kommunikativen Fähigkeiten erkennen. Sowohl auf produktiver Ebene (z. B. seine spontane, morphologisch-syntaktische Äußerung als Bahnhofssprecher: „Achtung Achtung, der Zug kommt! Achtung Achtung!“ vgl. Anhang II) als auch auf rezeptiver Ebene (Förderkraft: „Wo fahren wir denn heute hin?“ Nico: „Nach Stuttgart!“ F: „und was machen wir dort?“ N.: „Essen, Trinken und Baden, Zug fahren!“; vgl. Anhang II) konnte der situationsangemessene Einsatz von Sprache beobachtet werden. Bei Ayla konnten in der kurzen Zeitspanne, in welcher Rollenspiele mit ihr gespielt wurden, Lernfortschritte in der Umsetzung von Rollenscripts und der Identifikation mit spielintegrierten Rollen beobachtet werden (vgl. Abb. 13, Nr.4). Auffallend bei ihr war, dass sie ihre Rollen zumeist ohne Einsatz verbaler Kommunikation spielte. Dies ist neben ihren vorhandenen Schwierigkeiten im sprachlich-kommunikativen Bereich (vgl. Kap. 8.1.4) dadurch zu erklären, dass sie in der kurzen Zeit der Rollenspielförderung noch zu wenig Handlungssicherheit in diesem Format entwickelt hatte, was sich folglich zusätzlich in oben beschriebener Form auf ihre sprachliche Aktivität auswirkte.

8.2.3 In sprachlich-kommunikativen Bereichen

Beim Blick auf die Kompetenzerweiterungen der Kinder mit Unterstützungsbedarf in ihren sprachlich-kommunikativen Fähigkeiten wird festgehalten, dass alle vier Beispielkinder sowohl auf semantisch-pragmatischer als auch auf morphologisch-syntaktischer Sprachebene Lernfortschritte getätigt haben, welche im Folgenden näher betrachtet werden. Im pragmatischen Bereich waren bei allen Beispielkindern Lernfortschritte bezüglich der Handlungsstrukturierung sowie der Mitteilung von Bedürfnissen oder Interessen zu erkennen (vgl. vgl. Abb. 13, Nr.5):

- Adnan übernahm zunehmend einen aktiveren Part bei der Handlungsstrukturierung innerhalb von Spielformaten, beispielsweise nach seiner Feststellung, dass Spielkarten verloren gegangen waren (vgl. Hetzel 2008, S. 80ff): „*Paar sind verloren gegangen*" äußerte er den Hinweis: „*Jetzt muss man mischen*"; außerdem teilte er vermehrt seine Wünsche und Gedanken während des Spiels mit, z. B.: „*Ich fange an. Der Zebra und der Boot*".
- Ayla teilte zunehmend ihre Wünsche und Bedürfnisse während der gemeinsamen Alltags- und Spielformate durch Äußerungen wie z. B. „*Fertig!*" oder „*nicht nochmal*" mit. Außerdem konnte bei der sprachlichen Strukturierung der Spiel- und Alltagshandlungen beobachtet werden, dass sie durch Aussagen wie „*ich dran*" oder „*du dran*" schrittweise mehr den Ablauf der Interaktionen verbal strukturierte (vgl. Tiffert 2008, S. 154ff).
- Nico übernahm mehr und mehr die aktivere Rolle bei der Strukturierung der Alltags- und Spielsituation und begann die Abbildungen der Memory-Motive zu kommentieren (vgl. Kap. 6.4.3). Außerdem verstand er es zunehmend, seine Bedürfnisse und Handlungsvorstellungen sprachlich mitzuteilen und den Interaktionspartnern seine individuellen Ablaufideen zu vermitteln.
- Bei Noel konnte die schrittweise Übernahme der Regie von Spielstrukturen beobachtet werden, beispielsweise mit dem Hinweis „*du dran*" (vgl. Menz 2007, S. 109). Auch bei der Bilderbuchbetrachtung übernahm er zunehmend den aktiveren Part und äußerte beispielsweise, wann die nächste Seite aufgeschlagen werden sollte.

Diese Mitteilungen der individuellen Wünsche oder Interessen der Beispielkinder sowie ihr zunehmend aktiver Eingriff auf die sprachliche Strukturierung der gemeinsamem Interaktionen sind aufgrund des immer gleichbleibenden Ablaufs der durchgeführten Handlungskontexte zu erklären. Dies verleiht den Kindern Sicherheit und sie können sprachlich aktiv in die Spielstrukturierung eingreifen.

Neben den Lernfortschritten auf pragmatischer Ebene konnten bei den Beispielkindern ebenfalls Kompetenzerweiterungen der semantischen Fähigkeiten dokumentiert werden (vgl. Abb. 13, Nr.5):

- Adnan erweiterte sein Repertoire an Strategien zum Erwerb sprachlich-kommunikativer Fähigkeiten durch die Übernahme von Imitationen (z. B.: E.: „Weiß gibt's nicht mehr." A.: „Orange gibt's nicht mehr."), durch die Verwendung von Selbstkorrekturen („Das war bei Her...Halloween!"), durch das Fragen nach Unbekanntem („Fell, was ist das?") sowie mit Hilfe des zunehmend kreativen Umgangs mit Sprache in Form von Sprachspielen („Mund Hund, Mund Hund, Mund Hund") (vgl. Hetzel 2008, S. 80ff). Gleichzeitig wurden im Rahmen dieser Lernfortschritte die Reduktion von

Vermeidungsstrategien und die Abnahme von Begriffsersetzungen beobachtet. Bezüglich seines Wortschatzes baute er sein Lexikon in den in Alltags- und Spielformaten gemeinsam thematisierten Wortfeldern aus und vernetzte Begriffe sowie deren Eigenschaften miteinander.

- Bei Ayla konnte beobachtet werden, wie sie schrittweise neue Strategien zur Lexikonerweiterung erwarb und gleichzeitig Verhaltensweisen, die der Erweiterung sprachlich-kommunikativer Fähigkeiten im Wege stehen, vermehrt ablegte: Sie nahm Imitationen vor (z. B. E.: „Dann darfst du die essen." A.: „Ich die essen."), fragte nach Unbekanntem („is des?"), teilte mit wenn sie etwas nicht verstand (durch die Äußerung „Hä?") und vernetzte ihren erweiterten Wortschatz beispielsweise in den Wortfeldern Farben, Fürchte, Körperteile durch konkrete Vorstellungen der in den Formaten bearbeiteten Begriffe (vgl. Tiffert 2008, S. 137ff). Zusätzlich zu diesen sprachförderlichen Strategien reduzierte sie Vermeidungs- und Ausweichverhaltensweisen, welche nicht zu einer Erweiterung ihrer sprachlich-kommunikativen Fähigkeiten beitragen, beispielsweise die Ersetzung von Begriffen durch Oberbegriffe oder durch Rückgriff auf das Aussehen der Objekte.
- Nico erweiterte seine bereits vorhandenen Strategien zum Ausbau sprachlich-kommunikativer Fähigkeiten durch die zunehmende Verwendung von Sprachspielen sowie durch Fragen und um Hilfe bitten, wenn er Schwierigkeiten hatte. Außerdem baute er seinen Wortschatz durch die in den Formaten präsenten Wortfelder aus (vgl. Anhang I-III).
- Noel baute sein Lexikon durch das Spielformat Ratewald vor allem im Wortfeld Wald aus und konnte Vernetzungen der Begriffe untereinander herstellen. Hierbei half ihm das Spielprinzip des Ratewalds, da er durch das spielintern erforderliche Fragenstellen die lexikonerweiternde Strategie des Fragens nach Unbekanntem präsentiert bekam und für sich übernehmen konnte. Als weitere Strategien zur Wortschatzerweiterung erwarb er die Imitation von Zielstrukturen (E.: „Ich habe die Katze." N.: „Habe Puppe.") sowie die Mitteilung wenn er etwas nicht verstanden hatte (Wenn er etwas nicht benennen kann, zuckt er mit den Schultern und sagt: „I kenns wieder!", vgl. Menz 2007, S. 128ff). In Verbindung mit diesen Kompetenzerweiterungen konnte auch eine Reduktion seiner Ausweichverhaltensweisen beobachtet werden.

Bezüglich der Kompetenzerweiterungen auf morphologisch-syntaktischer Sprachebene muss festgehalten werden, dass alle vier Beispielkinder Kompetenzerweiterung im Bereich der Übernahme spiel- bzw. formattypischer Äußerungen vollzogen haben (vgl. Abb. 13, Nr.6). In diesem Zusammenhang kommt der immer wiederkehrenden Präsentation morphologisch-syntaktisch korrekter Zielstrukturen, die aufgrund des gegebenen Kontext- und Situationsbezugs von den Kindern als sinnvoll und notwendig verstanden werden, große Bedeutung zu. Sie liefern die notwendige Grundlage, damit die Kinder diese verstehen und imitieren können.

Neben diesen Lernfortschritten sind bei den Beispielkindern auch auf weiteren grammatischen Kompetenzbereichen Fähigkeitserweiterungen festzustellen (vgl. Abb. 13, Nr.6):

- Bei Adnan wurden Lernfortschritte bezüglich der Genusmarkierung festgestellt, da er vermehrt alle drei Genera verwendete und gleichzeitig seine vorhandene Übergeneralisierung des maskulinen Generis reduzierte. Außerdem waren hinsichtlich der Wortarten der zunehmende Einsatz von Adjektiven und die korrekte Verwendung von Präpositionen zu beobachten.
- Ayla präsentierte schrittweise häufiger die Verbzweitstellung und beachtete dabei zunehmend die Subjekt-Verb-Kongruenz (z. B. „de kusa meine Mama geht weg und ich hab ich äääääh“ Tiffert 2008, S. 157). Bezüglich ihrer performierten Wortarten integrierte sie nach und nach vermehrt Verben sowie Objekte (z. B. „ich bin Blumen mach“, ebda. 2008, S. 102) und baute die Komplexität ihrer Äußerungen durch Mehrwortäußerungen aus (z. B. „du machen Herz“, ebda.).
- Bei Noel konnte die morphologisch-syntaktisch korrekte Formulierung von Fragen (z. B. „Was ist das?“ Menz 2007, S.140) beobachtet werden. Zudem war durch die Verwendung von Mehrwortäußerungen eine Ausweitung der Komplexität feststellbar (z. B. „Marienkäfer habe Füße und kann au fliegt“, ebda. 2007, S. 154). Im Bereich der Genusmarkierung verwendete er zunehmend mehr Artikel (z. B. „der dick“, „Ein Bus wegfahrt“, ebda. 2007, S. 154), auch wenn er dabei das maskuline Genus übergeneralisierte. Dies muss allerdings als Lernfortschritt und nicht als Schwierigkeit erachtet werden, da er im Gegensatz zu vorher überhaupt Artikel verwendete und die unterschiedlichen Genera in einem nächsten Schritt differenzieren kann.

Diese Kompetenzerweiterungen unterstreichen, dass Kinder mit Unterstützungsbedarf durch Alltags- und Spielformate ihre individuellen morphologisch-syntaktischen Fähigkeiten erweitern können. Entscheidender Ausgangpunkt für die Lernfortschritte der Beispielkinder war die Abstimmung der Formatinhalte auf ihre individuellen Bedürfnisse:

- Adnan wurden durch das Memory- und Rategartenspiel Spielformate offeriert, in dem die Verwendung von Artikeln fokussiert wurde (vgl. 7.1). Außerdem wurde das *Ich sehe was, was du nicht siehst* Spiel modifiziert, um den Einsatz von Artikeln und Präpositionen zu fördern:

> „Hierbei verwendeten wir zu Beginn ausschließlich Farben, um die Gegenstände, die gemeint waren zu beschreiben (z. B. „Ich sehe was, was du nicht siehst und das ist rot.“). Anschließend erweiterte ich die Beschreibungsmöglichkeiten auf weitere Adjektive wie „groß“, „klein“, „eckig“, „rund“ und ähnliche. Dadurch wurde zum einen Adnans Wortschatz zusätzlich im Bereich der Adjektive erweitert, zum anderen versuchte ich in die Fragen auch vermehrt Präpositionen einfließen zu lassen (z. B. „Liegt es in der Schublade?“), um ihn für deren richtige Verwendung zu sensibilisieren.“ (Hetzel 2008, S. 60)

- Ayla erhielt durch die kontextgebundene und kindgerechte Wahl der Alltagsformate (z. B. Malen, Basteln, Puzzeln) einen Unterstützungsrahmen (vgl. Kap. 7.2), innerhalb dessen sie Mehrwortäußerungen mit Verben und Objekten tätigen konnte. Im Rahmen der Spielformate Memory und Domino erhielt sie die Möglichkeit, die Verb-Zweitstellung sowie die Subjekt-Verb-Kongruenz anzuwenden (z. B. „Jetzt komm isch mal.“, Tiffert 2008, S. 149) und zu vertiefen.
- Noel erfuhr durch das Spielformat Ratewald Hilfestellungen bei der syntaktisch korrekten Frageformulierung, die er dann für sich übernehmen konnte (vgl. Kap. 7.3). Außerdem repräsentierte der Ratewald ein Spielformat, bei dem die Verwendung von Artikeln spielintern notwendig war und Noel folglich darauf zurückgreifen musste (z. B. „ein fehlt no“, Menz 2007, S. 154).

Anhand dieser hier dargestellten Passung zwischen den nächsten Kompetenzbereichen der Kinder mit Unterstützungsbedarf und den Inhalten der inszenierten Alltags- wie Spielformate wird deutlich, dass durch bewusst ausgewählte und modifizierte Formate Kompetenzerweiterungen auf morphologisch-syntaktischer Ebene getätigt werden.

Es ist festzuhalten, dass in Alltags- und Spielformaten keine unspezifischen Lernfortschritte getätigt werden, sondern die für das einzelne Kind individuell notwendigen, nächsten Entwicklungsschritte gezielt inszeniert und erworben werden. Dies wird anhand der individuellen Unterschiede im Bereich der Kompetenzerweiterung der sprachlich-kommunikativen Fähigkeiten der Beispielkinder gezeigt, da sich die jeweiligen Lernfortschritte, trotz ihrer Gemeinsamkeit der Kompetenzerweiterung auf mehreren Sprachebenen, innerhalb der einzelnen sprachlichen Teilbereiche qualitativ unterschieden:

- Obwohl Ayla und Adnan in ihren morphologisch-syntaktischen Fähigkeiten Lernfortschritte erzielten, waren bei beiden der Ausbau und die Vernetzung ihres Wortschatzes sowie der Erwerb von Strategien zur selbstständigen Lexikonerweiterungen die erforderliche nächste Entwicklungsstufe. Denn wie bereits zuvor ausgeführt, können die grammatischen Fähigkeiten ohne die Existenz eines ausreichenden Wortschatzes nicht angewandt werden.

- Bei Nico wurden Lernfortschritte auf morphologisch-syntaktischer Ebene sowie in seinen semantischen Fähigkeiten beobachtet. Trotz dieser erfreulichen Kompetenzerweiterungen war bezüglich seiner individuellen Bedürfnisse der Ausbau seiner pragmatischen und interaktionalen Fähigkeiten der entscheidende Lernfortschritt, um im Rahmen seiner sprachlich-kommunikativen Fähigkeiten die Zone der nächsten Entwicklung erreichen zu können.
- Noel erweiterte seine individuellen Fähigkeiten im morphologisch-syntaktischen Bereich durch den Einsatz von Artikeln, die Verwendung von Mehrwortäußerungen und die Übernahme spiel- und formattypischer Aussagen. Allerdings waren bezüglich seiner individuellen Bedürfnisse die Erweiterung und Vernetzung seines Wortschatzes sowie der Erwerb von Strategien zum Ausbau seines Lexikons der nächste Entwicklungsschritt, damit darauf aufbauend weitere Kompetenzerweiterungen stattfinden können.

Diese qualitativen Differenzen der Lernfortschritte auf den einzelnen Sprachebenen resultierten aus den individuell unterschiedlich gewählten, angestrebten Kompetenzbereichen (vgl. Kap. 9.2) der Beispielkinder, welche unter dem Gesichtspunkt der notwendigen, nächsten Entwicklungsschritte ausgewählt wurden. Anhand der Lernfortschritte der Beispielkinder in diesen gezielt formulierten Kompetenzerweiterungen wird ersichtlich, dass Alltags- und Spielformate Kindern mit Unterstützungsbedarf neben mehrdimensionalen Kompetenzerweiterungen auf unterschiedlichen sprachlichen Teilbereichen ebenfalls gezielte Lernfortschritte auf einer konkret fokussierten Sprachebene ermöglichen, welche aus entwicklungsproximaler Sicht unerlässlich sind.

Abb. 13: Kompetenzerweiterungen der Beispielkinder

Nr.		Adnan	Ayla	Nico	Noel
1	**Kompetenzerweiterungen in Alltagsformaten**	Zunehmende Handlungssicherheit; Stärkeres Vertrauen in seine Handlungsfähigkeit und Selbstvertrauen => baut seine negative Selbsteinschätzung ab; Teilt seine Meinung, Interessen und Bedürfnisse häufig mit; Nutzt das Ritual der Kasusmarkierungen als Hilfs- und Orientierungsmittel	Übernimmt aktivere Redeanteile und kommentiert Handlungszusammenhänge; Strukturiert zunehmend Interaktionsabläufe, integriert dabei ihre Bedürfnisse und Vorstellungen Erfährt zunehmende Handlungssicherheit, kann diese auch auf Situationen bzw. Interaktionen mit Gleichaltrigen übertragen; Sie legt ihre Schüchternheit ab; Fordert Rituale ein und überträgt diese auf andere Situationen	Sachgemäßer Umgang mit Bilderbüchern, entwickelt großes Interesse an den Buchinhalten; zunehmende Handlungssicherheit => Anstieg der zeitlichen Dauer der Interaktionen; Kurze Interaktionssequenzen mit Gleichaltrigen gelingen ihm; Nico fordert die Einhaltung der Rituale ein; Übernimmt aktiveren Part in der Handlungsstrukturierung und kann dies sprachlich begleiten; Verbesserung des Essverhaltens;	Beginnt, von sich aus die aktivere Rolle bei der Bilderbuchbetrachtung zu übernehmen; Teilt seine Ideen und Vorstellung (z. B. bei der Ratewaldherstellung) zunehmend verbal mit; Orientiert sich an feststehenden Abläufen und gewinnt dadurch Handlungs- und Kommunikationssicherheit;
2	**Kompetenzerweiterungen im Bereich Regelspiele**	Äußert seine Gedanken und Wünsche während des Spielens; Übernimmt die Handlungsstrukturierung innerhalb des Spiels; Entwickelt eine Spielroutine, die ihm Sicherheit und Selbstvertrauen bietet; Kann Spielsequenzen über längeren Zeitraum aufrecht erhalten	Kann Spielhandlung beim Memory sprachlich strukturieren; Teilt ihre Wünsche und Bedürfnisse mit; Kann sich an die eingeführten Spielregeln halten; Spielt Memory nun auch mit andern Kindern, nach feststehenden Regeln	Die Einhaltung besprochener Spielregeln; Kann das Memory-Spiel auf Interaktionen mit anderen Erwachsenen übertragen; Strukturiert und kommentiert den Spielablauf, übernimmt dabei schrittweise eine aktivere Rolle	Vertrautheit innerhalb des Spielformates, gewonnene Handlungssicherheit; Entwickelt Sinnverständnis für die Regeln und wendet sie entsprechend an; Schrittweise Übernahme der Regie zur Spielstrukturierung;

3	**Kompetenzerweiterungen im Bereich Rollenspiele**	---	Ayla verfügt über die Scripts „Kochen, Backen, Essen", und kann sich mit den Rollen des „Vater-Mutter-Kind"-Spiels identifizieren; Führt die Rollenspiele gemeinsam mit Förderkraft und anderen Kindern durch; Auffällig: integriert sehr wenig verbale Kommunikation in Rollenspielformate	Umsetzung von Geschichts- und Handlungsteilen als Symbolspiel; Fortschritte im Bereich des Gegenstandbezugs, der Sequentierung und Rollenübernahme; Form der expliziten Metakommunikation um die Handlungsstrukturierung vorzunehmen; Setzte das Rollenspielformat „Zug fahren" zur Kontaktaufnahme mit Gleichaltrigen ein	Seltene Symbolspiele im Bereich: *Restaurantbesuch*
4	**Kompetenzerweiterungen im allgemeinen Spielverhalten**	Konnte sich länger auf Spielinteraktionen einlassen; zunehmendes Spielverständnis (z. B. Reihenfolge der Fragen beim Rategarten); Spieldynamik gewinnt an Bedeutung für Adnan (Aspekt des Gewinnens und Verlierens)	Entwickelt Strategien, um zu gewinnen; Aspekt des Gewinnens spielt große Rolle für sie; Nutzt ihre Handlungssicherheit in Spielformaten zur Kontaktaufnahme zu „deutschen" Kindern	Kann Handlungsimpulse Anderer in seine Spiel- und Handlungsvorstellungen integrieren; Spielverständnis: z. B. keine richtigen Karten mitteilen; Versucht, die ihm bekannten Spielformate auf Interaktionen mit Gleichaltrigen zu übertragen; Aspekt des Gewinnens nimmt zu	Weiterentwicklung seines Spielverständnisses: sachlogische Weiterführung seiner Fragen im Ratewald; Zunehmende Bedeutung des Gewinnens(da er sich immer sehr freute, wenn er einen Begriff erriet); Spiel des Ratewalds mit Fachkräften der Einrichtung
5	**Kompetenzerweiterungen auf semantisch-pragmatischer Ebene**	Erwerb und Ausbau seiner Strategien zur Lexikonerweiterung: Imitation, Fragen nach Unbekanntem, Selbstkorrektur; Ausbau und Vernetzung	Verbale Kommentierung und Strukturierung von Spielsequenzen => Übernahme d. aktiveren Rolle; Vermehrter verbaler Ausdruck ihrer Be-	Erweiterung seiner Strategien zum Lexikonausbau: Sprachspiele, um Hilfe bitten; Ausbau und Vernetzung seines Wortschatzes	Vernetzung und Ausbau seines Wortschatzes, v.a. im Wortfeld Wald; Erhöhte Redeanteile innerhalb der Formate, zunehmende Übernahme von

		seines Wortschatzes Zunehmend kreativer Umgang mit Sprache; Reduktion von Ersetzungen und Vermeidungsstrategien; Schrittweise Übernahme aktiverer, sprachlicher Handlungsparts	dürfnisse und Wünsche; Erwerb von Strategien zur Lexikonerweiterung: Imitation, Fragen nach Unbekanntem, Ausbau und Vernetzung ihres Wortschatzes, v.a. in Wortfeldern Farben, Früchte, Körperteile; Reduktion von Vermeidungsstrategien und Ersetzungen, aber immer noch vorhanden	Mitteilung seiner Bedürfnisse und Handlungsvorstellungen, sprachliche Strukturierung von Formatsituationen; Nutzt das ihm bekannte Rollenspielformat zur Kontaktaufnahme mit Gleichaltrigen;	Handlungsstrukturierung und Regie; Übernahme von Strategien zur Wortschatzerweiterung: Imitation, Fragen nach Unbekanntem; Mitteilen, wenn er etwas nicht verstanden hat bzw. nicht kennt; Reduzierung von Ausweichverhalten;
6	**Kompetenzerweiterungen auf morphologisch-syntaktischer Eben**	Vermehrte Performanz bestimmter Artikel, in allen drei Genera; Abnahme der Übergeneralisierung des maskulinen Generis; Integration von Adjektiven in seine Äußerungen; Einsatz und teilweise korrekte Verwendung von Präpositionen; Übernahme spieltypische Aussagen	Zunehmende Integration von Verben und Objekten in ihre Äußerungen; Performanz von Mehrwortäußerungen; Übernahme syntaktisch korrekter Spiel- und Formatäußerungen („Du bist dran"); Verbzweitstellung; Zunehmende Subjekt-Verb-Kongruenz	Syntaktisch korrekte Formulierung format- und spieltypischer Aussagen („Ich habe gewonnen")	Übernahme format- bzw. spieltypischer Aussagen („Du dran") Schrittweise Performanz von Mehrwortäußerungen; Integration von Artikeln => Übergeneralisierung des maskulinen Generis
7	**Kompetenzerweiterungen auf phonetisch-phonologischer Ebene**	---	---	---	---

8.2.4 Zusammenfassung

Zusammenfassend bleibt im Bereich der Kompetenzerweiterungen der Beispielkinder zu konstatieren, dass bei allen Beispielkindern aufgrund von Alltags- und Spielformaten eine steigende Handlungssicherheit und wachsendes Selbstvertrauen in ihre Fähigkeiten festgestellt wurde. Diese Handlungssicherheit zeigte sich vor allem im Sozialverhalten der Beispielkinder, da sie ihre erworbenen Fähigkeiten nutzten, um mit Anderen in Kontakt zu treten. Diesem Aspekt muss große Bedeutung zugemessen werden, da gemeinsame Interaktionen mit Gleichaltrigen als geeignete Situationen zur Erweiterung der individuellen Fähigkeiten erachtet werden müssen. Bezüglich der Orientierung von Beispielkindern an den ihnen bekannten, feststehenden Abläufen gilt festzuhalten, dass ein Teil der Kinder diese feststehenden Abläufe selbst konkret einforderte, während die Anderen sich zwar daran orientierten, sie aber nicht konkret verlangten.

Bei den Lernfortschritten im Spielverhalten der Beispielkinder zeigte sich aufgrund der bekannten Ablaufstrukturen von Regelspielformaten ein zunehmendes Handlungsvertrauen in die eigenen Fähigkeiten. Diese gesteigerte Handlungssicherheit spiegelte sich darin wieder, dass die Beispielkinder versuchten, Regelspiele auf Interaktionen mit Erwachsenen oder Gleichaltrigen zu übertragen. Im Spielverhalten zeigten sich Kompetenzerweiterungen bezüglich des Spielverständnisses und der Spieldynamik der Beispielkinder, welche dafür verantwortlich waren, dass den Kindern die Ausführung von Regelspielen große Freude bereitete. Hinsichtlich der Lernfortschritte in Rollenspielen waren im Bereich der Rollenübernahme, aber auch im Einsatz von sprachlich-kommunikativen Fähigkeiten, Kompetenzerweiterungen innerhalb der Rollenspielformate zu beobachten.

Im Bereich ihrer sprachlich-kommunikativen Fähigkeiten tätigten alle Beispielkinder Kompetenzerweiterungen sowohl auf semantisch-pragmatischer als auch auf morphologisch-syntaktischer Ebene. Die dabei getätigten Lernfortschritte richteten sich hauptsächlich nach den Zielsetzungen der jeweiligen, angestrebten Kompetenzbereiche und waren mit einer gesteigerten Kommunikationsfähigkeit und einer verbesserten, sprachlichen Handlungsstrukturierung verbunden, obwohl auch weitere Lernfortschritte in nicht explizit fokussierten Bereichen, beispielsweise in der Übernahme formattypischer Aussagen, beobachtet werden konnten.

Nachdem bislang die individuellen Voraussetzungen der Beispielkinder sowie ihre Kompetenzerweiterungen dargestellt wurden, erscheint als nächster Schritt die Dokumentation der Vorgehensweise der Begleitung der Beispielkinder notwendig, um anhand dieser Erkenntnisse Antworten auf die dieser Arbeit zugrunde liegenden Fragestellung ableiten zu können.

9 Vergleich der Beispielkinder anhand der Analyse der Vorgehensweise ihrer Förderung: Darstellung der Ergebnisse

Zur grafischen Verdeutlichung der nachfolgend aufgeführten Inhalte dienen Abb. 14 und Abb. 15, die an entsprechenden Stellen zusammenfassend aufgeführt sind. Die darin ersichtlichen Gemeinsamkeiten und Unterschiede der vier Beispielkinder werden in den nachfolgenden Unterkapiteln entsprechend der Kategorien des Analyserasters (vgl. Kap. 5.3) detailliert aufgeführt und inhaltlich eingeordnet.

9.1 Rahmenbedingungen

Bezüglich der Rahmenbedingungen der gezielten Sprachförderung sind bei den vier Beispielkindern gewisse Gemeinsamkeiten zu erkennen (vgl. Abb. 14, Nr.1): Bei allen Beispielkindern verbrachte die Förderkraft mindestens einmal pro Woche den Vormittag oder den ganzen Tag in der Einrichtung und integrierte sich dabei in die Alltagsinteraktionen und -kontexte der Beispielkinder. Während dieser Zeit, die in den alltäglichen Normalbetrieb der Einrichtung eingebettet war, wurden die Kinder bei Alltagsformaten im Kindergartenalltag begleitet. Dadurch konnten die Kinder von den Förderkräften in sozialen und interaktiven Situationen beobachtet werden und Erkenntnisse darüber gewonnen werden, welche Fähigkeiten und Schwierigkeiten in diesen Situationen zum Vorschein kommen und wie die Kinder dabei unterstützt werden können. Neben dieser sehr offenen und flexiblen Alltagsbegleitung wurden die Kinder zusätzlich im Rahmen einer Einzelförderung (zwischen 30-60 Minuten) anfangs allein und wenn möglich schrittweise, in Abhängigkeit ihres Entwicklungsstandes, in ausgewählten Kleingruppen mit Gleichaltrigen gefördert. Dabei wurden die angestrebten Kompetenzbereiche der Kinder, die sich aus deren Fähigkeiten und Schwierigkeiten ergaben, fokussiert. Charakteristisch für die Vorgehensweise der Verbindung von Alltags- und Einzelinteraktionen war die Möglichkeit, die Beispielkinder beim Transfer ihrer, im Rahmen der Einzelsituation erworbenen oder vertieften Kompetenzbereiche in den Tagesablauf der Einrichtung begleiten zu können. Die Begründung dafür, dass die Kinder mit Unterstützungsbedarf zumindest für eine kurze Zeit eine Förderung in Einzelsituation oder Kleingruppen erhielten, lieferten hierbei stets die individuellen Voraussetzungen des jeweiligen Kindes (vgl. Abb. 9):

- Adnan ist ein zurückhaltender Junge, der sehr wenig Selbstvertrauen hat und sich selbst sehr wenig (zu)traut sowie seine individuellen Fähigkeiten häufig als zu gering einschätzt. Er kann nur über kurze Zeit mit anderen Kindern spielen.

- Ayla orientiert sich gerne an Gleichaltrigen, da sie selbst in Gruppen sehr zurückhaltend ist, sich dort inaktiv verhält und sich wenig zutraut. Bezüglich ihres Spielverhaltens spielt sie häufig allein ohne Spielpartner und ist die Abstimmung ihrer Handlungsvorstellungen auf die Bedürfnisse Anderer nicht gewohnt.
- Nico kann gemeinsame Situationen mit anderen Kindern nur schwer ertragen, weswegen diese häufig im Streit enden. Insgesamt fällt es ihm schwer, sich an Regeln zu halten, die für den gemeinsamen Umgang untereinander unerlässlich sind.

Noel ist ein zurückhaltender Junge, der sich in Gruppen sehr stark zurücknimmt und sich hinter den aktiven Kindern versteckt. Außerdem benötigt er für Aufgaben verhältnismäßig mehr Zeit, was bei Gleichaltrigen häufig Ungeduld auslöst.

9.2 Angestrebte Kompetenzbereiche

Die angestrebten Kompetenzbereiche dokumentieren, welche sprachlich-kommunikativen bzw. interaktionalen Entwicklungsschritte jedes Beispielkind entsprechend seiner individuellen Fähigkeiten als Nächstes braucht, um seine Kompetenzen erweitern zu können. Bei allen Kindern fällt auf, dass sie allesamt Kompetenzerweiterungen auf semantisch-pragmatischer Sprachebene benötigen, auch wenn diese von Kind zu Kind differieren (vgl. Abb. 14, Nr.2):

- Adnan: Erweiterung und Vernetzung seines Wortschatzes; Ausbau seiner Strategien zur Lexikonerweiterung.
- Ayla: Erwerb von Strategien zur Wortschatzerweiterung; Ausbau und Vernetzung ihres Wortschatzes.
- Nico: Mitteilung seiner individuellen Bedürfnisse sowie Akzeptanz der Bedürfnisse Anderer; Möglichkeiten der Kontaktaufnahme zu Anderen; dazu benötigt er Kompetenzen im Umgang mit Alltags- und Spielformaten.
- Noel: Ausbau und Vernetzung des Lexikons; Übernahme von Strategien zur Lexikonerweiterung.

Diese Gemeinsamkeiten der Kompetenzbereiche der Beispielkinder belegen die zentrale Bedeutung der semantisch-pragmatischen Sprachebene für den kindlichen Spracherwerb und deren notwendige Integration in gezielte Sprachförderkontexte, da der Bedeutungserwerb die Grundlage für den weiteren Erwerb von Grammatik sowie Aussprache darstellt, (vgl. Füssenich ^{5}2002) und Lernfortschritte auf anderen

Sprachebenen erst unter Sicherstellung semantisch-pragmatischer Fähigkeiten stattfinden können.

Trotz der konstanten Präsenz der semantisch-pragmatischen Sprachebene in den gezielten Kompetenzbereichen fällt auf, dass bei jedem Beispielkind weitere, differenzierte Entwicklungsschritte formuliert sind (vgl. Abb. 14, Nr.2), die sich anhand der Erkenntnisse der vorausgegangen Diagnose der individuellen Fähigkeiten und Schwierigkeiten der Kinder ableiten. So ergab beispielsweise die Diagnose Adnans sprachlich-kommunikativer Fähigkeiten, dass er im semantisch-pragmatischen Bereich über einige Strategien zur Wortschatzerweiterung verfügt, Begriffe ersetzt und umschreibt sowie Schwierigkeiten im Sprachverständnis vorweist (vgl. Abb. 12). Auf morphologisch-syntaktischer Sprachebene tätigt er Mehrwortäußerungen, übergeneralisiert das maskuline Genus und hat Schwierigkeiten bei der korrekten Genus- und Kasusmarkierung (vgl. Abb. 12). Im Bereich seiner phonetisch-phonologischen Fähigkeiten konnte eine entwicklungsangemessene Aussprache, mit der entwicklungsbedingten Existenz der Reduktion von Mehrfachkonsonanz, festgestellt werden (vgl. Abb. 12). Anhand dieser Diagnose wurden Adnans individuellen Kompetenzbereiche formuliert, an denen die gezielte Sprachförderung sinnvollerweise ansetzte: Adnan sollte neben den bereits aufgeführten Kompetenzerweiterungen im semantisch-pragmatischen Bereich auf morphologisch-syntaktischer Ebene als Nächstes die Verwendung korrekter Genera sowie den Aufbau eines regelgeleiteten Kasussystems erwerben. Auch bei den anderen Beispielkindern wurden anhand der Erkenntnisse der qualitativen Diagnoseverfahren entsprechende Kompetenzbereiche formuliert:

- Ayla erwirbt aufgrund ihrer individuellen Unsicherheit in Alltagsformaten Handlungssicherheit und Selbstvertrauen in ihre eigenen Fähigkeiten.
- Nico lernt sich an feststehende Regeln zu halten, um dadurch Möglichkeiten zur Kontaktaufnahme und Hilfestellung bei Interaktionen mit Gleichaltrigen und Erwachsenen zu erfahren.

Noel erwirbt die syntaktisch korrekte Formulierung von Fragen sowie die Reduzierung der Auslassung von Subjekten und Verben in seinen Äußerungen.

9.3 Integration von Alltagsformaten

Im Bereich der gewählten Alltagsformate (vgl. Abb. 14, Nr.4) sind allen Beispielkindern die Bilderbuchbetrachtung sowie kollektive Essensituationen (Frühstück und Mittagessen/Vesper) gemeinsam. Dies zeigt, dass sich diese bestimmten Anlässe und Gelegenheiten aus dem kindlichen Alltag besonders geeignet zur Routinisierung von Interaktionen anbieten und somit den Kindern großes Kompetenzerweiterungspotential offerieren. Allerdings darf dies nicht dazu verleiten, die Bilderbuchrezeption oder Essenssituationen als Standardmittel zur Erweiterung sprachlich-kommunikativer Fähigkeiten zu verstehen. Vielmehr sind die ausgewählten Alltagsformate anhand der Interessen und Bedürfnissen der Kinder abzuleiten, wie an den einzelnen Formaten der Beispielkinder deutlich wird (vgl. Abb. 14, Nr.4):

- Bei Adnan wurden Bilderbücher aus dem Wortfeld Tiere ausgewählt, da Adnan einerseits großes Interesse an diesem Bereich hegt und ihm viele Tiere bereits aus dem Spiel des Rategartens bekannt waren und in Bilderbuchbetrachtungen weiter vertieft werden konnten.
- Aylas große Leidenschaft bestand aus Malen und Basteln, weswegen diese beiden Formate mit ihr vertieft und schrittweise mit zunehmenden sprachlich-kommunikativen Aspekten versehen wurden. Auch ihr Interessensgebiet des Puzzelns wurde im Sinne eines Formates mit ihr durchgeführt.
- Nico durfte stets gemeinsam mit der Förderkraft das Therapiezimmer vorbereiten, da ihm körperliche Betätigung sehr großen Spaß bereitet. Ähnlich verhielt es sich mit dem Format des ritualisierten Tischdeckens, in welches vielfältige sprachlich-kommunikative Aspekte integriert werden konnten (vgl. S. 127f).
- Da Noels Interessensgebiet Tiere und ihre Lebensräume waren, bastelte Noel neben der Betrachtung von Bilderbüchern aus diesem Bereich gemeinsam mit der Förderkraft ein eigenes Ratewald-Spiel. In diesen sprachanregenden und kommunikationserforderlichen Konstruktions- wie Bastelprozessen im Sinne von Formaten konnte Noel sein bereits vorhandenes Wissen anwenden und erweitern.

Neben diesen feststehenden, an die individuellen Interessen und Bedürfnisse der Kinder mit Unterstützungsbedarf angelehnten Formate waren bei den Beispielkindern auch spontane Interaktionen zu beobachten, welche sich meist ungeplant aus dem Handlungskontext ergaben und entweder aufgrund des situativen Kontexts oder der Ideen der Kinder initiiert wurden:

- Mit Ayla ergab sich spontan das Format *Fotografieren*, in welchem sowohl sie als auch die Förderkraft die Rolle des Fotografen aber auch die des Models übernahmen. Daraus ergaben sich kommunikationsrelevante Interaktionen:

> „Ich habe heute meinen Fotoapparat dabei und mache von Ayla ein Foto. Das gefällt ihr und sie möchte auch Bilder machen. Sie weiß, wie das funktioniert (‚ich weiß‘), einmal bittet sie mich für das Foto zu lächeln. Dazu zieht sie mit den Fingern ihre Mundwinkel hoch und fordert mich mit ‚so machen‘ auf. „(Tiffert 2008; S. 148)

- Bei Nico konnte das gemeinsame Ausräumen der Spülmaschine oder die Reparatur eines Besenstiels beobachtet werden (vgl. S. 128).
- Mit Noel ergaben sich immer wieder gemeinsame Formate im Rahmen des „Turnens" in der Turnhalle, aber auch das An- bzw. Ausziehen für Interaktionen im Freien oder bei Ausflügen.

Im Rahmen dieser Formate erfahren die Kinder einerseits die Wertschätzung ihrer individuellen Interessen und Fähigkeiten, z. B. bei ihren Lieblingsbeschäftigungen, und andererseits wird ihnen in diesen spontanen Interaktionen die Bedeutung sprachlich-kommunikativer Fähigkeiten für den Alltag und deren Einsatz in alltäglichen Kontexten deutlich.

Die bei allen Beispielkindern eingesetzten Alltagsformate zeichnen sich durch feststehende Abläufe aus, die in ritualisierter Form wiederkehrend wiederholt wurden. Trotz teilweise ähnlicher Formate (z. B. der Bilderbuchrezeption) waren nicht dieselben, sondern inhaltlich unterschiedliche Elemente in die Interaktionskontexte integriert (vgl. Abb. 14, Nr.4):

- Bei Adnan ist die ritualisierte Verwendung von Symbolen zur Genusmarkierung festzuhalten, welche beispielsweise sowohl bei der Bilderbuchbetrachtung als auch beim Memory-Spiel integriert und angewandt wurden.
- Ayla durfte als Einstiegsritual zu Beginn jeder Sitzung ein Buch aus einer Stofftüte auspacken.
- Mit Nico wurde ein Begrüßungsritual (vgl. S. 127) durchgeführt, in welchem vielfältige kommunikative Anlässe enthalten waren. Des Weiteren durfte er während Förderphase I zu Beginn jeder Einheit ein Spielzeug aus einer Stofftasche auspacken, das als Einstieg in das Format sprachliches Erkunden von Gegenständen (vgl. ebda.) diente.
- Bei Noel übernahm das gemeinsame Spiel auf dem Bauteppich die Funktion des Einstiegsrituals und diente als Ausgangspunkt für die daran anschließenden Interaktionen. Die Betrachtung von Büchern aus seinem Interessensgebiet diente als Ausstiegsritual und verdeutlichte Noel das nahende Ende der Fördersituation.

Anhand der Vielfältigkeit der hier aufgezeigten, wiederkehrenden Struktur bestimmter Interaktionsinhalte wird ersichtlich, dass sich die Verwendung ritualisierter Elemente in Förderkontexten immer nach den individuell gewählten Kompetenzbereichen der Kinder sowie den daraus resultierenden situativen Kontexten der Förderinteraktionen richten muss und sinnvollerweise kein Standardkonzept zur Integration feststehender Abläufe formuliert werden kann. Vielmehr muss bei den Überlegungen zu deren Integration hinterfragt werden, welches Ritual sinnvoll in bestimmte Kontexte eingebunden werden kann und wie die Kinder mit Unterstützungsbedarf ihre individuellen Fähigkeiten darin erweitern können:

- Die Verwendung gleichbleibender Symbole zur Genusmarkierung lenkte Adnans Aufmerksamkeit auf diesen Aspekt von Sprache und lieferte ihm in Form der Symbole Hilfestellung zur korrekten Artikelverwendung.
- Bei Ayla diente das ritualisierte Auspacken eines Buches aus einer Stofftüte, bei dem sie aufgrund desselben Ablaufs zunehmende Orientierungs- und Handlungssicherheit erlangen konnten, als Startsignal für die gemeinsame Bilderbuchbetrachtung und teilte ihr mit, dass nun eine bestimmte Handlung folgen würde.
- Die ritualisierte Begrüßung mit Nico sollte ihm die Möglichkeiten geben, sich neben dem Austausch über aktuelle Anlässe auf die folgenden gemeinsamen Interaktionen einzustimmen und ihm einen groben Überblick über die Inhalte der Einzelförderung vermitteln.
- Bei Noel schließlich wurde die gemeinsame Bilderbuchbetrachtung als Ausstiegsritual der Einzelsituation genutzt, um ihm damit einerseits das bevorstehende Ende der gemeinsamen Handlungen zu signalisieren und andererseits um ihm aus Motivationsgründen eine vergnügliche Abschlussaktivität zu offerieren.

Unter Berücksichtigung der individuellen Interessen wie Bedürfnisse können Rituale gemäß ihrer individuellen Zielsetzungen dazu beitragen, dass Kindern mit Unterstützungsbedarf ein auf sie abgestimmtes Angebot zur Erweiterung ihrer sprachlich-kommunikativen Fähigkeit offeriert wird. In dieser Form bietet der bewusste Einsatz von Ritualen den Kindern einen bekannten Orientierungsrahmen, in dem sie Handlungssicherheit erfahren und ihre Kompetenzen aufgrund dieser schrittweise erweitern können.

9.4 Integration von Spielformaten

Bezüglich der Integration von Regelspielen in die Vorgehensweise der gezielten Sprachförderung sind Gemeinsamkeiten festzustellen. Bei allen vier Beispielkindern wurden Regelspiele im offenen Sinn, also alle Spiele die etwas Regelhaftes vorweisen (vgl. Kap. 3.4.1) und stets nach feststehenden Regeln ausgeführt werden, in den Förderkontexten gespielt, wobei sich die jeweils gewählten Regelspielformen voneinander unterschieden (vgl. Abb. 14, Nr.5):

- Mit Adnan wurde der Rategarten nach FÜSSENICH/GEISEL (2008), ein Memory-Spiel sowie das Suchspiel *Ich sehe was, was du nicht siehst* gespielt.
- Bei Ayla waren Memory- und Domino-Spiele in die Förderkontexte integriert.
- Mit Nico wurde ein Fahrzeug-Memory gespielt.

- Mit Noel wurde ein gemeinsam mit ihm erstelltes Ratewald-Spiel in Anlehnung an den Rategarten nach FÜSSENICH/GEISEL (2008) gespielt.

Diese Gemeinsamkeiten zeigen zum Einen, dass Regelspiele aufgrund der immer gleichbleibenden Struktur ihrer Regeln und dem dadurch entstehenden Unterstützungsrahmen für Kinder mit Unterstützungsbedarf eine sinnvolle und geeignete Maßnahme darstellen, damit sie darin ihre Spiel- und sprachlich-kommunikativen Fähigkeiten erweitern können. Zum Anderen wird erneut deutlich, dass auch bei der Wahl der konkreten Regelspielform, analog der Auswahl von Alltagsformaten, keine Standard-Lösung konzipiert werden kann, sondern entsprechend der individuellen Interessen aber auch der Bedürfnisse in Form der gezielten Kompetenzbereiche des einzelnen Kindes, die Entscheidung für ein Spielformat getroffen werden muss. Selbstverständlich existieren, nicht zuletzt wegen des immer weiter wachsenden Marktes an (sinnvollen und weniger sinnvollen) Sprachfördermaterialien (vgl. Kap. 4.2), Regelspielformate (z. B. Quartett, Memory, Bingo etc.), die sich aufgrund ihrer Inhalte besonders für Sprachförderkontexte eignen. Dennoch kommt der Förderkraft neben der Selektion dieser vielfältigen Angebote auch die kreative Aufgabe der Modifikation von Spielen zu (z. B. vgl. Abb. 11, Nr.5: bei Noel die Modifikation des Rategartens zum Ratewald,) sowie die Weiterführung einer Spielidee in anderen Kontexten (z. B. vgl. Abb. 11, Nr.5: bei Adnan die Einführung des *Ich sehe was, was du nicht siehst*-Spiels als Weiterführung des Rategartens). Nur so lassen sich mit Blick auf die Individualität der Kinder individuelle Differenzierungen vornehmen und auf die jeweiligen Bedürfnisse der Kinder mit Unterstützungsbedarf abstimmen. Diese Orientierung an den Voraussetzungen der Kinder stellt somit auch im Bereich der Regelspiele den Ausgangpunkt dar, damit sprachlich-kommunikative wie Spielfähigkeiten erweitert werden können.

Neben Regelspielen wurden mit einigen Beispielkindern auch Rollenspielformate gespielt. Bezüglich deren Umsetzung waren individuelle Unterschiede bei den Beispielkindern festzustellen (vgl. Abb. 14, Nr.6):

- Bei Adnan waren keine Rollenspielformate angedacht und konnten auch nicht beobachtet werden.
- Bei Ayla waren Rollenspielformate in die gemeinsamen Interaktionen integriert. Allerdings waren sie nicht von Anfang an fester Bestandteil sondern wurden erst gegen Ende der gezielte Sprachförderung mit ihr durchgeführt.
- Bei Nico war ab Förderphase II das Rollenspielformat *Zugfahren* (vgl. Kap. 6.3.5) als fester Bestandteil in die gezielte Sprachförderung mit ihm integriert.
- Bei Noel waren Rollenspielformate anfangs geplant, wurden aber schließlich nicht umgesetzt, da Noels Spielfähigkeiten diesbezüglich noch nicht

ausreichten. Gelegentliche Symbolspiele im Bereich Restaurantbesuch konnten sehr selten beobachtet werden.

Diese Unterschiede verdeutlichen zum Einen, dass Rollenspielformate, wie am Beispielkind Nico gezeigt werden konnte (vgl. Kap. 6.4), eine geeignete Methode präsentieren, mit deren Hilfe Kinder bei Unterstützungsbedarf ihre sprachlich-kommunikativen Fähigkeiten ausbauen können. Zum Anderen wird daran aber auch deutlich, dass Rollenspielformate bestimmte Anforderungen an die Spielfähigkeiten von Kindern stellen, welche erfüllt sein müssen, damit Kinder mit Unterstützungsbedarf ihre sprachlich-kommunikativen Fähigkeiten in Rollenspielen überhaupt erweitern können. Bei Noel war dies beispielsweise aufgrund seiner eingeschränkten Fähigkeiten zu Symbolspielen noch nicht möglich.

Abb. 14: Analyse der Vorgehensweise des Fachdienstes gezielte Sprachförderung

Nr		Adnan	Ayla	Nico	Noel
1	**Rahmen-bedin-gungen**	Fachdienst verbringt Vormittag in der Einrichtung; Begleitet Förderkind und andere Kinder im KiTa-Alltag; Ca. 30 - 60 Minuten gezielte Sprachförderung in Einzelsituation	Fachdienst verbringt Vormittag in der Einrichtung; Begleitet Förderkind und andere Kinder im KiTa-Alltag; Ca. 30 Minuten gezielte Sprachförderung in Ein-	Fachdienst verbringt Vormittag in der Einrichtung; Begleitet Förderkind und andere Kinder im KiTa-Alltag; Ca. 30 - 40 Minuten gezielte Sprachförderung in Einzelsituation	Fachdienst verbringt Vormittag in der Einrichtung; Begleitet Förderkind und andere Kinder im KiTa-Alltag; Ca. 30 - 45Minuten gezielte Sprachförderung in Einzelsituation
2	**Ange-strebte Kompe-tenzberei-che**	Semantisch-pragmatische Fähigkeiten: Erweiterung und Vernetzung seines Wortschatzes; Ausbau seiner Strategien zur Lexikonerweiterung; Morphologisch-syntaktisch: Verwendung der korrekten Genera; Aufbau eines regelgeleiteten Kasussystems; Zunahme von Selbstvertrauen und Handlungssicherheit	Semantisch-pragmatische Fähigkeiten: Erwerb von Strategien zur Wortschatzerweiterung; Ausbau und Vernetzung ihres Lexikons in den Wortfeldern Tiere, Farben, Körperteile; Reduktion ihrer mimisch-gestischen Kommunikation => verbale Kommunikation; Erfahrung von Handlungssicherheit	Semantisch-pragmatische Fähigkeiten: Möglichkeiten der Kontaktaufnahme zu Gleichaltrigen; Mitteilung seiner persönlichen und Akzeptanz von Bedürfnissen Anderer; Ausbau seines Wortschatzes und seiner Strategien zur Lexikonerweiterung; Sozialverhalten: Einhaltung von Regeln;	Semantisch-pragmatische Fähigkeiten: Erarbeitung und Erweiterung des Wortfelds „Wald“; Erweiterung des Wortschatzes; Übernahme von Strategien zur Lexikonerweiterung; Morphologisch-syntaktisch: syntaktisch korrekte Fragenformulierung; Reduktion der Auslassung von Subjekten und Verben; Mitteilung seiner Bedürfnisse
3	**Struktur der Vor-gehens-weise**	Sinnvolle und bedeutungsrelevante Interaktionen in Form von Alltags- und Spielformaten; Rituale und immer wiederkehrende Struktur, um Adnan einen Unterstützungsrahmen zu bieten	Sinnvolle und bedeutungsrelevante Interaktionen in Form von Alltags- und Spielformaten; Rituale und immer wiederkehrende Struktur, um Ayla einen Unterstützungsrahmen zu bieten	Sinnvolle und bedeutungsrelevante Interaktionen in Form von Alltags- und Spielformaten; Rituale und immer wiederkehrende Struktur, um Nico einen Unterstützungsrahmen zu bieten	Sinnvolle und bedeutungsrelevante Interaktionen in Form von Alltags- und Spielformaten; Rituale und immer wiederkehrende Struktur, um Noel einen Unterstützungsrahmen zu bieten

Nr		Adnan	Ayla	Nico	Noel
4	**Integration von Alltags-formaten/ Ritualen**	Dialogische Bilderbuch-betrachtung; Verwendung von Symbolen zur Genusmarkierung; Gemeinsames Frühstück/Essen	Gemeinsames Malen, Basteln und Puzzeln; Bilderbuchbetrachtung => Ritual: Buch aus Stofftüte zu Beginn der Sitzung auspacken; Spontane Formate: z. B. fotografieren; Gemeinsames Essen	Ritualisierte Begrüßung; Frühstückstisch decken; Gemeinsames Frühstück; Vorbereitung d.Therapieraums; Gemeinsame Erkundung von Spielzeugen => Ritual: zu Beginn Auspacken aus Stofftüte; Bilderbuchbetrachtung; Spontane Forme: z. B. Spülmaschine ausräumen; Reparaturen	Spiel auf dem Bauteppich als Einstiegsritual; Herstellung des Ratewalds durch Bastelarbeiten; Gemeinsame Bilderbuchbetrachtung als Ausstiegsritual; Gemeinsames Essen; Alltagsformate: z. B. An-Ausziehen etc. Spontane Interaktionen: z. B. Turnen
5	**Integration von Regel-spielformaten**	Rategarten (nach Füssenich/Geisel 2008), Memory; „Ich sehe was, was du nicht siehst	Memory; Domino Regelspiele mit anderen Kindern	Memory (erst ab der 2.Förderphase); Als langfristiges Ziel: Memory mit Gleichaltrigen	Ratewald (in Anlehnung an den Rategarten) nach modifizierten und an Noels Fähigkeiten ausgerichteten Spielregeln
6	**Integration von Rollen-spielformaten**	- - -	Rollenspielformate: Backen; Kochen; (erst gegen Ende der Förderung)	Rollenspielformat Zugfahren (ab der 2. Förderphase)	Rollenspiel mit Wald- und Bauernhoftieren; Rollenspiel wurde im Rahmen der Förderung in den Hintergrund gerückt, da Noels Fähigkeiten noch zu wenig vorhanden waren

9.5 Die Rolle der Erwachsenen

9.5.1 Umsetzung von Kooperation

Hinsichtlich der Kooperation der Förderkraft mit der Einrichtung besteht bei den Beispielkindern eine Gemeinsamkeit darin, dass ein regelmäßiger Austausch in Form von Gesprächen (vgl. Abb. 15, Nr.2) über die Förderinhalte und deren Auswirkungen auf den Kindergartenalltag des Kindes mit Unterstützungsbedarf stattfand. Interessanterweise fanden diese Austauschgespräche bei allen Kindern außer Noel zwar regelmäßig aber flexibel ohne festen Zeitpunkt statt und konnten in Abhängigkeit der Ressourcen der pädagogischen Fachkräfte nicht nach bzw. vor jeder Fördersitzung stattfinden. Ein kontinuierlicher, zeitlich fest vereinbarter Kooperationsaustausch wäre mit Blick auf das Wohl der Kinder sicherlich wünschenswert, ist aber aufgrund der vorhandenen Ressourcen in vielen Einrichtungen oftmals nur schwer umsetzbar (vgl. auch Füssenich 2009b, S. 68ff). So sind auch die sich zumeist spontan ergebenden Austauschsituationen zwischen dem pädagogischen Fachpersonal der Einrichtung und der Sprachförderkraft der Beispielkinder zu erklären.

Im Bereich der Kooperation des Fachdienstes „gezielte Sprachförderung“ mit der Einrichtung wurde neben den Austauschgesprächen mit den pädagogischen Fachkräften auch die Form der Bildungs- und Lerngeschichten als Kooperationsinstrument verwendet. Diese Form der schriftlichen Dokumentation gemeinsamer Handlungskontexte erfasst bestimmte, kindliche Lerndispositionen und bereitet diese so auf, dass sie sowohl dem betreffenden Kind als auch anderen pädagogischen Fachkräften mitgeteilt werden können (vgl. Leu et al. 2007, S. 49ff).

Im Bereich der Kooperation mit den Eltern fand bei allen Kindern außer Nico ein Informationsgespräch über Inhalte und Ablauf der gezielten Sprachförderung statt. Dieser Austausch hatte neben dem Ziel der Transparenz der Fördervorgehensweise auch die Intention, den Eltern der Kinder mit Unterstützungsbedarf das persönliche Kennenlernen der Förderkraft zu ermöglichen und damit den Grundstein für eine kontinuierliche Kooperation zu legen. Der Austausch mit Nicos Eltern, bei dem trotz mehrmaliger Versuche kein gemeinsames Treffen arrangiert werden konnte, belegt zudem, dass die theoretisch zurecht geforderte Elternkooperation (vgl. Kap. 4.5.2) in der Praxis manchmal aufgrund der Lebenssituation sowie dem häuslichen und familiären Umfeld der betreffenden Kinder nicht geleistet werden kann. Auch bei Ayla beschränkte sich die Kooperation des Fachdienstes gezielte Sprachförderung mit seinen Eltern auf ungeplante, zufällige Austauschsequenzen, wie beispielsweise Gespräche, wenn Ayla von einem Elternteil morgens in die Einrichtung gebracht wurde (vgl. Abb. 15, Nr.1). Adnans Mutter war an den Kompetenzerweiterungen ihres Sohnes interessiert und schaute einen Vormittag bei der Förderung zu. Bei Noel hingegen fand ein regelmäßiger Austausch zu festen Zeitpunkten mit den Eltern statt (vgl. Abb. 15, Nr.1), wobei vor allem Noels Mutter großen Wert auf diese enge Kooperation legte.

Sowohl bei Ayla als auch bei Nico wurden Bildungs- und Lerngeschichten (vgl. Leu et al. 2007) verfasst[42] und dabei als Rückmeldungs- bzw. Informationsinstrument für die Eltern der beiden Kinder genutzt. Im Rahmen der Kooperation mit den Eltern waren Bildungs- und Lerngeschichten aufgrund ihrer schriftlichen Dokumentationen als Möglichkeiten zum Austausch angedacht. Die Eltern können einerseits die direkten Rückmeldungen an das Kind, wie bei Nico in Form eines eigens erstellten Bilderbuchs, einsehen. Andererseits steht ihnen die Möglichkeit offen, in die ausformulierten Lerndispositionen und Handlungssituationen einzublicken und diese nachzuvollziehen. Gerade für Elterngespräche bietet sich ein Austausch über die Inhalte der Bildungs- und Lerngeschichten als geeigneten Gesprächsinhalt an. Einschränkungen erfährt diese Form der Kooperation dann, wenn wie im Falle Nicos trotz der Existenz einer Bildungs- und Lerngeschichte keine Gelegenheiten zum Austausch mit den Eltern gefunden werden kann. Zumindest aber gewährt diese Variante den Eltern einen konkreten, wenn auch unregelmäßigen Einblick in die Förderinhalte und -abläufe mit ihren Kindern.

Im Bereich der Kooperation mit anderen Fachdiensten muss, analog zu den Schwierigkeiten der Kooperation mit der Einrichtung und den Eltern, festgehalten werden, dass der Austausch untereinander zwar wünschenswert, aber oftmals nicht leistbar ist:

- Im Falle Noels konnte trotz intensiver Bemühungen kein Austausch mit den zuständigen Fachkräften für Ergotherapie und Logopädie initiiert werden, weswegen folglich auch keine Kooperation untereinander sowie mit dem SPZ stattfand.
- Auch bei Ayla war keine Kooperation zwischen der Fachkraft der gezielten Sprachförderung und der Logopädin möglich, da der Fachdienst gezielte Sprachförderung erst kurz vor Ende der Förderung von der logopädischen Therapie erfuhr.

In beiden Fällen wäre ein Austausch zwischen den Fachdiensten sehr hilfreich gewesen, da bei Noel die gezielte Sprachförderung unter Umständen die logopädisch betreuten Bereiche weiterführen hätte können bzw. Informationen über den bisherigen Therapieablauf nützlich gewesen wären. Auch bei Ayla hätte die Kooperation

---

[42] Die BuLG von Ayla kann bei TIFFERT (2008 , S. 105ff) nachgelesen werden,

zwischen den Fachdiensten in Form einer Abstimmung der Förderinhalte und -vorgehensweise mit Blick auf Aylas Kompetenzerweiterungen Sinn gemacht.

9.5.2 Kompetenzen der Förderkraft

Im Bereich der Spiel- und Interaktionskompetenzen der Förderkräfte (vgl. Abb. 15, Nr.4) sind Gemeinsamkeiten hinsichtlich ihrer Verhaltensweisen festzustellen. Bei allen Beispielkindern kam den Förderkräften die Aufgabe zu, eine vertrauensvolle Beziehung zwischen Kind und sich aufzubauen, um auf Grundlage dieser die weitere Vorgehensweise anzuschließen. Dieses Vertrauen wurde durch die Berücksichtigung der individuellen Bedürfnisse aber auch Interessen der Beispielkinder gestaltet und schrittweise vertieft. Dieser Vertrauensaufbau beinhaltete sowohl die aufmerksame Wahrnehmung kindlicher Signale, wie beispielsweise bei Nico die Realisierung und Weiterführung seiner Ideen sowie Wünsche zum Rollenspiel Zugfahren (vgl. Kap. 6.3.5), als auch eine angemessen daran anschließende Reaktion, beispielsweise bei Noel die Modifikation des existierenden Rategarten-Spiels zum Ratewald (vgl. Kap. 7.3). Gelingt den pädagogischen Fachkräften ein derart einfühlsames Interaktionsverhalten sowie die ehrliche Empathie an den kindlichen Bildungsprozessen, resultiert daraus eine vertrauensvolle Beziehung zwischen Kind und Förderkraft, welche bereits im theoretischen Teil dieser Arbeit als unerlässliche Grundlage einer funktionierenden Lerngemeinschaft herausgearbeitet wurde (vgl. Dannenbauer [5]2002, S. 139f; vgl. Kap. 4.5.2).

Dieses vertraute Verhältnis von Kind und Fachkraft ist mit einem weiteren Aspekt der Spiel- und Interaktionskompetenzen der Förderkraft verbunden, bei dem Gemeinsamkeiten aufgezeigt werden können (vgl. Abb. 15, Nr.4). Bei allen Beispielkindern war es der Förderkraft wichtig, dass die Kinder mit Unterstützungsbedarf Freude und Spaß an den gemeinsamen Handlungssituationen verspürten. An die Spielkompetenzen der Erwachsenen stellt dies die Anforderung, zuallererst ehrlicher Spielpartner zu sein und den Kindern anhand realer Spielsituationen die Wertschätzung ihrer Lebenswelt zu vermitteln. Dies sichert zum Einen die für die gemeinsamen Interaktionen anzustrebende Aufrechterhaltung bzw. Steigerung der Teilnahmelust sowie Motivation seitens der Kinder, und gewährleistet, dass diese sich auf die gemeinschaftlichen Handlungssituationen freuen (z. B. dass Nico die Förderkraft meist schon an der Eingangstür des Kindergartens mit einer herzlichen Umarmung und großer Vorfreude in Empfang nahm; vgl. Kap. 6.4.1). Zum Anderen vermeidet eine ehrliche Spielteilnahme des Erwachsenen, dass die Kinder aufgrund der offensichtlichen Instrumentalisierung des kindlichen Spiels die Lust an gemeinsamen Spielsituationen verlieren oder sie diese aufgrund der unehrlichen Spielteilnahme seitens der Fachkräfte gar ablehnen (vgl. Kap. 4.4). Diese ernst gemeinte Integration von Spielsituationen in Förderkontexte sowie die ehrliche Partizipation daran muss als wichtige Voraussetzung festgehalten werden, um ein Vertrauensverhältnis zwischen pädagogischer Fachkraft und Kind aufzubauen bzw. zu vertiefen.

Schließlich fällt im Bereich der Spiel- und Interaktionskompetenzen der Förderkraft (vgl. Abb. 15, Nr.4) auf, dass bei allen Beispielkindern explizit erwähnt wird, dass Abfragesituationen beispielsweise bei der Benennung von Gegenständen z. B. beim Memory, bei der Klärung von Begriffen z. B. im Rahmen von Alltags- und Spielformaten oder bei der Bilderbuchbetrachtung vermieden wurden.

Auch im Bereich des Sprachverhaltens des Fachdienstes sind Gemeinsamkeiten zu erkennen (vgl. Abb. 15, Nr.5). Bei allen Beispielkindern ist die intendierte Verwendung von Modellierungstechniken nach DANNENBAUER ([5]2002, S. 153f) innerhalb der Förderkontexte festzustellen. Dies unterstreicht das Potential, das diese Techniken Kindern mit Unterstützungsbedarf in ihren sprachlich-kommunikativen Fähigkeiten bereitstellen und erfordert auf Seiten der Sprachförderkräfte die Beherrschung sowie die erneut maßvolle und situativ-variable Integration dieser Techniken (vgl. S. 40f).

Neben den Modellierungstechniken bestehen im Bereich des Sprachverhaltens des Fachdienstes weitere Gemeinsamkeiten hinsichtlich des reflektierten Einsatzes der eigenen Redeanteile (vgl. Abb. 15, Nr.5):

- Bei Adnan wurde auf den Einsatz gleichbleibender und immer wiederkehrender Zielstrukturen geachtet, z. B. im Rahmen des Rategartenspiels:

  > „Hier durfte sich Adnan zuerst ein Bildkärtchen vom Stapel nehmen und ich begann damit das abgebildete Bild zu erfragen. Dabei achtete ich darauf die Fragen immer in der gleichen Reihenfolge zu verwenden, um Adnan wieder als Sprachmodell dienen zu können. Begonnen wurde immer mit dem Fragen nach den Oberbegriffen (z. B. Ist dein Bild ein Tier?). Anschließend wurden dann die einzelnen Merkmale erfragt (z. B. Tiere: 1. Lebt dein Tier im Wasser?, 2. Kann dein Tier fliegen?, 3. Hat dein Tier ein Fell?, 4. Hat dein Tier vier Beine?)" (Hetzel 2008, S. 59)

- Im Rahmen der Interaktionen mit Ayla wurde die Wortwahl an ihr Lexikon angepasst und bewusst kurze, aber prägnante Äußerungen verwendet (z. B. „du darfst nochmal. Ein Schaf und ein Hase" Tiffert 2008, S. 152; „das is das Bett. Und der Kopf hier" ebda. 2008, S. 161).
- Bei Nico stand die gezielte Verwendung und Wiederholung formattypischer Aussagen im Vordergrund (vgl. Kap. 6.3.2.).
- Bei Noel wurde darauf geachtet, dass gleichbleibende Zielstrukturen verwendet wurden:

Fragestruktur des Ratewaldes:

1. Frage:	***Ist es ein Tier?***	
weitere Fragen:	**[+] Tier**	**[–] Tier**
	Hat es vier Beine?	Kann man es essen?
	Wohnt es auf dem Baum?	Ist es im See?
	Ist es ein großes/ kleines Tier?	Ist es ganz hart?
	Hat es lange Ohren?	
	Hat das Tier weiches Fell?	

(Menz 2007, S. 106)

Diese Vorgehensweise der Überprüfung des eigenen Sprachverhaltens ermöglichte die gehäufte und gezielte Präsentation sprachlicher Äußerungen, ohne dabei in Satzmusterübungen zu verfallen und stellte den Kindern mit Unterstützungsbedarf einen klaren, sprachlichen Orientierungsrahmen bereit, welchen sie dann mit zunehmender Zeit langsam für sich übernehmen können. Eng damit verbunden ist auch die reflektierte Anpassung des Sprachverhaltens der Sprachförderkräfte an die Bedürfnisse der Kinder, worin weitere Gemeinsamkeiten zu erkennen sind:

- Im Rahmen der Austauschprozesse mit Ayla wurde der verwendete Wortschatz soweit möglich überlegt und aus den gemeinsam erarbeiteten semantischen Feldern (Tiere, Farben, Körperteile) eingesetzt, um ihr diesen Wortschatz zum Einen gehäuft präsentieren und in weitere Handlungskontexte integrieren zu können, zum Anderen um Aylas Sprachverständnis anhand der geklärten und bekannten Begriffe sicherzustellen und Verständnisschwierigkeiten auszuschließen.
- Bei Adnan verwendete die Sprachförderkraft bewusst Begriffe, die Adnans Wortschatz entsprachen und mit Hilfe derer er sein Lexikon erweitern konnte. Ebenso wurde auf die gezielte Verwendung bestimmter Artikel geachtet, um ihm damit die korrekte Genusmarkierung präsentieren zu können. Bestimmte Artikel bieten ihm im Gegensatz zu den Unbestimmten den Vorteil, dass alle drei Genera des Deutschen differenziert kenntlich gemacht werden (z. B. *ein* Bär/*der* Bär ↔ *ein* Tier/*das* Tier). Vor allem bei Kindern mit Deutsch als Zweitsprache bietet dieser bewusste Einsatz der bestimmten Artikel eine geeignete Vorgehensweise, um adäquate Hilfestellung für die bei ihnen häufig auftretenden Schwierigkeiten der Genusmarkierung bereitzustellen.
- Auch bei Noel stand die bewusste Anpassung der bereits erworbenen Elemente und Vernetzungen des Wortschatzes an seine individuellen Fähigkei-

ten sowie die gezielte Präsentation von Strategien zur Lexikonerweiterung im Vordergrund:[43]

M: Nein Ja: die Walnüsse . . . Jetzt darfst du. Ist es ein Tier? Kann man es
N: Nüsse *(z.K.)* Nein

M: essen? Sind es die Kastanien Ist es ganz hart? Ich weiß glaub ich wer
N: Nein Nein Nein

M: es ist. Ist es der Noel? Du hast dich selber gezogen. Jetzt bist du
N: Ja *(lacht)* *(z.K.)*

(Menz 2007, S. 139)

Diese Gemeinsamkeiten belegen, dass Sprachförderkräfte neben dem Einsatz von Modellierungstechniken auch ihr eigenes Sprachverhalten reflektiert an die Bedürfnisse der Kinder mit Unterstützungsbedarf in ihren sprachlich-kommunikativen Fähigkeiten anpassen und kontrollierend überdenken müssen. Weitere Orientierungen und Anregungen zur Reflexion des eigenen Sprachverhaltens im Umgang mit Kindern bei Unterstützungsbedarf bieten beispielsweise die im Rahmen des Projekts der wissenschaftlichen Begleitung zur Implementierung des Orientierungsplans von KENSY/MERKEL-WÖRNER entwickelten „Anhaltspunkte zur Beobachtung des eigenen Verhaltens in der Interaktion“ (vgl. Füssenich 2009b, S. 83ff). Diese Leitfragen haben sich im Rahmen der Projekterprobung aufgrund ihrer Berücksichtigung der kindlichen Perspektive als sehr hilfreich erwiesen und können für die praktische Arbeit mit Kindern sinnvoll eingesetzt werden.

[43] Die nachfolgenden Abkürzungen stehen für: M= Menz, N=Noel, *z. K.* = zieht Karte

Abb. 15: Analyse der Rolle des Fachdienstes "gezielte Sprachförderung"

Nr.		Adnan	Ayla	Nico	Noel
1	**Kooperation mit den Eltern**	Vorgespräch; Unregelmäßiger Austausch (z. B. morgendliches Bringen , Besuch während der Förderung)	Vorgespräch; Zwei Bildungs- und Lerngeschichten, die Ayla mit nach Hause nahm; Keine weitere Kooperation;	Keine Kooperation aufgrund der Lebenssituation Nicos Eltern/Familie	Vorgespräch; Regelmäßiger Austausch während der gezielten Sprachförderung;
2	**Kooperation mit der Einrichtung**	Regelmäßiger Austausch mit Erzieherinnen in Form von Austauschgesprächen => Kein fester Zeitpunkt, flexibler und situativer Austausch	Regelmäßiger Austausch mit Erzieherinnen in Form von Austauschgesprächen => Kein fester Zeitpunkt, flexibler und situativer Austausch; Formulierung von zwei Bildungs- und Lerngeschichten	Regelmäßiger Austausch mit Erzieherinnen in Form von Austauschgesprächen => Kein fester Zeitpunkt, flexibler und situativer Austausch; Formulierung einer Bildungs- und Lerngeschichte	Regelmäßiger Austausch mit Erzieherinnen zu festen Zeitpunkten;
3	**Kooperation mit anderen Fachdiensten**		Austausch; Austausch mit Logopädin nicht möglich, da erst sehr spät davon erfahren wurde		Kein Austausch mit anderen Fachdiensten (trotz mehrmaliger Versuche)
4	**Spiel- und Interaktionskompetenzen des Fachdienstes „gezielte Sprachförderung“**	Ihm durch Beachtung seiner Wünsche und Fähigkeiten Freude an den gemeinsamen Interaktionen zu vermitteln; Aufbau einer vertrauensvollen Beziehung; Keine Abfrageatmosphäre	Entsprechend Aylas Interessen auf ihre Bedürfnisse eingehen, um dadurch Spaß an gemeinsamen Handlungen zu schaffen; Sie fasst Vertrauen durch gleichbleibende Struktur und Einfühlsamkeit der Förderkraft; keine Abfragesituationen	Aufbau von Vertrauen und Vertiefung einer vertrauten Beziehung; Nicos Freude an kollektiven Aktionen sicherzustellen; Abfragesituationen vermeiden;	Noel ohne Druck mit Hilfe einer vertrauten Erwachsenen-Kind-Beziehung an gemeinsame Handlungskontexte und Semantikarbeit heranführen; Ihm sollte das Gefühl des Abfragens erspart bleiben
5	**Eigene Sprachverh. Fachdienst „gez. Sprachförd.“**	Verwendung der bestimmten Artikel; Einsatz gleichbleibender Satzstrukturen; Einsatz von Modellierungstechniken	Verwendung kurzer Satzstrukturen; Gezielte Reflektion des verwendeten Wortschatzes; Modellierungstechniken	Einsatz von Modellierungstechniken; Gezielte Verwendung und Wiederholung formattypischer Aussagen	Wenige, aber gehäufte Präsentation bestimmter Zielstrukturen; Verwendung gleichbleibender Zielstrukturen; Modellierungstechniken;

9.6 Zusammenfassung

Zusammenfassend gilt bei der Vorgehensweise des Fachdienstes gezielte Sprachförderung festzuhalten, dass bei allen Beispielkindern einmal pro Woche neben einer gezielten Sprachförderung, die zu Beginn bei allen Kindern in Einzelsituation stattfand, auch eine Begleitung der Kinder in ihrem Alltag innerhalb der Einrichtung stattfand. Bezüglich der individuellen Kompetenzbereiche der Kinder mit Unterstützungsbedarf, die sich auf Grundlage einer fundierten Diagnose ergeben und sich an den dabei ermittelten, nächsten Entwicklungsschritten orientieren, muss festgehalten werden, dass die semantisch-pragmatische Ebene aufgrund ihrer entscheidenden Bedeutung für die kindliche Sprachentwicklung als Ausgangspunkt erachtet werden muss, damit die Kinder ihre individuellen Fähigkeiten erweitern können. Nur unter Berücksichtigung dieses Bereiches können auch auf anderen Sprachebenen Lernfortschritte getätigt werden.

Regelspielformate waren bei allen Kindern in die gezielte Sprachförderung integriert, wobei sich die jeweiligen Spiele aufgrund der differenten Kompetenzbereiche der Kinder voneinander unterschieden. Den Förderkräften kam hierbei die Aufgabe zu, eine Selektion vorhandener Spiele durchzuführen und bereits Existierende entsprechend der kindlichen Kompetenzbereiche zu modifizieren. Rollenspielformate wurden unter Berücksichtigung der individuellen Spielfähigkeiten der Beispielkinder mit zwei Kindern gespielt.

Hinsichtlich der Umsetzung von Kooperation gilt festzuhalten, dass der Austausch seitens der Förderkräfte gewollt war, aber aufgrund oben aufgeführter Schwierigkeiten nicht immer geleistet werden konnte. Bezüglich der Kompetenzen der Förderkräfte sind Gemeinsamkeiten bei der Existenz von Spiel- und Interaktionskompetenzen sowie der bewussten Überprüfung bzw. dem gezielten Einsatz sprachlicher Elemente des Fachdienstes zu erkennen.

10 Interpretation der empirischen Ergebnisse

Zur Einordnung der in den vorherigen Kapiteln dargestellten Ergebnisse der empirischen Untersuchung der Beispielkinder werden diese im Folgenden interpretiert und miteinander in Verbindung gesetzt. Entsprechend der Kategorien des Auswertungsrasters erfolgt dies anhand der drei Unterkapitel *Fähigkeiten und Schwierigkeiten der Beispielkinder*, *Kompetenzerweiterungen der Beispielkinder* sowie *Vorgehensweise der Förderung und Kompetenzen der Erwachsenen.*

10.1 Zu den individuellen Fähigkeiten und Schwierigkeiten der Beispielkinder

Mit Blick auf die individuellen Fähigkeiten und Schwierigkeiten der Beispielkinder fällt auf, dass bei den mehrsprachigen Kindern eine große Unsicherheit im Umgang mit mehreren Sprachen festzustellen ist. Wie im Falle von Adnans Familie sollten die merklich verunsicherten Kinder und Eltern die Wertschätzung der albanischen Sprache sowie ihrer individuellen Fähigkeiten in dieser erfahren. Dies würde das Selbstwertgefühl der Kinder aufwerten und ihre Ablehnung gegenüber ihrer Erstsprache reduzieren und wäre gleichzeitig sowohl auf emotionaler als auch inhaltlicher Ebene mit einer verbesserten Kommunikation innerhalb der Familie verbunden. Folglich wird an diesem Beispielkind deutlich, weshalb die Wertschätzung unterschiedlicher Kulturen und Sprachen im Kindergarten, beispielsweise durch mehrsprachige Bilderbücher oder Erzieherinnen sowie soziale Floskeln in unterschiedlichen Sprachen, von enormer Bedeutung ist und dieser Wertschätzung großer Stellenwert im Kindergartenalltag eingeräumt werden sollte (vgl. Kap. 4.3). Im Falle Aylas ist ihre Mutter überzeugt, dass sie zu einer Verbesserung der sprachlich-kommunikativen Fähigkeiten ihrer Tochter in der deutschen Sprache beitragen könne, wenn sie vermehrt auf Deutsch mit ihr kommuniziert. Aufgrund dieser irreführenden, aber weit verbreiteten Vorstellung muss an dieser Stelle neben den bereits aufgeführten Aspekten der Identitäts- und emotionalen Entwicklung sowie des falschen Sprachvorbilds hervorgehoben werden, dass eine professionelle Aufklärung Aylas Familie über den familieninternen Umgang mit Mehrsprachigkeit sinnvoll wäre und in der Praxis verstärkt fokussiert werden sollte.

Einen weiteren wichtigen Aspekt stellen die vorhandenen Aussagen der Mütter der Beispielkinder zu den sprachlichen Fähigkeiten ihrer Kinder dar (vgl. S. 171). Diesbezüglich muss ergänzt werden, dass diese aufgrund mangelnder Objektivität sowie undifferenzierter Erkenntnisse (z. B. vgl. Abb. 9, Nr.9: Adnan spreche nach Angaben der Mutter albanisch genauso wie deutsch; Aylas Mutter gibt an, dass bei

Ayla keine Besonderheiten oder Auffälligkeiten in der türkischen Sprache bestehen) nicht überbewertet werden dürfen. Trotz der Wichtigkeit dieser Informationen wird an der Kategorie der Fähigkeiten der Beispielkinder in ihrer Erstsprache die Diskrepanz zwischen theoretischer Notwendigkeit (vgl. Kap. 4.3) und praktischer Umsetzbarkeit deutlich, da es sich in der Praxis sehr schwierig gestaltet, fundierte bzw. objektive Informationen über die Kompetenzen mehrsprachiger Kinder in ihren Erstsprachen einzuholen. Dies verdeutlicht auch die anhand der Daten eines Regelkindergartens des Orientierungsplanprojekts angefertigte Abb. 16. Auffallend ist hierbei die große Anzahl mehrsprachiger Kinder, vor allem im Vergleich zur Gruppe der einsprachigen Kinder. Beachtet man hierbei zusätzlich, dass diese Quantität an Kindern mit Deutsch als Zweitsprache für die Einrichtung bedeutet, den Kindergartenalltag mit 15 verschiedene Sprachen und Kulturen zu organisieren (vgl. Füssenich 2009b, S. 55), wird ersichtlich, welche Anforderungen dadurch für die Institution entstehen. Dementsprechend schwierig gestaltet es sich, fachkundiges Personal zu finden, welches Auskunft über die Fähigkeiten von Kindern in ihren Erstsprachen geben kann. Selbstverständlich liegt nicht bei allen mehrsprachig aufwachsenden Kindern Sprachförderbedarf vor, dennoch muss auch ihnen gegenüber eine Wertschätzung der Erstsprache stattfinden können (vgl. S. 84ff), was mit den vorhandenen Rahmenbedingungen eine große Herausforderung an die Einrichtungen stellt.

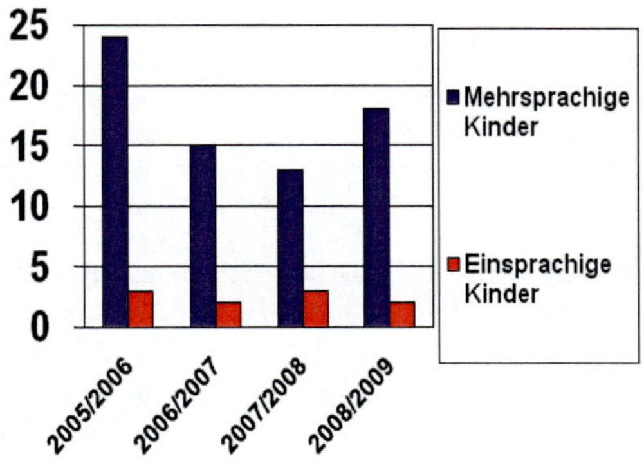

Abb. 16: Anzahl mehr- und einsprachiger Kinder in der Regeleinrichtung (vgl. Füssenich 2009b; S.55)

Neben dem Umgang mit mehreren Sprachen sind die Eltern von Kindern mit Unterstützungsbedarf, wie anhand der Beispielkinder deutlich wurde, aufgrund der eingeschränkten Fähigkeiten ihrer Kinder ebenfalls stark verunsichert. Erschwerend kommt hinzu, dass vorschnelle Diagnosen wie im Falle Noels oder widersprüchliche Erkenntnisse, wie beispielsweise bei Adnan, verstärkend zu dieser Verunsicherung beitragen. Folglich sollten vorschnelle Diagnosen und widersprüchliche Erkenntnisse mit Blick auf die Kinder mit Unterstützungsbedarf und ihr Umfeld unnötigerweise vermieden und bewusst überdacht werden. Dies belegt die Notwendigkeit einer professionellen und fundierten Diagnostik der sprachlich-kommunikativen Fähigkeiten von Kindern. Nur so kann Fehlinformationen sowie kontraproduktiven Maßnahmen vorgebeugt werden und die Kinder mit Unterstützungsbedarf durch ein auf ihre Bedürfnisse angepasstes Angebot, das auf ihren fundiert diagnostizierten Fähigkeiten und Schwierigkeiten aufbaut (vgl. Kap. 2.2.3), ihre sprachlich-kommunikativen Kompetenzen erweitern. Folglich ist professionelles ausgebildetes Personal notwendig, um die sprachlich-kommunikativen Fähigkeiten von Kindern fundiert einschätzen zu können. Weiter unterstreicht diese aufgezeigte Unsicherheit der Eltern die Notwendigkeit einer regelmäßigen Kooperation zwischen Fachdienst und Eltern der Kinder mit Unterstützungsbedarf (vgl. Kap. 4.5.3). Diese Zusammenarbeit kann mit der dadurch entstehenden Transparenz der Erkenntnisse über das Kind sowie dem geregelten persönlichen Austausch zu einer vertrauensvollen Beziehung und einem langsamen Abbau der Ängste wie Verunsicherungen beitragen.

Hinsichtlich der Förderung innerhalb der Einrichtungen fällt auf, dass den Kindern mit Unterstützungsbedarf in der Regeleinrichtung keine zusätzlichen Fördermaßnahmen angeboten wurden, während im Schulkindergarten eine institutionell integrierte Unterstützung in Form von Sprachtherapie stattfand. Dies belegt die Unterschiede bezüglich struktureller Voraussetzungen zwischen Sondereinrichtung und Regeleinrichtungen, welche im Individualfall für jedes Kind mit Unterstützungsbedarf und dessen Bedürfnisse in Betracht gezogen werden müssen:

> „Um diesen besonderem Unterstützungsbedarf erkennen und geeignete Maßnahmen einleiten zu können, stellen für viele Kinder Schulkindergärten aufgrund ihrer personellen und strukturellen Rahmenbedingungen die geeignete Institution zur Berücksichtigung und Förderung kindlicher Fähigkeiten dar“ (Füssenich 2009b, S. 103).

Es bleibt festzuhalten, dass im Einzelfall für jedes Kind mit Unterstützungsbedarf entschieden werden muss, ob seine individuellen Bedürfnisse in einer Regeleinrichtung berücksichtigt werden können, oder, wie im Falle Noels, die dafür vorgesehenen, differenten Rahmenbedingungen einer Sondereinrichtung im Sinne des Wohls für das Kind präferiert werden müssen.

Bezüglich der Fähigkeiten in Alltagsformaten muss festgehalten werden, dass die Beispielkinder anfangs sehr zurückhaltend agierten und Schwierigkeiten bei der Kontaktherstellung zu anderen Kindern vorwiesen. Diese Handlungsunsicherheit in Alltagsformaten ist sehr eng mit den sprachlich-kommunikativen Fähigkeiten der Kinder verbunden. Ihre fehlenden pragmatischen Fähigkeiten, die sich bei den Beispielkindern in Form von geringem Selbstvertrauen in ihre kommunikativen Fähigkeiten sowie ihren noch nicht genügend ausgebauten Fähigkeiten zum Kommunikationsaufbau und zur Kommunikationsgestaltung bei Alltagsformaten zeigten, sind als Ursache für die Zurückhaltung und Auffälligkeiten der Beispielkinder im Kindergartenalltag aufzuführen. Diese Verhaltensweisen der Beispielkinder unterstreichen, wie der Unterstützungsbedarf von Kindern in ihren sprachlich-kommunikativen Fähigkeiten in deren Alltagsformaten deutlich wird. Wie in Kapitel 2.2.2 und 2.2.3 dargestellt wurde, kommt der handlungsstrukturierenden und pragmatischen Funktion von Sprache große Bedeutung für den Erwerb und Ausbau sprachlich-kommunikativer Fähigkeiten in interaktiven Alltagskontexten zu. Die im Kapitel 8.1.2 aufgezeigten Schwierigkeiten der Beispielkinder in Alltagsformaten und ihrem Sozialverhalten belegen diese Kenntnisse und unterstreichen, warum bei der Betrachtung sprachlich-kommunikativer Fähigkeiten immer auch der Bereich der Alltagsformate entscheidend beachtet werden muss, da nur in diesen Alltagssituationen mögliche Schwierigkeiten beim Einsatz von Sprache erkannt werden. Folglich wird festgehalten, dass pädagogische Fachkräfte in ihren alltäglichen Beobachtungen auch gezielt die Kinder in den Blick nehmen sollten, die aufgrund ihres zurückhaltenden und ruhigen Benehmens wenig Aufsehen erregen und deshalb leichter übersehen werden. Diese Verhaltensweisen können im Individualfall, wie bei den aufgeführten Beispielkindern gezeigt werden konnte, als Signal für damit verbundene Schwierigkeiten in sprachlich-kommunikativen Bereichen interpretiert werden.

Als ein weiteres Signal für Schwierigkeiten in sprachlich-kommunikativen Bereichen können die Spielfähigkeiten der Kinder herangezogen werden, da alle Beispielkinder sowohl in ihren Spiel- als auch Sprachfähigkeiten Auffälligkeiten aufwiesen. Dieser hier ersichtliche Zusammenhang zwischen dem Unterstützungsbedarf der Beispielkinder in ihrem Spielverhalten und in ihren sprachlich-kommunikativen Fähigkeiten (vgl. Kap. 8.1.4) belegt die enge Verbindung von Sprach- und Spielentwicklung (vgl. Kap. 3.4.2) und unterstreicht als erste Konsequenz die Notwendigkeit, dass beim Blick auf die individuellen Voraussetzungen von Kindern mit Unterstützungsbedarf in ihren sprachlich-kommunikativen Fähigkeiten deren Spielfähigkeiten und -schwierigkeiten berücksichtigt werden müssen. Diese Informationen liefern zum Einen wichtige Erkenntnisse darüber, auf welchem Spielentwicklungsstand sich die Kinder befinden, was wiederrum Aufschluss über die sprachlich-kommunikativen Fähigkeiten der Kinder bringt (vgl. Kap. 3.4.2). Zum Anderen kann durch die Berücksichtigung der Spielfähigkeiten überprüft werden, ob und wie die Kinder mit Unterstützungsbedarf ihre sprachlichen Kompetenzen in Spielsituationen einsetzen können. Diese Spielsituationen liefern, analog zu den Alltagsformaten, einen realitätsnahen und kindgerechten Rahmen, um aus diagnostischer Sicht mögliche Schwierigkeiten der Kinder beim Einsatz von Sprache zu erkennen. Als weitere Konsequenz wird festgehalten, dass dieser enge Zusammenhang zwischen Sprach- und Spielentwicklung auf Seiten der Förderkräfte fundiertes Wissen über die Spielentwicklung von Kindern aber auch Kompetenzen von Spielförderung unentbehrlich erscheinen lässt (vgl. Kap. 4.5.1), um zuverlässige Aussagen und Erkenntnisse über die individuellen Spielfähigkeiten eines Kindes treffen zu können. Folglich stellen ausgeprägte Kenntnisse über die Spielentwicklung sowie deren mögliche Schwierigkeiten eine wichtige Anforderung und unumgängliche Voraussetzung an die Förderkräfte dar.

Hinsichtlich der Fähigkeiten in Rollenspielen wird konstatiert, dass die Beispielkinder aufgrund ihrer eingeschränkten Fähigkeiten vor Beginn der Förderung nicht in der Lage waren, sich auf Rollenspiele einzulassen. Folglich gilt festzuhalten, dass die individuellen Rollenspielfähigkeiten der Kinder mit Unterstützungsbedarf besonders berücksichtigt werden müssen, bevor Rollenspielformate mit ihnen inszeniert werden. Rollenspielformate stellen nur dann ein sinnvolles Element zur Sprachförderung dar, wenn auf Seiten der Kinder die entsprechenden Spielfähigkeiten vorhanden sind.

Zusammenfassende Schlussfolgerungen

Zusammenfassend wird festgehalten, dass die biografischen Daten der Kinder unerlässlich sind, um daraus wichtige Schlüsse über die Bedürfnisse und Lebenssituation der Kinder zu ziehen. Aufgrund der oben aufgeführten Notwendigkeit biografischer Angaben zu den Beispielkindern wäre die Einführung eines einheitlichen Informationsprofils für jedes einzelne Kind zu überdenken und mit Blick auf die Berücksichtigung der individuellen Lebenslage und des Entwicklungsstandes der Kinder sehr zu begrüßen. Die diagnostischen Ergebnisse des Fachdienstes Sprachförderung, die anhand qualitativer Instrumente erhoben wurden, belegen, dass beim Blick auf die sprachlich-kommunikativen Fähigkeiten vielmehr eine stärkenorientierte Sichtweise sinnvoller ist, um anhand dieses Wissens den Kindern mit Unterstützungsbedarf gezielte, an ihren Fähigkeiten ansetzende Angebote zur Erweiterung ihrer Fähigkeiten offerieren zu können.

Ebenfalls darf bei den individuellen Voraussetzungen von Kindern mit Unterstützungsbedarf die Berücksichtigung ihrer Handlungsweisen in Alltagsformaten nicht vergessen werden, da vor allem in diesen Interaktionskontexten ein realitätsnaher und kindgerechter Rahmen zur Erkennung möglicher sprachlich-kommunikativer Schwierigkeiten gegeben ist.

Zu beachten sind zudem spielerische Interaktionen, da auch hier die sprachlichen Fähigkeiten kontext- und situationsgebunden beobachtet werden können und gleichzeitig notwendige Informationen über das Spielverhalten und den Spielentwicklungsstand gewonnen werden. Diese Erkenntnisse liefern aufgrund der engen Verbindung von Sprach- und Spielentwicklung aufschlussreiche Hinweise über die individuellen Fähigkeiten wie Schwierigkeiten der Kinder mit Unterstützungsbedarf und stellen an die Erwachsenen den Anspruch eines fundierten Wissens über die Spielentwicklungsschritte von Kindern.

Im Bereich der sprachlich-kommunikativen Fähigkeiten der Beispielkinder wurde ersichtlich, warum auch die Fähigkeiten von mehrsprachigen Kindern in ihren Erstsprachen beachtet werden müssten. Allerdings wurde auch deutlich, dass dieser Anspruch aufgrund der Schwierigkeit, fachkundiges Personal zu finden, welches Auskunft über die Fähigkeiten von Kindern in ihren Erstsprachen geben kann, praktisch nicht immer leistbar ist. Des Weiteren konnte bei allen Beispielkindern eine Verunsicherung ihrer familiären Bezugspersonen beobachtet werden, die hauptsächlich aus beängstigenden oder widersprüchlichen Diagnostikergebnissen verschiedener Institutionen resultierte. Es wurde deutlich, welche verunsichernde Wirkung nicht ausreichend fundierte Diagnosen und widersprüchliche Erkenntnisse über die sprachlich-kommunikativen Fähigkeiten der Kinder mit Unterstützungsbedarf in deren Umfeld auslösen können. Folglich sollten sich sämtliche, mit der Diagnose sprachlich-kommunikativer Fähigkeiten betreuten Berufsgruppen ihrer Verantwortung bewusst sein, um unnötige Belastungen zu vermeiden.

Anhand der dargestellten Gemeinsamkeiten bezüglich der sinnvollen Verwendung qualitativer Diagnoseinstrumente muss konstatiert werden, dass diese qualitative Vorgehensweise vor allem mit Blick auf die individuellen Voraussetzungen der Kinder aussagekräftig und weniger verunsichernd für die Eltern erscheint. Außerdem konnte belegt werden, dass im Bereich der sprachlich-kommunikativen Fähigkeiten die semantisch-pragmatische Sprachebene besondere Beachtung erfahren muss, da sie als Zentrum des Spracherwerbs entscheidende Hinweise auf die individuellen Fähigkeiten wie Schwierigkeiten der Kinder mit Unterstützungsbedarf liefert.

10.2 Zu den Kompetenzerweiterungen der Beispielkinder

Im Umgang mit Alltagsformaten fiel auf, dass manche Beispielkinder die konsequente Einhaltung ihnen bekannter Rituale bereits nach kurzer Zeit selbst einforderten, während sich Andere zwar an diesen feststehenden Abläufen orientierten, diese aber nicht von sich aus einforderten. Diese Tatsache belegt, dass die Existenz von Ritualen im Rahmen von Interaktionen mit Kindern aufgrund ihrer immer wiederkehrenden Struktur von sehr großer Bedeutung ist (vgl. Kap. 3.3), der Umgang von Kindern mit diesen in der Praxis allerdings auf oben aufgeführte, differente Erscheinungsweise auftreten kann. Für Kinder wie Ayla, die in ihrem Verhalten auffallend unsicher ist und sich aufgrund dessen stark an den Verhaltensweisen ihrer Freundin Özlem orientiert, oder Adnan, der aufgrund seiner negativen Selbsteinschätzung große Handlungsunsicherheiten zeigt, repräsentieren Fixpunkte in Form von Ritualen ein geeignetes Mittel, um diesen Kindern Sicherheit und Orientierung zu bieten. Auch wenn die Kinder selbst die Einhaltung von Ritualen nicht konkret von sich aus verlangen, sind sie für die Kinder mit Unterstützungsbedarf aufgrund ihrer Wiederholbarkeit und gleichbleibenden Struktur ein hilfreiches Element, um unter Rückgriff auf diese gleichbleibenden Strukturen ihre individuellen Fähigkeiten ausbauen zu können. Daher können feststehende Rituale als sinnvoller Bestandteil das kompetenzerweiternde Potential von Formaten zusätzlich steigern.

Im Bereich der Regelspielformate wurden bei allen Kindern Kompetenzerweiterungen im Umgang mit Regeln aufgezeigt. Diese Lernfortschritte bei der Einhaltung konventionalisierter Regeln sind mit der immer wiederkehrenden Struktur der ausgewählten Spielformate zu erklären. Anhand der den Kindern bekannten Abläufe der Regelspielformate erhielten die Kinder mit Unterstützungsbedarf den notwendigen Rahmen, innerhalb dessen sie sich entsprechend ihrer individuellen Fähigkeiten an den Umgang mit Spielregeln gewöhnen konnten und Handlungssicherheit bei der Operation in diesen Formaten erlangten. Vor allem das Beispielkind Adnan, der bislang aufgrund seiner Unsicherheit und negativen Selbsteinschätzung nach kurzer Zeit gemeinsame Spielhandlungen abbrach, verdeutlicht, wie förderlich sich die erlangte Handlungssicherheit und Spielroutine in Interaktionen auf sein Selbstwertgefühl auswirkte. So stieg sein Zutrauen in seine Spielfähigkeiten und seine Freude an gemeinsamen Spielsequenzen zunehmend an und er legte mit Hilfe dieser Erfolgserlebnisse den Grundstein für die Erweiterung seiner Spiel- und sprachlich-kommunikativen Fähigkeiten. Auch Ayla nutzte ihre gewonnene Vertrautheit bei der Anwendung von Regelspielen, um dadurch Kontakt zu einem deutschsprachigen Kind aufzunehmen, obwohl sie bis dato aufgrund ihrer Schüchternheit selten von sich aus Kontakt zu anderen Kindern aufnahm oder nahezu ausschließlich mit türkisch sprechenden Kindern spielte. Als Grund für diese Veränderungen bezüglich der Kontaktaufnahme zu Gleichaltrigen muss erneut ihr gesteigertes Selbstvertrauen in ihre Handlungsfähigkeit innerhalb von Regelspielformaten aufgeführt werden. Auch Nico und Noel erfuhren durch den vertrauten Umgang mit Regelspielen eine zunehmende Handlungssicherheit in diesen Formaten und versuchten diese Lernfortschritte in anderen Kontexten anzuwenden. Diese Gemeinsamkeiten der wachsenden Handlungssicherheit, die bei allen Beispielkindern festgestellt werden konnte, verdeutlicht, wie wichtig bekannte Ablaufstrukturen in Form von Regelspielformaten für Kinder mit Unterstützungsbedarf sind und wie sie sich mit zunehmendem Vertrauen in ihre persönlichen Handlungsfähigkeiten neuen Herausforderungen stellen, welche für die Erweiterung ihrer sprachlich-kommunikativen Fähigkeiten von großer Relevanz sind.

Diese Bereitstellung eines wiederkehrenden Rahmens zur eigenständigen Erweiterung individueller Kompetenzen ist mit Blick auf die Kinder mit Unterstützungsbedarf unerlässlich, um ihnen ihre notwendige Eigenaktivität in diesen Bildungsprozessen zu ermöglichen. Vor allem gemeinsame Spielhandlungen mit anderen Kindern bieten hierbei, wie in Kapitel 3.4 gezeigt wurde, großes Potential. Die Differenzen der individuellen Kompetenzerweiterungen der Beispielkinder bezüglich des Spielens mit Gleichaltrigen (vgl. Kap. 8.2.2) unterstreichen den Entwicklungsprozess der Beispielkinder, der sich in kleinen Lernfortschritten vollzieht. Während Ayla bereits Fähigkeiten besaß, gemeinsam mit anderen Kindern ein Regelspiel zu spielen, gelang Nico der Transfer seiner erweiterten Spielfähigkeiten auf ein Regelspiel mit Gleichaltrigen noch nicht. Dies belegt erneut, dass das Spiel mit anderen Kindern als langfristige Kompetenzerweiterung angesehen werden muss, für die eine schrittweise und gezielte Hinführung der individuellen Spielfähigkeiten von Kindern mit Unterstützungsbedarf an diese Anforderung notwendig ist. Ausschlaggebend für die Entscheidung, ab wann die anfänglichen Einzelspielsituationen des unterstützungsbedürftigen Kind auf Interaktionen mit Gleichaltrigen ausgeweitet werden sollten, sind die individuellen Spielfähigkeiten der Kinder mit und ohne Unterstützungsbedarf. Dass das gemeinsame Spiel zwischen Kind und Förderkraft zumindest bei einigen Kindern mit Unterstützungsbedarf zuerst in Einzelsituationen sichergestellt werden muss, bevor es auf ein Spiel mit Gleichaltrigen übertragen werden kann, wurde bereits in Kap. 9.1 begründet und wird an dieser Stelle erneut unterstrichen.

Die Kompetenzerweiterungen der beiden Beispielkinder im Bereich der Rollenspiele zeigen, dass, wie im Falle Nicos, ein gewohnter Ablauf und eine gewohnte Struktur notwendig ist, damit Kinder mit Unterstützungsbedarf Lernfortschritte in diesem Format tätigen können. Wird ihnen dieser Unterstützungsrahmen mithilfe gezielter Strukturierungen offeriert, stellen Rollenspielformate ein geeignetes Element zur Erweiterung individueller Fähigkeiten von Kindern mit Unterstützungsbedarf dar.

Hinsichtlich der Kompetenzerweiterungen in ihren sprachlich-kommunikativen Fähigkeiten ist allen Beispielkindern gemein, dass sie neben dem Ausbau ihres Wortschatzes ebenso ihre Strategien zur Erweiterung sprachlich-kommunikativer Fähigkeiten entweder erwarben oder weiter ausbauten. Beide Aspekte müssen aus Spracherwerbssicht als wichtige aber auch notwendige Schritte für die Erweiterung sprachlich-kommunikativer Kompetenzen erachtet werden: Zum Einen sind Lernfortschritte auf anderen Sprachebenen ohne ein Grundgerüst an Begriffen des kindlichen Wortschatzes nahezu unmöglich (vgl. Füssenich [5]2002), zum Anderen repräsentieren die oben aufgeführten Strategien die Grundvoraussetzung, damit Kinder ihre sprachlich-kommunikativen Fähigkeiten selbstständig ausbauen können. Diese Zusammenhänge liefern in Kombination mit den vorliegenden Kompetenzerweiterungen der Beispielkinder die Begründung, dass bei der Erweiterung der sprachlich-kommunikativen Fähigkeiten von Kindern mit Unterstützungsbedarf semantische Fähigkeiten als Ausgangspunkt erachtet werden müssen und ebenfalls aus pragmatischer Sicht von großer Bedeutung sind: Die Kinder nutzen ihre sprachlich-kommunikativen Fähigkeiten dabei, um einerseits ihren eigenen Bedürfnissen Ausdruck zu verleihen sowie diese Anderen mitzuteilen. Andererseits zeigen sie durch die direkte Einflussnahme auf die Strukturierung des Alltags- und Spielgeschehens, dass sie Sprache und ihre individuellen Fähigkeiten darin als Instrument zur Steuerung von Handlungen und Situationen einsetzen können. Mit Hilfe dieser Erfahrungen erwerben Kinder mit Unterstützungsbedarf alltagsbezogene Handlungsmöglichkeiten, die sie unmittelbar in ihrem Alltag anwenden können und die direkte Auswirkungen auf ihre Kommunikationsfähigkeit haben. Diese gesteigerte Kommunikationsfähigkeit, vor allem in alltagsrelevanten Kontexten, muss als Grundvoraussetzung für den Erwerb weiterer Kompetenzerweiterungen angesehen werden, da die Kinder mit Unterstützungsbedarf anhand dieser pragmatischen Fähigkeiten in Interaktionen und Dialoge mit Anderen treten können, was aus interaktionistischer Spracherwerbssicht den Ausgangspunkt des Erwerbs sprachlich-kommunikativer Fähigkeiten darstellt (vgl. 3.1).

Die in diesem Kapitel aufgezählten Kompetenzerweiterungen der Beispielkinder auf semantisch-pragmatischer und morphologisch-syntaktischer Sprachebene belegen, dass Kinder mit Unterstützungsbedarf für die Erweiterung ihrer sprachlich-kommunikativen Fähigkeiten Interaktionen in Alltags- und Spielformaten benötigen. Diese gemeinsamen Handlungskontexte ermöglichen den Kindern aufgrund ihrer Orientierung an der kindlichen Lebenswelt und deren Alltag zuallererst Lernfortschritte in alltagsrelevanten, sprachlich-kommunikativen Kompetenzbereichen und offerieren ihnen den Unterstützungsrahmen, den sie entsprechend ihrer individuellen Fähigkeiten und Schwierigkeiten benötigen, um die Zone der nächsten Entwicklung ihrer sprachlich-kommunikativen Kompetenzen zu erreichen. Damit dies gelingen kann, müssen die Inhalte der Formate, die im natürlichen Spracherwerb durch die intuitive Feinfühligkeit der Bezugspersonen in Form der Anpassung an die Fähigkeiten der Kinder gewährleistet sind (vgl. Kap. 3.1 & 3.2), bewusst auf die Bedürfnisse und Kompetenzbereiche der Kinder abgestimmt werden. Diese Kombination aus Alltagsrelevanz und gezielter Inszenierung wie Strukturierung sprachförderlicher Interaktionsangebote erweist sich somit als ausgewiesen hilfreich, damit Kinder mit Unterstützungsbedarf ihre sprachlich-kommunikativen Fähigkeiten erweitern können. Es zeigte sich, dass diese Formate aufgrund ihrer alltagsrelevanten und kindgerechten Beschaffenheit sowie mit Blick auf die Transfermöglichkeiten der Kompetenzerweiterungen entscheidende Vorteile gegenüber gleichschrittigen Sprachförderprogrammen besitzen. Sprache wird nicht isoliert von Situation und Kontext trainiert, sondern in realistischen und alltagskonformen Interaktionen erfahren, da Sprache im Rahmen dieser Formate natürlich integriert ist und aus pragmatischer Sicht als unerlässliches Strukturierungs- wie Kommunikationsinstrument in diesen Kontexten notwendig ist. Damit Kinder mit Unterstützungsbedarf ihre Fähigkeiten entsprechend ihrer individuellen Voraussetzungen eigenständig ausbauen können, benötigen sie Strategien zur Erweiterung ihrer sprachlich-kommunikativen Kompetenzen sowie Situationen und Anlässe, in denen sie diese anwenden können. Diesen inszenierten Unterstützungsrahmen stellen Alltags- und Spielformate aufgrund ihrer inhaltlichen Struktur bereit. Anhand der Kompetenzerweiterungen der Beispielkinder wird festgehalten, dass die Interaktions- und Spielfähigkeiten den Ausgangspunkt für die Erweiterung sprachlich-kommunikativer Fähigkeiten darstellen. Kinder mit Unterstützungsbedarf müssen ihre individuellen Kompetenzen zuerst auf interaktionaler Ebene erweitern, um im Rahmen dieser gesteigerten Handlungsfähigkeit, entsprechend der interaktionistischen Spracherwerbstheorie (vgl. Kap. 3.1), ihre individuellen sprachlich-kommunikativen Kompetenzen in gemeinsamen Formaten mit Anderen auszubauen. Durch die gezielte Inszenierung und Umsetzung von Formaten erfahren Kinder mit Unterstützungsbedarf neben mehrdimensionalen Kompetenzerweiterungen auf unterschiedlichen Sprachebenen ebenfalls Lernfortschritte in den für die Zone der nächsten Entwicklung notwendigen Kompetenzbereichen.

Dabei gilt zu unterstreichen, dass Alltags- und Spielformate im Vergleich zur isolierten Förderung einzelner Teilbereiche (vgl. Kap. 4.2) nicht nur partielle Bereiche von Sprache erweitern, sondern, wie anhand der Lernfortschritte im semantisch-pragmatischen und morphologisch-syntaktischen Bereich gezeigt werden konnte, auf mehreren Sprachebenen Kompetenzerweiterungen ermöglichen. Die im Rahmen der hier aufgeführten Beispielkinder fehlenden Angaben zu Kompetenzerweiterungen auf phonetisch-phonologischer Ebene (vgl. Abb. 13, Nr.7) sind dadurch zu erklären, dass sich alle Beispielkinder in ihren Aussprachefähigkeiten auf einer entwicklungsangemessenen Stufe befinden und daher keine Auffälligkeiten in diesem Bereich vorherrschen. Allerdings existieren im Rahmen des Projektes der wissenschaftlichen Begleitung des Orientierungsplans (vgl. Füssenich 2009b, S. 115ff) ebenfalls Projektdokumentationen, die die Kompetenzerweiterungen von Kindern in ihren Aussprachefähigkeiten durch Alltags- und Spielformate belegen[44].

Zusammenfassende Schlussfolgerungen

Die individuellen Lernfortschritte der Beispielkinder in ihren Kompetenzbereichen belegen, dass Kinder mit Unterstützungsbedarf durch Alltagsformate die für ihre Entwicklung notwendigen, nächsten Entwicklungsschritte tätigen können. Daran wird deutlich, dass Kinder anhand von Alltagsformaten, die aus ihrer Lebenswelt

---

[44] Vgl. HOLZMANN (2008); SÄNGER (2009); SIEGERT (2009); WEISSER (2007).

und ihren Interessen hervorgehen, Lernfortschritte in ihre Handlungs- und Interaktionskompetenzen transferieren können. Folglich beziehen sich die getätigten Kompetenzerweiterungen nicht nur auf die sprachlich-kommunikativen Fähigkeiten, sondern sind auch in weiteren Bereichen, in denen Kinder mit Unterstützungsbedarf Schwierigkeiten vorweisen (z. B. Interaktionsverhalten, Spielverhalten), zu erkennen. Für die Erweiterung sprachlich-kommunikativer Fähigkeiten bedeutet dies, dass die Kinder mit Unterstützungsbedarf zuerst auf Interaktionsebene Handlungssicherheit erlangen müssen um dadurch ihre sprachlich-kommunikativen Kompetenzen ausbauen zu können. Diesen unterstützenden wie geschützten Rahmen stellen Formate aufgrund ihrer regelhaften Strukturen dar und bieten den Kindern mit Unterstützungsbedarf ein geeignetes Setting.

Gleichzeitig lässt sich aus diesem Zusammenhang ableiten, warum Kinder mit Unterstützungsbedarf ihre individuellen Fähigkeiten vielmehr durch Alltagsformate als durch eine isolierte Förderung bestimmter Teilbereiche von Sprache erweitern können: Die Kinder erfahren in den gemeinsamen Interaktionen im Rahmen von Formaten die situative und kontextbedingte Notwendigkeit sprachlich-kommunikativer Fähigkeiten und können diese Erfahrungen aufgrund der natürlichen Existenz von Formaten im kindlichen Alltag auch auf diesen sowie auf Interaktionen mit Gleichaltrigen transferieren. Dieser Transfer offeriert ihnen durch die Ausübung von Formaten mit Anderen das nötige Handlungsrepertoire, um ihre individuellen sprachlich-kommunikativen Fähigkeiten selbstständig erweitern zu können, da die Kinder mit Unterstützungsbedarf in diesen Interaktionen ihre erworbenen Kompetenzen anwenden und vertiefen können. Folglich stellen routinisierte Alltagsformate den Ausgangspunkt dar, damit Kinder mit Unterstützungsbedarf ihre interaktionalen und gleichzeitig auch ihre sprachlich-kommunikativen Fähigkeiten erweitern sowie praktisch anwenden können. Hinsichtlich ihrer sprachlich-kommunikativen Fähigkeiten tätigten alle Beispielkinder Kompetenzerweiterungen sowohl auf semantisch-pragmatischer als auch auf morphologisch-syntaktischer Ebene. Die dabei getätigten Lernfortschritte richteten sich hauptsächlich nach den Zielsetzungen der jeweiligen, angestrebten Kompetenzbereiche und waren mit einer gesteigerten Kommunikationsfähigkeit und einer verbesserten, sprachlichen Handlungsstrukturierung verbunden, obwohl auch weitere Lernfortschritte in nicht explizit fokussierten Bereichen, beispielsweise in der Übernahme formattypischer Aussagen, beobachtet werden konnten. Es zeigte sich, dass Formate den Kindern mit Unterstützungsbedarf diese Kompetenzerweiterungen ermöglichen, die sie hinsichtlich ihrer Entwicklung als Nächstes benötigten. Diese dargestellten Zusammenhänge der individuellen Lernfortschritte belegten, dass bei der Erweiterung der sprachlich-kommunikativen Fähigkeiten von Kindern mit Unterstützungsbedarf semantisch-pragmatische Fähigkeiten als Ausgangspunkt erachtet werden müssen.

10.3 Zur Vorgehensweise der Förderung und den Kompetenzen der Erwachsenen

Bei der Struktur der Vorgehensweise des Fachdienstes gezielte Sprachförderung fällt auf, dass allen Kindern Alltags- und Spielformate nach immer wiederkehrender Struktur offeriert wurden, damit sie in diesem Unterstützungsrahmen ihre individuellen Fähigkeiten alltags- und kontextgebunden erweitern können (vgl. Abb. 11, Nr.3). Diese Art der Vorgehensweise bietet den Kindern mit Unterstützungsbedarf einen alltagsrelevanten und kindgerechten Rahmen, um ihre individuellen Fähigkeiten gezielt erweitern und gleichzeitig auch anwenden zu können. Im Gegensatz zu isolierten Funktionstrainings (vgl. Kap. 4.2) erfahren die Kinder mit Unterstützungsbedarf hierbei die Notwendigkeit sowie die unmittelbaren Auswirkungen ihrer schrittweise zunehmenden Kompetenzen und können diese Lernfortschritte auf ihr individuelles Lebensumfeld transferieren. Zusätzlich bieten Interaktionen in Alltags- und Spielkontexten den Vorteil, dass die Kinder mit Unterstützungsbedarf in diesen Formaten schrittweise Routinen wie Handlungssicherheit erlangen, mit deren Hilfe sie ihre individuellen Fähigkeiten in Interaktionen mit Gleichaltrigen oder Bezugspersonen selbstständig ausbauen können, da Alltags- und Spielformate ein nahezu omnipräsentes Element des kindlichen Alltags, sowohl in Einrichtungen als auch im familiären Umfeld (vgl. Kap. 3.3 und 3.4), darstellen. Es wird festgehalten, dass bei allen Beispielkindern anfangs Einzelsituationen gewählt wurden, innerhalb welcher ihre individuellen Bedürfnisse und Verhaltensweisen berücksichtigt wurden. Dies zeigt, dass Kinder mit Unterstützungsbedarf zumindest für kurze Zeit einen Rahmen benötigen, in dem ihre Individualität berücksichtigt werden kann. Auch bei weiteren Projektkindern im Rahmen der Wissenschaftlichen Begleitung zur Implementierung des Orientierungsplans für Bildung und Erziehung für die baden-württembergischen Kindergärten: Teilprojekt Frühförderung (Füssenich 2009b) wurde als Ergebnis festgestellt, dass Kinder mit Unterstützungsbedarf ihre sprachlich-kommunikativen Fähigkeiten vor allem in anfänglichen Einzelsituationen erweitern können. So „benötigen einige Kinder zuerst einen ‚auf sie abgestimmten Schonraum', um die erworbene Fähigkeit auch auf das Spiel mit anderen Kindern zu übertragen" (Füssenich 2009b, S. 6). Folglich müssen diese Kinder, in Abhängigkeit ihrer jeweiligen Voraussetzungen sowie unter Berücksichtigung ihrer individuellen Kompetenzerweiterungen (vgl. Kap. 8.2), notwendigerweise dabei unterstützt werden, im Rahmen von Einzelsituationen Handlungskompetenzen zu erlangen, die sie dann in einem weiteren Schritt auf Situationen bzw. Interaktionen mit Gleichaltrigen übertragen können. Dieser perspektivische Aspekt der langsamen Auflösung von Einzelsituationen hin zu Interaktionen oder kollektiven Handlungen mit Gleichaltrigen darf allerdings nicht vergessen werden, da dies als Grundvoraussetzung dafür gilt, dass Kinder mit Unterstützungsbedarf ihre Fähigkeiten selbstständig erweitern können.

Für diese Erweiterung von Kompetenzen ist die Formulierung von Kompetenzbereichen notwendig. Es gilt, in Abhängigkeit der individuellen Fähigkeiten und Schwierigkeiten der Kinder, bestimmte Kompetenzbereiche gezielt zu fokussieren (vgl. WiFF 2011), um den Kindern mit Unterstützungsbedarf in diesen Bereichen systematisch Lernfortschritte zur Zone der nächsten Entwicklung (Vygotski 2002) zu ermöglichen und durch die Summierung kleiner Lernfortschritte eine Gesamtheit gezielter Kompetenzerweiterung zu bewirken. Das Beispielkind Nico zeigt, wie Kinder mit Unterstützungsbedarf durch Anknüpfung an ihren individuellen Stärken (Abb. 9, Nr.6: bei Nico im semantischen Bereich: großer Wortschatz, verfügt über Strategien zur Erweiterung seines Lexikons) ressourcenorientiert ihre individuellen Fähigkeiten ausbauen können, da dieser Kompetenzsektor in die konkreten Förderziele integriert wurde (Abb. 10, Nr.2: Ausbau seines Wortschatzes und seiner Strategien zur Lexikonerweiterung) und Nico auf deren Grundlage Lernfortschritte im pragmatischen Bereich tätigen kann.

Diese Kompetenzbereiche müssen individuell anhand der zuvor gewonnenen diagnostischen Erkenntnisse abgeleitet werden. Daran wird deutlich, warum eine fundierte aber bezüglich der daran anschließenden Förderbereiche aussagekräftige Diagnose sprachlich-kommunikativer Fähigkeiten notwendig ist und dem Förderprozess vorausgehen muss. Nur anhand von individuellen Erkenntnissen über ein Kind kann dessen aktueller Stand erfasst werden und daraus die nächsten Entwicklungsschritte abgeleitet werden. Auf diese Weise können die Kinder mit Unterstützungsbedarf, statt durch eine standardisiert-gleichschrittige Vorgehensweise mit einer individuell orientierten Unterstützung, die sich nach den konkreten Bedürfnissen der Kinder richtet, ihre Fähigkeiten erweitern.

Im Bereich der Integration von Regelspielen fällt auf, dass nur bei Ayla das Spiel mit Gleichaltrigen in die Einzelsituation der gezielten Sprachförderung eingebunden war. Bei allen anderen Beispielkindern konnte dieses Inhaltselement nicht beobachtet werden, obgleich bei Nico als langfristiges Ziel das Spiel mit Gleichaltrigen angedacht war. Obwohl aus interaktionistischen und pragmatischen Gründen die Initiierung von Spielsequenzen mit anderen Kindern unerlässlich ist, um ihnen den Transfer dieser spielerischen Interaktionen auf den Alltag zu ermöglichen (vgl. Kap. 4.4), sind die Gründe für diesen Unterschied bezüglich des Spiels mit Gleichaltrigen darin zu sehen, dass dieses Ziel erst dann in Förderkontexten realisiert werden kann, wenn bei den Kindern mit Unterstützungsbedarf entsprechende Fähigkeiten in ihrem Spielverhalten vorhanden sind. Da aber sowohl bei Adnan als auch bei Nico und Noel ihre individuellen Spielfähigkeiten noch nicht ausreichend waren, um Spielsequenzen mit Gleichaltrigen durchzuführen, mussten die Regelspielformate, entsprechend ihres Entwicklungsstandes, an einem früheren Schritt ansetzen. Folglich mussten diese Grundlagen für ein gemeinsames Regelspiel zuerst in der Förderkraft-Kind- bzw. Erwachsenen-Kind-Interaktion gewährleistet werden, da Erwachsene im Gegensatz zu Gleichaltrigen handlungsorientiert auf die vorhandenen Schwierigkeiten der Kinder mit Unterstützungsbedarf eingehen können und ihnen einen Unterstützungsrahmen bieten, in dem sie ihre Fähigkeiten ausbauen können. Zu Beginn erweist sich hierfür, analog zu den im Kapitel der Rahmenbedingungen aufgeführten Gründen (vgl. S. 192f), die Einzelsituation ohne andere Kinder als sinnvollste Vorgehensweise, da den Kindern mit Unterstützungsbedarf ein gezielter Schonraum zur Verfügung gestellt werden kann, in welchem sie ihre Spielfähigkeiten langsam erweitern können. Diese gezielte Hinführung über das Förderkraft-Kind-Spiel hin zum gemeinsamen Spiel mit anderen Kindern ist notwendig, da es den Kindern mit Spielschwierigkeiten aufgrund ihrer fehlenden Handlungssicherheit sonst nicht gelingt, Regelspiele mit Gleichaltrigen durchzuführen (Heimlich ^{2}2001, S. 150ff). Sind die Spielfähigkeiten zum Spiel mit Anderen, wie im Falle Aylas, vorhanden, sollten den Kindern mit Unterstützungsbedarf gezielt Angebote zum Spiel mit Gleichaltrigen offeriert werden, um schrittweise den Transfer aus dem vorherigen Schonraum in reale Alltagssituationen zu ermöglichen.

Hinsichtlich der Integration von Rollenspielen muss festgehalten werden, dass Rollenspielformate folglich nicht zwangsläufig in die Förderung von Kindern mit Unterstützungsbedarf integriert werden können, sondern in Abhängigkeit ihrer gezielten Kompetenzbereiche als *eine* mögliche Umsetzungsmaßnahme erachtet werden sollten. So wurden bei Adnan, obwohl davon auszugehen ist, dass er anhand seiner Spielfähigkeiten zumindest kurze Rollenspielinteraktionen bewerkstelligen kann, bewusst keine Rollenspielformate in die Förderung integriert, da für seine individuellen, gezielten Kompetenzbereiche (vgl. Abb. 15, Nr.5) das Spielformat der Regelspiele als sinnvoller erachtet wurde und anhand der Betrachtung seiner Kompetenzerweiterungen (vgl. Abb. 13) auch als gerechtfertigt bezeichnet werden muss. An dieser Stelle zeigt sich erneut, dass eine standardisierte Vorgehensweise mit einer vorgeschriebenen Integration von Rollenspielformaten den individuellen Bedürfnissen der jeweiligen Kinder nicht gerecht werden würde und auch aus Sicht der Spielentwicklung nicht immer förderlich ist bzw. sogar kontraproduktiv sein kann. Folglich muss konstatiert werden, dass Rollenspiele zwar ein wichtiges Spielformat zur Erweiterung von Spiel- und sprachlich-kommunikative Fähigkeiten darstellen, allerdings müssen die dafür notwendigen Voraussetzungen der Spielfähigkeiten auf Seiten der Kinder vorhanden sein. Dass dies in der Praxis leider nicht immer der Fall ist, belegen erneut weiterführende Erkenntnisse über Beispielkinder des Orientierungsplanprojekts:

> „Die Bedeutung von Regelspielen für die kindliche Entwicklung scheint zugunsten des Angebots und der Förderung von Rollenspielen in den Kindertageseinrichtungen

> in den Hintergrund gerückt zu sein. Dies zeigt sich vor allem in Regeleinrichtungen, in denen für Regelspiele oft keine ruhige Ecke oder ein eigenes Zimmer vorgesehen sind, während dies für Rollenspiele häufig vorgesehen ist. Die wissenschaftliche Begleitung ergab, dass sich viele Kinder aufgrund ihrer noch begrenzten Spiel- und Sprachfähigkeiten noch nicht auf Rollenspielen einlassen können." (Füssenich 2009b, S. 6)

Für die Umsetzung von Rollenspielformaten bedeutet dies, dass zuallererst der Entwicklungsstand der kindlichen Spielfähigkeiten beobachtet werden muss, und im Anschluss daran entschieden werden muss, ob Rollenspiele in Abhängigkeit der kindlichen Voraussetzungen eine sinnvolle Möglichkeit darstellen, damit Kinder mit Unterstützungsbedarf ihre individuellen Fähigkeiten erweitern können. Dies unterstreicht mit Blick auf die Kinder erneut die Wichtigkeit und Notwendigkeit des Wissens von Fachkräften über die Spielfähigkeiten und Spielentwicklung von Kindern.

Beim Blick auf die Kooperation des Fachdienstes sowohl mit der Einrichtung als auch mit anderen Fachdiensten zeigte sich, dass die Umsetzung des gegenseitigen Austauschs aufgrund knapper zeitlicher und personeller Ressourcen nicht immer in gewünschtem Maße umgesetzt werden kann. Dieser Aspekt der fehlenden Kooperationsmöglichkeiten der Fachdienste untereinander deckt sich auch mit den Erkenntnissen aus dem Projekt zur wissenschaftlichen Begleitung des Orientierungsplans (Füssenich 2009b, S. 69), die festhielten, dass der Kooperationsanspruch aufgrund des organisatorischen und zeitlichen Aufwands in der Praxis nur partiell erfüllt werden kann. Folglich sollte mit Blick auf die praktische Umsetzbarkeit der Kooperation von Fachdiensten, Einrichtungen und Fachpersonal nach praxistauglichen Ideen zur Realisierung des Kooperationsanspruchs gesucht werden. Die Form der Bildungs- und Lerngeschichten bietet zwar den Vorteil der Existenz schriftlicher Dokumente, die auch ohne persönlichen Austausch der pädagogischen Fachkräfte untereinander kommuniziert werden können. Allerdings bleibt die Frage, ob die Qualität des Austauschs über schriftliche Dokumente von gleicher Qualität ist wie persönliche Austauschgespräche. Einen weiteren Aspekt für die eingeschränkte Nutzbarkeit von Bildungs- und Lerngeschichten als Kooperationsinstrument führt die wissenschaftliche Begleitung des Orientierungsplans auf:

> „‚Bildungs- und Lerngeschichten' sind im Elementarbereich in einigen Einrichtungen bekannt. Wechselt ein Kind in eine Kindertageseinrichtung eines anderen Trägers ist die Wahrscheinlichkeit groß, dass dort ein anderes Beobachtungsverfahren eingesetzt wird. Schulische Einrichtungen und sonderpädagogische Angebote sowie Fachdiensten kennen die im Elementarbereich verbreiteten Beobachtungsverfahren zum großen Teil nicht." (Füssenich 2009b, S. 95)

Folglich muss das Verfahren der Bildungs- und Lerngeschichten als ein mögliches Instrument zur Kooperation von pädagogischen Fachkräften angesehen werden, bei dem aber vor allem bezüglich der Verwendung bei Kindern mit Unterstützungsbedarf Anwendungsschwierigkeiten vorliegen[45]. Mit Blick auf die Kinder ist der persönliche Austausch der pädagogischen Fachkräfte untereinander sicherlich zu bevorzugen. Der in Kap.10.1 unterbreitete Vorschlag eines einheitlichen Informationsprofils für jedes Kind könnte beispielsweise zu diesen Zwecken so ausgeweitet werden, dass dieses Informationsprofil als Sammelpunkt zur Dokumentation wichtiger Daten fungiert. Da dies den Blick allerdings zu stark von den Kindern mit Unterstützungsbedarf lenkt, soll dieser Aspekt nicht weiter vertieft werden. Weitere hilfreiche Anregungen hierzu können in dem Sammelband von CARLE/KOEPPEL/WENZEL (2009) gefunden werden.

Bezüglich der Kooperation des Fachdienstes mit den Eltern der Beispielkinder muss festgehalten werden, dass eine gelingende Kooperation in der Praxis anzustreben ist, aber ebenfalls nicht immer umgesetzt werden kann. Die Gründe dafür sind unterschiedliche, u.a. aufgrund schwieriger Lebenssituationen der Kinder und ihrer Familien. Diese Voraussetzungen gilt es als Fachkraft professionell zu akzeptieren und vor allem zu respektieren oder nach geeigneten Wegen zu suchen.

Mit Blick auf die Förderkraft und ihre Kompetenzen zeigte sich, dass die Feinfühligkeit (vgl. S. 93) gegenüber Kindern mit Unterstützungsbedarf als wichtige Fähigkeit von Förderkräften bezeichnet werden muss, die im Besonderen für den Aufbau bzw. die Konservierung einer vertrauensvollen Kind-Erwachsenen-Beziehung von enormer Bedeutung ist. Nur auf Grundlage einer solchen tragfähigen Beziehung kann eine kompetenzförderliche Atmosphäre geschaffen und den Kindern ein Wohlgefühl vermittelt werden. Vor allem künstliche Abfragesituationen bergen hierbei die Gefahr, dass den Kindern mit Unterstützungsbedarf einerseits ihre individuellen Schwierigkeiten wiederholt defizitär bewusst gemacht werden und sie aufgrund dieser Demotivation ihre Teilnahmelust verlieren. Andererseits repräsentieren Abfragesituationen einen unnatürlichen und unangenehmen Prüfungszustand, der in der originären, den Kindern bekannten Form der durchgeführten Interaktionen nicht enthalten ist. Im ersten Fall trägt dies zu einem negativen Selbstkonzept sowie möglichem Ausweichverhalten und somit zu keiner Erweiterung der sprachlich-kommunikativen Fähigkeiten der Kinder bei. Im zweiten Fall führt die unbehagliche Atmosphäre dieser vermeintlichen Prüfungssituation zu Ablehnungsverhalten seitens der Kinder, wirkt sich negativ auf die Motivationsbereitschaft der Kinder aus und reduziert deren Lust und Teilnahmebereitschaft für wei-

---

[45] Nähere Informationen hierzu können dem Abschlussbericht des Projekts der wissenschaftlichen Begleitung zur Implementierung des Orientierungsplans für Bildung und Erziehung für die baden-württembergischen Kindergärten (Füssenich 2009b, S. 90ff) entnommen werden.

tere Interaktionskontexte. Um dies zu verhindern, kommt den Förderkräften die Aufgabe zu, eine adäquate und dynamisch-authentische Mischung zwischen Fragen und eigenen Kommentaren bzw. Erklärungen zu finden. Hinsichtlich der maß- und sinnvollen Integration von Fragen sind offene Fragestellungen (z. B. Was macht sie denn hier? Wer/Was ist das?) den direkten Fragen (z. B. Ist das ein xxx?) gegenüber zu präferieren. Dementsprechend muss als eine wichtige Kompetenz der Sprachförderkraft festgehalten werden, dass Abfragesituationen bewusst vermieden und gezielte Fragestellungen maßvoll in die Förderkontexte integriert werden sollten. Dieser bewusste Einsatz sprachlicher Elemente steht in enger Verbindung dazu, dass Sprachförderkräfte neben dem Einsatz von Modellierungstechniken ihr eigenes Sprachverhalten reflektiert an die Bedürfnisse der Kinder mit Unterstützungsbedarf in ihren sprachlich-kommunikativen Fähigkeiten anpassen und kontrollierend überdenken müssen. Auf diese Weise wird das Sprachverständnis der Kinder gesichert und die sprachlichen Strukturen, entsprechend der individuellen Fähigkeiten der Kinder, schrittweise gesteigert.

Als weitere wichtige Grundvoraussetzung, damit Kinder mit Unterstützungsbedarf ihre individuellen Fähigkeiten in Alltagsformaten erweitern können, ist es auf Seiten der Förderkräfte unerlässlich, dass sie die individuellen Interessen und Fähigkeiten der Kinder wertschätzen und diese bewusst in Förderkontexte integrieren. An die Förderkraft stellt dies den Anspruch, geeignete Momente wie Anlässe wahrzunehmen und derartige Situationen sensibel sowie aufmerksam auszubauen. Die hierbei erforderliche Feinfühligkeit gegenüber den Bedürfnissen der Kinder (vgl. S. 93) ist notwendig, um dem Individualitätsanspruch jedes einzelnen Kindes gerecht werden zu können.

Zusammenfassende Schlussfolgerungen

Es gilt hinsichtlich der Vorgehensweise des Fachdienstes gezielte Sprachförderung festzuhalten, dass die im Rahmen der Förderung gewählten Alltagsformate zeigen, dass sich bestimmte Anlässe (z. B. die Bilderbuchbetrachtung) und Gelegenheiten (z. B. Essenssituationen) als geeignet zur Routinisierung von Interaktionen anbieten, aber Alltagsformate dennoch in Abhängigkeit der individuellen Bedürfnisse der Kinder gezielt ausgesucht und inszeniert werden müssen. Als unerlässliche Voraussetzung, damit Kinder mit Unterstützungsbedarf ihre Fähigkeiten in Alltagsformaten erweitern können, benötigen sie die Wertschätzung ihrer individuellen Interessen und Fähigkeiten sowie einen realitätsnahen Erfahrungsraum, in welchem ihnen Bedeutung sprachlich-kommunikativer Fähigkeiten für den Alltag deutlich wird und mit dessen Hilfe sie ihre Kompetenzerweiterungen auf den Alltag transferieren können. Für die Förderkräfte bedeutet dies, mögliche Formatsituationen wahrzunehmen und gezielt in Abhängigkeit der kindlichen Fähigkeiten zu inszenieren.

Regelspielformate zeigten, dass diese ein sinnvolles Element darstellen, mit Hilfe dessen Kinder ihre Spiel- und sprachlich-kommunikativen Fähigkeiten ausbauen können. Den Förderkräften kommt hierbei die Aufgabe zu, eine Selektion vorhandener Spiele durchzuführen und bereits Existierende entsprechend der kindlichen Kompetenzbereiche zu modifizieren. Hinsichtlich der Einbindung von Rollenspielformaten in Förderkontexte wurde deutlich, dass, wie im Falle der Beispielkinder, nicht bei allen Kindern aufgrund derer eingeschränkten Spielfähigkeiten eine Integration von Rollenspielen in die gemeinsamen Interaktionen möglich ist. Ausschlaggebend für die Sinnhaftigkeit der Umsetzung von Rollenspielen mit Kindern bei Unterstützungsbedarf sind die individuellen Spielfähigkeiten der jeweiligen Kinder, da nur auf Grundlage vorhandener Rollenspielkompetenzen Lernfortschritte in diesem Spielformat getätigt werden können. Folglich ist das Wissen über die Spielentwicklung von Kindern für die Fachkräfte von bedeutender Relevanz, um darauf basierend Entscheidungen über eine Förderung mit Hilfe von Rollenspielen treffen zu können. Dies wurde zusätzlich dadurch unterstrichen, dass die Ausweitung von Spielsequenzen auf Interaktionen mit Gleichaltrigen erst dann sinnvoll umgesetzt werden kann, wenn die Erfahrungen und Spielkompetenzen der Kinder dafür vorhanden sind. Dementsprechend muss eine schrittweise Ausweitung der Einzelsituation auf gemeinsame Spielhandlungen mit anderen Kindern stattfinden, damit die Kinder mit Unterstützungsbedarf entsprechend ihrer Fähigkeiten den nächsten Entwicklungsschritt gehen können.

Bezüglich des Potentials von immer wiederkehrenden Strukturen konnte gezeigt werden, dass bei jedem Kind individuell anhand der gewählten Alltags- und Spielformate sowie ihrer persönlichen Voraussetzungen überlegt werden muss, welche feststehenden Rituale sinnvoll sind, damit die Kinder mit Unterstützungsbedarf durch die damit verbundene Routine ihre Kompetenzen erweitern können. Alltags- oder Spielformate erwiesen sich dabei aufgrund ihrer wiederkehrenden Struktur als hilfreicher Rahmen zum Ausbau von individuellen Fähigkeiten. Sowohl bei Alltags- als auch Spielformaten kam der Sprachförderkraft im Bereich der Interaktionskompetenzen die notwendige Aufgabe zu, dass anhand ihrer erforderlichen Feinfühligkeit eine vertrauensvolle Erwachsenen-Kind-Beziehung aufgebaut werden sollte, welche als Grundvoraussetzung für anschließende Kompetenzerweiterungen gilt. Dabei muss konstatiert werden, dass unangenehme Abfragesituationen bewusst vermieden und den Kindern mit Unterstützungsbedarf stattdessen Freude sowie Motivation an den gemeinsamen Interaktionen vermittelt werden sollte, um vor allem die Eigenaktivität der Kinder zu konservieren. Auf Seiten der Förderkräfte erfordert dies in erster Linie Spielpartner zu sein und ehrlich wie authentisch an den gemeinsamen Handlungen teilzunehmen. Hinsichtlich des Sprachverhaltens der Förderkraft wurde deutlich, dass der Einsatz von Modellierungstechniken eine wichtige Kompetenz darstellt und auch die Anpassung der erwachsenen Redeanteile an die Bedürfnisse und den Entwicklungsstand der Kinder mit Unterstützungsbedarf unerlässlich ist.

Im Bereich der Kooperation stellte sich heraus, dass der funktionierende Austausch zwischen Fachdienst, Einrichtung, Eltern und weiteren Fachdiensten zwar wünschenswert, aber aufgrund personeller Ressourcen oder sozialen Umständen der Lebenssituation von Beteiligten nicht immer leistbar ist. Diese möglichen Grenzen gilt es einzuschätzen und zu respektieren. Auch das Verfahren der Bildungs- und Lerngeschichten kann trotz seines inhaltlichen Schwerpunkts der Rückmeldung nicht zur adäquaten Behebung dieser Kooperationsproblematik beitragen.

11 Rückbezug zur Theorie und Einordnung der Ergebnisse

Zur Beantwortung der eingangs formulierten Fragestellungen dieser Dissertation sowie zur Darstellung der daraus abzuleitenden Konsequenzen, werden im Folgenden aus den Ergebnisse der empirischen Vergleichsstudie unter Rückgriff auf die Erkenntnisse der theoretischen Grundlegung (vgl. Teil I) Schlussfolgerungen für die pädagogische Arbeit mit Kindern bei Unterstützungsbedarf gezogen. Entsprechend der Fragestellung sowie des methodischen Vorgehens dieser Arbeit, wird nachfolgend eine Unterteilung in die Unterkapitel *Blick auf das Kind* und *Blick auf die Erwachsenen* vorgenommen. Diese Differenzierung liegt darin begründet, dass zuallererst das Kind als zentraler Akteur bei der Erweiterung seiner individuellen Fähigkeiten betrachtet werden muss. Im Anschluss an diesen kindzentrierten Blick wird aufgeführt, wie die Kinder bei der Erweiterung ihrer sprachlich-kommunikativen Fähigkeiten von Erwachsenen unterstützt werden können. Obgleich sich bestimmte Inhalte nicht nur konkret einem Bereich zuordnen lassen, sondern aufgrund ihrer existierenden Schnittmenge in beiden Kategorien aufzuführen sind, beinhaltet *der Blick auf das Kind* hauptsächlich Aspekte, die auf Seiten der Kinder mit Unterstützungsbedarf bei der Analyse ihrer Voraussetzungen zu berücksichtigen sind und wie diese Kinder ihre sprachlich-kommunikativen Fähigkeiten erweitern. *Der Blick auf die Erwachsenen* hingegen enthält wichtige Elemente, die in der gemeinsamen Arbeit mit Kindern bei Unterstützungsbedarf beachtet werden sollten.

11.1 Der Blick auf das Kind

Der Erwerb sprachlich-kommunikativer Fähigkeiten muss als ein komplexes Gefüge betrachtet werden, bei dem charakteristische Erwerbsschritte auf einzelnen Sprachebenen ablaufen, die aufgrund ihrer engen Verbindung zu den Erwerbsschritten in anderen sprachlichen Bereichen parallel ablaufen (vgl. Szagun 2007, S. 34) und dementsprechend nicht isoliert voneinander betrachtet werden dürfen. Elementare Gemeinsamkeit dieser Schritte auf einzelnen Ebenen ist, dass Kinder gemäß der interaktionistischen Spracherwerbstheorie Sprache in gemeinsamen Handlungssituationen und ritualisierten Interaktionen, den Formaten, erwerben, die sie bereits kurz nach Geburt mit ihren Bezugspersonen durchführen und schrittweise ausbauen (vgl. Kap 3.1). Durch diese immer wiederkehrenden Formate sowie der feinfühligen Anpassung ihrer Sprache an die kindlichen Fähigkeiten und Bedürfnisse präsentieren die Eltern einen intuitiven Unterstützungsrahmen für den kindlichen Spracherwerb. Kinder mit Unterstützungsbedarf hingegen können diese wesentlichen Sprachelemente nicht aus den ihnen offerierten Alltagsroutinen übernehmen oder sie werden ihnen nicht offeriert, um mit deren Hilfe ihre sprachlich-kommunikativen Fähigkeiten auszubauen. Sie benötigen einen zusätzlichen Unterstützungsrahmen, damit sie in diesem ihren Fokus auf Sprache sowie deren Kontexte legen und entsprechend ihrer Voraussetzungen den nächsten Entwicklungsschritt tätigen können. Eine derartige Unterstützung des Erwerbs sprachlich-kommunikativer Fähigkeiten muss sich in ihrem Ablauf an den Schritten des natürlichen Spracherwerbs anlehnen, da die Kinder mit Unterstützungsbedarf hinsichtlich ihrer Sprachentwicklung dieselben charakteristischen Erwerbsschritte benötigen wie Kinder ohne Unterstützungsbedarf. Dabei drängt sich die sowohl bildungspolitisch als auch fachwissenschaftlich (vgl. Kap. 1.1) vielfach diskutierte Frage auf, mit welchen Maßnahmen Kinder mit Unterstützungsbedarf ihre sprachlich-kommunikativen Fähigkeiten erweitern können.

Anhand der vorliegenden empirischen Erkenntnisse müssen primär Alltags- und Spielformate als Ausgangspunkt und zentrales Element zur Erweiterung sprachlich-kommunikativer Fähigkeiten festgehalten werden. Diese Formate stellen die Grundvoraussetzung dafür dar, dass Kinder mit Unterstützungsbedarf Kompetenzerweiterungen tätigen können. Als nächsten Schritt diesbezüglicher Maßnahmen müssen die individuellen Fähigkeiten und Schwierigkeiten der Kinder mit Unterstützungsbedarf berücksichtigt werden, um aus diesen Erkenntnissen die notwendigen nächsten Entwicklungsschritte ableiten zu können. Hinsichtlich der Diagnose sprachlich-kommunikativer Fähigkeiten existiert ein bereits mehrere Jahre andauernder Meinungsstreit über den Einsatz qualitativer oder quantitativer Diagnoseverfahren. In Kap. 2.2.3 (S. 33ff) wurden Argumente aufgeführt, warum eine förderdiagnostische Vorgehensweise mit qualitativen, deskriptiven Methoden in Form kindlicher Sprachproben im Hinblick auf die Erkenntnisse für die daran anschließende Förderung verwertbarere Erkenntnisse liefert als statistische Normwerte oder quantitativen Messwerte standardisierter Diagnoseverfahren. Die Ergebnisse des empirischen Teils unterstrichen diese Sichtweise: So konnte vor allem am Beispielkind Noel aufgezeigt werden, welche verunsichernde Wirkung und weitreichenden Konsequenzen standardisierte Testergebnisse für das familiäre Umfeld der Kinder auslösen können (vgl. S. 172). Der Einsatz qualitativer Diagnoseverfahren belegte bei allen vier Beispielkindern, dass durch deren Erkenntnisse konkrete Kompetenzbereiche für die anschließende gezielte Sprachförderung formuliert werden konnten und diese Vorgehensweise dem in sonderpädagogischen Fachkreisen als unumgänglich geltenden Anspruch einer förderdiagnostischen Vorgehensweise gerecht wurde. Gleichzeitig bekräftigten die empirischen Daten, dass eine professionell durchgeführte Diagnose sprachlich-kommunikativer Fähigkeiten und Schwierigkeiten von Kindern mit Unterstützungsbedarf unerlässlich ist und von dafür ausgebildetem Fachpersonal vorgenommen werden muss. Diese Folgerung entspricht ebenfalls dem theoretischen Postulat, in welchem sich auch die beiden Parteien oben aufgeführter Polemik bezüglich qualitativer oder quantitativer Diagnoseinstrumente, einig sind (vgl. Kap. 2.2.3).

Des Weiteren wurde empirisch bearbeitet, welche Bereiche kindlicher Voraussetzungen bei der Unterstützung von Kindern mit Schwierigkeiten in sprachlich-kommunikativen Bereichen berücksichtigt werden müssen. Hier zeigte die Analyse der individuellen Voraussetzungen der Beispielkinder, dass notwendigerweise Informationen über die biografischen Daten[46], die Lebenssituation sowie die individuellen Bedürfnisse und Interessen der Kinder mit Unterstützungsbedarf eingeholt werden müssen (vgl. Kap. 8.1.1). Die Ergebnisse der empirischen Untersuchung zeigten allerdings praktische Schwierigkeiten bei der Erhebung dieser sowohl für Fachdienst als auch Einrichtung wichtigen Daten. Ein Informationsprofil mit den nötigen Fragen für ein umfangreiches Bild der individuellen Lebenssituationen der Kinder erscheint sinnvoll, da bei den vorhandenen Daten der Kinder Unterschiede hinsichtlich der Vollständigkeit aber auch der erfragten Bereiche festzustellen waren (vgl. S. 214f). Allerdings gewährleistet ein solches Informationsprofil nicht automatisch größeren Aufschluss, da bestimmte Informationen beispielsweise aufgrund der Lebensbedingungen (z. B. erschwerte Kooperation mit den Eltern; vgl. S. 202f) oder fehlenden personellen Ressourcen (z. B. kompetente Aussagen über die Fähigkeiten mehrsprachiger Kinder in ihren Erstsprachen; vgl. S. 171f) problematisch einzuholen sind. Nichtsdestotrotz sind diese Informationen, wie im empirischen Teil gezeigt werden konnte, für die Unterstützung von Kindern mit Förderbedarf von großer Bedeutung und sollten deshalb unter respektvoller Achtung der individuellen Lebenssituationen der Kinder möglichst umfangreich erfasst werden. Neben biografischen Daten und der Berücksichtigung der individuellen Lebenslagen zeigte sich, dass auch die Handlungsweisen von Kindern mit Unterstützungsbedarf in Alltags- und Spielformaten berücksichtigt werden müssen, um diese bei der Erweiterung ihrer sprachlich-kommunikativen Fähigkeiten unterstützen zu können, da nur in diesen echten Interaktionskontexten ein realitätsnaher und kindgerechter Rahmen zur Erkennung möglicher sprachlich-kommunikativer Schwierigkeiten gegeben ist. Vor allem die Interaktions- und Spielfähigkeiten von Kindern mit Unterstützungsbedarf geben aufgrund der engen Verbindung von Sprach- und Spielentwicklung hilfreichen Aufschluss über die individuellen sprachlich-kommunikativen Fähigkeiten der Kinder. So wurde diese Verbindung bei den Beispielkindern aufgezeigt, da bei allen sowohl Schwierigkeiten in ihren Spielfähigkeiten als auch beim Spracherwerb festgestellt wurden (vgl. Kap. 10.1). Außerdem stellte

[46] Welche konkreten Bereiche hierbei erfasst werden müssen, kann der Abbildung 9 entnommen werden.

sich bei der Analyse der individuellen Voraussetzungen von Kindern der ressourcenorientierte Blick auf die kindlichen Fähigkeiten wie Schwierigkeiten gegenüber der defizitorientierten Vorgehensweise für alle Beteiligten als sinnvoller und effektiver heraus.

Durch diese fundierte Diagnose der individuellen Fähigkeiten und Schwierigkeiten der Kinder mit Unterstützungsbedarf sind die Voraussetzungen erfüllt, damit sie bei der Erweiterung ihrer Kompetenzen unterstützt werden können. Einen kindgerechten Ansatz hierzu liefert der inszenierte Spracherwerb (vgl. Kap. 4.3), der sich am natürlichen Erwerbsprozess orientiert und gemeinsame Handlungen sowie Dialoge als Ausgangspunkt zur Erweiterung sprachlich-kommunikativer Fähigkeiten sieht. Der Einsatz von Sprache innerhalb dieser Interaktionen soll seitens der Kinder von der anfänglichen Handlungsbegleitung zu einer vermehrten Handlungsgestaltung steigen, damit sie die Funktion von Sprache als Verständigungs- und Strukturierungsinstrument erfahren. Geeignete Anlässe für derartige Formate zur Erweiterung der individuellen Fähigkeiten von Kindern mit Unterstützungsbedarf stellen, entsprechend der interaktionistischen Spracherwerbstheorie, Alltags- und Spielsituationen der kindlichen Lebenswelt dar.

Wie in Kap. 3.3 detailliert ausgeführt, sind Alltagsformate als interaktive Handlungsformen zwischen Kindern und Erwachsenen zu verstehen, die an bedeutsamen und realen Interaktionen des kindlichen Alltags ansetzen und in (vor)strukturierten Rahmenbedingungen mit den Kindern durchgeführt werden. Dieser gleichbleibende Rahmen dient den Kindern als Unterstützungssystem, damit sie ihre Aufmerksamkeit auf sprachliche Aspekte lenken können und im Sinne des *Übergabe-Prinzip* nach BRUNER (^{2}2002; vgl. S. 42) ihre sprachlich-kommunikativen Fähigkeiten erweitern können: Der Erwachsene entfernt diese anfangs hohe Strukturiertheit in dem Maße, wie es die Kinder benötigen und entsprechende Erfahrungsstrukturen als Grundlage für die Weiterentwicklung der Kommunikationsfähigkeit aufbauen, welche sie später auf Situationen ihres Alltages transferieren können. Anhand der Kompetenzerweiterungen der Beispielkinder der empirischen Vergleichsstudie wurde gezeigt, dass Kinder mit Unterstützungsbedarf in für sie bedeutsamen Alltagsformaten mit Hilfe von kleinen Zwischenschritten Lernfortschritte in Form von wachsender Handlungssicherheit sowie größerem Vertrauen in ihre Fähigkeiten tätigen. Diese gesteigerten Handlungsfähigkeiten zeichneten sich bei allen Beispielkindern durch eine vermehrte sprachliche Handlungsstrukturierung sowie die Übernahme aktiver Handlungs- und Kommunikationsparts aus (vgl. Kap. 8.2.1). Weiterhin tätigten alle Beispielkinder im Rahmen von Alltagsformaten Lernfortschritte in bestimmten Bereichen (z. B. Sozialverhalten), in denen sie individuelle Schwierigkeiten hatten und die für eine gesteigerte Interaktionsfähigkeit der Kinder mit Unterstützungsbedarf verantwortlich waren. Dieser Lernzuwachs vollzog sich in kleinen Zwischenschritten und konnte sich durch die wiederkehrenden Strukturen der Interaktionen vertiefen sowie langsam ausweiten (vgl. Kap. 8.2.). Daher müssen diese Zwischenschritte sowie deren Wertschätzung durch die Bezugspersonen als wichtiger Bestandteil der Erweiterung sprachlich-kommunikativer Fähigkeiten erachtet werden (vgl. S. 84).

Die empirischen Erkenntnisse hinsichtlich der inszenierten Förderung von Alltagsformaten (vgl. Kap. 9.3) zeigen, dass die Interessen der Kinder mit Unterstützungsbedarf den Ausgangspunkt darstellen, damit sie ihre individuellen Fähigkeiten erweitern können. Anhand aufgezeigter Gemeinsamkeiten bestimmter Formate wird deutlich, dass sich konkrete Interaktionen wie beispielsweise die Bilderbuchbetrachtung aufgrund ihrer Inhalte als besonders geeignete Möglichkeiten zur Routinisierung anbieten. Andererseits wurden bei allen Beispielkindern auch individuelle Alltagsformate festgestellt, die jeweils auf den persönlichen Interessen der Kinder basieren. Hinsichtlich der Unterstützung von Kindern bei Kompetenzerweiterung bedeutet dies, dass keine konkreten Handlungssituationen als standardisierte Inhalte formuliert werden können, sondern vielmehr die Existenz von bedeutsamen und sinnhaften Interaktionen sowie deren Orientierung an den individuellen Bedürfnissen und Interessen der Kinder als ein unverzichtbares Element für die Kompetenzerweiterungen von Kindern mit Unterstützungsbedarf festgehalten werden müssen. Nur so kann den unentbehrlichen Individualitätsansprüchen jedes Kindes (vgl. Kap. 4.3) nachgekommen werden. Zudem zeigte die große Teilnahmebereitschaft der Beispielkinder an den gemeinsamen Handlungssituationen (vgl. S. 180), dass diese Interaktionskontexte eine kindgerechte Atmosphäre sowie eine freudvolle, vertraute Gemütslage auf Seiten der Kinder repräsentieren. Gerade dieser letzte Aspekt stellt für einige Wissenschaftler (vgl. Kap. 4.5.2) die Grundvoraussetzung einer fruchtbaren Motivations- und vertrauten Beziehungsgrundlage zur Verbesserung der sprachlich-kommunikativen Fähigkeiten von Kindern mit Unterstützungsbedarf dar.

Neben diesen Alltagsformaten bedeutet auch das Spielen für die meisten Kinder eine angenehme und altersgerechte Tätigkeit, die im kindlichen Alltag in verschiedenen Erscheinungsweisen zu beobachten ist und aufgrund dieser Vielfältigkeit auch nur schwer begrifflich definiert werden kann. Das dieser Arbeit zugrunde liegende Verständnis von Spiel (vgl. Kap. 3.4.1) geht davon aus, dass spielerischen Tätigkeiten aufgrund ihrer kindlichen Lebensweltnähe sowie ihren intensiven Auseinandersetzungsprozessen mit der dinglichen wie fiktiven Umwelt eine entscheidende Bedeutung für den kindlichen Entwicklungsprozess zukommt. Neben dieser generellen Relevanz für die kindliche Entwicklung weisen spielerische Handlungen eine hohe Verbindung zum Spracherwerb von Kindern auf. In Kap. 3.4.2 wurde theoretisch erläutert, wie dieser enge Zusammenhang der Spiel- und Sprachentwicklung auf den einzelnen Spielentwicklungsstufen in Erscheinung tritt. Bereits in den Mutter-Kind-Spielchen der vorsprachlichen Kommunikation beginnt das Kind schrittweise Referenzbezüge herzustellen sowie eine Objektpermanenz zu entwickeln und in sensomotorischen Explorationsspielen sich und seine Umwelt praktisch zu erkunden. Die danach vermehrt beobachtbaren Konstruktionsspiele ermöglichen den Kindern die Überprüfung individueller Begriffs- und Bedeutungsvorstellungen sowie erste Umsetzungen gedachter Symbole in selbst erstellte Produkte. Diese Symbolisierungsfähigkeit wird in den Als-ob- bzw. Symbolspielen weiter vertieft und eine langsame Ablösung vom sympraktischen Sprachgebrauch ist erkennbar. Schließlich entwickeln Kinder durch die fiktiven Handlungen von Rollenspielen eine dekontextualisierte Sprachanwendung und den praktischen Einsatz expliziter wie impliziter Metakommunikation. Regelspiele offerieren aufgrund ihres immer wiederkehrenden Rahmens in Form von Regeln sowie ihren Proto-Konversationen (S. 44) einen hilfreichen Unterstützungsrahmen, in welchem verschiedene, wichtige Kommunikationsanlässe zur Spielgestaltung und dem Spielablauf auftreten.

Vor allem Regel- (vgl. Kap. 3.4.3) und Rollenspielen (vgl. Kap. 3.4.4) kommen aufgrund ihrer engen Verbindung zum Spracherwerb eine große Bedeutung für die Erweiterung sprachlich-kommunikativer Fähigkeiten zu. Diese Erkenntnis wurde durch die Kompetenzerweiterungen der Beispielkinder des empirischen Teils unterstrichen: Im Bereich der regelhaften Spiele konnten bei allen Beispielkindern Kompetenzerweiterungen in ihrem Spielverhalten und -verständnis dokumentiert werden (vgl. S. 180f), was anhand der steigenden Handlungssicherheit der Kinder aufgrund der immer wiederkehrenden Strukturen und Regeln erklärt werden konnte. Hinsichtlich der Umsetzung von Regelspielen bei Kindern mit Unterstützungsbedarf zeigen die Ergebnisse der empirischen Daten, dass erneut die individuellen Interessen in Verbindung mit den angestrebten Kompetenzbereichen des einzelnen Kindes als Entscheidungsgrundlage für die Auswahl eines bestimmten Spielformats gelten müssen. Analog der Auswahl von Alltagsformaten existieren konkrete Regelspielformen, deren Tauglichkeit für sprachtherapeutische Verwendungszwecke ausreichend unter Beweis gestellt wurde. Allerdings dürfen auch hier, wie an den einzelnen Beispielkindern aufgezeigt wurde (vgl. Kap. 9.4), aufgrund der Individualitätsansprüche keine Standardformen sondern kindorientierte Selektions- und Modifikationskriterien Anwendung finden, damit Kinder mit Unterstützungsbedarf ihre Fähigkeiten erweitern können. Zusätzlich dokumentieren die empirischen Ergebnisse, dass spielerische Handlungen den Beispielkindern große Freude bereiteten und folglich als kindgerechte Tätigkeiten dem oftmals dialektisch erscheinenden Anspruch langfristiger aber freudvoller Kompetenzerweiterungen gerecht werden.

Die theoretischen Darlegungen aus Kap. 3.4.4 zeigen, dass Rollenspielformate aufgrund ihrer interaktiven, kommunikativen und fiktiven Inhalte großes Potential für die Erweiterung sprachlich-kommunikativer Fähigkeiten von Kindern mit Unterstützungsbedarf aufweisen. Diese umfangreichen Möglichkeiten belegen die Kompetenzerweiterungen des Beispielkinds Nico in diesem Bereich. Vor allem die Tatsache, dass Nico seine erweiterten Rollenspielfähigkeiten zur Kontaktaufnahme sowie als Interaktionsanlass mit Gleichaltrigen einzusetzen versuchte, bekräftigt die Sinnhaftigkeit von Rollenspielformaten zur Erweiterung sprachlich-kommunikativer Fähigkeiten. Allerdings offenbaren die empirischen Erkenntnisse ebenfalls, dass aufgrund ihrer eingeschränkten Spielfähigkeiten nicht bei allen Beispielkindern Rollenspiele möglich waren. Es zeigt sich, dass ein bestimmter Entwicklungsstand der Spielkompetenzen von Kindern vorhanden sein muss, damit Rollenspielformate zur Erweiterung von sprachlich-kommunikativen Fähigkeiten beitragen. Folglich sind auch Rollenspiele nicht als standardisiertes Mittel zum Ausbau sprachlich-kommunikativer Fähigkeiten zu verstehen, sondern vielmehr eine sinnvolle Möglichkeit, die wiederum von den (Spiel-)Fähigkeiten sowie den Bedürfnissen der Kinder mit Unterstützungsbedarf abhängt.

Sowohl bei den Alltags- als auch Spielformaten der Beispielkinder zeigen die empirischen Ergebnisse, dass feststehende Rituale verstärkend zur Erweiterung individueller Fähigkeiten beitragen, da sich die Beispielkinder gezielt an diesen Routinen orientierten und sie sogar teilweise selbst einforderten (vgl. S. 178f). Ausgangspunkt für eine hilfreiche Integration bestimmter Rituale in Interaktionskontexte ist die Überlegung, wie diese zu individuellen Lernfortschritte im Bereich der angestrebten Kompetenzbereiche der Kinder beitragen können. Folglich müssen die Rituale unter Berücksichtigung der kindlichen Interessen und Kompetenzbereiche bewusst reflektiert und gemäß ihrer individuellen Zielsetzungen verwendet werden. Dies entspricht ebenfalls dem im Rahmen elementarpädagogischer Kontexte geforderten Einsatz von feststehenden Ritualen, wonach diese den Kindern mit und ohne Unterstützungsbedarf aufgrund ihrer ständigen Reproduzierbarkeit Handlungssicherheit und Freude verleihen (vgl. Kap. 3.3). Außerdem präsentieren Rituale, wie detailliert am Beispielkind Nico verfolgt werden konnte (vgl. Kap. 6.3.4), die Chance organisatorische Sequenzen im Kindergartenalltag als kompetenzerweiternd zu gestalten.

Anhand der Kompetenzerweiterungen der Beispielkinder in ihren sprachlich-kommunikativen Fähigkeiten wurde die direkte Auswirkung von Alltags- und Spielformaten auf die sprachlich-kommunikativen Kompetenzen der Kinder mit Unterstützungsbedarf ersichtlich. Die Auswertung der Kompetenzerweiterungen der Beispielkinder in ihren sprachlich-kommunikativen Fähigkeiten ergibt, dass alle vier Kinder entsprechend ihrer individuellen, angestrebten Kompetenzbereiche Lernfortschritte tätigten, die zu einer Verbesserung ihrer Sprachkompetenzen führten (vgl. Kap. 8.2). Neben diesen spezifischen Kompetenzerweiterungen auf semantisch-pragmatischer und morphologisch-syntaktischer Ebene, die entwicklungsproximal unter Rückgriff auf die regelgeleiteten, charakteristischen Spracherwerbsschritte als die nächsten, notwendigen Lernfortschritte bezeichnet werden müssen, wurden auch Weiterentwicklungen bezüglich der sprachlichen Handlungs- und Kommunikationsfähigkeit festgestellt. Diese Kompetenzerweiterungen sind erforderlich, damit die Kinder mit Unterstützungsbedarf diese erweiterten Fähigkeiten unmittelbar in ihrem Alltag anwenden können und durch diese gesteigerte sprachliche Handlungsstrukturierung sowie Mitteilungsfähigkeiten ihre kommunikativen Fähigkeiten selbst aktiv im Sinne der interaktionistischen Spracherwerbstheorie erweitern können und ihnen dadurch eine aktivere Teilnahme am Kindergartenalltag ermöglicht. Der individuell, in kleinen Schritten erworbene Lernzuwachs pro Beispielkind (vgl. 8.2) unterstreicht den Prozesscharakter sprachlichen Lernens und zeigt, dass die Summe dieser kleinen Lernfortschritte zu einem großen Gesamtfortschritt führt.

Mit Blick auf die Kinder mit Unterstützungsbedarf sprechen die empirischen Erkenntnisse dafür, dass die Erwachsenen-Kind-Interaktionen in Form von Alltags- und Spielformaten zuerst in Einzelsituationen zu individuellen Kompetenzerweiterungen beitragen, bis sie dann schließlich in einem weiteren Schritt überlegt auf Handlungs- und Spielsituationen mit anderen Kindern ausgeweitet werden. Diese Interaktionen mit anderen Kindern ermöglichen ihnen den Transfer der „im Schonraum“ (vgl. S. 87) erworbenen Spiel- und Kommunikationsfähigkeiten auf gemeinsame Handlungskontexte und eine Integration ihrer Kompetenzen in den (Einrichtungs-)Alltag.

Hinsichtlich der zentralen Frage, wie Kinder mit Unterstützungsbedarf ihre sprachlich-kommunikativen Fähigkeiten erweitern, wird festgehalten, dass sprachlich-kommunikative Erweiterungen zuerst auf interaktionaler Ebene und in Form von Lernfortschritten bei Alltags- und Spielformaten stattfinden und sich nicht sofort anhand der sprachlichen Strukturen der Kinder zeigen müssen. Vielmehr ist es wichtig, die Kinder bei interaktionalen Kompetenzerweiterungen innerhalb dieser Formate zu unterstützen, da diese gleichzeitig auch Lernfortschritte auf sprachlich-kommunikativer Ebene mit sich bringen. Es zeigt sich anhand der individuellen Kompetenzerweiterungen der Beispielkinder, dass Formate den Kindern mit Unterstützungsbedarf diese Kompetenzerweiterungen ermöglichen, die sie hinsichtlich ihrer Entwicklung als Nächstes benötigten. Die dargestellten Zusammenhänge der individuellen Lernfortschritte belegten, dass bei der Erweiterung der sprachlich-kommunikativen Fähigkeiten von Kindern mit Unterstützungsbedarf semantisch-pragmatische Fähigkeiten als Ausgangspunkt erachtet werden müssen, da diese für die selbstständige Erweiterung von Kompetenzen notwendigen semantisch-pragmatischen Fähigkeiten in Formaten ausgebaut und als Grundlage für weitere Lernfortschritte auf anderen Sprachebenen genutzt werden können. Mit Blick auf die in vielen Einrichtungen praktisch vorherrschende Sprachenvielfalt (vgl. S. 1) und der Erkenntnis, dass Mehrsprachigkeit im weiteren Sinne als ein nahezu universeller Zustand angesehen werden muss (vgl. S. 27), stellt sich die berechtigte Frage, wie Kinder mit Unterstützungsbedarf unter Berücksichtigung von Mehrsprachigkeit ihre individuellen Kompetenzen erweitern. Entsprechend des aktuellen Forschungsstandes (vgl. Kap. 2.2.1; 4.3) unterscheidet sich der Spracherwerb mehrsprachig aufwachsender Kinder nicht kategorisch von dem einsprachiger Kinder, obwohl Zeitpunkt sowie situative Lebensbedingungen hierbei als Erwerbsbedingungen besonders beachtet werden müssen. Da sich Kompetenzerweiterungen in sprachlich-kommunikativen Bereichen am natürlichen Spracherwerbsprozess orientieren, differiert folglich auch die Förderung mehrsprachiger Kinder nicht grundlegend von einer Förderung einsprachig aufwachsender Kinder. In beiden Fällen bilden gemeinsame Handlungs- und Spielsituationen den Ausgangspunkt zur Erweiterung sprachlich-kommunikativer Fähigkeiten, wie anhand der drei mehrsprachigen Beispielkinder (vgl. Kap. 1) des empirischen Teils gezeigt wurde. Allerdings gilt es die individuellen biografischen Daten sowie kulturellen Hintergründe von Kindern mit mehreren Sprachen zu berücksichtigen und nach Möglichkeiten eine Wertschätzung der kindlichen Erstsprachen durch spezielle Maßnahmen (vgl. Kap. 4.3) auszudrücken. Diese Wertschätzung ist mit direkten Auswirkungen in emotionalen und identitätsstiftenden Entwicklungsbereichen verbunden und folglich auch für Kompetenzerweiterungen in sprachlich-kommunikativen Bereichen von entscheidender Bedeutung.

Abschließend wird konstatiert, dass gemeinsame Handlungs- und Spielformate als Ausgangspunkt für die Erweiterung sprachlich-kommunikativer Fähigkeiten sowohl von mehr- als auch einsprachig aufwachsenden Kindern aufgezeigt werden konnten. Die Kinder mit Unterstützungsbedarf erfahren auf diese Weise handlungsbegleitende und -strukturierende Funktion von Sprache und lernen durch eine wachsende Handlungs- und Kommunikationssicherheit ihre dadurch erweiterten sprachlich-kommunikativen Fähigkeiten auf ihren Alltag zu übertragen. Wie Erwachsene die Kinder mit Unterstützungsbedarf bei der Erweiterung ihrer individuellen Fähigkeiten unterstützen können, wird im nachfolgenden Kapitel unter Kombination theoretischer wie praktisch-empirischer Erkenntnisse aufgeführt.

11.2 Der Blick auf die Förderkräfte, pädagogischen Fachkräfte und Eltern

Wie bereits im vorherigen Kapitel dokumentiert, ist eine professionelle und fundierte Diagnose der sprachlich-kommunikativen Fähigkeiten von Kindern mit Unterstützungsbedarf unerlässlich, um aus diesen Erkenntnissen anschließend die Kompetenzbereiche ihrer nächsten Entwicklungsschritte abzuleiten. Der Einsatz qualitativer Diagnoseinstrumente bietet dabei Möglichkeiten, die Individualität der Kinder zu berücksichtigen, weil neben den individuellen Schwierigkeitsbereichen auch die Stärken wie vorhandenen Fähigkeiten der Kinder mit Unterstützungsbedarf berücksichtigt werden (vgl. Kap. 10.1). Da die sprachlich-kommunikativen Kompetenzen von Kindern als Schlüsselkompetenzen der kindlichen Gesamtentwicklung erachtet werden (vgl. Kap. 2.2), birgt eine immer wiederkehrende Konfrontation der Kinder mit ihren vorhandenen Defiziten große Gefahren, vor allem bezüglich der emotionalen Entwicklung eines negativen Selbstkonzeptes und niedriger Selbstwertgefühle. Folglich sollten aus diesen Gründen die Fähigkeiten der Kinder mit Unterstützungsbedarf von Fachkräften bewusster wahrgenommen werden, nicht zuletzt aufgrund der Beachtung eines stärkenperspektivischen Förderverständnisses, bei welchem an die bereits vorhandenen Fähigkeiten der Kinder angeknüpft wird und auf Grundlage dieser Lernfortschritte initiiert werden (vgl. S.81).

Bezüglich der Beobachtung des Entwicklungsstandes der Kinder mit Unterstützungsbedarf konnte anhand der Daten der Beispielkinder die große Aussagekraft der Verhaltensweisen von Kindern in Alltags- und Spielformaten für die Erkennung ihrer individuellen Fähigkeiten wie Schwierigkeiten belegt werden (vgl. Kap. 8.1.2 & 8.1.3). So zeigen die empirischen Daten, dass das auf den ersten Anschein unauffällige Verhalten von Kindern in Form von unscheinbarer Zurückhaltung als wichtiges Anzeichen auf Schwierigkeiten in sprachlich-kommunikativen Bereichen hinweisen kann. Dies stellt an die pädagogischen Fachkräfte den hohen Anspruch, auch diese eher unscheinbaren Verhaltensweisen bewusst zu beachten und die entsprechenden Warnsignale auch als solche zu erkennen. Wie bereits erwähnt, wurden bei allen Beispielkindern neben Schwierigkeiten in sprachlich-kommunikativen Bereichen auch Probleme in ihrem Spielverhalten aufgezeigt. Aufgrund dieses Zusammenhangs wird deutlich, dass die für die Unterstützung der Kinder verantwortlichen Erwachsenen ihren Blick bewusst auf alltägliche und spielerische Interaktionen der Kinder richten sollen, da diese wichtige Aufschlüsse über die für ihre Förderung notwendigen Fähigkeiten wie Schwierigkeiten liefern.

Hinsichtlich des Verhaltens der pädagogischen Fachkräfte zeigten sich wichtige Elemente, die Erwachsene in der direkten Förderarbeit mit den Kindern bei Unterstützungsbedarf sinnvollerweise beachten sollten, damit diese ihre sprachlich-kommunikativen Fähigkeiten erweitern können. Die in der Fachliteratur weitestgehend als wichtigste und zugleich erste Eigenschaft formulierte Herausforderung an den Erwachsenen stellt das Schaffen einer vertrauensvollen Beziehung sowie einer angenehmen Atmosphäre zwischen Kind und Förderkraft dar (vgl. Kap. 4.5.2). Nur auf der Basis dieses Vertrauensverhältnisses kann eine gemeinsame Bildungspartnerschaft stattfinden und die Kinder mit Unterstützungsbedarf können in einem ihnen vertrauen Rahmen schrittweise individuelle Kompetenzerweiterungen tätigen. Die empirischen Daten unterstrichen, welche entscheidende Rolle einer vertrauten Beziehung zwischen Kind und Förderkraft zukommt und konstatierten ein einfühlsames Interaktionsverhalten des Erwachsenen als entscheidende Grundlage für eine vertrauensvolle und funktionierende Lerngemeinschaft (vgl. Kap. 9.5.2). Auch die Berücksichtigung der individuellen Interessen bei der Umsetzung der gewählten Formate erwies sich als wichtiger Aspekt, um den Kindern eine fruchtbare Motivations- und Beziehungsgrundlage zu offerieren.

Diese Feinfühligkeit zeigte sich im praktischen Umgang mit den Beispielkindern in der aufmerksamen Wahrnehmung ihrer kindlichen Signale sowie einer angemessen daran anschließenden Reaktion (vgl. S. 204), und entsprach auf dieser Weise den theoretischen Anforderungen hinsichtlich des sensiblen Umgangs mit den individuellen Bedürfnissen der Kinder bei Unterstützungsbedarf (vgl. Kap. 4.5.2). Darin sind elementare Grundhaltungen pädagogischen Handelns in Form von Empathie, Wertschätzung und Authentizität aufgeführt, die seitens der Erwachsenen von Nöten sind, um dem individuellen Entwicklungsstand und den gezielten Kompetenzbereichen der Kinder gerecht werden zu können (vgl. S. 93).

Diese Authentizität bedeutet für die Fachkräfte, die Kinder mit Förderbedarf bei der Erweiterung ihrer sprachlich-kommunikativen Fähigkeiten durch Alltags- und Spielformate unterstützen, zuallererst ehrliche Handlungs- und Spielpartner für die Kinder zu repräsentieren: Da der entscheidende Ausgangspunkt zur inszenierten Erweiterung sprachlich-kommunikativer Fähigkeiten, wie an den empirischen Ergebnissen ersichtlich, in gemeinsamen und bedeutsamen Handlungs- und Spielsituationen begründet liegt, müssen die Förderkräfte diesem Anspruch durch ihre ehrliche Teilnahme an Erwachsenen-Kind-Interaktionen gerecht werden. Denn zum Einen greifen diese gemeinsamen Interaktionen die reale Lebens- und Alltagswelt der Kinder auf und stimmen diesbezüglich mit dem pädagogischen Postulat der kindgerechten Tätigkeit überein (vgl. Kap. 4.3). Zum Anderen berücksichtigt eine authentische Beteiligung an den Interaktionen die zu Recht formulierte Kritik an einer realitätsentfremdenden Instrumentalisierung von Spielhandlungen zu pädagogischen Zwecken (vgl. Kap. 4.4), welche, wie an der Vorgehensweise bei den Beispielkindern der Vergleichsstudie ersichtlich war, mit einer ernstgemeinten Partizipation entkräftet werden kann. So bereiteten die im Rahmen der empirischen Vergleichsstudie durchgeführten Interaktionen den Beispielkindern großes Vergnügen (vgl. S. 180), lösten kein Ablehnungsverhalten aus und offerierten ihnen einen authentischen und angenehmen Unterstützungsrahmen zur Erweiterung ihrer Fähigkeiten.

Neben der ehrlichen Teilnahme an spielerischen Handlungen existieren noch weitere Ansprüche an die Spielkompetenzen der Förderkräfte, die es für einen sinnvollen Umgang mit Spielen zu beachten gilt (vgl. Kap. 4.5.1). Diese Postulate vieler Autoren erstrecken sich dabei über ein breites Spektrum und reichen von Motivierungstechniken und Strukturierungsvorschlägen über Gründe für die Spielmittelauswahl bis hin zu konkreten Spielkompetenzen. Die empirischen Daten zeigen, dass diese in ihrer praktischen Umsetzung tatsächlich von großer Bedeutung sind (vgl. 9.5.2) und belegten, dass den Förderkräften vor allem die Aufgabe der Selektion des immer weiter wachsenden Marktes an Spielformen zukommt. Dabei sollten sie sich aber bewusst nicht nur auf bereits vorhandene Materialien verlassen, sondern müssen entsprechend der individuellen Kompetenzbereiche und Bedürfnisse der Kinder auch Modifikationen bestimmter Spielideen vornehmen, um dem Individualitäts- und Differenzierungsanspruch der Kinder mit Unterstützungsbedarf gerecht werden zu können. Außerdem resultiert sowohl aus der engen Verbindung von Sprach- und Spielentwicklung (vgl. Kap. 3.4.2) als auch des daraus ersichtlichen Kompetenzerweiterungspotentials von Spielformaten (vgl. Kap. 8.2) die Notwendigkeit fundierten Wissens über die Spielentwicklung von Kindern seitens der Förderkräfte. Die praktischen Erkenntnisse unterstrichen diesen Aspekt, da die Erwachsenen auf Grundlage einer fachkundigen Einschätzung der kindlichen Spielkompetenzen die Entscheidung für die Wahl der Spielform treffen müssen. Folglich stellen ausgeprägte Kenntnisse über die Entwicklung der Spielfähigkeiten von Kindern sowie möglichen Schwierigkeiten in diesem Bereich aus theoretischen wie praktischen Gründen unerlässliche Kompetenzen für die Förderkräfte dar.

Diese Fachkenntnisse über eine sinnvolle Integration spielerischer Handlungen sowie die dafür notwendigen Fähigkeiten für deren praktische Umsetzung mit Kindern können analog zur Schaffung einer vertrauensvollen Beziehung den von mir in Kap. 4.5.1 eingeführten *interaktionalen Kompetenzen* zugerechnet werden, da sie der Strukturierung und Inszenierung gemeinsamer Handlungen dienen. Diese beinhalten die für Förderkräfte notwendigen Fähigkeiten, geeignete Anlässe für kollektive Interaktionen sensibel wahrzunehmen und derartige Situationen aufmerksam auszubauen, um diese Formate entsprechend der Interessen und Bedürfnisse der Kinder inszenieren zu können. In der praktischen Arbeit mit den Beispielkindern wurde ersichtlich, dass ein prinzipieller Grundsatz in der Vermeidung von Abfragesituationen besteht (vgl. S. 205f), um den Kindern nicht das Gefühl einer unnatürlichen Testsituation sondern einer ernsthaften Interaktion zu vermitteln, in der sprachliche Aktivitäten in Form von Fragen, Antworten und Erläuterungen in einem ausgewogenen Verhältnis auftreten und somit der realen Erscheinungsweise kommunikativer Interaktionen des kindlichen Alltags entsprechen. Weiterhin belegten die empirischen Erkenntnisse, dass sich der aus theoretischer Sicht sinnvolle Einsatz von Modellierungstechniken (vgl. S. 40) auch in der Praxis aufgrund seiner sprachförderlichen Konsequenzen (vgl. Kap. 9.5.2) als eine unverzichtbare Kompetenz für Sprachförderkräfte erwies. Auch die bewusste Anpassung der eigenen Redeanteile an die Fähigkeiten der Kinder, die diesen beim natürlichen Spracherwerb durch die intuitive kommunikative Didaktik ihrer Bezugspersonen bereitgestellt wird (vgl. Kap. 3.1), muss bei der inszenierten Erweiterung der sprachlich-kommunikativen Fähigkeiten von Kindern mit Unterstützungsbedarf von den professionellen Fachkräften übernommen werden: Neben der Einhaltung bestimmter Gesprächs- und Kommunikationsregeln wie beispielsweise eine deutliche Sprechweise, keine künstliche Babysprache, Zuhören, Aufnahme und Halten von Blickkontakt etc. (vgl. S. 92) bedeutet dies für die Sprachförderkräfte den reflektierten Einsatz der eigenen Sprachhandlungen unter Berücksichtigung des Entwicklungsstandes der Kinder aber auch des situativen Kontextes der Interaktionen (vgl. Kap. 4.5.2). So kann Kindern mit Unterstützungsbedarf, wie an den Beispielkindern der empirischen Vergleichsstudie exemplarisch dargestellt wurde, die kommunikative Funktion und Bedeutung von Sprache erfahrbar gemacht werden, damit sie diese Erfahrungen sowie ihre erweiterten Kompetenzen in ihren Alltag transferieren können.

Hierzu muss, ausgehend vom natürlichen Spracherwerb, dessen Zentrum der Bedeutungserwerb darstellt (vgl. Füssenich [5]2002), auch in Sprachförderkontexten der semantisch-pragmatische Kompetenzbereich als Ausgangspunkt zur Erweiterung sprachlich-kommunikativer Fähigkeiten erachtet werden. Anhand der Beispielkinder wurde ersichtlich, welche Lernfortschritte eine an den semantisch-pragmatischen Fähigkeiten der Kinder ansetzende Förderung durch Alltags- und Spielformaten auch in den weiteren sprachlichen Kompetenzbereichen ermöglicht (vgl. Kap. 8.2.3). Für die Sprachförderkräfte bedeutet dies, dass bedeutsame Handlungs- und Alltagssituationen unter den Vorgaben von Kapitel 11.1 bewusst inszeniert und Lernfortschritte auf interaktionaler Ebene als Ausgangspunkt genutzt werden sollten. In weiteren Schritten werden diese gemeinsamen Interaktionen dann in Abhängigkeit des Entwicklungsstandes der Kinder mit Unterstützungsbedarf gezielt ausgeweitet, um ihnen einen vorstrukturierten Rahmen zum Erreichen der nächsten Lernfortschritte bereitzustellen. Hierfür ist die kontinuierliche Reflexion der Förderinhalte unter Berücksichtigung der zunehmenden individuellen Fähigkeiten wie veränderten Bedürfnisse der Kinder unerlässlich, um die notwendige Passung zwischen Förderbedarf und Förderinhalten zu gewährleisten (vgl. Kap. 4.3).

Ein weiteres Aufgabengebiet des Fachpersonals stellt die bildungspolitisch häufig diskutierte Thematik der Berücksichtigung mehrsprachiger Kinder und die damit verbundene Diskussion um mögliche Umsetzungsmaßnahmen ihrer Sprachförderung (vgl. S. 84ff) dar. Der Umgang und die Auseinandersetzung mit mehreren Sprachen stellt heutzutage keine Ausnahme, sondern vielmehr die Normalität dar, wie auch anhand der Projektdaten in Kap. 8.1.4 als durchaus aktuell und praktisch notwendig belegt werden konnte. Aus fachwissenschaftlicher Sicht besteht Einigkeit darüber, dass der emotionale und kulturelle Bezug von zwei- oder mehrsprachig aufwachsenden Kindern zu ihren Erstsprachen aus identitätsstiftenden wie sprachentwicklungsspezifischen Gründen von Nöten ist. Aus diesem Grund sind Informationen über den Entwicklungsstand mehrsprachiger Kinder in ihren Erstsprachen theoretisch als notwendig und sehr hilfreich zu erachten. Allerdings zeigten sich anhand der Beispielkinder praktische Schwierigkeiten, objektives und qualifiziertes Personal zu finden, welches die individuellen Fähigkeiten der Kinder in ihren Erstsprachen kompetent einzuschätzen vermag (vgl. S. 171). Diese Diskrepanz zwischen theoretischer Notwendigkeit und praktischer Umsetzbarkeit aufgrund struktureller wie personeller Ressourcenmängel stellt die mit der Sprachförderung betreuten Fachkräfte vor eine nahezu unlösbare Aufgabe.

Des Weiteren wurde anhand der empirischen Daten der Beispielkinder ein weiterer wichtiger Aspekt bezüglich mehrsprachiger Kinder ersichtlich: Innerhalb der Familien mehrsprachiger Kinder herrscht oftmals eine große Verunsicherung hinsichtlich des familieninternen Umgangs mit der häuslichen Sprachenvielfalt, welche, wie an den Beispielkindern erkenntlich wurde, zu Kommunikationsschwierigkeiten, emotionalen Folgewirkungen oder kontraproduktiven Maßnahmen führen können (vgl. Kap. 4.3). Nicht selten ist eine falsche Beratung oder fehlende Aufklärung der Familien im Umgang mit mehreren Sprachen Auslöser dieser Schwierigkeiten. Folglich kommt den mit der Förderung von Kindern mit Unterstützungsbedarf betreuten Fachdiensten die große Verantwortung und unerlässliche Aufgabe zu, pädagogisches Personal sowie Eltern und Familien mehrsprachiger Kinder in einem sinnvollen Umgang im Alltag mit mehreren Sprachen aufzuklären und entsprechende Hilfestellung zu leisten, damit eine Wertschätzung der Erstsprachen innerhalb der Familien stattfinden kann. Gleichsam kommt ihnen der Auftrag zu, die individuell-kulturellen Hintergründe von Kindern mit mehreren Sprachen in der konkreten Förderarbeit mit den Kindern zu berücksichtigen und eine Wertschätzung dieser auszudrücken.

Dieser Aspekt der Wertschätzung sollte aber nicht nur Eltern und Familien mehrsprachiger Kindern zukommen, sondern muss auch den individuellen Lebenssituationen und Angehörigen einsprachiger Kinder in Form von Elternkooperation entgegengebracht werden. Die Ziele dieser Elternpartizipation sind ebenso vielfältig wie anspruchsvoll und sollen einer bestmöglichen Unterstützung des Kindes durch sein Umfeld dienen (vgl. Kap. 4.5.2): Vermittlung von Hintergrundwissen über die sprachlich-kommunikativen Fähigkeiten und Schwierigkeiten der Kinder, emotional affektive Entlastung der Eltern durch Beratungs- und Aufklärungsgespräche, Klärung der unterstützenden Funktion der kindlichen Bezugspersonen bei der Erweiterung sprachlich-kommunikativer Fähigkeiten von Kindern und mögliche elterliche Verhaltensänderungen diesbezüglich, sowie die Transparenz der Förderinhalte und Vorgehensweise. Diese theoretisch zu Recht aufgestellten Anforderungen an eine effektive Elternkooperation erwiesen sich anhand der empirischen Daten der Beispielkinder in ihrer praktischen Umsetzung aufgrund der individuellen Lebenssituation des familiären Umfelds der Kinder mit Unterstützungsbedarf als nicht immer umsetzbar (vgl. Kap. 9.5.1). Es wurde deutlich, dass die theoretisch häufig vernachlässigten aber praktisch vorhandenen Umsetzungsschwierigkeiten und Grenzen einer funktionierenden Elternkooperation beachtet und die dafür verantwortlichen Gründe seitens der Familien der Kinder mit Unterstützungsbedarf von den Fachkräften respektvoll akzeptiert werden müssen. Dementsprechend sollte nach Alternativen gesucht werden, wie der Austausch mit den Eltern trotz existierender Kooperationsschwierigkeiten geleistet werden könnte. In den Fällen der Beispielkinder des empirischen Teils erforderte dies seitens der Sprachförderkräfte ein bestimmtes Maß an Flexibilität, da sich die Austauschsequenzen mit den Eltern beispielsweise spontan und unabgesprochen ergaben. Auch das Verfahren der Bildungs- und Lerngeschichten (vgl. Leu et al. 2007) wurde als Kooperationsinstrument eingesetzt, allerdings erwies es sich nicht als uneingeschränkt zweckmäßig und empfehlenswert (vgl. S. 203). Trotz der praktisch vorhandenen Schwierigkeiten bei der Umsetzung einer regelmäßigen Elternkooperation belegt das Beispielkind Noel (vgl. S. 203), wie hilfreich eine funktionierende Kooperation mit Blick auf das Kind bei Unterstützungsbedarf sowohl für Eltern als auch Fachdienst sein kann und unterstrich damit die theoretisch unbestrittene Relevanz eines regelmäßigen sowie vertrauten Austauschs über die Bedürfnisse und Lernfortschritte der Kinder.

Eine derartige funktionierende Kooperation sollte nach übereinstimmender Meinung der Fachliteratur auch zwischen der Einrichtung sowie den unterschiedlichen Fachdiensten stattfinden, da die Abstimmung der einzelnen Unterstützungsmaßnahmen untereinander als zentrale Voraussetzung für eine nachhaltige Förderung gilt (vgl. S. 96). Allerdings zeigten auch hier die Erkenntnisse des empirischen Teils und der herangezogenen Projektdaten, dass dieser Austausch zwar theoretisch wünschenswert aber aufgrund mangelnder zeitlicher wie personeller Ressourcen nicht immer praktisch leistbar ist. Die im Rahmen der empirischen Daten festgestellte flexible Kooperationsform ohne feste Austauschzeitpunkte entsprach zwar nicht vollständig den theoretischen Ansprüchen einer fruchtbaren Zusammenarbeit (vgl. Kap. 4.5), allerdings erwies sich eine derartige offene Umsetzungsform mit Blick auf die Kinder besser als gar keine Kooperation. Folglich sollte das vom Idealfall ausgehende Konzept des „runden Tisches“ (vgl. S. 96) nach Möglichkeiten praktisch umgesetzt werden. Jedoch sollte bei einer unmöglichen Realisierung dieses Konzeptes nach weniger aufwändigen, aber dafür realisierbaren Möglichkeiten des Austauschs gesucht werden. Denn mit Blick auf die Kinder bei Unterstützungsbedarf ist ein Austausch über deren Lernfortschritte unerlässlich.

Die hier dargestellten Ergebnisse liefern hilfreiche Orientierungspunkte bei der Berücksichtigung von und im Umgang mit Kindern bei Unterstützungsbedarf in ihren sprachlich-kommunikativen Fähigkeiten. Um diese kindorientierten Ansatzpunkte jedoch zu vertiefen, sind weitere Untersuchungen notwendig. Im folgenden Kapitel werden mögliche Ansatzpunkte für anschließende Forschungen aufgeführt.

11.3 Ausblick auf weitere Untersuchungen

Bei der praktischen Umsetzung der Unterstützung von Kindern mit sprachlich-kommunikativen Schwierigkeiten werden nicht selten gleichschrittige und standardisierte Sprachtrainingsprogramme angewandt (vgl. Kap. 4.2), obwohl diese den individuellen Bedürfnissen einzelner Kinder aufgrund ihres normierten Vorgehens oftmals nicht gerecht werden können. Sie weisen häufig große Mängel auf, vor allem bezüglich der Übernahme antrainierter Strukturen in die kindliche Spontansprache sowie der fehlenden Berücksichtigung, dass Sprache als Kommunikationsmittel zur Strukturierung von Interaktionen und Situationen dient (vgl. Kap. 2.2.2). Folglich werden derartige Trainingsprogramme dem pädagogischen Individualitätsanspruch eines jeden Kindes nicht gerecht. Die Ergebnisse dieser Arbeit unterstreichen, dass dieser Individualitätsanspruch sowie dessen praktische Umsetzung in Form von bedeutsamen Interaktionen den Ausgangspunkt zur Erweiterung sprachlich-kommunikativer Fähigkeiten darstellen. Aus diesem Grund bedarf es weiterer empirischer Untersuchungen, die Kinder mit Unterstützungsbedarf über einen aussagekräftigen Zeitraum in Alltags- und Spielsituationen begleiten und qualitative Erkenntnisse darüber liefern, wie und mit welchen Inhalten individuell gestaltete Unterstützungsangebote den Kindern die größtmöglichen Kompetenzerweiterungen ermöglichen. Für die pädagogischen Fachkräfte könnten Expertenleitlinien erarbeitet werden, die die gezielte Analyse und Reflexion von sprachförderlichen Alltags- und Spielformaten konkretisieren und praktische Konsequenzen für die Arbeit mit den Kindern ziehen.

Aufgrund der nahezu unüberschaubaren Vielzahl von bereits existierenden Sprachförderkonzepten und -maßnahmen erscheint es wenig sinnvoll, die dargestellten Erkenntnisse in einem neuerlichen Konzept zu formulieren. Vielmehr sollten die bereits vorhandenen Konzeptionen unter Berücksichtigung meiner im Voraus präsentierten Ergebnisse überdacht und an die individuellen Bedürfnisse der Kinder mit Unterstützungsbedarf angepasst werden. Diese Vorgehensweise repräsentiert zum Einen die hinsichtlich der ernüchternden Evaluationsergebnisse von Sprachfördermaßnahmen (vgl. Kap. 2.2.3) notwendige Bereicherung bereits existierender Sprachförderkonzeptionen und lässt auf eine kindgerechtere wie effektivere Umsetzungspraxis hoffen. Zum Anderen bedarf es bezüglich der Optimierung von Sprachfördermaßnahmen weiterer empirischer Studien, die anhand qualitativer Vorgehensweisen den Lern- und Entwicklungsprozess von Kindern mit Unterstützungsbedarf in ihren sprachlich-kommunikativen Fähigkeiten dokumentieren, um daraus wichtige Erkenntnisse über die Bedürfnisse und Entwicklungsschritte von Kindern mit Unterstützungsbedarf abzuleiten.

Auch der im Rahmen dieser Arbeit verdeutlichte spezifische Zusammenhang von kindlichen Sprach- und Spielfähigkeiten bedarf weiterer forschungsgeleiteter Untersuchungen, um durch vertiefende Erkenntnisse in diesem Bereich förderdiagnostische Konsequenzen für Kinder mit Unterstützungsbedarf ableiten zu können. Während das Spektrum an diagnostischen Verfahren zur Einschätzung des Sprachentwicklungsstandes von Kindern bereits einen großen Umfang vorweisen kann und stetig weiter zunimmt, sollte die Forschungsperspektive auf diagnostische Verfahren zur Einordnung kindlicher Spielfähigkeiten und -schwierigkeiten ausgeweitet werden. Die Bearbeitung dieses Forschungs- und Praxisdefizits wäre mit Blick auf die Kinder mit Unterstützungsbedarf aus förderdiagnostischer Perspektive der nächste Schritt, um die aufgezeigte Verbindung von Sprach- und Spielfähigkeiten diagnostisch zu vertiefen. Die dabei gewonnenen Erkenntnisse würden vertiefend dazu beitragen, dass Kinder mit Unterstützungsbedarf ihre sprachlich-kommunikativen Fähigkeiten durch ein auf ihre individuellen Spielfähigkeiten abgestimmtes Förderangebot erweitern können. Wie einzelne, erste Schritte eines solchen Angebots aussehen könnten, wurde im Rahmen der vorliegenden Arbeit bereits ersichtlich.

12 Fazit

Hauptanliegen der vorliegenden Arbeit war, aufzuzeigen was Kinder mit Unterstützungsbedarf in ihren sprachlich-kommunikativen Fähigkeiten benötigen, um ihre individuellen Kompetenzen erweitern zu können. Es zeigt sich, dass im Bereich der individuellen Voraussetzungen der Kinder neben biografischen Daten vor allem ihre Handlungsweisen in Alltags- und Spielformaten aufgrund ihres kindgerechten Rahmens unerlässlichen Aufschluss über die individuellen Fähigkeiten und Schwierigkeiten der Kinder liefern. Diese gemeinsamen Alltags- und Spielformate erweisen sich auch bei der Betrachtung der kindlichen Lernfortschritte als entscheidender Unterstützungsrahmen, mit dessen Hilfe Kinder bei Unterstützungsbedarf ihre sprachlich-kommunikativen Fähigkeiten erweitern können. Dazu benötigen sie die Wertschätzung ihrer individuellen Interessen wie Fähigkeiten und einen realitätsnahen wie alltagsbezogenen Erfahrungsraum, innerhalb dessen sie durch inszenierte Formate ihre Spiel- und sprachlich-kommunikativen Fähigkeiten ausbauen können. Vor allem bedeutsame Alltagshandlungen sowie Regel- und Rollenspiele müssen aufgrund ihrer ständig wiederkehrenden Struktur als hilfreich beim Ausbau von individuellen Fähigkeiten verstanden werden. Es wird deutlich, dass die Erweiterung sprachlich-kommunikativer Kompetenzen zuerst auf interaktionaler Ebene durch den Erwerb von Alltags- und Spielformaten sowie in Form von wachsender Handlungs- und Spielfähigkeit stattfindet, bis anschließend auf Basis dieser Kompetenzen Lernfortschritte in sprachlich-kommunikativen Bereichen resultieren. Aus diesem Grund müssen Kinder mit Unterstützungsbedarf bei interaktionalen Kompetenzerweiterungen innerhalb von Formaten unterstützt werden.

Diese Erkenntnisse anhand der gewonnenen empirischen Daten über Kinder mit Unterstützungsbedarf sind für die zwei, in der Einleitung dieser Arbeit beschriebenen, bildungspolitisch aktuellen Themen der *Diagnose* und *Förderung sprachlich-kommunikativer Fähigkeiten* von großer Relevanz und sollten in beiden Bereichen zu einer inhaltlichen Weiterentwicklung des Status quo genutzt werden. Denn obwohl Kinder mit Unterstützungsbedarf in beiden angesprochenen Themengebieten als die Hauptakteure und eigentlichen Profiteure dieser Maßnahmen erachtet werden müssten, werden ihre individuellen Bedürfnisse in aktuellen Umsetzungsmaßnahmen bislang aufgrund fehlender empirischer Erkenntnisse hinsichtlich ihres Lern- und Entwicklungsprozesses zu wenig berücksichtigt. Diesem Missstand entgegnend sollten die im Rahmen dieser Arbeit dargestellten Erkenntnisse dazu beitragen, dass die Perspektive der Kinder mit Unterstützungsbedarf in aktuellen Überlegungen verstärkt beachtet wird und diese bewusst in das Zentrum der Diskussionen gerückt werden. Lediglich auf diese Weise können Kinder mit Unterstützungsbedarf von den an sie adressierten Maßnahmen profitieren. Hinsichtlich der Diagnose sprachlich-kommunikativer Fähigkeiten, beispielsweise im Zuge der verpflichtenden Sprachstandsdiagnosen der einzelnen Bundesländer, bedeutet dies, dass die im Rahmen dieser Arbeit dargestellten individuellen Fähigkeits- und Schwierigkeitsbereiche der Kinder, z. B. in Form des entwickelten Kriterienkatalogs, vermehrt berücksichtigt und bewusst fokussiert werden müssen. Nur so können wichtige Erkenntnisse über jedes einzelne Kind gewonnen und in den notwendigerweise daran anschließenden Förderkontexten beachtet und angewandt werden. Diese enge Verzahnung von Erhebung, Auswertung und Förderung würde mit Blick auf die Kinder zu einer zieleffizienteren Umsetzung der Maßnahmen beitragen.

Hinsichtlich der Umsetzung der Fördermaßnahmen liefern die Erkenntnisse vorliegender Arbeit die notwendige Begründung, dass eine Förderung sprachlich-kommunikativer Fähigkeiten von Kindern mit Unterstützungsbedarf im Elementarbereich nicht im Sinne einer Defizitorientierung an isolierten Auffälligkeitsbereichen ansetzen darf. Vielmehr muss das Kind, unter Berücksichtigung seiner individuellen Interessen und Stärken im Sinne der ressourcenorientierten Fragen *Was kann das Kind? Was braucht das Kind? Was muss das Kind noch lernen?* mit seiner kompletten Persönlichkeit im Mittelpunkt stehen. Die Unterstützung sprachlich-kommunikativer Fähigkeiten darf nicht als „chirurgischer Eingriff" verstanden werden, der losgelöst von anderen Entwicklungsbereichen stattfindet und dessen Verlauf konkret vorausgesagt werden könnte, sondern das Kind muss in seiner Gesamtheit, mit all seinen Stärken und Schwächen, Vorlieben und Abneigungen, seiner Persönlichkeit, seinem Umfeld und seinen Wahrnehmungen ins Zentrum rücken. Hierzu benötigen Kinder mit Unterstützungsbedarf immer wiederkehrende Interaktionen in Form von Alltags- und Spielformaten, da sie innerhalb dieses Unterstützungsrahmens ihre individuellen sprachlich-kommunikativen Fähigkeiten erweitern und auf lebensweltliche Kontexte transferieren können.

13 Literatur

Aden-Grossmann, W. (2002): Kindergarten. Eine Einführung in seine Entwicklung und Pädagogik. Weinheim und Basel.

Albers, T. (2009): Sprache und Interaktion im Kindergarten. Bad Heilbrunn.

Andresen, H. (2002): Interaktion Sprache & Spiel. Zur Funktion des Rollenspiels für die Sprachentwicklung im Vorschulalter. Tübingen.

Andresen, H. (2005): Vom Sprechen zum Schreiben. Sprachentwicklung zwischen dem vierten und siebten Lebensjahr. Stuttgart.

Andresen, H. (2007): Rollen, Regeln, Rätsel. In: Andresen, H. & Januschek, F. (Hrsg.): SpracheSpielen. Freiburg im Breisgau, S. 27-44.

Apeltauer, E. (2006): Förderprogramme, Modellvorstellungen und empirische Befunde. Zur Wortschatz- und Bedeutungsentwicklung bei türkischen Vorschulkindern. In: Bahr, R. & Iven, C. (Hrsg.): Sprache – Emotion – Bewusstheit. Beiträge zur Sprachtherapie in Schule, Praxis, Klinik. Schulz-Kirchner. Idstein, S. 11-33.

Auernheimer, G. (²2008): Interkulturelle Kompetenz und pädagogische Professionalität. Wiesbaden.

Augst, G./Bauer, A./Stein, A. (1977): Grundwortschatz und Ideolekt. Tübingen.

Baer, U. (2003): Das Spiel des Kindes (2): Spielentwicklung und Spielformen. In: Kindergarten heute 6-7/2003.

Bauer, S. & Endres, R. (1999): Kindliche Sprachverständnisstörungen. Der Umgang im Alltag und in spezifischen Fördersituationen. In: Die Sprachheilarbeit 44, 6, S. 318-328.

Baumgartner, S. (2006): Sprachtherapie und Sprachförderung im Unterricht. Kritische Analyse und Konzeptbildung. In: Die Sprachheilarbeit 51, S. 268-277.

Baumgartner, S. (2008): Kindersprachtherapie. Eine integrative Grundlegung. München, Basel.

Baumgartner, S./Glück, Ch./Reber, K./Schönauer-Schneider, W. (2008): Memorandum zur disziplinären Entwicklung der Sprachheilpädagogik. Erhältlich im Internet unter: http://www.dgs-ev.de/fileadmin/bilder/dgs/pdf-dateien/Memorandum2008.pdf [Stand: 6.7.2010].

Belke, G. (³2003): Mehrsprachigkeit im Deutschunterricht. Sprachspiele. Spracherwerb. Sprachvermittlung. 3. Korrigierte Auflage. Hohengehren.

Bernstein, R. (1959):Soziokulturelle Determinanten des Lernens. In: Heintz, P. (Hrsg.):Soziologie der Schule. In: Kölner Zeitschrift für Soziologie und Sozialpsychologie, Sonderheft 4. Köln und Opladen.

Biermann, I. (2002): Rituale machen Kinder stark. Praxisbuch für den Kindergarten. München.

Bingel, B. & Langlotz, C. (2008): Kinder lieben Rituale: Kinder im Alltag mit Ritualen unterstützen und begleiten. Münster.

Blochmann, E. (⁴1965): Fröbels Theorie des Spiels: Der Ball als erstes Spielzeug des Kindes. Band 1. Weinheim.

Bruner, J. (1975): The ontogenesis of speechacts. In: Journal of Child Language 2, S. 1-19.

Bruner, J. (1979): Von der Kommunikation zur Sprache – Überlegungen aus psychologisher Sicht. In: Martens, K. (Hrsg.): Kindliche Kommunikation. Theoretische Perspektiven, empirische Analysen, methodologische Grundlagen. Frankfurt a.M.

Bruner, J. (1981): Mutter-Sprache. In: Der Sprachheilpädagoge, Heft 1, S. 12-22.

Bruner, J. (²2002): Wie das Kind sprechen lernt. Bern, Stuttgart, Toronto.

Bundschuh, K. (1999): Einführung in die sonderpädagogische Diagnostik. München.

Bundschuh, K. (2007): Förderdiagnostik konkret. Theoretische und praktische Implikationen für die Förderschwerpunkte Lernen, geistige, emotionale und soziale Entwicklung. Bad Heilbrunn.

Bunk, U. (2004): Spiel. Troisdorf.

Burghardt, M. & Brandstetter, R. (2007): Individuelle Lern- und Entwicklungsbegleitung. Sonderpädagogisches Wesensmerkmal und Steuerungsinstrument. In: Festschrift des Verbandes Lernen Fördern zu dessen 30-jährigem Bestehen im Nov. 2007.

Burghardt, M. & Brandstetter, R. (2008): Individuelle Lern- und Entwicklungsbegleitung. Aufgabe und Instrument der Arbeit an Sonderschulen. In: Pädagogische Impulse, Heft 3/2008.

Butzkamm, W. & Butzkamm, J. (1999): Wie Kinder sprechen lernen. Kindliche Entwicklung und die Sprachlichkeit des Menschen. Tübingen und Basel.

Carle, U. /Koeppel, G. /Wenzel, D. (2009): Kooperation im Elementarbereich. Eine gemeinsame Ausbildung für Kindergarten und Grundschule. Hohengehren.

Clahsen, H. (1986): die Profilanalyse. Berlin.

Clark, E. (1985): Konventionalität und Kontrast beim Erwerb des Wortschatzes. In: Seiler, T. & Wannenmacher, W. (Hrsg.): Begriffs- und Wortbedeutungsentwicklung. Berlin. S. 45-65.

Dammer, B. (2008): Sprachförderung im Elementarbereich – Teil 2: Umsetzungsmöglichkeiten für die Praxis. In: KiTa aktuell Baden-Württemberg, S. 64-68.

Dannenbauer, F. (1984): Anmerkungen zu Fragen der Sprachtherapie mit dysgrammatisch sprechenden Kindern. In: In: Füssenich, I/ Gläß, B. (Hrsg.): Dysgrammatismus. Theoretische und praktische Probleme bei der interdisziplinären Beschreibung gestörter Kindersprache. Heidelberg. S. 142-164.

Dannenbauer, F. (1991): Vom Unsinn der Satzmusterübungen in der Dysgrammatismustherapie. In: Die Sprachheilarbeit, 36 (5), S. 202-209.

Dannenbauer, F. (1997): Mentales Lexikon und Wortfindungsprobleme bei Kindern. In: Die Sprachheilarbeit 42, S. 4-21.

Dannenbauer, F. (1998): Inszenierter Spracherwerb bei Dysgrammatismus. Zur Klarstellung des Begriffs. In: Die Sprachheilarbeit 43, S. 278-281.

Dannenbauer, F. ([5]2002): Grammatik. In: Baumgartner, S./ Füssenich, I. (Hrsg.): Sprachtherapie mit Kindern – Grundlagen und Verfahren. 5. Aufl. München, S. 105-161.

DANNENBAUER, F./KÜNZIG, A. (²1997): Aspekte der entwicklungsproximalen Sprachtherapie und des Therapeutenverhaltens bei entwicklungsdysphasischen Kindern. In: Grohnfeldt, M: Handbuch der Sprachtherapie Band 4: Störungen der Grammatik. Berlin.

DBL (Deutscher Bundesverband für Logopädie) **(2008)**: Sprachstandserhebung – Sprachförderung. Dbl – Positionspapier.

DE LANGEN-MÜLLER, U. & MAIHACK, V. (o. J): Sprachentwicklung ist kein Kinderspiel… Sprachförderung oder Sprachtherapie? Welche Hilfe braucht das Kind? Eine Informationsbroschüre des dbs. Moers.

DEHN, M. (2007): Kinder & Lesen und Schreiben. Was Erwachsene wissen sollten. Stuttgart.

DEUTSCHER BILDUNGSRAT (1970): Empfehlungen der Bildungskommission. Strukturplan für das Bildungswesen. Bonn.

DEUTSCHER BILDUNGSRAT (1975a): Gutachten und Studien der Bildungskommission 48/1: Die Eingangsstufe des Primarbereichs, Band 2/1: Spielen und Gestalten. Stuttgart.

DEUTSCHER BILDUNGSRAT (1975b): Gutachten und Studien der Bildungskommission 48/2: Die Eingangsstufe des Primarbereichs, Band 2/2: Soziales Lernen und Sprache. Stuttgart.

DIEHM, I. (1993): Erziehung in der Einwanderungsgesellschaft. Konzeptionelle Überlegungen für die Elementarpädagogik. Frankfurt/M.

DIETZ, S./LISKER, A. (2008): Sprachstandsfeststellung und Sprachförderung im Kindergarten. Expertise im Auftrag des Deutschen Jugendinstituts. München.

DISKOWSKI, D. (2004): Das Ende der Beliebigkeit? Bildungspläne für den Kindergarten. In: Diskowski, D./Hammes-Di Bernardo (Hrsg.): Lernkulturen und Bildungsstandards. Kindergarten und Schule zwischen Vielfalt und Verbindlichkeit. Baltmannsweiler.

DUSOLT, H. (³2008): Elternarbeit als Erziehungspartnerschaft : ein Leitfaden für den Vor- und Grundschulbereich. Weinheim.

ECKERT, A. (2006): Kooperation mit Eltern. In: Hansen, G., Stein, R. (Hrsg.): Kompendium Sonderpädagogik. Bad Heilbrunn, S. 276-290.

Ehlich, K. (2009): Sprachaneignung – Was man weiß, und was man wissen müsste. In: Lengyel, D./Reich, H./Roth, H-J./Döll, M.(Hrsg.): Von der Sprachdiagnose zur Sprachförderung. Münster.

Ehlich, K. & Rehbein, J. (1977): Wissen, kommunikatives Handeln und die Schule. In: Goeppert, H. (Hrsg.): Sprachverhalten im Unterricht: zur Kommunikation von Lehrer und Schüler in der Unterrichtssituation. München. S. 36-114.

Ehlich, K./Van den Bergh, H./Bredel, U./Garme, B./Komor, A./Krumm, H-J./McNamara, T./Reich, H./Schnieders, G./Thije, J. (2007): Anforderungen an Verfahren der regelmäßigen Sprachstandsfeststellung als Grundlage für die frühe und individuelle Förderung von Kindern mit und ohne Migrationshintergrund. Bonn, Berlin.

Ehlich, K./Bredel, U./Reich, H. (2008): Sprachaneignung – Prozesse und Modelle. In: Ehlich, K./Bredel, U./Reich, H. (Hrsg.): Referenzrahmen zur altersspezifischen Sprachaneignung 29/I. Berlin, Bonn.

Einsiedler, W. (^{3}1999): Das Spiel der Kinder. Zur Pädagogik und Psychologie des Kinderspiels. Bad Heilbrunn.

Eisert, D. & Rist, A. (2009): Spiele zur grammatischen Sprachförderung und -therapie: Modifikation von 20 Regelspielen im Sinne der Kontextoptimierung von Hans-Joachim Motsch. München.

El Mogharbel, C & Deutsch, W. (2007): Pragmatik: Sprachentwicklung im Kontext sozialen Handelns. In: Schöler, H./Welling, A (Hrsg.): Sonderpädagogik der Sprache. Band 1, Handbuch Sonderpädagogik. Göttingen. S. 57-66.

El'konin, D. (2010): Psychologie des Spiels. Berlin.

Flitner, A. (2002): Spielen – Lernen. Neuausgabe der 11. Aufl. Weinheim und Basel.

Fried, L. (2004): Expertise zu Sprachstandserhebungen für Kindergartenkinder und Schulanfänger – Eine kritische Betrachtung. München.

FRIED, L. (2009): Sprache – Sprachförderung – Sprachkompetenz. In: Ministerium für Generationen, Familie, Frauen und Integration des Landes Nordrhein-Westfalen: Kinder bilden Sprache – Sprache bildet Kinder. Sprachentwicklung und Sprachförderung in Kindertagesstätten. Düsseldorf.

FRÖBEL, F. (1826): Die Menschenerziehung. In: FRÖBEL, H./PFAEHLER, D. (Hrsg. 1982) Kommt, lasst uns unsern Kindern leben. Bad Neustadt a.d. Saale.

FTHENAKIS, W. (2000): Kommentar: Die (gekonnte) Inszenierung einer Abrechnung – zum Beitrag von Jürgen Zimmer. In: FTHENAKIS, E./TEXTOR, M. (Hrsg.): Pädagogische Ansätze im Kindergarten. Weinheim und Basel.

FTHENAKIS, W. (^{3}2003): Elementarpädagogik nach PISA. Wie aus Kindertagesstätten Bildungseinrichtungen werden können. Freiburg im Breisgau.

FUCHS, A. (2003): Förderung von Kindern mit spezifischer Sprachentwicklungsstörung durch dialogisches Bilderbuchlesen. In: L.O.G.O.S. interdisziplinär, 11, 4, S. 273-285.

FUCHS, A. (2006): Möglichkeiten der Sprachförderung durch dialogisches Bilderbuchlesen am Beispiel der Spezifischen Sprachentwicklungsstörung. In: BAHR, R./IVEN, C. (Hrsg.): Sprache – Emotion – Bewusstheit. Beiträge zur Sprachtherapie in Schule, Praxis, Klinik. Idstein, S. 227-237.

FÜSSENICH, I. (1986): Test und Spontansprache – „So, guck, jetzt spielen wir mal damit, und ich sage Dir, was Du machen sollst“ In: Der Sprachheilpädagoge, Heft 4/1986, S. 1-21.

FÜSSENICH, I. (1987): Gestörte Kindersprache aus interaktionistischer Sicht. Fragestellungen, methodologische Überlegungen und pädagogische Konsequenzen. Heidelberg.

FÜSSENICH, I. (1987): Zur Diagnose und Therapie semantischer Fähigkeiten sprachentwicklungsgestörter Kinder. In: Deutsche Gesellschaft für Sprachheilpädagogik, Landesgruppe Rheinland (Hrsg.): Spracherwerb und Spracherwerbsstörungen. Hamburg, S. 113-124.

FÜSSENICH, I. (1996): Wissenschaftstheoretische Überlegungen zu Untersuchungen über gestörte Kindersprache. In: EHLICH, K. (Hrsg.): Kindliche Sprachentwicklung. Konzepte und Empirie. Opladen.

FÜSSENICH, I. (⁵2002): Semantik. In: BAUMGARTNER, S./ FÜSSENICH, I. (Hrsg.): Sprachtherapie mit Kindern – Grundlagen und Verfahren. 5. Aufl. München, S. 63-103.

FÜSSENICH, I. (2003): Pädagogische Förderung bei Beeinträchtigungen der sprachlichen Kommunikation. In: LEONHARDT, A./WEMBER, F. (Hrsg.): Grundfragen der Sonderpädagogik, Weinheim, S. 421-441.

FÜSSENICH, I. (²2006): Schreibschwierigkeiten. In: BRENDEL, U./GÜNTHER, H./KLOTZ, P./OSSNER, J./SIEBERT-OTT, G. (Hrsg.):Didaktik der deutschen Sprache – ein Handbuch. Band 1. Paderborn. S. 261-270.

FÜSSENICH, I. (2008a): Sind Schwierigkeiten beim Spracherwerb immer hörbar? Im Dialog mit mehr- und einsprachigen Kindern. In: KiTa aktuell Baden-Württemberg, Heft 10, S. 192-195.

FÜSSENICH, I. (2008b): „Sprecht zu Hause Deutsch!“. Kinder und ihre Sprachen. In: Grundschule 9/2008, S. 46-47.

FÜSSENICH, I. (2009a): Sprache/n lernen. Sprachen im Kindergarten und in der Schule. In: Grundschule, Heft 4/2009, S. 6-9.

FÜSSENICH, I. (2009b):. Wissenschaftliche Begleitung zur Implementierung des Orientierungsplans für Bildung und Erziehung für die baden-württembergischen Kindergärten. Teilprojekt „Frühförderung“.

FÜSSENICH, I. (2010a): Den Sprachstand testen – aber wie? Ein Leitfaden kindlicher Sprachaneignung. In: Deutsch Differenziert, Heft 2/2010, S. 15-17.

FÜSSENICH, I. (2010b): „We all spielen da out da!“ Sprachstandsmessung und Frühförderung: belastend oder chancenreich? In: Grundschule 2010, Heft 10; S. 34ff.

FÜSSENICH, I (2011): Beeinträchtigung der Sprach- und Sprechaktivität: Entwicklungsbedingte Sprachstörungen. In: BRAUN, O./ LÜDTKE, U. (Hrsg.): Sprache und Kommunikation (erscheint 2011).

FÜSSENICH, I./HEIDTMANN, H. (1984): Probleme bei der Diagnose dysgrammatisch sprechender Kinder. In: Füssenich, I/ Gläß, B. (Hrsg.): Dysgrammatismus. Theoretische und praktische Probleme bei der interdisziplinären Beschreibung gestörter Kindersprache. 3. Aufl., Heidelberg.

FÜSSENICH, I. & HEIDTMANN, H. (1995): Formate und Korrekturen als zentrale Elemente in der Sprachtherapie: Das Beispiel Mirco. In: WAGNER, K. (Hrsg.): Sprechhandlungserwerb. Essen, S. 102-122.

FÜSSENICH, I. & GEISEL, C. (2008): Literacy im Kindergarten. Vom Sprechen zur Schrift. München.

FÜSSENICH, I./MERKEL-WÖRNER, O./KENSY, A. (2009): Elternhandzettel „Mein Kind kommt in die Schule. Wie kann ich mein Kind sprachlich fördern?“. In: Grundschule 2009, Heft 4, S. 11.

GARVEY, C. (1978): Spielen. Das Kind und seine Entwicklung. Herausgegeben von Jerome Bruner, Michael Cole und Barbara Lloyd. Stuttgart.

GLÄß, B. (1982): Der Heidelberger Sprachentwicklungstest (H-S-E-T). Bemerkungen zu einem linguistisch fundierten Sprachentwicklungstest. In: Osnabrücker Beiträge zur Sprachtheorie (OBST). Band 19, S.101-129.

GLÜCK, CH. (1998): Kindliche Wortfindungsstörungen: ein Bericht des aktuellen Erkenntnisstandes zu Grundlagen, Diagnostik und Therapie. Frankfurt a.M.

GLÜCK, CH. (2007): Pragmatische Störungen bei Kindern und Jugendlichen. In: SCHÖLER, H./ WELLING, A. (Hrsg.): Sonderpädagogik der Sprache. Band 1, Handbuch Sonderpädagogik. Göttingen. S. 247-258.

GOLLWITZ, G. (1998): Mit Ritualen im Alltag Sprache fördern. Ein Praxisbuch zur Förderung der Aussprache, der Grammatik und des Redeflusses. Bad Abbach.

GRIFFIN, H. (1984): The coordination of meaning in the creation of a shared make-believe reality. In: Bretherton, I. (Hrsg.): Symbolic Play. London, S. 73-100.

GROHNFELDT, M. (2007): Sprachtherapie. In: GROHNFELDT, M. (Hrsg.): Lexikon der Sprachtherapie. Stuttgart. S. 312-314.

GROHNFELDT, M. (2009): Sprachheilpädagogik und Akademische Sprachtherapie als kooperierende Fachdisziplinen?! München.

GROOT-WILKEN, B./ KASERIC, T. (2009): Sprechanlass Alltag. Kindorientierte Angebote und Projektarbeit zur Sprachförderung in Kindertageseinrichtungen. Berlin, Düsseldorf, Mannheim.

GROSSMANN, K./ GROSSMANN, K.-E./KEPPLER, A./LIEGEL, M./SCHIEFENHÖVEL, W. (2003): Der förderliche Einfluss psychischer Sicherheit auf das spielerische Explorieren kleiner Trobriand-Kinder. In: PAPOUSĚK, M./ VON GONTARD, A. (Hrsg.): Spiel und Kreativität in der frühen Kindheit. Stuttgart. S. 112-137.

GRÖTZBACH, H. & IVEN, C. (2009): Einführung in die ICF. In: GRÖTZBACH, H. /IVEN, C. (Hrsg.): ICF in der Sprachtherapie. Umsetzung und Anwendung in der logopädischen Praxis. Idstein.

GUDJONS, H. (82003): Pädagogisches Grundwissen. Bad Heilbrunn/ Obb.

HACKER, D. & WILGERMEIN, H. (1999): AVAK-Test. Analyseverfahren zu Aussprachestörungen bei Kindern. München, Basel.

HACKER, D. (52002): Phonologie. In: BAUMGARTNER, S./ FÜSSENICH, I. (Hrsg.): Sprachtherapie mit Kindern – Grundlagen und Verfahren. 5. Aufl. München, S. 13-62.

HEIDTMANN, H. (21982): Der Heidelberger Sprachentwicklungstest. In Sonderpädagogik Heft 13. S. 34-39.

HEIDTMANN, H. (21990):Neue Wege der Sprachdiagnostik : Analyse freier Sprachproben. Berlin.

HEIDTMANN, H. (2010): Sprache ist mehr als Sprechen. Pragmatische Fähigkeiten von Kindern im Schulalltag beobachten. In: Deutsch Differenziert, Heft 2/2010, S. 18-21.

HEIMLICH, U. (1993): Einführung in die Spielpädagogik. Eine Orientierungshilfe für sozial-, schul- und heilpädagogische Arbeitsfelder. Bad Heilbrunn.

HEIMLICH, U. (22001): Einführung in die Spielpädagogik. Eine Orientierungshilfe für sozial-, schul- und heilpädagogische Arbeitsfelder. 2., überarbeitete und erweiterte Auflage, Bad Heilbrunn.

HELLRUNG, U. (2006): Sprachentwicklung und Sprachförderung. Beobachten – verstehen – handeln. 1. Auflage der vollständig überarbeiteten Neuauflage. Freiburg im Breisgau.

HENNE, H./REHBOCK, H. (21982): Einführung in die Gesprächsanalyse. Berlin.

Hetzel, M. (2008): Unterstützung beim Bedeutungserwerb im Elementarbereich: dargestellt am Beispiel eines Jungen mit Migrationshintergrund. Wissenschaftliche Hausarbeit, Pädagogische Hochschule Ludwigsburg, Reutlingen.

Hoffmann, N./Polotzek, S./Roos, J./Schöler, H. (2008): Sprachförderung im Vorschulalter – Evaluation dreier Sprachförderkonzepte. In: Diskurs Kindheits- und Jugendforschung, Heft 3/2008, S. 291-300.

Hoffschildt, Ch. (2008): Diagnostik und Beobachtung der Sprache. In: Bunse, S./Hoffschildt, Ch (Hrsg.): Sprachentwicklung und Sprachförderung im Elementarbereich. München. S. 123-152.

Höhn, K. (2009): Die Neukonzeption der Einschulungsuntersuchung- ein Konzept zwischen Anspruch und Wirklichkeit? Anmerkungen und Gedanken aus Trägersicht. In: KiTa BW Heft 4. S. 76-79.

Holtz, A. (^{3}2007): Die Wahrnehmung der Sprache. In: Handbuch Sprachförderung. 3. Überarbeitete und erweiterte Auflage. Weinheim und Basel.

Holzmann, Carolin (2008): Förderung phonologischer Fähigkeiten – Möglichkeiten und Grenzen eines entwicklungsproximalen Vorgehens. Wissenschaftliche Hausarbeit, Pädagogische Hochschule Ludwigsburg, Reutlingen.

Huizinga, J. (1956): Homo Ludens. Vom Ursprung der Kultur im Spiel. Reinbek bei Hamburg.

Huneke, H.-W. (2009): Sprache. Bildung. Pläne. Überblick über die Bildungs- und Erziehungspläne im Bereich Sprache. In: In. Grundschule, Heft 4, S. 12-15.

Husen, C. (2007): Förderdiagnostische Beobachtungen zu Fähigkeiten und Schwierigkeiten beim weiterführenden Schreibenlernen und -lehren in Grund- und Sonderschulen. Reutlingen.

Iven, C. (2007): Sprachförderung contra Sprachtherapie. Die Sprachheilarbeit, Heft 2, S. 46-47.

Jampert, K. (2002): Schlüsselsituation Sprache. Spracherwerb im Kindergarten unter besonderer Berücksichtigung des Spracherwerbs bei mehrsprachigen Kindern. Opladen.

JAMPERT, K./BEST, P./GUADATIELLO, A./HOLLER, D./ZEHNBAUER, A. (2005): Schlüsselkompetenz Sprache. Sprachliche Bildung und Förderung im Kindergarten. Konzepte, Projekte, Maßnahmen. 2. erw. Auflage, Weimar.

JAMPERT, K./LEUCKFELD, K/ZEHNBAUER, A/ BEST, P. (2006): Sprachliche Förderung in der Kita. Wie viel Sprache steckt in Musik, Bewegung, Naturwissenschaft und Medien? Weimar, Berlin.

JAMPERT, K./BEST, P./GUADATIELLO, A./HOLLER, D./ZEHNBAUER, A. (2007): Schlüsselkompetenz Sprache. Sprachliche Bildung und Förderung im Kindergarten. Konzepte, Projekte, Maßnahmen. 2. erw. Auflage, Weimar.

JEUK, S. (2003): Erste Schritte in der Zweitsprache Deutsch. Eine empirische Untersuchung zum Zweitspracherwerb türkischer Migrantenkinder in Kindertageseinrichtungen. Freiburg.

JEUK, S. (2009): Sprachstandserhebung bei mehrsprachigen Kindern. In: KELLE, H. (Hrsg.): Kulturen der Entwicklungsdiagnostik. In: ZSE (Zeitschrift für Soziologie der Erziehung und Sozialisation), S. 141-156.

KALTENBACHER, E./ KLAGES, H. (2006): Sprachprofil und Sprachförderung bei Vorschulkindern mit Migrationshintergrund. In: AHRENHOLZ, B. (Hrsg.): Kinder mit Migrationshintergrund. Spracherwerb und Fördermöglichkeiten. Freiburg. S. 80-97.

KALTENBACHER, E./STUTTERHEIM, C (2009): Stellungnahme zur *EVAS*-Studie. Erhältlich im Internet unter: http://www.deutsch-für-den-schulstart.de/upload /stellungnahme1.pdf [Stand: 11.05.2010].

KAMMERMEYER, G./ROUX, S./SCHNEIDER, L./STUCK, A. (2010): Was wirkt wie? Evaluation von Sprachfördermaßnahmen. 1. Zwischenbericht März 2010. Erhältlich im Internet unter: http://kita.bildung-rp.de/fileadmin/downloads/ PDF_s/Zwischenbericht__Sprachfoerdermassnahmen__Maerz_2010.pdf [Stand: 11.11.2010].

KANY, W. (2007): Spezifische Förderprogramme bei Sprach-, Sprech- und Stimmstörungen. In: SCHÖLER, H./ WELLING, A. (Hrsg.): Sonderpädagogik der Sprache. Band 1, Handbuch Sonderpädagogik. Göttingen. S. 767-814.

KANY, W./SCHÖLER, H. (2007): Fokus: Sprachdiagnostik. Leitfaden zur Sprachbestimmung im Kindergarten. Berlin, Düsseldorf, Mannheim.

KATZ-BERNSTEIN, N: (1998): Die Bedeutung von Kommunikation und Sprache für die Sozialisationsprozesse im Vorschulalter. In: ZOLLINGER, B. (Hrsg.): Kinder im Vorschulalter. Erkenntnisse, Beobachtungen und Ideen zur Welt der Drei- bis Siebenjährigen. Bern; Stuttgart; Wien. S. 195-226.

KAUSCHKE, C. /SIEGMÜLLER, J. (2005): Prävention – Förderung – Intervention: Ein Plädoyer für die störungsspezifische Einzeltherapie aus der Sicht des patholinguistischen Ansatzes. In: Die Sprachheilarbeit 6, S. 286-292.

KAUSCHKE, C/ ROTHWEILER, M (2007): Lexikalisch-semantische Entwicklungsstörungen. In: SCHÖLER, H./ WELLING, A. (Hrsg.): Sonderpädagogik der Sprache. Band 1, Handbuch Sonderpädagogik. Göttingen. S. 239-245.

KIEFERLE, CH. (2008): Sprachstandsmessung(en) – ein ordnender Blick auf vielfältige Realitäten. In: KiTa Baden-Württemberg, Heft 1/2008.

KLANN-DELIUS, G. (^{2}2008): Spracherwerb. Stuttgart.

KLEIN, J. (2009): ESU – Die neue Einschulungsuntersuchung. Im Internet erhältlich unter: http://www.vbe-bw.de/wDeutsch/Download/ESU.pdf [Stand. 17.09.2010].

KLEINERT-MOLITOR, B. (^{2}1996): Das Spielgeschehen als Sprachlernort. Psychomotorisch orientierte Sprachentwicklungsförderung. In: GROHNFELDT, M (Hrsg.): Handbuch der Sprachtherapie Band 1: Grundlagen der Sprachtherapie. Berlin.

KNAPP, W. (2009): Sprachförderung und ihre wissenschaftliche Erforschung. In. NAUWERCK, P. (Hrsg.): Kultur der Mehrsprachigkeit in Schule und Kindergarten: Festschrift für Ingelore Oomen-Welke. Freiburg im Breisgau. S. 75-95.

KNAPP, W./KUCHARZ, D./GASTEIGER-KLICPERA, B. (2010a): Sprache fördern im Kindergarten. Umsetzung wissenschaftlicher Erkenntnisse in die Praxis. Weinheim und Basel.

KNAPP, W./KUCHARZ, D./GASTEIGER-KLICPERA, B. (2010b): Abschlussbericht der Wissenschaftlichen Begleitung des Programms „Sag‘ mal was – Sprachförderung für Vorschulkinder“. Erhältlich im Internet unter: http://www.sagmalwas-bw.de/media/WiBe%201/pdf/PH-Weingarten_Abschlussbericht_2010.pdf [Stand: 28.5.2010].

KOLONKO, B. (1998): „Wie heißt das noch mal?" In: Logos interdisziplinär. Jg. 6 Ausg. 4, S. 252-263.

KOLONKO, B. (²2001): Spracherwerb im Kindergarten. Grundlagen für die sprachpädagogische Arbeit von Erzieherinnen. Herbolzheim.

KÖLSCH-BUNZEN, N./ MIEDANER, LORE (2007): Was sollte am Orientierungsplan verändert werden? In: KiTa BW 10/2007.

KRACHT, A. (2001): Mehrsprachigkeit und Sprachentwicklung. In: Logos Interdisziplinär, Jg. 9 Ausg. 4, S. 252-263.

KRAMER, J./ TRAPPE, K. (2006): Sprachtherapie- gewusst wie! In: BAHR, R. & IVEN, C. (Hrsg.): Sprache – Emotion – Bewusstheit. Beiträge zur Sprachtherapie in Schule, Praxis, Klinik. Schulz- Kirchner Idstein, S. 213-219.

KRAPPMANN, L. (1975): Kommunikation und Interaktion im Spiel. In: Deutscher Bildungsrat, Gutachten und Studien der Bildungskommission 48/1: Die Eingangsstufe des Primarbereichs, Band 2/1: Spielen und Gestalten. S. 45-75. Stuttgart.

KRAPPMANN, L. (1983): Sozialisation durch Symbol- und Regelspiele. In: GRUPPE, O./GABLER, H./GÖHNER, U. (Hrsg.): Spiel – Spiele – Spielen. Schorndorf. S. 106-121.

KREPPEL, N. (2006): Auffälligkeiten im Spracherwerb bilingualer Kinder. Theoretische Grundlagen zur Diagnose und Therapie. Wettenberg.

KÜSPERT, P. & SCHNEIDER, W. (⁶2008): Hören, lauschen, lernen. Sprachspiele für Kinder im Vorschulalter. Würzburger Trainingsprogramm zur Vorbereitung auf den Erwerb der Schriftsprache. Göttingen.

LAEWEN, H-J. (2002): Was Bildung und Erziehung in Kindertageseinrichtungen bedeuten können. In: Laewen, A. (Hrsg.): Künstler, Forscher, Konstrukteure – Werkstattbuch zum Bildungsauftrag von Kindertageseinrichtungen. Berlin.

LEIST- VILLIS, A. (2006): Zweisprachige Entwicklung und Erziehung in gemischtsprachigen Familien. In: BAHR, R. & IVEN, C. (Hrsg.): Sprache – Emotion – Bewusstheit. Beiträge zur Sprachtherapie in Schule, Praxis, Klinik. Schulz-Kirchner Idstein, S. 163-167.

Leist, A. (²2006): Sprachförderung im Elementarbereich. In: Bredel, U./Günther, H./Klotz, P./Ossner, J./Sieber, G. (Hrsg.): Didaktik der deutschen Sprache. Band 2, Paderborn, S. 673-683.

Lengyel, D. (2002): Kindliche Zweisprachigkeit und Sprachbehindertendiagnostik. Eine empirische Untersuchung des Aufgabenfeldes innerhalb der sprachheiltherapeutischen Praxis. Landesarbeitergemeinschaft der kommunalen Migrantenvertretungen NRW. Düsseldorf.

Leu, H./Flämig, K./Frankenstein, Y./Koch, S./Pack, I./Schneider, K./Schweiger, M. (2007): Bildungs- und Lerngeschichten. Bildungsprozesse in früher Kindheit beobachten, dokumentieren und unterstützen. Berlin.

Lisker, A. (2010): Sprachstandsfeststellung und Sprachförderung im Kindergarten und beim Übergang in die Schule. Expertise im Auftrag des Deutschen Jugendinstituts. München.

List, G. (2006): Die Funktionen von Sprache und Spracherwerb für die kognitive und sozial-kommunikative Entwicklung. In: Jampert, K./Leuckfeld, K/Zehnbauer, A/ Best, P (Hrsg.): Sprachliche Förderung in der Kita. Wie viel Sprache steckt in Musik, Bewegung, Naturwissenschaften und Medien? Weimar, Berlin.

List, G. (2009): Expertise zu Qualifikationsanforderungen an frühpädagogische Fachkräfte im Arbeitsfeld Sprachförderung.

Luchtenberg, S. (1995): Interkulturelle Sprachliche Bildung. Zur Bedeutung von Zwei- und Mehrsprachigkeit für Schule und Unterricht. Münster.

Lurija, A. (1986): Sprache und Bewusstheit. 2. durchgearbeitete Aufl. Köln.

Lütke, B (2009): Problemfeld: Wechselpräpositionen. Präpositionen nach den Fragen „Wo?“ und „Wohin?“. In: Deutsch Differenziert, Heft 2/2009, S. 21-29.

Mannhard, A. (2006a): Sprachförderung in Kindertageseinrichtungen. Ein interdisziplinärer Blick auf die Ressourcen und Grenzen. In: L.O.G.O.S. Interdisziplinär 14 Ausg. 4; S. 269-278.

Mannhard, A. (2006b): Sprachförderung im Elementarbereich. In: Bredel, U./Günther, H./Klotz, P./Ossner, J./Sieber, G. (Hrsg.): Didaktik der deutschen Sprache – ein Handbuch. Bd. 2; Paderborn, S. 673-683.

MANNHARD, A. /SCHEIB, K. (²2007): Was Erzieherinnen über Sprachstörungen wissen müssen. Mit Spielen und Tipps für den Kindergarten. München.

MANNHARD, A./ BRAUN, W. (2008): Sprache erleben – Sprache fördern. Praxisbuch für Erzieherinnen. München.

MARTENS, K. (1979): Kindliche Kommunikation. Theoretische Perspektiven, empirische Analysen, methodologische Grundlagen. Frankfurt a. M.

MATTHEWS, W.-S./MATTHEWS, R.-J. (1982): Eliminating operational definitions: A paradigm case approach to the study of fantasy play. In: PEPLER, D.-J/RUBIN, K.-H. (Hrsg.): The play of children. Basel, S. 30-45.

MAYRING, P. (¹⁰2008): Qualitative Inhaltsanalyse: Grundlagen und Techniken. Weinheim; Basel.

MAYRING, P. (⁵2002): Einführung in die qualitative Sozialforschung: eine Anleitung zu qualitativem Denken. Weinheim; Basel.

MEIBAUER, J. & ROTHWEILER, M. (1999): Das Lexikon im Spracherwerb – Ein Überblick. In: MEIBAUER, J. & ROTHWEILER, M. (Hrsg.): Das Lexikon im Spracherwerb. Tübingen.

MENZ, M. (2007): Vernetzung semantischer Fähigkeiten – Förderung der Begriffsbildung im Elementarbereich. Wissenschaftliche Hausarbeit, Pädagogische Hochschule Ludwigsburg, Reutlingen.

MERZ-ATALIK, K. (⁷2009): Kinder nichtdeutscher Muttersprache und Herkunft. Belastung oder Bereicherung für den Gemeinsamen Unterricht? In: EBERWEIN, H./KNAUER, S. (Hrsg.): Handbuch Integrationspädagogik. Hemsbach.

MIETZEL, G.(1995): Wege in die Entwicklungspsychologie. Weinheim.

MINISTERIUM FÜR KULTUS, JUGEND UND SPORT BADEN-WÜRTTEMBERG (2006): Orientierungsplan für Bildung und Erziehung für die baden-württembergischen Kindergärten. Pilotphase. Weinheim und Basel.

MINISTERIUM FÜR KULTUS, JUGEND UND SPORT BADEN-WÜRTTEMBERG (2009): Orientierungsplan für Bildung und Erziehung für die baden-württembergischen Kindergärten. Vorläufige Endfassung. Weinheim und Basel.

MONTADA, L./ OERTER, R. (⁵2002): Entwicklungspsychologie. Weinheim, Basel, Berlin.

MOTSCH, H-J. (2003): PC-Games und TV – Babysitter spracherwerbsgestörter Kinder? In: Vierteljahresschrift für Heilpädagogik u.i.N. (VHN) 72 (2003) 2, 115-129.

MOTSCH, H-J. (2008): Deprofessionalisierung der (Sprach-)Heilpädagogik – internationalisiert, inkompetent, wegrationalisiert. In: Vierteljahresschrift für Heilpädagogik und ihre Nachbargebiete. (VHN) 77. S. 4-10.

MOTSCH, H.-J. & BERG, M. (³2010): Kontextoptimierung: evidenzbasierte Intervention bei grammatischen Störungen in Therapie und Unterricht. München.

NIEMANN-STAHL, U. (2009): Komm her, freu dich mit uns. Rituale und Feiern in Kindertagesstätten. Ostfildern.

OECD (2005): Definition und Auswahl von Schlüsselkompetenzen. Zusammenfassung.

ORTHMANN, W. (1982): Geschichte der Sprachbehindertenpädagogik. In: KNURA, G./NEUMANN, B. (Hrsg.): Pädagogik der Sprachbehinderten. Handbuch der Sonderpädagogik Band 7. Berlin. S. 67-91.

OSBURG, C. (1997): Gesprochene und geschriebene Sprache. Aussprachestörungen und Schriftspracherwerb. Baltmannsweiler.

PAPOUŠEK, H. (2003): Spiel in der Wiege der Menschheit. In: PAPOUŠEK, M./ VON GONTARD, A.(Hrsg.): Spiel und Kreativität in der frühen Kindheit. Stuttgart. S. 17-55.

PAPOUŠEK, M. (1994): Vom ersten Schrei zum ersten Wort. Anfänge der Sprachentwicklung in der vorsprachlichen Kommunikation.

PENNER, Z. (2003): Neue Wege der sprachlichen Frühförderung von Migrantenkindern. Forschung für die Praxis. Berg.

PENNER, Z. (2005): Auf dem Weg zur Sprachkompetenz. Neue Perspektiven der sprachlichen Frühförderung bei Migrantenkindern. Ein Arbeitsbuch. Frauenfeld.

PETERANDER, F. (²2004): Neue Technologien und Qualitätsentwicklung in sozialen Einrichtungen. In: PETERANDER, F./ARNOLD, R. (Hrsg.): Qualitätsmanagement in sozialen Einrichtungen. München. S. 311-325.

PIAGET, J (⁵2003b): Nachahmung, Spiel und Traum. (Original 1959). Stuttgart

PIAGET, J. (1983): Meine Theorie der geistigen Entwicklung. (Original 1932). Frankfurt/M.

PIAGET, J. (²1974): Urteil und Denkprozeß des Kindes. [Nach der 6. Aufl. 1967 übersetzt von Herbert Christ]. Düsseldorf.

PIAGET, J. (2003a): Meine Theorie der geistigen Entwicklung. (Original 1970). Weinheim.

POLOTZEK, S./ ROOS, J./ SCHÖLER, H. (2010): EVAS – Evaluationsstudie zur Sprachförderung von Vorschulkindern. Wissenschaftliche Begleitung der Sprachfördermaßnahmen im Programm „Sag' mal was – Sprachförderung für Vorschulkinder". Abschlussbericht. Heidelberg. Erhältlich im Internet unter: http://www.sagmalwas-bw.de/media/WiBe%201/pdf/ EVAS_Abschlussbericht_Januar_2010.pdf [Stand: 25.5.2010].

PRENGEL, A. (³2006): Pädagogik der Vielfalt. Verschiedenheit und Gleichberechtigung in interkultureller, feministischer und integrativer Pädagogik. Wiesbaden.

PUHAN-SCHULZ, B. (1984): „Gib mir mal'n Ekmek!" In: AKPINAR, Ü./ ZIMMER, J. (Hrsg.): Von wo kommst'n du? München, S. 51-170.

REICHE, S. (2003): Der Kindergarten als Teil des Bildungswesens. In: HAMMES-DI BERNARDO, E.; OBERHUEMER, P. (Hrsg.): Startchance Sprache. Baltmannsweiler.

REIMANN, B. (1996): Die frühe Kindersprache. Berlin.

Richtlinien des Gemeinsamen Bundesausschusses über die Verordnung von Heilmitteln in der vertragsärztlichen Versorgung (2003, zuletzt geändert 2004).

RITTERFELD, U. (2007): Elternpartizipation: In: SCHÖLER, H./ WELLING, A. (Hrsg.): Sonderpädagogik der Sprache. Band 1, Handbuch Sonderpädagogik. Göttingen. S. 922-949.

RÖBE, E. (2004): Übergänge von der ‚situativen' zur bildungsorientierten Kindergartenarbeit. In: DENNER, L./ SCHUMACHER, E. (Hrsg.): Übergänge im Elementarbereich und Primarbereich reflektieren und gestalten. Beiträge zu einer grundlegenden Bildung. Kempten. S. 208-228.

ROCHE, J. (2001): Interkulturelle Sprachdidaktik. Eine Einführung. Tübingen.

RODRIAN, B. (2008): Sprachförderung im familiären Alltag – ein Konzept aus Gruppenarbeit und Einzelarbeit. Berlin.

RODRIAN, B. (2009): Elterntraining Sprachförderung. Handreichung für Lehrer, Erzieher und Sprachtherapeuten. München.

ROGGE, K.-E. (2009): Stellungnahme zur Methodik der Studie: „Evaluationsstudie zur Sprachförderung von Vorschulkindern (EVAS)". Im Internet erhältlich unter: http://www.deutsch-für-den-schulstart.de/upload/stellungnahme2.pdf [Stand: 11.05.2010].

ROTHWEILER, M. (2001): Wortschatz und Störung des lexikalischen Erwerbs bei spezifisch sprachentwicklungsgestörten Kindern. Heidelberg.

ROUX, S (2002) :PISA und die Folgen: Der Kindergarten zwischen Bildungskatastrophe und Bildungseuphorie. In: Kindergartenpädagogik – Online-Handbuch. Im Internet erhältlich unter: http://www.kindergartenpaedagogik.de/967.html [Stand: 31.05.2010].

RUBIN, K. (2001): The play observation Scale. University of Maryland.

SALLABA, P. (2008): Von der Ausländerpädagogik zur Diversität: Der Blickwinkel Diversität als Herausforderung für die Offene Kinder- und Jugendarbeit. Saarbrücken.

SÄNGER, ANNE-KATHRIN (2009): Therapie kindlicher Aussprachestörungen anhand von Spielformaten und -materialien. Wissenschaftliche Hausarbeit, Pädagogische Hochschule Ludwigsburg, Reutlingen.

SCHEUERL, H. (^{10}1975): Theorien des Spiels. Weinheim und Basel.

SCHIEFELE, CH. (2008): Förderung von Alltags- und Spielformaten am Beispiel eines einsprachigen Kindes zu Beginn des Kindergartenalters. Wissenschaftliche Hausarbeit, Pädagogische Hochschule Ludwigsburg, Reutlingen.

SCHIEFELE, CH. (2010): Diagnose und dann? Wie sinnvoll sind die Sprachstandsfeststellungen vor der Einschulung? In. Grundschule, Heft 1. S.43.

SCHLÖSSER, E. (2001): Wir verstehen uns gut. Spielerisch Deutsch lernen. Methoden und Bausteine zur Sprachförderung für deutsche und zugewanderte Kinder als Integrationsbeitrag in Kindergarten und Grundschule. Münster.

SCHÖLER, H./DALBERT, C./SCHÄLE, H. (^{2}1997): Neuere Forschungsergebnisse zum kindlichen Dysgrammatismus. In: GROHNFELDT, M. (Hrsg.): Handbuch der Sprachtherapie Band 4: Störungen der Grammatik. Berlin.

SCHOLZ, H.-J. (1981): Zum Grammatikbegriff im Konzept des Entwicklungsdysgrammatismus. In: Der Sprachheilpädagoge 13/1981. S. 34-44.

SCHULZE, A. (1960): Gedanken und Hinweise zu den Grundlagen und Methoden der fach-pädagogischen Betreuung sprachgestörter Kinder. In: Die Sprachheilarbeit 5, S. 249-262.

SIEGERT, C. (2009): Förderdiagnostisches Vorgehen und Möglichkeiten der Sprachförderung im Elementarbereich. Wissenschaftliche Hausarbeit, Pädagogische Hochschule Ludwigsburg, Reutlingen.

SOZIALGESETZBUCH FÜNFTES BUCH (2004): §92 Richtlinien der Bundesausschüsse.

SPANIER, R. (2004): Sprache fördern: ja – aber wie? In: Theorie und Praxis der Sozialpädagogik – evangelische Zeitschrift für die Arbeit mit Kindern, 4, S. 8-11.

STOLTENBERG, U. (2008): Bildungspläne im Elementarbereich – ein Beitrag zur Bildung für eine nachhaltige Entwicklung? Eine Untersuchung im Auftrag der AG Elementarpädagogik des Deutschen Nationalkomitees für die UN-Dekade „Bildung für nachhaltige Entwicklung“. Hamburg/ Lüneburg.

STRANZ, G. (2010): Delfin 4 ein ungeeignetes Verfahren. Die Diskussion um den Sprachtest geht weiter. In: Kindergarten heute, Heft 5, S.16.

SUCHODOLETZ, W. V. (2008): Sprech- und Sprachstörungen. In: PETERMANN, F. (Hrsg.):Lehrbuch der klinischen Kinderpsychologie (6., vollst. überarb. Aufl.), Göttingen. S. 223-237.

SZAGUN, G. (^{6}1996): Sprachentwicklung beim Kind. 6., vollständig überarbeitete Aufl.; Weinheim.

SZAGUN, G. (2007): Grammatikentwicklung. In: Schöler, H./ Welling, A: Sonderpädagogik der Sprache. Band 1, Handbuch Sonderpädagogik. Göttingen. S. 29-41.

SZAGUN, G. (^{2}2008): Sprachentwicklung beim Kind. Ein Lehrbuch. 2. Auflage, vollständig überarbeitete Neuausgabe. Weinheim, Basel.

TEXTOR, M. (2000): Lew Vygotski. In: Fthenakis, W. /Textor, M. (Hrsg.): Pädagogische Ansätze im Kindergarten. Weinheim und Basel, S. 71-83.

TEXTOR, M. (2007): Rettet das Freispiel! Plädoyer gegen die Verschulung des Kindergartens. In: Kindergartenpädagogik – Online Handbuch. Im Internet erhältlich unter: http://www.kindergartenpaedagogik.de/1681.html [Stand: 13.09.2010].

TIFFERT, M. (2008): Sprachförderung im Elementarbereich unter Berücksichtigung des Orientierungsplans am Beispiel eines mehrsprachigen Kindes. Wissenschaftliche Hausarbeit, Pädagogische Hochschule Ludwigsburg, Reutlingen.

TOMASELLO, M. (2006): Die kulturelle Entwicklung des menschlichen Denkens. Frankfurt am Main.

TRACY, R. (2000): Sprache und Sprachentwicklung: Was wird erworben? In: GRIMM, H. (Hrsg.): Enzyklopädie der Psychologie, CIII, Band 3, Sprachentwicklung. Göttingen.

TRACY, R. (2007a): Einführung zum Kongress von Prof. Rosemarie Tracy. In: Landesstiftung Baden-Württemberg: Frühe Mehrsprachigkeit: Mythen – Risiken – Chancen. Im Internet erhältlich unter: http://www.bwstiftung.de/uploads/tx_ffbwspub/fruehe_mehrsprachigkeit.pdf [Stand: 09.06.2010].

TRACY, R. (2007b): Wie Kinder Sprachen lernen. Und wie wir sie dabei unterstützen können. Tübingen.

TRIARCHI-HERRMANN, V. (2003): Mehrsprachige Erziehung. Wie Sie Ihr Kind fördern. München/Basel.

ULICH, M. (2003): Literacy und sprachliche Bildung im Elementarbereich. In: WEBER, S. (Hrsg.): Die Bildungsbereiche im Kindergarten. Basiswissen für Ausbildung & Praxis. Freiburg, S. 106-124.

VALTIN, R. (1975): Analyse von Sprachförderungsprogrammen im Bereich der Eingangsstufe. In: DEUTSCHER BILDUNGSRAT, Gutachten und Studien der Bildungskommission 48/2: Die Eingangsstufe des Primarbereichs, Band 2/2: Soziales Lernen und Sprache. S. 71-95. Stuttgart.

VANDENBERG, B. (1982): Play: A concept in need of a definition? In: Pepler, D.-J/Rubin, K.-H. (Hrsg.): The play of children. Basel, S. 15-20.

VERBAND DER ARBEITSGEMEINSCHAFTEN NACH DEM DENKENDORFER MODELL (2010): Sprachhilfe nach dem Denkendorfer Modell. Nürtingen.

VON KNEBEL, U. (1999): Kindliche Aussprachestörung als Konstrukt. Eine historische Analyse mit pädagogischer Perspektive. Münster.

WAGNER, K. (1986): Erzähl-Erwerb und Erzählungs-Typen. In: Wirkendes Wort 2, S. 142-156.

WEBER, A. (2009): „Sag' mal was" und „LiSe-DaZ" – Aktivitäten der Landesstiftung Baden-Württemberg zur Sprachförderung und Sprachdiagnose. In: LENGYEL, D./REICH, H./ROTH, H-J./DÖLL, M. (Hrsg.): Von der Sprachdiagnose zur Sprachförderung. Münster.

WEINRICH, M. /ZEHNER, H. (2003): Phonetische und phonologische Störungen bei Kindern : Dyslalietherapie in Bewegung. Berlin.

WEISGERBER, B. (1994): Muttersprachliches Lernen und die Begegnung mit Sprachen. Wechselwirkungen und Hoffnungen. In: Landesinstitut für Schule und Weiterbildung (Hrsg.): Begegnung mit Sprachen in der Grundschule. Soest. S. 80-107.

WEISSER, K. (2007): „Seit wir im Zoo waren – weiß ich das!" Sprachförderung in einem Regelkindergarten am Beispiel eines Mädchens mit phonologischen Störungen. Wissenschaftliche Hausarbeit, Pädagogische Hochschule Ludwigsburg, Reutlingen.

WIFF (2011): Sprachliche Bildung – Grundlagen für die kompetenzorientierte Weiterbildung. München.

WINNER, A. (1996): Stichwort Sprachförderung. Als Erzieherin ununterbrochen reden? Mit dem Kind sprachliche Formen üben? Dauernd Bilderbücher anschauen? Nein! Zuhören! Klein & Groß, Heft 2, S. 18-19.

WINNER, A. (2008): Was fördert Sprachförderung? In: KiTa BW Heft 1. S. 7-10.

WURST, F. (1973): Sprachentwicklungsstörungen und ihre Behandlung. Wien.

VYGOTSKI, L (1978): Mind in society: The development of higher psychological processes. Cambridge.

VYGOTSKI, L. (1987): Ausgewählte Schriften. Band 2: Arbeiten zur psychischen Entwicklung der Persönlichkeit. Köln: Pahl-Rugenstein.

VYGOTSKI, L. (2002): Denken und Sprechen. (Original 1934), Weinheim.

ZIMMER, D. ([4]2004): Deutsch anders – Die Sprache im Modernisierungsfieber. Reinbek, S. 215-225.

ZOLLINGER, B. (1999): Die Entdeckung der Sprache, 4. Aufl., Bern.

ZULLIGER, H. (1963): Heilende Kräfte im kindlichen Spiel. Zürich.

Im Internet:

Homepage des Deutschen Bildungsservers: http://www.bildungsserver.de/zeigen.html?seite=2027 [Stand: 02.06.2010].

Standards zur individuellen Eingewöhnung von Kindern in Tageseinrichtungen der Stadt Reutlingen (2006): erhältlich unter: http://www.reutlingen.de/ceasy/modules/ebs/main.php5?view=publish&item=brochure&id=2 [Stand: 04.09.2010].

14 Anhang

Anhang I: Transkription Beispiel Alltagsformat

C.: Hallo Nico.
N.: Hallo Chrifbo *(umarmt C., nimmt ihn an der Hand u begleitet ihn zur*

C.: Mensch Nico, deine Haare sind ja immer noch so lang! Willst du sie
N.: *Garderobe)*

C.: Wachsen lassen? Wann gehst du denn dann zum Friseur?
N.: Nein! Morgen! Wo ist

C.: *(Setzt sich u wechselt die Schuhe u Jacke)* Ich hab heute keine Mütze
N.: Deine Mütze? *(Setzt sich neben C.)*

C.: an. Meine Mütze ist zu Hause. Wo ist die?
N.: Ich hab auch eine Mütze! In meinem

C.: Zieh deine Mütze mal
N.: Körbchen. Ich hol sie ma. *(holt seine Mütze und ein Stofftier)*

C.: an,damit ich seh, wie du damit aussiehst. Ah, die steht dir! Sieht gut
N.: *(zieht die Mütze an)*

C.: aus. Ich glaub die ist mir zu klein! Oh weh, da komm ich nicht rein,
N.: Zieh du mal an!

C.: Nico. Was hast du da für ein Tier?
N.: Die is zu klein! *(Zeigt C. seinen Stoffhasen)* Des

C.: Hallo Hasi! Kann Hasi sprechen? Aber er sieht schön aus.
N.: is Hasi. Nein. Der is weiß und

C.: Und rote Augen! Darf ich ihn mal streicheln?
N.: hat ganz lange Ohren! Hier *(gibt C. das*

C.: Oh, der hat ja ein ganz weiches Fell! Schön!
N.: *Stofftier)* *(Nimmt C. das Stofftier weg)*

C.: Ja, ich hab dir was mitgebracht! Zwei
N.: Hast du mir wieder was mitgebracht? Was?

C.: neue Memorykarten und eine Tüte! Sachen Fürs Zugfahren!
N.: Was is da drinne?

C.: Nachher, wenn wir wieder Zugfahren!
N.: Darf ich die aufmachen? Is da dein Handy

C.: Nein, mein Handy ist in meinem Rucksack.
N.: drin? Mein Papa hat auch ein Handy.

Anhang II: Transkription Beispiel Rollenspielformat

C.: Nico, komm wir bauen jetzt wieder unseren Zug auf!
N.: Ja, mit die beiden Stühle.

C.: Nehmen wir die Bank auch noch dazu? Dann nehmen wir nur
N.: Nein, keine Bank!

C.: die Stühle! Gut, dann brauchen wir jetzt
N.: Ich stell den da hin! Deiner kommt hierhin!

C.: noch einen Fahrschein! Ich bin der Verkäufer, und du kaufst bei mir ein!
N.: Ok! Ich will

C.: Sehr gerne, das kostet dann 5 Euro! Danke
N.: zwei Fahrscheine! *(Bezahlt mit Spielgeld)*

C.: Schön! Und hier das Rückgeld! Und die Fahrkarten *(Gibt N. die Fahrkarten)*. Schöne
N.:

C.: Zugfahrt und viel Spass! *(Steht auf u setzt sich mit N. an den Tisch)* Wo
N.: Danke!

C.: Fahren wir denn heute hin? Und was machen wir dort?
N.: Nach Stugart Essen, trinken,

C.: Dann fahren wir nach Stuttgart und gehen dort Essen, Trinken und
N.: Baden, Zug fahren!

C.: Baden! Das schreiben wir dann hier auf unseren Fahrschein! *(Beide malen auf ihren*
N.: *(Beide malen auf ihren*

C.: *Fahrscheinen)*
N.: *Fahrscheinen)* Essen, Trinken, Baden, Schlafen! Bin fertig! Jetzt fahr'mer mim Zug!

C.:
N.: Jetzt woll'mer nach Stuttgart. Leg'mer den Stift weg! Achtung, Achtung, der Zug

C.: Ah, da steht der Zug ja. Dann steigen wir mal ein!
N.: kommt, Achtung, Achtung! Du

C.: Ich setz mich hier hin und warte
N.: sitzt hinten! Du sitzt hinten, ok? Du sitzt hier hin!

C.: Bis du losfährst!
N.: Ja, ich bin der Busfahrer! Tuutuuutuuut, die Eisenbahn…du darfst

C.: Und jetzt kommt der Fahrkarten -
N.: dein Handy *(Aufnahmegerät)* mitnehmen!

C.: Kontrolleur. Bist du der Fahrkartenkontrolleur, oder soll ich? *(steht auf)* Ent-
N.: Du!

C.: tschuldigung, wo ist ihr Fahrschein? Sie brauchen aber einen Fahrschein, um
N.: Hab kein!

C.: mit dem Zug fahren zu dürfen Ok, sie fahren
N.: *(lacht laut)* Hier is mein Fahrschein

C.: nach Stuttgart! Viel Spass dort! *(geht kurz zum Tisch u setzt sich dann wieder auf*
N.:

C.: *seinen Zugplatz)* Nico, wann kommen wir in Stuttgart an?
N.: Da ist schon Stugart!

C.: Ja dann müssen wir ja aussteigen! Ok, was essen wir denn?
N.: Jetzt geh'mer essen!

C.: Fischbchen? Was sind Fischbchen? Schmeckt das süß?
N.: Fischbchen! Was zum Essen!

C.: Wie schmeckt das dann? Und wie sieht es aus? Ach,
N.: Nein! Lecker! Wie große Pommes

C.: Meinst du Fischstäbchen?
N.: Ja, Fischstäbchen! Wir essen Fischstäbchen und Pommes!

C.: Dankeschön, Guten
N.: Da is dein Teller, hier meiner! *(gibt C. einen imaginären Teller)*

C.: Appetit! *(Beide essen fiktiv aus ihren Tellern)*…Hmm, das war lecker
N.: Gudn Appetit! *(Beide essen fiktiv aus ihren Tellern)*…

C.: Jetzt essen wir noch ein Eis?! Ich bin der Eisverkäufer, und du kaufst bei mir
N.: Ja! Ok!

C.: ein Eis….Hallo, was für ein Eis willst du? Eine oder zwei Kugeln?
N.: Erdbeereis. Zwei!

C.: Das kostet dann 1 Euro! Dankeschön! Hier das Rückgeld *(gibt*
N.: Hier. *(gibt C. Spielgeld)*

C.: *N. Spielgeld zurück*) Und hier das Eis *(gibt N. ein imaginäres Eis)* Guten Appetit!
N.:

C.: Schmeckt dir
N.: Danke *(nimmt das Rückgeld und isst fiktiv an seinem imaginären Eis)*

C.: das Eis? ….Dann fahren wir jetzt wieder zurück, mit dem Zug!
N.: Ja! Ok! Du bist der

C.: Soll ich der Zugfahrer sein?
N.: Busfahrer! Ja, du bist der Zugfahrer! Ich sitz hinten!

C.: Alle da?…Hallo? Darf ich losfahren? Achtung, festhalten, ich
N.: Da ist niemand da? Ja!

C.: Fahre los! Tschutschutschu, die Eisenbahn, wer will mit der hängt sich an….
N.:

C.: Warte,
N.: … Kannst du mir aus die einen Tunnel bauen? *(Holt eine kleine Bank)*

C.: ich helf dir. Ok!
N.: Nein, ich kanns ganz allein! Des is der Tunnel! Da müss'mer durch

C.: *(Steht auf und steigt gebückt über die Bank)*
N.: fahren! *(krabbelt unter der Bank durch)*

C.: Jetzt sind wir durch den Tunnel gefahren!
N.: … Und jetzt hält der Zug! Wir müssen

C.: Ok, wir sind jetzt angekommen und der Zug hält! Also steigen wir aus.
N.: aussteigen!

C.: Eine tote Biene
N.: *(entdeckt eine tote Biene auf dem Boden)* Was is des? Und was is des

C.: Das sind ihre Flügel…
N.: da so? *(zeigt auf die Flügel)* …

Anhang III: Transkription Beispiel Regelspielformat

C.: Ja, schau, die sind hier in der Tüte!
N.: Hast du wieder neue Karten dabei? *(Schaut sich*

C.:
N.: *die Karten an)* Ein Müllauto, und noch ein Müllauto! Hast du die Alten auch dabei?

C.: Ja, die sind hier in der Schachtel! Jetzt verteilen wir die Karten
N.: Gib mal, ich pack aus!

C.: auf dem Tisch, Nico. Willst du sie alleine verteilen? Oder soll ich dir helfen?
N.: Ich tu

C.: Willst du sie alleine verteilen? Oder soll ich dir helfen? Gut,
N.: erst mischen! Helfen!

C.: dann machen wirs zusammen! Du weißt ja noch, wie wir sie verteilen?!
N.: Ja *(nimmt*

C.:
N.: *das Aufnahmegerät)* Ich leg dein Handy hier hin. Dass das mehr Platz hat, das Handy

C.:
N.: *(fängt an die Karten zu verteilen)* Die eu ich da hin, die hier…die beiden hier…Nein

C.:
N.: *(nimmt eine von C.platzierte Karte weg)* deine kommt hierhin!Die tu'mer dahin legen

C.: Stimmt, du hast Recht. Meinst du draußen?
N.: Des is so laut. Ja, da draußen. Die

C.: Was machst du denn immer, wenns dir zu laut ist?
N.: Anderen schreien so! Die sollen

C.: Sagst du das den anderen Kindern dann auch?
N.: dann bissle leider reden! Ich geh immer

C.:
N.: zu de Tür und schrei: Des is zu laut! (Steht auf, geht zur Tür u öffnet sie) Des is alles

C.: Das stimmt! Vielleicht
N.: zu laut (setzt sich wieder) Die sollen aufhören zu schreien!

C.: hören sie ja jetzt auf zu schreien!… Hilfst du mir bitte wieder beim Karten verteilen?
N.:

C.: Ja, du darfst anfangen!
N.: Ja…(als alle Karten verteilt sind) Jetzt darf ich anfangen, ok?!

C.:
N.: Polizei….Polizei! richtig. Ich nimm alle Polizeiautos! Darf nommal! Krankenwagen..

C.: Genau, jetzt bin ich dran! Ich decke hier das Flugzeug auf.
N.: ..Motorrad! Jetzt bist du!

C.: …und hier hab ich den Krankenwagen.
N.: Das Flugzeug. Krankenwagen…

C.: So blau wie
N.: Krankenwagen! Ich bin nommal dran! Bagger… Traktor! Der is blau!

C.: Meine Schuhe. Hast du auch etwas blaues an?
N.: Ja, meine Hose. Jetzt bist du wieder

C.: Ich decke das Motorrad auf… und das Schiff. Ich
N.: dran. Traktor…und das Flugzeug

C.: decke das Flugzeug auf… und noch ein Flugzeug! Dann nehm ich die beiden Karten
N.:

C.: zu mir. Und ich darf noch mal! Hier ist der Traktor… und hier das Schiff.
N.: Traktor..

C.:
N.: ..und hier auf der Traktor! Jetzt hab ich beide Traktor! Ich darf nommal. Laster…

C.: Hier ist der Zug… und hier der Bagger.
N.: Feuerwehr. Der Bagger… und die Feuer-

C.: Ich decke den Bagger auf… und noch mal der Bagger! Dann darf ich
N.: wehr. Du darfst.

C.: noch mal. Hier ist der Lastwagen…und ich glaube der andere Lastwagen ist hier.
N.:

C.: Nein! Das Schiff! Moment, ich muss die Karten erst wieder
N.: Nein! Jetzt bin ich dran!

C.: umdrehen! Ok, jetzt darfst du!
N.: Das Schiff…und noch ein Schiff! Ja! Ich nimm die

C.: Hier ist der Zug… und hier
N.: Karten zu mir. Der Laster… und der Zug! Jetzt bist du!

C.: Noch mal der Zug! Dann darf ich noch mal! Ich decke hier die Feuerwehr auf… und
N.:

C.: Hier das Motorrad. Hier ist die Feuer-
N.: Feuerwehr… und das Müllauto! Du bist dran!

C.: wehr… und noch mal die Feuerwehr“ Dann bin ich noch mal dran. Der Lastwagen
N.:

C.: … und das Motorrad.
N.: Ich bin dran! Das Motorrad…und noch ein Motorrad! Meins,

C.: Schau
N.: ich nimms zu mir. Und ich darf noch mal. Der Laster…und noch mal der Laster!

C.: mal, auf dem Lastwagen ist noch was drauf. Eine Erdbeere?
N.: Ja, eine Erdbeere! Ja

C.: Hmm, ich glaube das ist ein Tier…ein Marienkäfer.
N.: Ja, n Marienkäfer. Jetzt bin

C.: Jetzt sind keine Karten mehr
N.: Ich wieder dran! Das Müllauto und wieder das Müllauto!

C.: Da! Schauen wir mal, wer hat denn mehr? Meinst du? Sollen wir die Karten
N.: Ich! Ja!

C.: zählen oder nebeneinander stellen Ok, dann stellen wir sie neben-
N.: Nander stellen!

C.: einander! Stimmt, der Nico hat gewonnen! Dann will ich aber
N.: Ich hab gewonnen!

C.: nochmal spielen, vielleicht gewinn ich ja dann!
N.: Nein! Ich will nimmer spielen!